陕西师范大学历史文化学院基金资助

唐代朝野政治與文化研究

拜根兴◎著

中国社会科学出版社

图书在版编目（CIP）数据

唐代朝野政治与文化研究/拜根兴著.—北京：中国社会科学出版社，2016.2（2020.6重印）
ISBN 978-7-5161-7640-5

Ⅰ.①唐… Ⅱ.①拜… Ⅲ.①政治制度史—研究—中国—唐代②文化史—研究—中国—唐代 Ⅳ.①D691 ②K242.03

中国版本图书馆CIP数据核字（2016）第032691号

出 版 人 赵剑英
责任编辑 宋燕鹏
责任校对 周 昊
责任印制 李寡寡

出　　版 中国社会科学出版社
社　　址 北京鼓楼西大街甲158号
邮　　编 100720
网　　址 http://www.csspw.cn
发 行 部 010-84083685
门 市 部 010-84029450
经　　销 新华书店及其他书店

印　　刷 北京明恒达印务有限公司
装　　订 廊坊市广阳区广增装订厂
版　　次 2016年2月第1版
印　　次 2020年6月第2次印刷

开　　本 710×1000 1/16
印　　张 22.25
插　　页 2
字　　数 376千字
定　　价 78.00元

目　　录

上编　唐前期政治与人物

下编　唐代政治与文化

前　言

唐朝是中国历史上极具国际性，又繁荣富强，并令后人自豪崇尚的王朝，历来都是海内外中古学界研究的重点。学界每年都要出版多本甚至达两位数字的唐史研究专著，发表数百乃至上千篇学术论文，这些从人大复印资料《魏晋南北朝隋唐史》杂志，《中国史研究动态》连续刊载的“隋唐五代史研究综述”，以及台湾地区的《中国唐代学会会刊》，日本《唐代史研究》中都可了解得到。由此可见，撰写有关隋唐时代的学术论文，或者出版隋唐史关联的学术著作，确实已经不是什么新鲜事了。

1987 年我考取陕西师范大学隋唐史方向研究生，1990 年有幸留在陕西师范大学唐史研究所从事科研教学工作，其间参与李学勤、徐吉军主编《长江文化史》（江西教育出版社 1996 年版）、史念海主编《西安历史地图集》（西安地图出版社 1995 年版）等书的撰写及编绘任务，和赵文润教授合著《唐宪宗》（三秦出版社 1992 年版），亦学习领会收获颇多。1998—2002 年有机会留学韩国，攻读韩国古代史博士学位，毕业论文选取唐朝与朝鲜半岛政权新罗的关系，即以唐代东亚史作为研究重点，显然，我的着眼点依然在唐史研究的大范畴之内。

本书收录笔者从 20 世纪 80 年代末至今二十余年间撰写的多篇隋唐史论文，其主题和唐代朝野政治与文化密切关联。全书由 23 篇学术论文编排组成，是笔者对唐代政治（主要是初唐）、文化、人物的初步探索，反映了笔者对相关问题观点和探讨历程。总体来说，全书以上编、下编加以区分，书后有附录。

上编为初唐朝野政治人物研究，是我搜集近二十年来探讨唐与武周交替时期的论文所得。其中涉及女皇武则天，初唐著名政治家狄仁杰、姚崇，武将尉迟敬德等；而陪葬乾陵的永泰公主李仙蕙生平、懿德太子李重润生平事迹涉及论文，确实还有进一步说明的必要。笔者 2004 年和乾陵博物馆樊英峰馆长合著的《永泰公主与永泰公主墓》出版后，按照原计划，还要撰写一部《懿德太子与懿德太子墓》专著，2006—2009年间，我的硕士生侯振兵、王西坤、李诗语、柳斌帮助搜集史料，他们自己也撰写了相关的习作，如《懿德太子墓壁画“宫女图”质疑》《唐代冥婚风俗新议》等，并做了许多具体的工作。樊英峰馆长复印了他收集的“唐懿德太子墓发掘记录本”给我们参考，加快了书稿的写作进程。但因出版基金以及意想不到的原因，书稿最终未能如愿出版。鉴于此，笔者将其中的部分章节抽出，整理成学术论文，发表于乾陵博物馆编辑出版的《乾陵文化研究》集刊等杂志上。本书收录有关唐懿德太子李重润的四篇论文，就是修改补充上述已发表的论文所得。还有涉及永泰公主、武则天家族后裔的三篇论文，歌谣谚语与武则天在位前后的朝政等，也是笔者考察现存文献资料，以及关注三方武氏家族人士墓志，对唐周交替时期的朝野政治，武氏家族的兴衰繁衍所做的一些探索。

下编为唐代朝野政治与文化。有关唐代饮食与官场的论作收录了四篇，涉及唐朝仕宦的饮食观，唐代的献食问题，唐代的廊下食与公厨，唐代道教徒养生饮食等。我选入20世纪90年代发表的有关唐代饮食的论作，其中有的论文在当时还引起很好的反响。当然，论文的史料运用或许仍不无瑕疵，单从选题来看，这些论文虽颇具“非主流”色彩，但仍然具有相当的现实意义。其次是我对“贞观之治”对外关系的阐释，认为开放创造是形成胡汉融合发展，国家繁荣富强的重要缘由。有关唐代文化的论文有五篇，主要有唐代帝王的巡幸、隋唐官吏的用笏礼仪、唐代文化与长安、唐代学术文化的发展、唐代长安都市佛教文化的交融传播等。其中“唐代学术文化发展”一文，是以“叶茂”笔名发表，代表了笔者对唐代学术文化发展的理解。有关《北梦琐言》及其作者孙光宪其人，我曾将其作为硕士论文题目，撰写了近四万字的报告，后有小文发表于《文献》《中国史研究》等杂志上，而本书收录的《〈北梦琐言〉及其作者生平》，则是硕士论文的主干部分。这次收集编辑过程中，除过个别篇章（上编“三方新公布的武氏家族后裔墓志考释”，下编“唐代仕宦的饮食观”，“唐代的廊下食与公厨”等篇做过一定的补充）和一些明显的笔误之外，一般很少做修改，保持此前论作的原有面貌，体现自己学术研究的成长过程，特此说明！

附录是呼应上编有关武则天家族及其后裔的研究，论文中提及多篇武氏家族人士墓志，故而搜集现存武氏家族关联的石刻墓志共26件，特别是最近几年新公布的石刻墓志材料，希望能够对从事初唐时代，特别是唐朝与武周交替时期的研究者提供资料便利，并抛砖引玉，当然，这也要感谢付出诸多辛勤劳动的考古文献工作者。

确定书名颇费周折。因为本书为结集出版已发表的论作，其内容又呈多样化，虽然上文已说明本书涉及唐代朝野政治、人物和文化，但现有以唐代政治文化命名的著作就有多部。为避免书名的重复，最终定书名为《唐代朝野政治与文化研究》。当然，古代没有真正意义的“野”，这里只是借用而已。对此，亦请读者方家多多批评。

无疑，完全找寻这些散见于各处的小文，确实不易。如此，将它们搜集到一起并整理出版，不仅是对笔者探讨唐代朝野政治文化的一个总结，也是对近三十年从事隋唐史研究学术轨迹的追寻。这些旧作中，有二十余年前自己硕士期间的习作，如“武则天与狄仁杰”一文，就是笔者研究生阶段，跟随导师赵文润教授参加1988年7月末在山西太原及文水县举办的“武则天与文水”国际学术研讨会时提交的文章；也有刚从事科研时的一些青涩之作，如通过唐初各地民间流行的歌谣、谚语，探讨武则天执政前后的朝野政情，以及唐代饮食与官场间的关系等；更有21世纪之后撰写的一些文章，如对尉迟敬德碑、姚崇其人事迹，还有涉及懿德太子李重润的诸多问题的探索。显然，以现在的眼光看的话，上述文章的粗疏和不成熟，以及不能自圆其说之处肯定还有不少，但这些却是笔者从事科研漫长历程的实际状况。如果其中一些不尽如人意的部分能让初学者引以为戒，或者说可从中吸取教训，未尝不是一件有价值有意义的事情。

诚挚地期待师友方家批评指正！

拜根兴

2015年3月2日

上　编

唐前期政治与人物

初唐名将尉迟敬德碑

尉迟敬德是初唐时代的著名将领，对于唐朝建立以及唐太宗登上皇位均建立了不朽的功勋。出人意料的是，随着时间的推移，历史上的尉迟敬德逐渐扮演民间守护神的角色，成为非同凡响的民俗信仰对象。虽则如此，由于史料记载的差异，学界对涉及尉迟敬德的一些问题仍然存在诸多疑问。本篇即在学界已有研究的基础上①，力图结合文献资料，并从现存尉迟敬德碑文入手，对碑文撰写者许敬宗相关事迹，历代学者对碑文的著录研究，尉迟敬德的故乡以及家族繁衍发展等问题试作探讨。

一　尉迟敬德碑文作者许敬宗

众所周知，针对尉迟敬德的籍贯，《旧唐书》《新唐书》尉迟敬德传与许敬宗撰写的《尉迟敬德碑》文资料稍有差异，而学界对于碑文作者许敬宗其人，以及许氏与尉迟敬德的关系探讨者并不多。查阅现有文献资料，许敬宗武德初年为秦府学士，贞观八年（634）历官著作郎，兼修国史，迁任中书舍人，参与撰修武德、贞观实录。唐太宗亲征高丽，许敬宗辗转到达前线，唐军在驻陛山大破高丽，“敬宗立于马前受旨草诏书，词彩甚丽，深见嗟赏”，受到唐太宗的青睐。唐高宗永徽三年（652）官拜卫尉卿，加弘文馆学士，监修国史。特别是在唐高宗废王皇后立武

---

① 现研究主要有张沛主编《昭陵碑石》，三秦出版社 1993 年版；牛致功《关于〈尉迟敬德墓志铭〉中的几个问题》，《碑林集刊》总第 4 辑，陕西人民美术出版社 1996 年版；苏相禹《尉迟敬德考实》，《三门峡职业技术学院学报》2009 年第 4 期；冯金忠《从赳赳武夫到修寺善士：华北民间尉迟敬德形象之嬗变》，《中华文化论坛》2010 年第 1 期；孟祥晓《也谈尉迟宝琳的生母问题》，《大庆师范学院学报》2010 年第 4 期；蔚秀《尉迟敬德形象传播微探》，山西师范大学硕士学位论文，2010 年；胡元超《昭陵墓志通释》，三秦出版社 2011 年版。

昭仪事件上，许敬宗附和唐高宗的意愿，促成武则天成为六宫之首，进而导致长孙无忌、褚遂良等人被流贬而死。此后许敬宗先后担任侍中、中书令、右相、同东西台三品等官职，并持续监修国史，深受唐高宗、武则天的器重和礼遇。

关于许敬宗对唐初史学撰述的功过是非，牛致功师曾撰文提到许敬宗的著述及其评价[①]，但未涉及许敬宗所撰碑刻文字。对此，笔者运用文献及相关记载，对许敬宗的著述再作探讨。史载许敬宗“自贞观已来，朝廷所修《五代史》及《晋书》《东殿新书》《西域图志》《文思博要》《文馆词林》《累璧》《瑶山玉彩》《姓氏录》《新书》，皆总知其事……”[②]除以上领衔编撰大型书籍之外，《新唐书》卷58《艺文志》载许敬宗还撰有《文馆词林文人传》100卷。宋人编辑《文苑英华》共收录许敬宗撰写的诗赋、制诏、笺表等48件；清人董诰编撰《全唐文》卷151、卷152中收录许敬宗各种文章34篇。经比对，收录相同者22篇，其他互不相同。值得注意的是，尉迟敬德碑均被上述两书收录，只是收录名称有所差异而已。《全唐诗》卷35收录许敬宗诗27首，其中“奉和诗”多和《文苑英华》所收相同。《全唐诗续补遗》收录许敬宗佚诗一首。南宋陈思道人《宝刻丛编》“京兆府礼泉县”条下，收录许敬宗撰写的碑记八件，即秦琼碑（贞观十三年）、瑶台寺碑（贞观十八年）、高士廉茔兆记（贞观十一年）、李靖碑（显庆三年）、尉迟恭碑（显庆四年）、程知节碑（麟德二年）、尉迟宝琳碑（咸亨元年）、马周碑（上元元年）。同样值得关注的是，许敬宗为尉迟敬德、尉迟宝琳父子二代人撰写碑文，堪称奇观。至于许氏是否还撰有其他碑文，现在知道的有《大唐故辅国大将军荆州都督上柱国嘉川襄公周君（护）碑文并序》（显庆三年）、《越国太妃燕氏碑》（咸亨二年）[③]。许敬宗撰写的墓志有《大唐故开府仪同三司特进户部尚书上柱国莒国公唐君（俭）墓志铭并序》，《大唐弘福

① 牛致功：《许敬宗对唐代史学的功过》，《史学月刊》1987年第3期。另外，盖金玮《重评唐代宰相许敬宗》（《陕西师范大学继续教育学报》2000年第4期）一文，对现存史书有关许敬宗事迹的记载提出质疑。

② 《旧唐书》卷82《许敬宗传》。

③ 参见张沛编著《昭陵碑石》，三秦出版社1993年版；吴刚主编《全唐文补遗》第1辑，三秦出版社1994年版。

寺故上座首律师（智首）高德颂》[1]。另外，陈尚君先生编撰《全唐文补编》中，亦收有上述相关碑刻墓志文。综合许敬宗撰写的碑刻墓志文字，除可能没有流传下来的篇章之外，现存碑、颂、记共11篇，墓志文1篇，和唐初文人官僚撰述的这类文章相比，其数量并不算很多。

然而，从现存资料看，历来对许敬宗所撰文字评价似乎并不高。《旧唐书》卷82《许敬宗传》载云："敬宗为子娶尉迟宝琳孙女为妻，多得赂遗，及作宝琳父敬德传，悉为隐诸过咎。唐太宗作《威凤赋》以赐长孙无忌，敬宗改云赐敬德。"[2] 而《新唐书》卷223上《许敬宗传》则记载曰："敬宗子娶尉迟敬德女孙，而女嫁钱九陇子。九陇，本高祖隶奴也，为虚立门阀功状，至与刘文静等同传。唐太宗赐长孙无忌《威凤赋》，敬宗猥称赐敬德。"两相对比，似乎后者更靠谱一些。然而，历来史家将此史料作为鞭挞许敬宗的重要证据之一。问题是这则史料所表达的具体事实很值得仔细推敲。首先，依据史书记载，许敬宗咸亨三年（672）去世，享年81岁，就是说，其生年应为隋文帝开皇十二年（592）。尉迟敬德显庆三年（658）去世，享年74岁，其生年当为开皇五年（585），尉迟敬德长许敬宗7岁。尉迟宝琳为尉迟敬德嗣子，他是大业九年（613）去世的苏氏夫人所生，还是史书缺载的尉迟敬德续弦所出，学界还有不同的看法[3]。尉迟宝琳碑铭立于咸亨元年（670），死亡当在咸亨元年或咸亨元年之前。如果按照现存史料记载，就是撇开上述《旧唐书》卷82记载不提[4]，依据《新唐书》卷223上的记载，许敬宗的儿子娶尉迟敬德的"女孙"或孙女，从辈分差异看，在当时也是颇为奇怪的事情，这种情况是否也和初唐时代开放包容观念有关？抑或当时人对此事并不关心？因为从现存唐史史料，不管是文献史料还是碑刻金石

---

① 吴钢主编：《全唐文补遗》第7辑，三秦出版社2000年版。

② 《旧唐书》卷82《许敬宗传》。

③ 牛致功师认为尉迟敬德的发妻苏氏应该就是尉迟宝琳的生母，见《关于〈尉迟敬德墓志铭〉中的几个问题》，《碑林集刊》总第4辑，陕西人民美术出版社1996年版。而孟祥晓则通过考证，认为尉迟宝琳的生母不可能是苏氏，如果是的话，苏氏生育尉迟宝琳的年龄当在6岁到11岁间，这在当时是不可能的；尉迟宝琳当是苏氏去世后，尉迟敬德再婚夫人所生，见孟祥晓《也谈尉迟宝琳的生母问题》，《大庆师范学院学报》2010年第4期。

④ 《旧唐书》卷82中提及的"敬宗为子娶尉迟宝琳孙女为妻"，或许是编撰者将尉迟敬德与尉迟宝琳父子名字混用的缘故，《新唐书》卷223上《许敬宗传》将其修正为"敬宗子娶尉迟敬德女孙"，其做法应该得到肯定。

史料看，同朝为官、知根知底，这种差辈分的情况还是相对少见的。其次，尉迟敬德与许敬宗结识乃至交好应属自然。早在武德年间，两人就同在秦王府为官，一个是秦府学士，一个作为秦王的左右膀，同时接受秦王李世民差遣，出生入死，其中相互熟悉应该是没有问题的。武德、贞观年间的四处征战自不必说，贞观十九年（645）唐太宗征讨高丽，当随军出征的岑文本暴病身亡之后，许敬宗星夜赶赴辽东前方，并在驻跸山战役获胜后发挥才能大显身手。而尉迟敬德亦在劝谏唐太宗亲征不果，随即“以本官行太常卿，为左一马军总管，从破高丽于驻跸山”[①]，此时许敬宗年53岁，尉迟敬德60岁，两人跟随唐太宗所率大军返回长安，或许两家的亲事就是在战争间隙的嘘寒问暖过程中，或者在班师回朝行军途中达成的。既然后来成为儿女亲家，显庆三年（658）尉迟敬德死后，官拜侍中、监修国史的许敬宗为其撰写碑文，于公于私都是可以说得过去的。上引许敬宗为尉迟敬德做传时“隐诸过咎”，我们亦应深入探究。从《旧唐书》记载看，许敬宗的儿子娶尉迟家族闺女，尉迟家族似乎涉嫌攀附贿赂，但这种情况显然和尉迟敬德本人的行事作风格格不入，或许是尉迟敬德死后发生的事情；同时，许敬宗为尉迟敬德做传时“隐诸过咎”，其原因到底如何，亦应认真探讨。当然，为死去的著名人士撰写传记，其中拔高溢美在当时或许并非个案。因为从现存《旧唐书》《新唐书》收入的传记看，除非名列“奸臣传”等反面传记行列，将传主的过失隐咎和盘托出者似并不常见，更何况尉迟敬德其人豪迈勇猛、屡建奇功，堪称初唐时代的传奇名将，在传记中突出表现他的英雄气概并没有什么不妥。至于将长孙无忌的事迹强加给尉迟敬德，作为史官那当然是不可以的，其理应受到谴责。

总之，生活于初唐时代的文臣许敬宗，他的为人处世，以及作为史家的操守，在他本人生前死后，受到唐朝编撰实录国史以来正统史家的鞭挞戕伐[②]。而涉及尉迟敬德传记的曲笔，笔者认为应该具体问题具体分析，还历史以本来面目。

① 《旧唐书》卷68《尉迟敬德传》。

② 拜根兴：《苏定方事迹考疑述论稿》，《中国史研究》（韩国）总第7辑，2000年。收入《七世纪中叶唐与新罗关系研究》，中国社会科学出版社2003年版。

二 《尉迟敬德碑》的著录研究

如上所述，显庆三年十一月，尉迟敬德病逝于京师长安。唐高宗对此非常重视，高宗本人“于云龙门举哀，辍朝三日”，饬令“京官五品以上，以及在京地方州郡朝集使等前往尉迟敬德宅第吊慰”。除了赠尉迟敬德司徒等官职，“给班剑四十人，羽葆鼓吹，赠绢一千五百段，米粟一千

尉迟敬德碑

五百石，陪葬昭陵。葬事所需，并宜官给，并赐东园秘器。仪仗鼓吹送至墓所，仍送还宅，并为立碑”之外，还诏令“鸿胪卿琅玡郡开国公萧嗣业监护，光禄少卿殷令名为副，务从优厚”。显庆四年四月十四日，尉迟敬德陪葬昭陵。至于尉迟敬德的碑文是许敬宗接受有关部门差遣，还是受尉迟敬德子孙拜托撰写，因没有史料记载，难以作论。但从许敬宗当时的官任，尉迟敬德的声名，以及上文所及两人的关系来看，可能兼而有之。因为从尉迟敬德生前为唐朝建立的功勋，以及死后享受的礼遇看，和同一时期死亡的其他功臣一样，他的碑铭撰写理应是唐朝官方考虑的事情，许敬宗承担了碑铭撰写任务，在当时来说也是正当其时、理应如此。另外，对比许敬宗同一时期撰写的李靖、周护等人碑文，以及其他传世碑铭，他撰述尉迟敬德碑文涉及的尉迟生平事迹，似乎特别严重过分曲笔妄说之举并不多见，当然，对此还应做仔细具体地探讨。

无论如何，官拜侍中、监修国史，因拥立武昭仪登上皇后宝座，颇受唐高宗、武则天重用的许敬宗，他担当碑文的撰写任务，对于尉迟敬德家族来说，无疑也是十分荣耀的事情。

伴随着唐朝的兴衰，五代的混乱，时间飞驰而过。许敬宗、李义府等人拥立武则天，进而造成的唐周轮替，其与北宋史学家欧阳修秉承的价值观相去甚远，故编纂《新唐书》之时，将许敬宗列入“奸臣传”。同样，酷爱金石碑刻的欧阳修撰写《集古录跋尾》过程中，只提到许敬宗撰写的《李靖碑》，云：“唐初承陈隋文章衰弊之时，作者务以浮巧为工，故多失，其事实不若史传为详。惟其官封颇备。”[①] 由此可见，欧阳修对唐初诸碑铭行文以及许敬宗本人确实抱有看法，评价也颇为负面。欧阳修的儿子欧阳棐依父命编辑的《集古录目》卷 5 中[②]，著录了尉迟敬德碑，使后人得以知晓此碑北宋中期仍然存在。北宋末赵明诚收集当时可以看到的金石碑刻，成为一代金石碑刻大家，他死后经夫人李清照辗转辛苦编撰的《金石录》一书，在第 638、639 目下记录了“唐尉迟敬德碑”，第 685 目下记录了“唐尉迟宝琳碑”[③]，只是在第 11 卷后的跋文中，

① （宋）欧阳修：《欧阳修全集》，中国书店 1986 年版。

② （宋）欧阳棐：《集古录目》卷 5，《石刻史料新编》第 1 辑，第 24 册。云：“唐赠司徒尉迟恭碑，唐中书舍人许敬宗撰，不著书人名氏。恭字敬德，河南洛阳人，官至开府仪同三司、鄂国公，赠司徒，并州都督，谥曰忠武。碑以显庆四年三月立。”

③ （宋）赵明诚：《金石录校正》，金文明校正，广西师范大学出版社 2005 年版。

贞观、显庆年间陪葬昭陵臣僚军将碑铭所记享受礼遇统计表

姓名	死亡年	碑铭名	享受礼遇	撰写者	备注
温彦博	贞观十一年	温彦博碑	民部尚书莒国公唐俭、工部侍郎卢义恭护丧……又诏有司立碑记德，给墓地于昭陵之侧，给东园秘器，赙赠二千段。丧葬所须，并令官给。陪葬昭陵	岑文本	张沛编著《昭陵碑石》
段志玄	贞观十六年	段志玄碑	于昭陵侧赐墓地并东园秘器，葬事所须，并宜官给。赙布绢五百段、米粟一千石，四品一人监护。图形于戢武阁		
李靖	贞观二十三年	李靖碑	给东园秘器。班剑四十人，羽葆鼓吹。凶事所须，并宜优厚。赐茔于昭陵……	许敬宗	孙三锡《昭陵碑考》
张胤	显庆三年	张胤碑	赐东园秘器，葬事所须，并宜官给。仍令五品一人监护。陪葬昭陵	李义府	
周护	显庆二年	周护碑	圣情轸悼，数日辍朝。丧事所须，并令官给。兼赐东园秘器。赙绢布七百段，米粟七百石，葬事所需，并宜官给。陪葬昭陵	许敬宗	张沛编著《昭陵碑石》
尉迟敬德	显庆三年	尉迟恭碑	皇情轸悼，为之流涕。于云龙门举哀，辍朝三日。给班剑四十人，羽葆鼓吹，赠绢一千五百段，米粟一千五百石，陪葬昭陵。葬事所需，并宜官给，并赐东园秘器。仪仗鼓吹送至墓所，仍送还宅，并为立碑。诏令鸿胪卿琅玡郡开国公萧嗣业监护，光禄少卿殷令名为副，务从优厚。陪葬昭陵	许敬宗	张沛编著《昭陵碑石》
兰陵长公主	显庆四年	兰陵长公主李淑碑	饬卫尉卿阎立行、光禄卿殷令名为副，监护丧事。特给鼓吹，送墓往还。陪葬昭陵	李义府	张沛编著《昭陵碑石》

对尉迟父子碑文未见有片言只语的论述。南宋临安书商陈思道人编辑《宝刻丛编》一书，在“京兆下礼泉县条”下著录了上述尉迟敬德、尉迟宝琳父子两通碑刻[①]，并注明碑刻出自《京兆金石录》一书，但《京兆金石录》似元代之后就散佚不存，陈思道人著录甚是珍贵。可以看出，宋人欧阳棐、赵明诚、陈思道人的著作，以及不知名讳人士编撰的《京兆金石录》，他们对所见碑石，只是记载碑石的现况和主要信息，似乎还谈不上是真正意义上的碑石研究。但正因有他们的著录，为此后学者进行真正的碑石研究提供了可能。

尉迟敬德夫人苏氏墓志盖

---

① （宋）陈思道人：《宝刻丛编》卷9，中华书局“丛书集成初编”本。云“唐司卫卿尉迟宝琳碑，侍中中书令行右丞相许敬宗撰，膳部员外郎值弘文馆王知敬书。宝琳字元瑜，敬德之子，官至司卫卿，碑以咸亨元年正月立”。从《宝刻丛编》编撰模式看，如碑石存在，就有“今存”两字，而尉迟宝琳碑没有标示“今存”字样，可能在南宋时此碑就已不存。当然，鉴于此书是抄录《京兆金石录》《集古录目》两书所得，或许在上述两书编撰当时，“尉迟宝琳碑”就已名存实亡了。

明代中期陕西周至人赵崡钟爱碑刻志石，他不仅亲自前往昭陵考察，而且写有《游九峻山》游记文字，其中提到尉迟敬德碑石当时的境况，但他的记述却引起后来金石碑刻专家的质疑批评①。

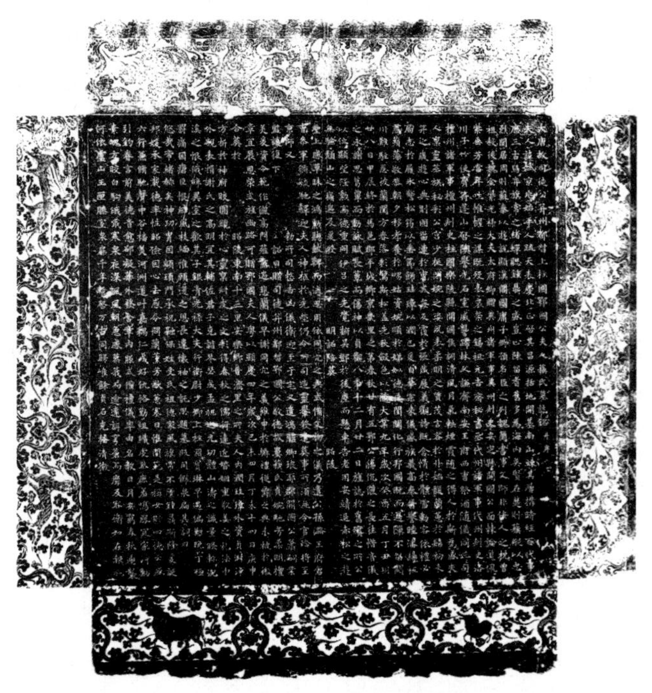

尉迟敬德夫人苏氏墓志铭

清代乾嘉学派金石碑刻家们热衷金石碑刻考证，其中有关昭陵陪葬臣僚军将碑石颇受关注。嘉庆十年（1805），金石碑刻大家王昶编撰《金石萃编》160卷问世。该书卷52收录"尉迟敬德碑"，并撰有跋文。首先，王氏以碑铭拓片为底本，对于碑文中磨灭不清者，依据宋人《文苑英华》本补齐。与此同时，他还抄录了当时可以看到的钱大昕《潜研堂

① 赵崡游记载："尉迟敬德碑自额以下埋土中，闻十五年前令尹芮质田掘而拓数十纸。余出之了无一字，盖土人于芮君拓后棰而埋之耳！"（赵崡：《石墨镌华》卷7，《石刻史料新编》第1辑，第25册）只是清人钱大昕明确说明赵崡之后尉迟敬德碑的情况，云"今距赵氏做记时又百五十年，而碑字可辨识者尚多，则知子含所云非其实矣！"进而怀疑赵氏所记的真实性。（钱大昕：《潜研堂金石文跋尾》卷4，《石刻史料新编》第1辑，第25册）。

金石文跋尾》，朱枫、李锡龄《雍州金石记》，乾隆《礼泉县志》的跋文研究。笔者总结王昶引述三书，涉及的主要问题如下：其一，辨析明人赵崡游记中的不实记载，并指出赵崡得出错误结论的原因，进而阐明碑石现状①。其二，依据文献资料以及《文苑英华》收录文，排比辨证碑石文字差异。其三，指出碑铭中涉及的“壹贰叁肆……”数字起源，以及尉迟家族与皇室联姻的可能性。其次，王氏写有长篇跋文，即对比校正《旧唐书》《新唐书》史料与碑铭文异同，得出自己的见解，实现了真正意义上的碑铭研究。在此，王氏首次指出《旧唐书》《新唐书》尉迟敬德传所载尉迟敬德籍贯与碑铭记载差异问题。

> 碑云：公讳恭，字敬德，河南洛阳人也。《新唐书》传云：尉迟敬德名恭，以字行，朔州善阳人。善阳属河东道。朔州，《新唐书·地理志》作善阳，《元和郡县志》作鄯阳，盖以县东二十里有鄯河得名，今为马邑县。《山西通志》载县有金龙池，后魏以来相传池有二龙，时化为马，一骊一黄，尉迟敬德尝收而乘之，马奔欲入池，敬德抱池边柳，柳为之旋，俗称柳曰左纽树，其地名司马泊，上有鄂国公庙，即祠敬德。又朔州城南石碣谷村有鄂公故宅，址尚存，是敬德之为善阳人，史为有证。碑作洛阳人者，殆以起家于魏，迁居洛阳也。碑载曾祖本真，后魏中郎将、冠军将军、渔阳郡公，谥曰懋。大父益都，北齐左兵郎中，入周为济州刺史。考伽，隋授卫王记室，皇朝追封常宁安公。是先世官爵已显，而魏齐周书皆无传。……

可以看出，对于文献记载与碑铭文出现的差异，王氏认为碑石之所以称其为洛阳人，是因尉迟家族起家于魏，后迁居洛阳，认定尉迟敬德为善阳人是没有问题的。对此，笔者在下文中还将涉及，在此不赘。跋文提到碑文中“联姻瑶肘，结庆琼枝”句，王氏认为碑铭表达的实际意味并不明确。是否是指史书所载唐太宗希望嫁女给尉迟敬德事，抑或是随后

---

① 朱枫、李锡龄认为“此乃子含起土时见大半无字，遂不更掘，孰知其可读者犹在下也。好古者故未可半途而废也”（朱枫、李锡龄：《雍州金石记》卷4，《石刻史料新编》第1辑，第23册）。

尉迟家族子弟确实和李唐皇室联姻？这些都是可以探讨的问题。跋文对碑铭中提到尉迟敬德致仕后的活动，也结合文献记载有所论述。跋文最后提及唐初陪葬昭陵皆设置有“监护正副使”，而监护尉迟敬德葬事者，正使为鸿胪卿琅琊郡开国公萧嗣业，副使则是光禄少卿殷令名，“当时陪葬之典，当皆有监护正副使臣，亦独见于此碑”①。

嘉庆年间洪颐煊所撰《平津读碑录》中，将碑铭文与当时可以看到的《文苑英华》刊本对校，发现许多不同之处②。另外，毕沅《关中金石记》卷2，武树善《陕西金石志》卷8也提到尉迟敬德碑，只是两书要么简单述及碑石所在地点及树立时间，要么抄录此前金石碑刻专家的跋文，并没有做进一步的考证。

咸丰八年（1858）孙三锡撰写《昭陵碑考》十二卷，孙氏依据自己亲自锤拓的二十九种碑铭拓片，补充此前流传拓片字数之不足，并仔细考辨，成为包括尉迟敬德碑石在内的昭陵所存碑铭研究的集大成者。孙氏首先提及碑铭与《旧唐书》《新唐书》本传中有关尉迟敬德籍贯记载的不同，并在继承上述王昶考证的基础上，进一步阐述其产生的原因。即“敬德之为善阳人，可以新、旧两史为证。碑作洛阳人者，盖从后魏孝武入关诸臣，皆称为河南洛阳人，因魏都洛阳，殆以起家于魏，故称洛阳也”。其次，和钱大昕一样，孙氏对碑铭文中出现“壹贰叁肆……”数字甚感兴趣，运用《周礼》《史记》《管子》《汉书》，以及宋人程大昌《演繁露》，洪迈《容斋随笔》，清人武亿《授堂金石文跋尾》等书，仔细考证古代数字使用相关问题。孙氏明确指出碑文中出现“联姻瑶肘，结庆琼枝”，似“敬德与唐室联姻，而考太宗及高宗诸公主无下嫁尉迟氏者。或其子孙娶诸王之女耳！”可以看出，孙氏的考证较上述王昶更进一步。

此后陆增祥《八琼室金石文补正》，罗振玉《昭陵碑录》等书，除抄录校订碑铭文字之外，和此前已有研究差异并不大，故在此不赘。而自20世纪90年代以来张沛、牛致功、苏相禹、孟祥晓、胡元超等先生对尉迟敬德碑及其相关碑刻墓志的研究，则更加具体而见功力，对于进一步

① （清）王昶：《金石萃编》卷52，中国书店1986年版。

② （清）洪颐煊：《平津读碑录》卷4，《石刻史料新编》第1辑收录光绪丙戌刊本，第26册。

研究尉迟敬德其人事迹提供了新的观点和视角。

尉迟敬德墓志盖

综上所述，自宋代开始，酷爱金石碑刻的学人就开始关注尉迟敬德碑石的流传情况，但明代之前的著述，还谈不上真正意义上的研究，著录者只是通过著录，说明碑石的保存状态，涉及的内容很有限。清代乾嘉学派金石碑刻学者则更富特点，他们利用《文苑英华》收录的尉迟敬德碑文，校勘历代传搨拓片；同时将碑文和文献资料，即《旧唐书》《新唐书》本传相互对证，指出其中的差异和不同，并提出自己的看法。其中对碑铭研究颇有心得的当数王昶与孙三锡二人，进而也为我们今天探索相关问题提供了最初的研究积淀。或许可以如此表述，今天学术界有关尉迟敬德的一些研究心得，其实清代学者早已提及，只是没有做进一步论述而已。

三 尉迟敬德与朔州关联的几则史料

如上所述，清人王昶、钱大昕、孙三锡等人已经辨明《尉迟敬德碑》与新、旧尉迟敬德传出现记载尉迟敬德故乡差异的原因。而20世纪70年代发掘出土的《尉迟敬德墓志铭》，也记载尉迟敬德为河南洛阳人。对此，牛致功师引用《元和姓纂》《太平广记》，以及今人所著《昭陵碑石》等书的载述，通过排比探讨尉迟敬德"出自幽贱"的事实①，探讨了周隋时代代北少数民族迁徙及姓氏演变，尉迟敬德家族从事的职业及其官任，尉迟敬德与京兆苏氏联姻与初唐氏族门阀意识等问题，进一步阐明史书记载尉迟敬德为朔州人，碑志称其为河南洛阳人，其"盖一称其郡望，一载其徙居，二者可以互补也"② 观点的正确。就是说，牛先生

尉迟敬德墓志铭

① 牛致功师考证出许敬宗隐瞒了尉迟敬德家道中落的事实，即尉迟敬德本人发迹之前为谋生活命，曾经从事铁匠职业，应该说这是符合事实的。

② 张沛编著：《昭陵碑石》，三秦出版社1993年版。

是从另一渠道，即注重现存文献史料的排列考证，得出正确的结论。笔者认为，无论是从碑刻金石资料排比探讨，还是通过文献史料相互印证爬梳，二者殊途同归，对于探讨这一问题均具有重要意义。

笔者在此列举此前不为研究者注意的一些碑志史料，对深化已有结论，并最终解决这一问题提供依据。首先，1971 年发掘尉迟敬德墓时，除出土《大唐故开府仪同三司鄂国公尉迟君墓志并序》之外，还出土一方《大唐故司徒公并州都督上柱国鄂国公夫人苏氏墓志并序》，即尉迟敬德夫人苏娬墓志[①]。墓志载尉迟敬德夫人苏氏：

> 大业九年岁次癸酉五月丁丑朔廿八日甲辰，终于马邑郡平城乡京畿里之第，春秋廿有五。鄂公伤伉俪之长往，惜音仪之永谢，思葛蕈而动咏，赋长簟而伤神。以贞观八年十二月廿二日旌志于旧殡之所。公以位显望隆，勋高德重，同伊吕之先觉，掩吴邓于后尘，而悬车告老，用安靖退，赤松之游无厌，颓山之痛遄及。爰发明诏，陪葬昭陵。圣上感草昧之鸿勋，听鼓鼙而流思，用依同穴之典，式备文物之仪，乃遣公孙潞王府仓曹参军循毓驰驿迎夫人神柩于先茔，仍令所司造灵辇发遣。葬事所须，并令官给。将至京师，又令所司整吉凶仪卫，迎至于宅。

上引墓志史料可说明以下几点。其一，大业九年（613），二十五岁的尉迟夫人苏氏就是在尉迟的家乡去世的，尉迟敬德旧宅位于马邑郡平城乡京畿里，此后苏氏夫人也就埋葬于马邑当地。依据《隋书》卷 30《地理志中》记载“马邑郡，旧置朔州，开皇初置总管府，大业初府废”，马邑郡下辖有善阳、神武、云内、开阳四县。就是说，从尉迟敬德夫人苏娬墓志，可以证明尉迟敬德的老家就在朔州善阳县（今山西省朔州市朔州区）。其二，贞观八年（634），已经功成名就的尉迟敬德曾回到故乡，为了缅怀结发妻子，在其墓前立碑纪念。其三，尉迟敬德为大唐建立了赫赫战功，但他似乎还有叶落归根，死后和发妻同穴与共的意愿；尉迟家族子孙只是鉴于唐高宗陪葬昭陵诏令，才迁移苏氏灵柩。这样，唐高宗遣派尉迟敬德的孙子，时为潞王府仓曹参军的尉迟循毓前往朔州，迎接

---

① 陕西礼泉昭陵文管所：《唐尉迟敬德墓发掘简报》，《文物》1978 年第 5 期。

苏氏祖母的灵柩。作为尉迟敬德的发妻，苏氏的灵柩迁至长安，后与尉迟敬德一并陪葬于唐太宗昭陵封域之内。1971 年昭陵文管会发掘清理了尉迟敬德墓，两方墓志得以出土。

其次，唐文宗太和四年（830），由李宏庆撰文的《大慈恩寺大法师基公塔铭并序》载云："师姓尉迟，讳基，字宏道，其先朔州人，累世以功名致爵禄。先考宗，松州都督。伯父鄂国公，国初有大勋力。宏道身长六尺五寸，性敏悟，能属文，尤善于句读，凡经史皆一览无遗。……"①这则史料明确记载窥基的先祖为朔州人，他的父亲名尉迟（敬）宗，官拜松州都督，伯父就是鄂国公尉迟敬德。就是说，永淳元年（680）窥基圆寂，年 51 岁。虽然距窥基圆寂过了一百五十年，但当时人仍认为窥基的先祖出自朔州，也就是说尉迟敬德为朔州人。五代后晋时代编纂的《旧唐书·尉迟敬德传》，北宋中期欧阳修领衔编修的《新唐书·尉迟敬德传》，也是依据当时可以看到的资料，可能是唐朝的《国史》或者皇帝实录，认定尉迟敬德为朔州善阳人，如此记载应当是真实可信的。至于尉迟敬德碑铭、志石为什么记载他为河南洛阳人，笔者认为可能是和唐初重门第阀阅的社会风尚有关，尉迟敬德的碑刻墓志反映的是尉迟家族先祖曾经迁居洛阳，而非记载尉迟家族的实际居住地或者籍贯，对此，还应作进一步的研究探讨。南宋末释志磐 1269 年编写《佛祖统记》一书中亦有窥基传记，云"法师窥基，代郡人，金吾卫将军尉迟敬宗之子。母裴氏，梦吞月而孕，六岁聪慧过人。项有玉枕指纹如印，未成童便能著书。初奘三藏得童子于西域，聪悟绝伦"②。此亦可以作为旁证，证明尉迟敬德出自代北朔州。

最后，尉迟家族的繁衍发展及其他问题。从现在了解到的《旧唐书》《新唐书》尉迟敬德传，传世的《唐尉迟恭碑铭》，以及 20 世纪 70 年代

---

① （清）董诰编：《全唐文》卷 760《大慈恩寺大法师基公塔铭并序》。"窥基塔铭"文是唐文宗开成年间官任御史中丞的李宏庆依据前吏部侍郎李乂所写碣文撰写的。李乂其人为唐中宗景龙年间官拜中书舍人，后又担当知制诰数年，"景云元年，迁吏部侍郎，与宋璟、卢从愿同时典选，铨叙平允，甚为当时所称。寻转黄门侍郎"，故而他提供的碣文具有很强的权威性和信凭性。另可参考《旧唐书》卷 101《李乂传》的记载。

② （宋）释志磐：《佛祖统记》卷 29《窥基传》。另外，北宋释赞宁《宋高僧传》卷 4 载"释窥基，字洪道，姓尉迟氏，京兆长安人也"。这里所载窥基为京兆长安人，应该是指窥基的出生地。《宋高僧传》，中华书局 1987 年版。

出土的《大唐故开府仪同三司鄂国公尉迟君墓志并序》，《大唐故司徒公并州都督上柱国鄂国公夫人苏氏墓志并序》，学界对于唐初著名大将尉迟敬德的生平事迹有了相当的了解。然而，尉迟敬德死后家族繁衍发展情况，上述史料记载得并不多。鉴于此，笔者根据其他史料试作论述。

关于尉迟宝琳，依据其父尉迟敬德传记史料，官至卫尉卿，但尉迟敬德志石记载其官衔为“银青光禄大夫，上柱国，卫尉少卿”，碑铭则记载其为“右领军将军”，宋人著录碑铭为“司卫卿”，可能是记载尉迟宝琳不同时期的官职。从上述仅存的史料看，尉迟宝琳的个人操守并不好。史载云：“（刘）延佑从弟藏器，高宗时为侍御史。卫尉卿尉迟宝琳胁人为妾，藏器劾还之，宝琳私请帝止其还，凡再劾再止。藏器曰：‘法为天下县衡，万民所共，陛下用舍繇情，法何所施？今宝琳私请，陛下从之；臣公劾，陛下亦从之。今日从，明日改，下何所遵？彼匹夫匹妇犹惮失信，况天子乎。’帝乃诏可，然内衔之，不悦也。稍迁比部员外郎，监察御史魏元忠称其贤……”[①] 虽然这则史料的具体时间并不明朗，但从尉迟宝琳咸亨初年去世判断，其可能发生于唐高宗继位初期（尉迟敬德健在之时?）可以看出，唐高宗竟然为尉迟宝琳的不法行为打掩护，而且一而再再而三。由此不仅证明尉迟家族和唐朝皇室关系确实不一般，而且也可看出唐高宗或许对其有所顾忌，以及处理朝政相关问题的捉襟见肘。无疑，如此确实败坏朝风，引起朝野臣僚的不满，并有碍政治清明。

杜公夫人尉迟氏的父亲尉迟（宝）环。唐代宗、唐德宗时期著名宰相杨炎撰有《安州刺史杜公神道铭》，这位杜公名杜鹏举，是中唐著名大臣杜鸿渐的父亲。杜公“开元初，上以中都稍食，省河漕之徭。大农器用，赋晋山之铁，牧马于归兽之野，考室于迎春之宫。关中始置疏决、盐铁、长春宫三使，诏以公为判官。明年，天子东行河堤，陆格兽之场，开濯龙之沼，停銮上苑，留宴天泉，酒酣乐过，公献赋以讽，于是有采章之锡。迁著作佐郎，太子左赞善大夫，都水使者，邠王府司马，丰王府长史，中散大夫，安州刺史”。值得注意的是，杜公夫人“河南郡君，尉迟鄂国公之孙，邛州刺史环之女也。抱含一之德，友于君子，受降神

① 《新唐书》卷201《文苑传·刘延祐传附刘藏器传》。

之祥，克生元辅。天宝四载，终于山阳别业，其终祔焉”①。上述杜夫人为尉迟敬德之孙女，其父亲曾官拜邛州刺史，名尉迟环（或许应该是尉迟宝环）。就是说，这位邛州刺史应是尉迟敬德的儿子。

尉迟宝琪其人。如上所述，陈思道人编辑《宝刻丛编》中，还记载有出自《京兆金石录》一书的“唐尉迟宝琪碑”②，从碑目编排顺序，同一时期其他碑主死亡时间，以及姓氏名讳等方面判断，此人或许是尉迟敬德的另外一个儿子。如果这种推定没有问题的话，尉迟敬德至少应该有三个儿子，这就是尉迟宝琳、尉迟宝琪、尉迟（宝）环三兄弟。

另外，也有史料可以说明尉迟敬德孙子辈的存在。上述《大唐故司徒公并州都督上柱国鄂国公夫人苏氏墓志并序》中提到尉迟敬德的孙子尉迟循毓，此人应该就是尉迟宝琳的儿子，当时官拜潞王府仓曹参军。还有杜鸿渐的母亲尉迟氏；嫁与许敬宗儿子的尉迟敬德女孙。正如上文所论，许敬宗的这位儿媳妇是尉迟敬德的孙女还是女儿似乎还存在疑问。但不管怎样，至少尉迟循毓、杜鸿渐的母亲尉迟氏，应该是现在可以看到的尉迟敬德家族的第三代人士。当然，尉迟敬德碑铭中，似乎隐约有尉迟敬德的子孙和皇室结亲的词句，只是显得隐晦不明，上述王昶、孙三锡等人已经言及，但现存史料并没有这方面的记载，故在此不作深论。

本篇在学界现有研究的基础上，利用现存碑刻资料探讨唐初著名将领尉迟敬德碑涉及的问题。笔者首先考察尉迟敬德碑铭的撰写者许敬宗相关事迹，如许敬宗撰写碑铭墓志文，历来对其负面评价的原因，他与尉迟敬德家族关系的缔结等做了论述，并提出自己的看法。其次，针对自欧阳修的儿子欧阳棐以来的金石碑刻著录研究，爬梳两宋时代对尉迟敬德碑铭的著录，说明此一时期涉足这通碑铭的探讨，还谈不上是真正意义上的研究；而清代乾嘉学派碑刻金石大家，对包括尉迟敬德碑铭在内碑石所进行考据研究，才开始了真正意义的碑石学术研究。著名碑刻金石专家王昶、毕沅、钱大昕、洪颐煊、孙三锡等人，均对尉迟敬德碑做过一定的探讨，涉及碑铭文本身以及相关问题，对我们今天的研究仍

① 《全唐文》卷422《安州刺史杜公神道铭》。杜鹏举的儿子为杜鸿渐，《新唐书》《旧唐书》有传记，活跃于中唐肃、代之际。参考《旧唐书》卷108《杜鸿渐传》。

② （宋）陈思道人：《宝刻丛编》卷9，中华书局《丛书集成新编》本。

然具有重要的借鉴意义。最后，笔者依据查阅到的此前学者很少关注的史料，在讨论学界现有研究成果的基础上，进一步证明尉迟敬德的籍贯故乡就是朔州善阳，即现在的山西省朔州市朔州区，而洛阳只是曾经的迁居地。其实，唐初和尉迟家族一样出身鲜卑，后来随北魏孝文帝南下洛阳的家族并非个案，其碑志中称为洛阳人者亦大有人在，如已故著名隋唐史大家王仲荦教授就曾关注过唐初姬氏家族的籍贯、迁居地等问题，对此可参考仇鹿鸣先生发表的论文[①]，但因此并不能忽略这些人的籍贯和故乡所在。相信通过学界同仁的不懈努力，尉迟敬德碑铭涉及问题，以及初唐历史关联的诸多人物事件研究，一定会取得更大的进展。

（《陕西历史博物馆馆刊》第19辑，2012年）

① 仇鹿鸣：《新见〈姬揔持墓志〉考释》，《唐研究》第17卷，北京大学出版社2011年版。

武则天与狄仁杰

武则天与狄仁杰，一个是闻名遐迩、大权独揽的女皇，一个是家喻户晓、为民请命的耿忠直臣，除了年龄相当、祖籍同地（山西人）之外，这两个性别、地位、志趣互不相同的人有幸自始至终君臣过从、同戴天宇，在大唐、武周政权的风云交替中，不能不说是一个奇迹。武则天"虽刑罚多枉，而终不杀狄仁杰"[①]，是什么力量从中作用，致使产生这种神奇的效果呢？本篇试作探讨，以就正于诸师友方家。

一

武则天与狄仁杰怎样相识，须先从狄仁杰说起。狄仁杰字怀英，并州太原（今山西太原）人，自幼聪颖好学，名贯乡里，后考取明经，被授职汴州判佐。唐高宗仪凤年间（676—679），狄仁杰担任大理丞，"周岁断滞狱一万七千人，无冤诉者"[②]，一时声名大震，朝野推崇备至。不久，又由于高宗要判武卫大将军权善才等误斫昭陵柏死罪一案，狄仁杰以身护法，据理直争，终于迫使唐高宗改变主意，权善才等人得以免死。与此同时，武则天协助唐高宗参与执政，宫中号称"二圣"，狄仁杰的直臣风节自然而然地传入武则天的耳内。二十余年后武则天封狄仁杰为内史制书中有"雅达政方，早膺朝寄"[③]之语，足以说明当时武则天对狄仁杰的重视。

---

* 此文是与三秦出版社冯慧福先生共同署名。

① （宋）李焘《续资治通鉴长编》卷7，乾德四年五月，中华书局2007年版。

② 《旧唐书》卷89《狄仁杰传》。

③ 《唐大诏令集》卷44《狄仁杰内史制》。

武则天协助唐高宗处理政事期间，狄仁杰无论是担任地方官还是中央职事官，解决滞狱、弹劾奸邪、保护百姓权益，充分具备了封建时代忠正干臣的忠直、果敢、豁达、开拓的品德风貌，这就在武则天的心目中镌刻下一个德才兼备、果敢任事的直臣形象。武则天和狄仁杰进一步交往是和武则天临朝称制，乃至称帝相联系的。

弘道元年（683），唐高宗病逝，他的第三子太子李显继位，武则天临朝称制。唐朝自开国至此，形成了极为开放的社会风气，女性的社会地位和精神面貌出现了前所未有的提高与改变，这些都直接或间接地激发了武则天的参政意识，促使她从垂帘听政，中经临朝称制，最后努力登上皇帝的宝座。因而，武则天称制，一方面取决于她的胆识、权变；另一方面，当时社会也赋予她机遇和支持。她称制之后，大肆封赏武氏家族，"时诸武用事，唐宗室人人自危，众心愤惋"[①]，开国元勋李勣（徐世勣）的孙子徐敬业首先起兵发难，传檄四方，声讨武则天"包藏祸心，窥窃神器。君之爱子，幽之于别宫；贼之宗盟，委之以重任"[②]。然而，徐敬业起兵虽打着匡复庐陵王的旗号，但却另有企图，他想割据江南一隅，这与当时"海内承平日久，忽闻狂狡，莫不注心倾耳，以俟其诛"[③] 的民心是背道而驰的。因此，叛乱很快就被平定。

这时的狄仁杰，以政治家特有的冷静和眼力，审时度势，他没有参与反对武则天临朝称制的活动，而是用自己手中的权力为百姓谋利益。他担任宁州刺史，"抚和戎夏，人得欢心，郡人勒碑颂德"。御史郭翰到陇右巡察民情，一到宁州境内，"耆老歌刺史德美者盈路"[④]。郭翰返朝后，即刻上表举荐，武则天于是迁狄仁杰为冬官（工部）侍郎，充江南巡按使。狄仁杰不负众望，对遭受徐敬业叛乱骚扰的江南百姓安抚慰问。针对当时"吴、楚多淫祠"的弊俗，上奏毁掉祠庙一千七百余所，只留夏禹、吴太伯、季札、伍员四祠。这个时期他还写下了著名的《檄告西楚霸王文》，批评项羽"逞拔山之力，莫测天符所会"，最后失败"盖实由于人事，焉有属于天亡"，结果是"虽驱百万之众，终弃八千之子"[⑤]。

① 《资治通鉴》卷203，则天后光宅元年（684）。

② 《旧唐书》卷67《李勣传附徐敬业传》。

③ 《旧唐书》卷92《魏元忠传》。

④ 《旧唐书》卷89《狄仁杰传》。

⑤ 《全唐文》卷69狄仁杰《檄告西楚霸王文》。

实际上，狄仁杰是借项羽逆潮流而动招致失败的历史事实，表达了自己对徐敬业等不顺应民心，图谋割据江南一隅的客观批评。

武则天以她博大的胸怀和坚韧不拔的毅力，担负起治理国家的重任，只有卓越的政治家才会有如此胆略和气魄。而能够理解她的事业，并将其和国家、百姓利益联系在一起，在当时恐怕鲜有人在，但狄仁杰却恰恰体会到这一点，他不像那些专靠谗谀献媚过活的小人，更区别于守旧、顽固、保守的唐宗室及其追随者。他以实际行动支持武则天的事业，这怎能不令武则天万分兴奋，视其为知己呢？

徐敬业叛乱虽被镇压，但以唐宗室为主的反对派却仍进行着各种各样的反武活动。垂拱四年（688），博州刺史琅琊王李冲起兵，豫州刺史越王李贞起兵响应。武则天没费多大气力就平定了这次李唐宗室叛乱。这时，武则天想到了狄仁杰，派他到叛军作乱最厉害的豫州出任刺史，以安抚百姓稳定局势。

二

与此同时，武则天开始大规模地屠杀唐宗室反对派，“时治越王贞党与，当坐者六七百家，籍没者五千口，司刑趣使行刑”①，面对这种情况，狄仁杰不像其他大臣那样，唯唯诺诺，唯命是从，而是以政治家特有的变通手段，“密奏”武则天说明原委利害，“臣欲显奏，似为逆人申理；知而不言，恐乖陛下仁恤之旨。表成复毁，意不能定，此辈咸非本心，伏望哀其诖误”。武则天采纳了他的建议，赦免这些人死罪，配流丰州。当他们赴流所路经宁州州境时，手抚狄仁杰德政碑，感动得热泪流淌，“斋三日而后行”②。这些人感激狄仁杰救命之恩没有什么可深探讨的东西，重要的是狄仁杰能够促使武则天避免打击面的扩大化，对稳定形势起了重要作用。当时，官军尚在豫州，“将士恃功，多方求取”，大将张光辅更是骄横异常，骚扰地方。狄仁杰对此非常气愤，尖锐地指出张光辅的胆大妄为。张光辅班师回朝后，诬陷仁杰“不逊”。不久，狄仁杰被贬为复州刺史，又迁洛州司马。对于反对派，武则天不择手段，坚决镇

① 《资治通鉴》卷204，则天后垂拱四年（688）。

② 《旧唐书》卷89《狄仁杰传》。

压，然而，她能听从狄仁杰劝谏，这说明她并没有被血腥迷障双眼，失去理智，也证明两位政治家在重大问题上确有灵犀相通之处。张光辅诬陷狄仁杰，使其遭贬，证实武则天也有猜忌、多疑、误听谗言的一面，但很快她又调狄仁杰入京任职，再次说明武则天的胸怀和明智。

天授元年（690），武则天改唐为周，自称圣神皇帝，更为严厉地诛杀反对派。对于新建的武周政权，狄仁杰没有什么表示。次年，他被授予地官（户部）侍郎，并同平章事。武则天召见狄仁杰，云："卿在汝南时，甚有善政，欲知谮卿者乎？"[①] 表明武则天对狄仁杰的信任和推崇。而狄仁杰的答语，更增加了武则天对他的敬意。"陛下以臣为过，臣请改之；知臣无过，臣之幸也。不愿知谮者名。"这种完美的人格，有则改之，无则加勉的自谦胸怀，无形中缩短了君臣之间的距离，怪不得武则天连连点头，"深叹美之"[②]。狄仁杰又疏请武则天分权于臣僚，认为"彼学生求假，丞、簿事耳，若天子为之发敕，则天下之事几敕可尽乎！"武则天非常赞同他的看法[③]。

告密之风发起于徐敬业起兵之后，酷吏政治使得"朝士人人自危，相见莫敢交言，道路以目"[④]，狄仁杰也未能免除酷吏的魔爪。天授三年（692），酷吏来俊臣罗织狄仁杰等六人谋反，将他们关押起来。当时盛行"一问即承，同首例以减死"。来俊臣逼迫仁杰招供反实，仁杰声言"大周革命，万物唯新，唐室旧臣，甘从诛戮，反是实！"既表示对改唐为周的首肯，让其抓不住把柄，又注重事实，使人一看就知道承认反叛的真正原因。武则天召见他，问他为什么已承认反叛？狄仁杰答道："不承反，臣已死于枷棒矣。"[⑤] 武承嗣、来俊臣怂恿武则天杀掉狄仁杰，然而武则天态度相当坚决，"朕好生恶杀，志在恤刑，换汗已行，不可更返"[⑥]。狄仁杰免死但却被贬为江南彭泽县令。

万岁通天元年（696），契丹贵族李尽忠、奚人孙万荣为反抗武周边

---

① 《旧唐书》卷 89《狄仁杰传》。
② 《资治通鉴》卷 204，则天后天授二年（691）。
③ 同上。
④ 《资治通鉴》卷 204，则天后天授元年（690）。
⑤ 《旧唐书》卷 188 上《来俊臣传》。
⑥ 《旧唐书》卷 89《狄仁杰传》。

将对其侵侮，据营州发动叛乱，李尽忠自称无上可汗[①]，率兵骚扰河北各地。武则天先后派大将张玄遇、曹仁师、麻仁节、王孝杰、苏宏晖等前赴镇压，但都连吃败仗。契丹军队长驱直入“杀掠人吏，侵夺资产”，河北各地百姓处于水火之中。武则天在调集军队的同时，急调狄仁杰出任与契丹相邻的魏州刺史。狄仁杰上任后，一改前任刺史“尽驱百姓入城，缮修守具”[②]的御敌策略，而让百姓返田耕作，安心生产。结果“贼闻之自退，百姓咸歌诵之，相与立碑以记恩惠”[③]。契丹贵族叛乱平定后，狄仁杰被任命为幽州都督，成为河北地方军政首脑。神功元年（697），武则天调他至神都洛阳，任鸾台侍郎，同凤阁鸾台平章事，加银青光禄大夫、兼纳言，实际负责中央日常事务的裁决。

圣历元年（698），突厥纵兵侵扰河北赵、定等州，“尽杀所掠男女万余人”。武则天命狄仁杰为河北道行军元帅，临行她亲送狄仁杰出都门，以示信重。仁杰总兵十万，赶走侵扰之突厥骑兵。随后，武则天下制授狄仁杰为河北安抚大使，他上疏请求“曲赦河北诸州，一无所问”。妥善处理“为突厥逼胁”[④]的河北士民。“慰抚百姓，得突厥所驱掠者，悉递还本贯。散粮运以赈贫乏，修邮驿以济旋师。”很快，赵、定等州百姓安居乐业，“河北遂安”[⑤]。

狄仁杰回朝后，武则天即刻授予他内史（中书令），在制书中，武则天高度评价了他所建立的赫赫功勋，云：“出移节传，播良守之风；入践台阁，得名臣之体。岂惟怀道佐时，见期于管乐；故以竭诚匡主，思致于尧舜。九重肃待，则深怀可否；百辟在庭，则显言行失……”[⑥]此后，又赐仁杰朝袍一件，上制金字十二，“敷政术，守清勤，升显位，励相臣”[⑦]，以旌其忠。

也许是两位政治家政见同一的缘故，也许是他们在老迈之年，发现了人与人之间感情的真正依托，也许是其他难以知晓的原因，武则天和

---

① 《旧唐书》卷199下《北狄·契丹传》。

② 《旧唐书》卷89《狄仁杰传》。

③ 同上。

④ 《全唐文》卷169狄仁杰《请曲赦河北诸州疏》。

⑤ 《资治通鉴》卷206，则天后圣历元年（698）。

⑥ 《唐大诏令集》卷44《狄仁杰内史制》。

⑦ 《全唐诗》卷5则天皇后《制袍字赐狄仁杰》。

狄仁杰君臣关系表现得极为密切。武则天游幸三阳宫，“王公百僚咸经侍从，唯仁杰特赐宅一区，当时恩宠无比”。行止途中，有一胡僧阻拦车驾，请求武则天从狭道上山观葬佛舍利，武则天欣然应允，而狄仁杰则长跪于马前，苦口劝谏，武则天终于改变主意。武则天“将造浮图大像，度费数百万”[①]。狄仁杰上谏，认为“伏惟圣朝，功德无量，何必要造大像，而以劳费为名”。况且“当今有事，边境未宁，宜宽征镇之徭，省不急之费。设令雇作，皆以利超，既失田时，自然弃本”[②]。武则天览奏惊悟，说：“公叫朕为善，何得相违?”[③] 即刻罢除役作。

契丹猛将李楷固等归附，因为这几个人以前曾率军多次打败过武周军队，有关部门商议处斩他们以解恨。狄仁杰急切上奏，要求赦免这些人的罪过，授以官职，予以重用。武则天接受了他的建议。果不出所料，李楷固等率军讨伐契丹余众，擒敌颇多，献俘于含元殿。武则天召公卿将帅合宴庆祝胜利，“举觞属仁杰曰：‘公之功也。’仁杰辞让道：‘此乃陛下威灵，将帅尽力，臣何功之有?’”[④] 很显然，这些都促进了武周政权的巩固，体现了君臣之间的和睦关系。

三

特别是牵涉到举足轻重的皇位继承问题的时候，狄仁杰又一次以他政治家的深谋远虑，劝说武则天顺应人心，还政于庐陵王李显。当时武则天已经七十多岁，皇嗣问题再一次被提上议事日程。立武、还是立李，这是武则天最伤脑筋的事情。在此之前，大臣李昭德、吉顼等人虽也提出过还政李氏的建议，但多失于偏激，不为武则天接受。而狄仁杰却看出了武则天的弱点，他向武则天阐明利害，并且相当注意说话的分寸和策略，“每从容奏对，无不以子母恩情为言，则天亦渐醒悟”[⑤]。同时，他又从另一方面感促武则天，“文皇帝栉风沐雨，亲冒锋镝，以定天下，传之子孙。大帝以二子托陛下。陛下今乃欲移之他族，无乃非天意乎!”

① 《新唐书》卷115《狄仁杰传》。

② 《全唐文》卷169狄仁杰《谏造大像疏》。

③ 《资治通鉴》卷207，则天后久视元年（700）。

④ 同上。

⑤ 《旧唐书》卷89《狄仁杰传》。

"陛下立子，则千秋万岁后，配食太庙，承继无穷。立侄，则未闻侄为天子而祔姑于庙者也。"① 经过狄仁杰的努力，武则天终将庐陵王李显迎还洛阳，立为太子。至此，这个悬而未解的难题才告一段落。复立庐陵王对于当时国家的安危及唐朝的历史都有极其重大的意义。政治斗争使他们君臣，或者说两位政治家的心再次沟通，达到进一步默契。历代史家往往把狄仁杰说成是匡复唐室的忠臣义士，这当然可以说明一些问题，但他们却忽视了其中重要一点，这就是他顺民心，随大势，把握历史发展的脉搏，只有杰出的政治家才具有这样的眼光、见识、才略和勇气。当然，武则天做得也相当出色，不失政治家的风范。

圣历二年（699）以后，狄仁杰虽重病缠身，却仍然为国操劳。武则天更加信重狄仁杰，"常呼国老而不名"。每当狄仁杰上殿堂参拜之时，她都立加制止，颇带感情地责备道。"见卿如此，朕已身痛。"而狄仁杰的耿直无私不减当年，"好面引庭争，太后每屈意从之"。武则天并减免他平日宿值，告诫其他宰相："自非军国大事，勿以烦公。"②

在告别人世前的最后一段时间里，狄仁杰向武则天举荐张柬之、桓彦范、姚崇、袁恕己等人，武则天都亲自任以官职。这些人在此后武周与唐过渡时期，都曾起过重要作用。久视元年（700）九月，狄仁杰病逝，享年 74 岁。武则天失去了这位治理国家的辅佐，共同事业的知音，她十分悲痛，情不自禁地说道："朝堂空矣！"此后，每当宰相们举事优柔难决之时，武则天常默默地怀念狄仁杰："天夺吾国老何太早邪！"③ 一代贤相名臣为国为民尽瘁而死，一代女皇不时沉浸于长久黯然的怀念之中。

任何历史人物，他们的作为只有顺应时代的潮流，符合广大人民的愿望，才能显示出他们的伟大。武则天以政治家特有的韬略、才干和气魄，成为中国历史上唯一的女皇。这期间，她任用忠直而富于变通的大臣如狄仁杰等，打击守旧反对派官僚，维护中央政权的声威，促进社会经济的继续发展。他们两人之所以前后数十年亲密合作，重要的一点就是，两位政治家都具有明锐远大的目光和鲜明的时代感，在历史发展的

---

① 《资治通鉴》卷 206，则天后圣历元年（698）。

② 《资治通鉴》卷 207，则天后久视元年（700）。

③ 同上。

重要关头，他们不拘一格，顺应时势。另外，狄仁杰为官清直，为民请命，这在满朝谀媚的气氛中无疑是独树一帜的，加之武则天治理安抚地方，根本就缺少不了像狄仁杰这样的得力臣僚。再者，他们两人的性格中也有相互吸引的成分，这不能说不是一个原因。总之，历史将这两位性别各异、年龄相当的三晋儿女推上时代舞台，他们前后共事数十年，弘扬了历代君臣齐心协力，共同治理国家的风尚，的确值得赞颂和褒扬。

（《武则天与文水》论文集，山西人民出版社 1989 年版）

唐高宗立皇太孙府关联问题

唐高宗是否设立皇太孙府署问题，现存《旧唐书》《新唐书》纪、传记载存在差异，《资治通鉴》也没有提供更好的见解。迄今为止，学界对该问题缺乏详细的考论[①]。鉴于此，本篇拟在已有零星研究的基础上，利用新出土的唐人墓志石刻资料，对此问题试作考论。

一　设置皇太孙府的原因

关于唐高宗立皇太孙之前历朝所见“皇太孙”，前蜀冯鉴《续事始》载云：“晋永康元年（300）立愍怀太子第二子临淮王为皇太孙；齐永明十一年（493）立文惠太子长子南郡王昭业为皇太孙”[②]，当然，也提到唐高宗立太子李哲嫡子李重照为皇太孙之事件。

从上述史料可以看出，此前帝王立“皇太孙”，直接原因在于太子去世，储位空缺，为使帝位延嗣不乱，而确立太子之子为新的储君。进一步说，根本原因还在于“嫡长子继承制”的传统起着作用。这是中国自

---

* 本篇与笔者的硕士研究生侯振兵共同署名。

① 有关武则天传记著作，如林语堂《武则天正传》（陕西师范大学出版社 2006 年版），胡戟《武则天本传》（三秦出版社 1986 年版），赵文润、王双怀合著《武则天评传》（三秦出版社 1993 年版）等均未见提及唐高宗立皇太孙事宜。

② 按：《资治通鉴》卷 83，永康元年（300）条载：三月，黄门侍郎孙虑“以药杵椎死太子”，“五月己巳，诏立临海王（《唐会要》卷 4 作‘临淮王’）臧为皇太孙，还妃王氏以母之。太子官属即转为太孙官属。相国伦行太孙太傅。己卯，谥故太子曰愍怀。六月壬寅，葬于显平陵”。《资治通鉴》卷 84，永宁元年（301）条载：“五月，立襄阳王尚为皇太孙。”（《旧唐书》卷 5《高宗纪下》作：“晋立愍怀太子子彧为皇太孙。”）《资治通鉴》卷 138，永明十一年条载：正月“丙子，文惠太子长懋卒。……夏四月甲午，立南郡王昭业为皇太孙。东宫文武，悉改为太孙官属。以太子妃琅邪王氏为皇太子太妃，南郡王妃何氏为皇太孙妃。”

古以来的传统，但只要有确定的皇太子健在，一般不会有立皇太孙的动作出现。然而，唐高宗却想打破这一传统，要在太子活着的时候，立一个皇太孙出来。除皇太孙之外，唐代还有“皇太弟”“皇太叔”等说法，有研究者在肯定唐前期皇位传承“嫡长子”传统的同时，探讨皇位不稳定的原因，认为其与“统治者之关陇军事贵族出身和沾染胡化”有关①。

皇太子健在而立皇太孙，当时的臣僚们认识到此举不合古礼，只是迫于唐高宗若有所思的坚持，才附和赞成。那么，唐高宗为什么要急于立一个刚刚满月，年幼无知的皇太孙呢？其中是否还有什么隐情？笔者认为，这与高宗在位期间皇位继承之不固定性有关。陈寅恪先生《唐代政治史述论稿》中篇《政治革命及党派分野》云：“太宗盖世英雄……当日皇位继承终是动摇不固定之事。……至于高宗本庸懦之主，受制于武后，其皇储之不固定，夫何足怪？”高宗一朝共四次立皇太子：永徽三年（652）秋七月丁巳，立陈王忠为皇太子（10岁）；永徽七年（656）春正月辛未，废皇太子忠为梁王，立代王弘为皇太子（5岁）；上元二年（675）夏四月己亥，皇太子弘薨于合璧宫之绮云殿，六月戊寅，以雍王贤为皇太子（23岁）；调露二年（680）秋八月甲子，废皇太子贤为庶人，幽于别所，乙丑，立英王哲为皇太子（25岁）。② 就是说，由于各种人为或者自然的原因，此一时期大唐王朝皇储变换频繁。

众所周知，唐高宗朝被立为皇太子者不但惶惶然不知所措，而且往往有生命危险，缺乏应有的安全感。高宗长子李忠，因其生母出身卑贱，后来过继给王皇后，但由于王皇后地位不保，李忠终被废为庶人。高宗与武则天所生长子李弘“生知诞质，惟几毓性”，“慈惠爱亲”，“死不忘君”③，然而因其母后武则天“旷世怪杰”、权欲旺盛，加之李弘本人体弱多病，最后在身体和来自母亲方面的双重挤压下，年仅二十余岁就别离人世④。只是李弘死后被尊为孝敬皇帝，极尽哀荣。次子李贤因传说是

① 宁永娟：《唐前期皇位传承观念及皇位继承不稳定原因再探讨》，《晋阳学刊》2009年第2期。

② 《旧唐书》卷4、卷5《高宗纪》。

③ 《旧唐书》卷86《高宗中宗诸子·孝敬皇帝弘传》。

④ 关于太子李弘之死，欧阳修主张武则天杀子说，当今学者持否定看法者多，参梁恒唐《太子弘死于肺结核，欧阳修冤枉武则天》，《武则天与乾陵》，三秦出版社1994年版，第89—95页。也有学者利用新出土的阎立德之子阎庄墓志，证明李弘死前确与其母武则天关系紧张。参臧振《西安新出阎立德之子阎庄墓志铭》，《唐研究》第2卷，北京大学出版社1996年版。

“后姊韩国夫人所生”，性格又与武则天格格不入，母子间的误解频现，因而注定了被废、被杀的命运。此后，万般无奈的高宗将第三子英王李哲扶上皇太子宝座。如此二十余年间国本飘摇、四易皇储，皇权不稳由此可见。同时，因为皇太子的废立，并不是皇子间尔虞我诈的争夺所致，而是最高决策者一手造成的，就更无法向天下人交代[①]。很显然，高高在上的君主必须负一定的责任，采取一定的措施，来巩固一位令他相对比较满意的太子的地位。所以，唐高宗去世的前一年，皇朝就大张旗鼓地树立一位幼龄皇太孙来。这样，对年老的高宗皇帝来说，一来可以给天下苍生一个交代，二来确立皇位继承的既定轨道，避免再出现什么反复[②]。胡戟先生在《唐代储君》一文中指出：“唯唐中叶不到半个世纪，代、德、顺、宪四帝顺序按嫡长子原则传承皇位，前一个半世纪中竟无一位皇帝是嫡长子。原因很清楚，从太宗到肃宗的七位皇帝，全是借宫廷事变登上储位或大位的。”[③] 唐高宗末年，由于皇位继承的飘摇无定，新的皇太孙制的应时而出，或许正是这一现象的反面表现。

二 史料记载差异

然而，有关唐高宗立皇太孙，并组建太孙府署设立从官问题，现存史料记载存在差异。

其一，《旧唐书》卷5《高宗纪下》载：二月癸未，以太子诞皇孙满月，大赦。改开耀二年为永淳元年，大酺三日。戊午，立皇孙重照为皇太孙，欲开府置僚属。吏部郎中王方庆曰：“按《周礼》，有嫡子无嫡孙。汉、魏已来，皇太子在，不立太孙，但封王耳。晋立愍怀太子子彧为太孙，齐立文惠太子子昭业为太孙，便居东宫；而皇太子在而立太孙，未

---

① 谢元鲁认为：“从武则天到唐中宗时期，出现了贬低皇太子地位和限制皇权权力的趋势。”确切地说，从武则天左右政权的高宗时期，这一趋势就已经开始了。参谢元鲁《隋唐的太子亲王与皇位继承制度》，《天府新论》1996年第2期。

② 曾现江有相类似的看法，认为“立皇太孙并要为其开馆置馆属，实质是为稳固太子地位，使李显避免像前两位太子那样被武则天清除，从而保证李唐社稷的长久”。见曾现江《唐高宗新论》，《许昌师专学报》2001年第4期。

③ 胡戟：《唐代的储君》，载朱雷主编《唐代的历史与社会》论文集，武汉大学出版社1997年版。

有前例。”上曰：“自我作古，可乎？”“亦可”。然竟不立府僚。

《唐会要》卷4“皇太孙”条载曰：“永淳元年（682）三月十五日，立皇孙重照为皇太孙。”在“将置府寮”之时，高宗诏吏部侍郎裴敬寻、郎中王方庆询问：“今立太孙，前代故事如何？”方庆进曰：“臣按《周礼》有嫡孙；汉魏以来，皇太子在，亦不立太孙，但封王耳。晋太康元年（按，应为永康元年），立愍怀太子第二子临淮王臧为皇太子。永宁元年，立愍怀太子第三子襄阳王尚为皇太孙。官属即转为太孙官属。齐永明十年（按，应为十一年）立文惠太子长子南郡王昭业为太孙，使居东宫。今皇太子（李哲）在而立太孙，旁求载籍，未有前例。”高宗又问：“自我作古可乎？”回答说：“可。……今陛下肇建皇孙，创斯盛典，所以彰子孙千载之盛，福祚灵长之应也。”唐高宗对此十分高兴，“使方庆详求典故，官属员品，乃奏太孙府置师傅及文学、祭酒，及左右长史、东西曹掾，主簿、管记、司录以下六曹从事等官，各加王府一级。上后颇以为疑，竟不补授而止”。

《新唐书》卷81《懿德太子传》载：

> 是岁，立为皇太孙，开府置官属，帝问吏部侍郎裴敬彝、郎中王方庆，对曰：“礼有嫡子，无嫡孙。汉、魏太子在，子但封王。晋立愍怀太子为皇太孙，齐立文惠子为皇太孙，皆居东宫。今有太子，又立太孙，于古无有。”帝曰：“自我作古若何？”对曰：“礼，君子抱孙不抱子，孙可以为王父尸者，昭穆同也。陛下肇建皇孙，本支千亿之庆。”帝悦，诏议官属。敬彝等奏置师、傅、友、文学、祭酒、左右长史、东西曹掾、主簿、管记、司录、六曹等官，加王府一级，然卒不补。

《资治通鉴》卷203，高宗永淳元年条载：

> 乃奏置师傅等官。继而上疑其非法，竟不补授。

其二，《旧唐书》卷86《懿德太子重润传》则说：“是岁（按，永淳元年）立为皇太孙，开府置官属。及中宗迁于房州，其府坐废。”

可以看出，上述史料一对于设立皇太孙府署记载大同小异，可以说成也高宗败也高宗。具体来说，鉴于上述原因，唐高宗在皇太孙满月之后，首先提出设立皇太孙府，臣僚们因此提出许多问题，唐高宗起先坚持自己的看法，并要开风气之先，设立皇太孙府署，只是过了一段时间，竟然对自己此前的想法产生疑问，故而在组建皇太孙府署问题上改变此前的想法。也就是说，唐高宗虽然封年幼的李重润为皇太孙，但在组建皇太孙府署问题上，唐高宗没有实现初衷，最终放弃了设立皇太孙府署的设想。史料二则明确记载唐高宗确实设立组建了皇太孙府署，配置僚属从官，只是因皇太孙父亲唐中宗被流贬，其府署建置才被废黜。

三　唐高宗确曾设立皇太孙府署

因为史料记载存在差异，学界对此问题看法也不尽相同。如申秦雁、周柏龄《对懿德太子墓“宫女图”的一点看法》认为：“三月戊午日，又立李重照为皇太孙，并为其开府设置官属”[①]；上引谢元鲁论文中也确认唐高宗为皇太孙“开府置官属”，认同史料中设立皇太孙府署的记载。

也有对此持否定看法者。如雷家骥《武则天传》认为唐高宗“在征得有司赞成之后，乃于三月十五日正式册立重照为皇太孙，欲开皇太孙府，并令府官各加王府一级。虽然天皇稍后没有正式付诸实行，但是从此事实看来，起码天皇与太子哲父子的关系极为良好”[②]。即认为皇太孙府并未正式出现。作为读者喜闻乐见的通俗著作，马东玉《出轨的历史：真实的武则天》一书则是用调侃的笔触，说出皇太孙府署最终未能组建的事实[③]。

那么，到底如何看待上述史料的不同记载，唐高宗是否真的设立皇太孙府署，设置府署后是否配置僚属从官？这些都是需要解决的问题。按：中宗迁于房州在嗣圣元年（683），距永淳元年已两年，当初高宗让王方庆“详求典故，官属员品”，可见要立太孙府僚，也是有典可循的。

为了解决此问题，我们不妨另辟蹊径，从现存石刻墓志史料入手，

---

① 申秦雁、周柏龄：《对懿德太子墓“宫女图”的一点看法》，《陕西历史博物馆馆刊》第6辑，陕西人民教育出版社1999年版。

② 雷家骥：《武则天传》，人民出版社2001年版，第198页。

③ 马东玉：《出轨的历史：真实的武则天》，团结出版社2008年版。

看能否对此问题的解决有所裨益。笔者遍查现存《唐代墓志汇编》《唐代墓志汇编续集》《全唐文补遗》(1—9),《全唐文补遗》(千唐志斋专辑),《隋唐五代墓志汇编》《邙洛碑志三百种》《河洛墓刻拾零》《洛阳新出土墓志释录》《西安碑林博物馆新藏墓志汇编》等有关唐代金石墓志总集书籍,竟从中发现有两方墓志,以及西安市长安区博物馆藏石中(未见上述书籍收录)的一方墓志,似可证明唐高宗确实设立了皇太孙府署,并配置了府署僚属从官。

《唐故蒲州猗氏县令陇西李府君(景由)墓志铭并序》载:李景由"由是起家,拜太子通事舍人,褒异也。加□□在储副,诞育皇孙,莫府特开,官属皆选。拜君太孙府从事,故愍怀左右称得正。武氏燕啄,府诛官贬,出贬泾州司兵参军,从例也。"① 李景由其人《旧唐书》《新唐书》中未见记载,其人事迹也无从了解。但从上述墓志似乎可以得出以下结论:李景由其人因向高宗上奏时务策,并当场咏诵诗歌,受到高宗的赞扬,进而担任太子通事舍人;皇孙满月后,唐高宗特开皇太孙府,李景由被选为太孙府从事,虽然时间短但颇受好评;更由于武则天废黜唐中宗,皇太孙府被罢,李景由被贬为泾州司兵参军。此后,李氏补任越州都督府功曹参军,又迁任益州大都督府士曹参军。任满后担当猗氏县令,开元五年病终于洛阳。大概武周万岁通天二年(697),信奉佛陀的李景由妻卢氏在龙门为其父卢诩敬造石像并菩萨一铺②,时李景由正在益州大都督府士曹参军(正七品下)任上。独孤思敬墓志也可提供佐证。《大唐故朝散大夫行定王府掾独孤府君(思敬)墓志铭并序》载云:"秩满,授皇孙府主簿。帝子开藩,式隆于盘石;府僚推择,必伫于盛才。瞻言茂器,允符英选。寻授宋州楚丘县令。"③ 就是说,虽然时间很短,但独孤思敬在永淳初确曾担当过皇太孙府主簿。唐初官员任期为四年,根据墓志记载,独孤思敬任溧水县丞及迁蜀州司仓参军事是在永隆元年(680),又过四年,于永淳二年(683)任皇孙府主簿。这里的"皇孙府"即是唐高宗为李重照所立的皇太孙府。独孤思敬与李景由一同供职

① 周绍良、赵超主编:《唐代墓志汇编续集》开元163,上海古籍出版社2001年版。

② 刘景龙主编:《龙门石窟碑刻题记汇录》下册,窟龛号1917,编号2730,中国大百科全书出版社1998年版,第601—602页。

③ 周绍良、赵超主编:《唐代墓志汇编》(上)景龙030,上海古籍出版社1992年版。

于皇太孙府，充当主簿、从事之职，“加王府一级”。但他上任未几，便被外调，其原因就是第二年二月中宗李显被贬为庐陵王，李重照随父播迁，于是皇太孙府作罢。这样一来，那些与独孤思敬一起供职于太孙府的官员也就被遣散了。所以《旧唐书·懿德太子重润传》说：“中宗迁于房州，其府坐废。”

一般来说，墓志铭多记载墓主生前最值得夸耀的，或者可以表现死者高风亮节之事迹，对于墓主的过失或者“走麦城”多一笔带过，有的滴水不漏或绝对不提。独孤思敬景龙三年（709）死于京师长安，终官朝散大夫（从五品下）。李景由开元五年（716）死于东都洛阳，享年54岁。此时正处于唐政权复辟平反昭雪余音袅袅之时，独孤思敬其人姑且不提，而像长期担任地方下层官员的李景由，其短时间任职京师，曾经担当皇太孙李重润僚属之事，显然是其子孙或墓志撰写者不可放过的大事件，写入墓志之中是完全是意想得到的事情。当然，更重要的是事情发生仅仅三十余年，一些当事人仍健在，存在造假或者言过其实之处可能性不大。

除此之外，现收藏于西安市长安区博物馆的墓志亦可提供佐证。该墓志的主人是唐中宗皇后韦氏的第一个弟弟韦洵，志文撰者是当时的中书令、修文馆大学士李峤。志文载云：“永隆二载（即开耀元年，681），天衢大亨，画堂开帝子之宫，朱邸列皇孙之府，妙择英俊，以为寮属。有敕命王为皇孙府从事，晨瞻青琐，暮奉绿车[①]，陪楚馆之朝云，扈梁台之夜月，披丹获赏，方侍从于西园，变白生灾，忽流涟于南徼。文明之始（684），随酆王（其父韦玄贞）从居钦州（今广西钦州、灵山等地）。……春秋廿，以如意元年（692）三月十三日，薨于钦州之旅馆。”[②] 李峤误把唐高宗立皇太孙的时间说成开耀元年，可能是因为时过境迁，在景龙二年（708）撰写墓志时，将时间给弄错了。由墓志来看，韦洵出生于咸亨四年（673），永淳元年立皇太孙时他年仅十岁。他被选

① 《太平御览》卷773《车部二·叙车下》引蔡邕《独断》说：“绿车名皇孙车，天子有孙，乘以从。”

② 西安市长安区博物馆藏唐李峤撰《大唐赠吏部尚书益州大都督汝南郡王韦府君墓志铭并序》，该墓志铭似未见当今墓志汇编文献著录，不知何故，这里的引文是笔者根据原石抄录的。笔者按：这方墓志后收入西安市长安博物馆编《长安新出墓志》一书中，文物出版社2011年版。

中充当皇太孙府的从事，此职正是王方庆所奏府僚系统中的一员，可见唐高宗确实曾为皇太孙李重照置过府僚。不过像韦洵这样年纪的“寮属”，大概只能起到陪伴皇太孙玩耍的作用罢了。

如此看来，虽然文献资料记载存在差异，但有墓志史料佐证，唐高宗设立皇太孙府署应该是没有问题的。那么，如何解释上述文献史料记载出现的差异？笔者认为，唐高宗末年乃至整个武周时期，由于意识形态的急剧转变，特别是酷吏政治的血雨腥风，国家史馆处于极度混乱状态。当时出现的史书对一些重大事件的记载要么缺失，要么似是而非，对此后史书的编纂造成极大的困惑[①]。《唐会要》关联记载可能参照了当时可以看到的不实记载，而深埋地下的墓志史料当然看不到。司马光编撰《资治通鉴》时，亦没有机会看到唐人碑志墓铭资料，其原因是上述数人并非重要人物，其墓前碑志历经数百年可能湮灭不存，也可能不为时人重视；深埋坟茔的墓志铭当然也不可能看到，而对于当时可以看到的文献史料，编撰者也没有采纳上述《旧唐书》“懿德太子传”的记载，只是笼统依据《旧唐书》“本纪”中的一面之词得出结论，即所谓“乃奏置师傅等官。继而上疑其非法，竟不补授”[②] 云云。这是应当特别指出的问题。

弘道元年（683）八月，皇太子李显奉命赴东都洛阳朝见高宗，年仅一岁半的李重照以皇太孙的身份留守京师。对此，现存史书记载也存在差异。《旧唐书》卷5《高宗纪下》载云：永淳二年（即弘道元年，十二月改）秋八月己丑，“令唐昌郡王重福为京留守，刘仁轨副之。召皇太子至东都”。就是说，当皇太子李哲到东都时，留守京师的是其第二子李重福。而《旧唐书》卷84《刘仁轨传》则载云：“（永淳）二年，太子赴东都，有令太孙重照京师留守，仍令仁轨为副。”即否认了前一说法。同书卷86《懿德太子重润、重福传》均失载留守京师事。《资治通鉴》卷203高宗永淳二年条，则采用前一种说法，载云“八月己丑，以将封嵩山，召太子赴东都，留唐昌郡王重福留守京师，以刘仁轨为之副。”笔者以

① 拜根兴：《七世纪中叶唐与新罗关系研究》，中国社会科学出版社2003年版，第97—100页。

② 《资治通鉴》卷203，唐高宗永淳元年（682）。

为，唐昌郡王、皇太孙此时均不到两岁，带着他们谁去封禅，可能性都不大，因而都有留守的可能。但是，有高宗皇帝亲自出马设置皇太孙府署，而且专门配置僚属供奉，显然，皇太孙理应得到重视，如此，唐昌郡王李重福留守之事该从何谈起？上述《资治通鉴》的记载值得怀疑。

（《唐史论丛》第 13 辑，三秦出版社 2011 年版）

诠释懿德太子李重润短暂多难的人生

懿德太子李重润是唐中宗与韦皇后所生的嫡长子，出生后很快就被册封为皇太孙，这是唐高宗末年重大的举措之一。然而，在唐周政权交替的肃杀岁月里，李重润只走过短暂的十九年人生历程。随着1971年对乾陵陪葬墓懿德太子墓的发掘清理，考古学界针对懿德太子墓涉及问题做了许多有益的探索，发表了重要的研究成果[①]。只是由于现存史料记载的缺失，有关懿德太子生平关联问题并没有得到解决，辨正现有史料、发掘新的史料，仍然是学界必须正视的问题。

一 皇太孙李重照被废黜

唐弘道元年（683）十二月丁巳（初四），李重照（即李重润）的祖父唐高宗在洛阳皇宫真观殿驾崩，时年56岁。高宗遗诏“七日而殡，皇太子即位于柩前。园陵制度，务从节俭。军国大事有不决者，取天后处分”[②]。在延迟了七天后，十二月十日重照的父亲李显登上皇帝宝座[③]。从表面看，高宗皇帝去世后的皇权交接基本完成了。但若从两个月后李

* 本篇与笔者的硕士研究生王西坤共同署名。

① 陕西省博物馆、乾县文教局：《唐懿德太子墓发掘简报》，《文物》1972年第7期；王仁波《唐懿德太子墓壁画题材的分析》，《考古》1973年第6期；樊英峰：《李重润墓石椁线刻宫女图》，《文博》1998年第6期。申秦雁、周柏龄：《对懿德太子墓“宫女图”的一些看法》，《陕西历史博物馆馆刊》总第6辑，陕西人民教育出版社1999年版。

② 《旧唐书》卷5《高宗纪》。

③ 从高宗十二月初四逝世到李显十二月十日即位，这中间六七天的时间，高宗所选定的顾命大臣裴炎、刘齐贤等在为武则天的垂帘听政出谋划策。详见拜根兴、樊英峰《永泰公主与永泰公主墓》第二章，三秦出版社2004年版。

显即被母亲则天皇太后由皇帝废黜为庐陵王的史实看，作出王朝最高权力交接基本完成的论断显然过于武断，因为人们忽视了武则天对最高权力掌控的事实，以及为得到这种权力所进行的各种处心积虑的努力。

武则天对王朝权力的掌控，学界通常都从显庆年间之后算起。史载云："高宗称天皇，武后亦称天后。后素多智计，兼涉文史。帝自显庆以后，多苦风疾，百司表奏，皆委天后详决。自此内辅国政数十年，威势与帝无异，当时称为'二圣'。"① 苦于疾病缠绕、无法正常处理政事的高宗，非常赞赏信任皇后武氏干练的理政风格、高超的政治才能，以至在他未逝世前就滋生把天下托付给皇后的想法，"帝将下诏逊位于后，宰相郝处俊固谏，乃止"②。同样出于对武则天的信任，高宗遗诏中也就有了"军国大事有不决者，取天后处分"的安排。

检索唐高宗在位期间的一系列重大事件，可以看出武则天对权力的掌控是在逐渐扩大和巩固的。那么，当高宗驾崩，由自己的儿子来做皇帝后，武则天会把已经掌握的权力坦然而甘心地交给儿子吗？历史的真实以否定的姿态予以回答。虽然无法确定武则天何时萌发做女皇的想法，但从其逐渐与权力发生亲密接触后，与生俱来的性格和种种在她看来均可利用的条件，促使她在追逐权力的马拉松中永不停息。为此，她不惜一手制造冤案、网罗罪名清除障碍，李忠、李贤、李弘三太子的废黜薨逝就能说明此问题。③

废立皇帝，在古代历史中应该是惊天动地的大事件，然而中宗的被废黜，却是如此的荒唐和平淡。说其荒唐，是因为一个年轻皇帝被废黜的理由，竟然只是因为他说了一句意气用事的话。当中宗想把他的岳父韦玄贞提拔为侍中，并欲授他的乳母之子一个五品官时，遭到了顾命大臣、中书令裴炎的激烈反对，新任的皇帝被辅政大臣的态度所激怒，气愤之余便说了一句："我以天下与韦玄贞何不可！而惜侍中邪！"④ 很明显，这充其量只是句气话。可是，中宗万万没想到，这句话竟然成了母

---

① 《旧唐书》卷5《高宗纪》。

② 《新唐书》卷67《则天皇后传》。

③ 至于亲生儿子太子弘是否为武则天毒死，现在看来似证据不足，参梁恒唐《太子弘死于肺结核 欧阳修冤枉武则天》，《武则天与乾陵》，三秦出版社1986年版。只是若从武则天后来又相继废黜另外三个儿子的史实看，太子弘之死，武则天难逃其责。

④ 《资治通鉴》卷203，则天后光宅元年。

亲废黜他的理由。当武则天在乾元殿宣布她的懿旨废黜中宗时，中宗委屈地问道：“吾何罪？”武则天随声答道：“汝欲以天下与韦玄贞，何得无罪？”真是欲加之罪，何患无辞。但是，废帝事件耐人寻味的不在于它的荒唐，而在于它的平淡。如此重要关头，大唐的臣僚们都在做些什么？难道他们真的只会眼睁睁地看着名正言顺即位的皇帝被废黜？然而，事实确实如此！臣子们的沉默使一个皇帝的废黜变得异常平淡。

李显被废，作为皇太孙①，不，应该是“皇太子”的李重照情况如何呢？父亲不到两月的皇帝梦被祖母彻底地打碎。仅仅两天后，祖母武则天下令，“废皇太孙重照为庶人”。② 这里便有了一个疑点，皇太孙这名称是相对于其皇帝祖父而言的，当父亲接替祖父成为皇帝后，已经由“皇帝孙子”变成“皇帝儿子”的重照，为什么没有顺理成章地成为皇太子呢？是时间紧迫没有来得及举办册封仪式，还是已经是皇太孙了，没有必要再举办相应的仪式？历史就是如此，它往往在对比中发人深思。就在武则天使豫王李旦接替他的哥哥，登上皇帝宝座后，皇太子问题却很快解决了。史载曰：“己未，立豫王旦为皇帝，妃刘氏为皇后，立永平郡王成器为皇太子，大赦，改元为文明。”③ 或许处理高宗丧事，登基之后庶务繁忙！近两个月的时间内，新任皇帝要处理众多军国大事，未及考虑遥远的身后事。而且，从史书记载来看，似乎史家们也没能在短短两个月的时间内保持应有的清醒，李重照依旧被称为“皇太孙”。当然，这些名称、地位的差异，对于当时只有两岁的李重照来说，可能也没有起码的辨别意识。可是，这些高贵、显赫地位标签的沉浮，带给他的正是整个生命旅程的转折。

无论如何，生在帝王家，本来就不可避免地要受到政治权力的影响。而帝王宝座又是权力的最大旋涡，离它越近，就越要受它的吞噬和摆布。所谓的命运就是在这身不由己的颠簸中，或者浴火重生，或者沉沦乃至灭亡。重照生而显赫，不满周岁即成了未来皇位无可争辩的继承者，但两年之后，仅仅两岁的他，一如当初不由自主地被封为显赫的皇太孙一

① 拜根兴、侯振兵：《唐高宗立皇太孙关联问题考释》，《乾陵文化研究》第5辑，三秦出版社2010年版。

② 《新唐书》卷4《则天皇后纪》。关于重照被废为庶人的时间，史书记载中有分歧，《资治通鉴》与《新唐书》是“庚申”，而《旧唐书》记载是“庚午”。

③ 《新唐书》卷4《则天皇后纪》。

样，随着皇帝父亲的废黜，也被废黜为庶民一个。得之不由我，失之不由己，人生得失，如此而已！

二 是羁留东都，还是随父母南下？

李重润①被贬为庶人后的人生旅程，随着一千三百余年时光的流逝，演变成为一个难以破解的谜。依据现存史书记载，李重润似乎有两种人生旅程的“选择”可能，一是被祖母羁留在洛阳宫中，二是随父母先后流配到均州和房州。搜罗推敲史料，两种情况在各自呈现出真实性的同时，似乎没有一方能有力地否决另一方。笔者在此颇费思量，在对史料反复斟酌权衡，均不能得出确凿判断的情况下，只好采取一种妥协的方式，即把这两种境遇分别当成重润的“真实”经历，逐一论述，如此亦可避免武断之嫌。

（一）羁留洛阳的证据

据《新唐书·懿德太子传》记载：“中宗失位，太孙府废，贬庶人，别囚之。”而他的父亲“光宅元年二月戊午，废皇帝为庐陵王，幽之”②。可以看出，重润被废后似乎没有与父亲关押在同一个地方。因为在时间上，儿子是在父亲被废黜两天后才被贬为庶人的，倘若是和父亲关押在一起，则史书在记载时不会是一个“幽之”，而另一个是“别囚之”。两个月后，当庐陵王被流配到均州时，重润是否依然没有和父亲在一起，而是继续被祖母留押在了洛阳？有三条证据可以说明这一点。

其一，重润的皇太孙身份。李重润具有多重的身份，其中皇太孙这一身份显得格外突出。如前所述，出生仅两个月，皇帝祖父就亲自册封他为皇太孙，这意味着在祖父逝世父亲即皇帝位后，他毋庸置疑地将成为皇太子，既而再水到渠成地成为皇帝。应该说，在高宗皇帝所有的孙儿辈中，重润是最先提前获得皇位继承资格的幸运儿。然而，权力欲极

① 李重照在八岁时，为了避祖母武曌（音照）的名讳，改名为李重润。为了行文方便，此后文中涉及均改称李重润。

② 《新唐书》卷4《则天皇后纪》。《旧唐书》卷6《则天皇后纪》与此略同：“嗣圣元年二月戊午，废皇帝为庐陵王，幽于别所，仍改赐名哲。”

其强烈的祖母再次出招，使这种风平浪静的继承序列被迫改变。当武则天把儿子废黜为庐陵王后，她的这位“皇太孙”就忽然变得格外碍眼了。父子两人，一位是高宗皇帝亲选的皇帝，一位是高宗皇帝册命的皇太孙，武则天能放心地把他们囚置在同一个地方么？难道有人不会利用他们的这些曾经荣耀显赫的身份地位“图谋不轨”？

事实证明这种疑虑并非杞人忧天。首先，武则天成功废黜中宗李显改立睿宗李旦后，因赏赐不周，引起了一些军士不满。“有飞骑十余人饮于坊曲，一人言：‘向知别无勋赏，不若奉庐陵。’一人起，出诣北门告之。座未散，皆捕得，系羽林狱。言者斩，余以知反不告者绞；告者除五品官。”[①] 虽然这起事件中军士们只是口出怨望之语，并不见得会有实际的行动，但值得注意的是他们的口号却是“奉庐陵”。其次，“（垂拱三年）九月，乙卯，虢州人杨初成诈称郎将，矫制于都市，募人迎庐陵王于房州；事觉，伏诛”[②]。如果说上面两件事中的起事者，虽然借了庐陵王的名号，但并未产生较大政治影响的话，那么徐敬业打着庐陵王的旗号起兵，在政治上就不可谓没有影响力。史载徐敬业起兵时，“鸠聚民众，以匡复庐陵王为辞”[③]。在由骆宾王起草的《代徐敬业檄天下文》中，骆宾王劝说朝野臣僚云：“公等或家传汉爵，或地协周亲，或膺重寄于爪牙，或受顾命于宣室。言犹在耳，忠岂忘心？一抔之土未乾（干），六尺之孤何托？倘能转祸为福，送往事居，共立勤王之师，无废旧君之命。凡诸赏爵，同裂山河。”[④] 这段檄文中的“六尺之孤”，指的正是庐陵王李哲，[⑤] 而“旧君之命”指的就是高宗遗诏中的传位太子李显。上面这三条史实足以说明，被废黜的中宗在政治上依旧有着广泛的影响力，而武则天的反对者往往会利用这种影响力进行反武活动。

当然，重润此时还仅仅是一个两岁孩子，本身并没有可能作出任何政治行动的能力。可是，历史上利用幼子颠覆现政权的事件并不少见。西汉末年，义军拥立所谓的皇族放牛娃刘盆子为帝，就是一个很好的例

---

① 《资治通鉴》卷203，则天后光宅元年（684）。

② 《资治通鉴》卷204，则天后垂拱三年（687）九月。

③ 《旧唐书》卷67《徐敬业传》。

④ 同上。

⑤ 《旧唐书》卷6《则天皇后纪》：“（嗣圣元年）二月戊午，废皇帝为庐陵王，幽于别所，仍改赐名哲。”

子。而且，李重润这位皇太孙，当他成长至有能力发挥其政治影响之时，谁还能再保证他能像孩童时一样任人摆布？二十六年后，当临淄王李隆基与姑母太平公主等发动政变，清除韦后势力，让相王李旦登上皇位之后，重润的哥哥[①]李重福就利用他是中宗长子的身份，发动了夺位的斗争。重福起事的最大理由，就是以唐中宗长子的身份地位，较皇叔李旦更具皇位继承的“合法性”，正如重福的拥护者洛阳人张灵均所言：“大王地居嫡长，自合继为天子。相王虽有讨平韦氏功，安可越次而居大位。昔汉诛诸吕，犹迎代王，今东都百官士庶，皆愿王来。”[②] 由此可以推测，当重润这位皇太孙长至有能力发挥其政治优势的时候，他也是有可能在政治上施展其影响力的。

由此可见，让李重润与父亲李显待在一起，有政治上的潜在危险。随着李重润年龄的增长，一旦朝廷有变，这父子俩中的任何一个，都有机会借助他们显赫的身份地位呼风唤雨、有所作为。图难于其易，为大于其细，从政治斗争角度来看，把李重润与其父亲李显分别安置应该更为“安全”些。这样的做法是有前例的。重润的伯父前太子李贤，因妨碍母亲武则天掌权被废黜，后囚禁于四川巴州，而他的儿子，即重润的堂兄弟们却是被关押在了洛阳宫中。史书记载：“义丰王光顺、嗣雍王守礼、永安王守毅、长信县主等皆赐姓武氏，与睿宗诸子皆幽闭宫中，不出门庭者十余年。”[③]

其二，《旧唐书》卷86《高宗中宗诸子传·李重润》载：“重润风神俊朗，早以孝友知名，既死非其罪，大为当时所悼惜。”[④] 倘若李重润不是被羁押在了洛阳，而是随父母先后被流配到均、房两州，然后直至圣历元年（698年）他十六岁时才随父母重回洛阳，那么，上述记载中“早以孝友知名”中的“早”字就经不住推敲了。在他还是皇太孙时仅有两岁，不会有什么作为给人们留下“孝友”的印象。而当他十六岁回到神都洛阳后，即使有再多的“孝友”行为，但相对于短暂的十九岁的生

① 李重润为嫡出，而重福是后宫妃嫔所生，正因如此，唐高宗立李重润而非李重福为皇太孙。

② 《旧唐书》卷86《高宗中宗诸子·李重福传》。

③ 《资治通鉴》卷204，则天后天授二年（691）八月。

④ 《新唐书》卷81《三宗诸子·懿德太子重润传》与此略同，云：“重润秀容仪，以孝爱称，诛不缘罪，人皆流涕。”

命历程而言，这些行为是称不上一个“早”字的。因此，根据重润“早以孝友知名”的记载来分析，重润少年时代应该有一段在洛阳生活的经历，其中表现出的“孝友”品德，给人们留下了极好的印象，以至于在他死后引发人们的怀念哀悼。当然，这条记载也可能是史家的溢美之词，然而为什么要如此虚美李重润呢？

其三，从李重润的年龄看，仅仅两岁的他，似乎并不适合跟随父母作长途跋涉。分析中宗夫妇当时的子女状况，重润的妹妹永泰刚出生不久，且韦氏当时还有孕在身，加上当时中宗其他的儿女，祖母怎能忍心让这些孩子跟随受难的父母一起被流配？当然，拿这样的疑虑作为证据比较牵强，因为皇家的骨肉亲情向来淡漠，在血腥残酷的政治斗争面前，特别是对于“狠心”的祖母武则天来说，可能早就被遗忘殆尽。史书中有一条材料是对上述第三条证据的有力反驳，据《资治通鉴》卷206则天后圣历元年二月条记载：“（圣历元年）三月，己巳，托言庐陵王有疾，遣职方员外郎瑕丘徐彦伯召庐陵王及其妃、诸子诣行在疗疾。”《资治通鉴》的这条记载，明确地表明中宗夫妇在流配岁月里，其身旁有多名子女陪伴。然而，如前面对李重润年龄所做的解释，循着亲情的角度分析重润及其兄弟姐妹的生活命运，可以看到让这些孩子们全部跟随父母，的确有着诸多不便。那么，是否可能有些孩子是后来才被送到他们父母身边？幼小的李重润是否就在其中？这种思考可提供李重润生活的第三种可能性，即除了被羁留在洛阳，或追随父母流配两种可能性之外，还有可能是先被留押洛阳，而后在政治环境宽松之时，才被送到流配远方的父母身边。然而，这种猜测实在缺乏起码的史料支持，笔者仅仅把它提出来，但确实无法作进一步的分析。

（二）洛阳宫中生活特点

从史书的点滴记载中，单就李重润是否被羁留在洛阳问题，已很难得出确定的答案，而想要找出李重润在洛阳宫中生活的记载，难度就更大了。可是，从两岁被废为庶人羁留宫中，到十六岁因父亲再次被立为皇太子重获自由，这十四年的日日夜夜里，对只有十九年短暂生命历程的李重润而言，却是何等的漫长和不堪回首。笔者参考史书中与李重润生活具有可比性的资料，试图勾勒诠释其十四年宫中生活的点点滴滴。

第一，是否遭受杖打。

武则天逐步掌权以至武周革命之际，对李氏皇族子孙的戒备打击是相当严厉的。具体到武则天的孙子们，武则天采取的措施之一，就是将他们安置于洛阳宫中严加看管。其中史书中有明确记载的，就是上述前太子李贤的儿子们，以及睿宗诸子。笔者试图把苦命的李守礼与李重润作一类比。由于同是因为父亲的原因遭受祖母的囚禁，堂兄李守礼的境遇与李重润应当有其可比性。史书记载："时中宗迁于房陵，睿宗虽居帝位，绝人朝谒，诸武赞成革命之计，深嫉宗枝。守礼以父得罪，与睿宗诸子同处宫中，凡十余年不出庭院，至圣历元年，睿宗自皇嗣封为相王，许出外邸；睿宗诸子五人皆封郡王，与守礼始居于外。"①

关于李守礼在宫中的羁留生活，最引人注目的是他曾屡遭杖打。这种肉体的摧残损害了守礼的健康，使他的身体对天气的变化颇为敏感，所以当天气变化时，李守礼往往能比常人预先感知到。史书记载："虽积阴累日，守礼白于诸王曰'欲晴'。果晴。愆阳涉旬，守礼曰'即雨'。果连澍。"他的这种"超能力"引起了众兄弟们的新奇，包括已经登临大宝的唐玄宗。玄宗向这位堂兄询问原因，守礼答道："臣无术也。则天时以章怀迁谪，臣幽闭宫中十余年，每岁被敕杖数顿，见瘢痕甚厚。欲雨，臣脊上即沉闷；欲晴，即轻便。臣以此知之，非有术也。"② 李守礼把积聚多年的委屈说出后，更是涕泗沾襟，而倾听者唐玄宗则"亦悯然"。

了解了李守礼这段酸楚的人生经历后，我们不禁要问，与李守礼一样同是因为父亲获罪，同样被祖母武则天关押的李重润，是否同堂兄一样，也曾遭受祖母无情的"敕杖"？古往今来有几个祖母会像武则天，如此狠心地对待自己的孙子呢？非常之事必有非常之因，冷静地分析李守礼挨打的原因，笔者认为主要问题在于李守礼的父亲——前太子李贤身上。史载李贤在哥哥李弘死后，"其年六月，立为皇太子，大赦天下，寻令监国。贤处事明审，为时论所称"③。李贤的理政才干也受到父亲唐高宗的高度赞赏，"仪凤元年（676），（高宗）手敕褒之曰：'皇太子贤自顷监国，留心政要。抚字之道，既尽于哀矜；刑纲所施，务存于审

① 《旧唐书》卷 86《高宗中宗诸子・章怀太子李贤传附李守礼传》。

② 同上。

③ 《旧唐书》卷 86《高宗中宗诸子・章怀太子李贤传》。

察。……好善载彰，作贞斯在，家国之寄，深副所怀。'"[①] 这样，从武则天掌握权力的角度看，李贤无疑成了一块巨大的拦路石。于是，在武则天直接授意下，中书侍郎薛元超、黄门侍郎裴炎、御史大夫高智周等人，开始对李贤发起一拨又一拨的诬陷审讯，最终废李贤为庶人。嗣圣元年（684），武则天废黜中宗，出于对李贤良好人脉的畏忌，不久即派心腹丘神勣前往巴州，逼死了李贤。[②] 但纵使李贤已不在人世，他的政治声望依然对武则天当政构成威胁。当徐敬业举兵起事之时，除了利用拥护庐陵王作为号召之外，也再次将李贤推了出来，以便达到自己的政治目的。这就是众所周知的"敬业求得人貌类故太子贤者，绐众云：'贤不死，亡在此城中，令吾属举兵'，因奉以号令"[③]。综上所述，李贤成为母亲掌权的莫大障碍，以至于武则天虽然千方百计清除了这一障碍，但她还是心衔此事，以至把对儿子的愤恨发泄到孙子李守礼等人身上。

李显与李贤相比，情况则明显不同。年轻的李显在政治方面表现出来的是平庸、糊涂和幼稚，他只是由于此前三位兄长或是过早去世，或是遭受废黜，最终才被立为太子，继而成为皇帝的。再从他轻易地被母亲由皇帝废为庐陵王的事实看，即便做了皇帝，他显然没有成为母亲掌权的障碍。也因此与哥哥李贤相比，李显应该不会引起母亲长久的愤恨。顺着这个思路考虑，李重润似乎不会像他的堂兄一样，遭到祖母永无休止的杖击。

再从李重润与李守礼的年龄上看，守礼被幽禁在父亲获罪之后，其时他大约二十岁左右[④]，但李重润被关押时只有两岁，如此幼小的年龄是禁不起身体的重罚的。当他长大些后，政治空气已经缓和下来，尤其是当年老的武则天在选择继承人之时，皇位继承的天平逐渐倾向于儿子李

---

① 《旧唐书》卷 86《高宗中宗诸子·章怀太子李贤传》。

② 有学者发表论文替武则天鸣冤，认为此并非武则天所想，但笔者以为此事无可置疑。仅仅从武则天对丘神勣掩人耳目、欲盖弥彰的象征性处罚一事看，便可确定武则天是有意除掉李贤的。儿子被人逼迫而死，作为皇帝的母亲若是爱惜心痛这个儿子的话，她会对凶手怎么样呢？这应该是一个重要的试金石。

③ 《资治通鉴》卷 203，则天后光宅元年（684）。

④ 《旧唐书》卷 86《高宗中宗诸子·章怀太子李贤传附李守礼传》："开元二十九年（741）薨，年七十余。"据此来推算，李守礼大约出生在高宗总章年前后（668—669）。史书没有明确记载李守礼被羁押的具体时间，从"凡十余年不出庭院，至圣历元年（698）始居于外"的记载推测，他被羁押的时间至少在垂拱四年（688）之前，则此时他的年龄在二十岁左右。

显后，李重润就更不至于挨打了。

行文至此，笔者仍然不敢肯定李重润一定没有遭到体罚，而如果联系到重润的死因，则问题或许有另一番解释。史书记载："大足中，张易之兄弟得幸武后，或谗重润与其女弟永泰郡主及主婿窃议，后怒，杖杀之，年十九。"[①] 仅仅因为私议二张专政和祖母的私生活，竟然要招致杀身之祸？这显然不合逻辑、令人怀疑。如果重润在羁留洛阳当时，曾屡遭祖母指使的某种形式的体罚，那么，这位孙子对祖母的感情肯定是比较平淡并可能产生怨恨。但他是中宗的长子，韦后唯一的儿子，倘不出意外，则他就会是未来的皇帝。那么祖母是否会对这位曾惨遭她责罚的未来皇帝有所顾虑呢？她是否会一如她一贯的果敢而借机先行消除这一"隐患"？史料的局限以及弥漫沉埋千年的历史迷雾，影响着我们的判断力，其中"历史的真实"到底在哪里？我们只是梳理现有史料，追寻历史的踪迹，力图在接近历史真实前提下，作出较为合理的推证。

第二，所受怎样的教育。

关于李重润在洛阳宫中是否受到一定文化教育问题，从其墓志铭中可以得出肯定的答复。《懿德太子哀册文》记载他"刻舟敏遽，牵衣慧早。几神闇体，理识冥资。心韬钟律，情含蔡蓍。曰仁曰孝，非训非师。宽惠深慱，温良肃祇。苞举六爻，网罗群籍。诗接楚彦，赋延梁客。淮国传骚，云台对弈。乐善超辈，多才掩昔"[②]。即使排除上述文字的溢美成分，也能让我们相信重润是具有一定文化知识的。而相对于他十九年的生命来说，从两岁至十六岁这十四年的时间内，肯定是他接受这些文化知识的重要时期。至于重润具体受到何样的教育、读了哪些书？由何人教授诸问题，史书缺载，我们也无从知晓，故也无须猜测和臆断。

第三，改名字风波。

李重润在洛阳宫中的生活经历，比较确凿的一件事就是改名字。武则天永昌元年（689）十一月，凤阁侍郎河东人宗秦客将改造的"天""地"等十二个字献给了女皇武则天，其中将"照"字改为"曌"。女皇对"曌"字情有独钟，"载初元年（689），神皇自以'曌'名，遂改诏

① 《新唐书》卷81《高宗中宗诸子·懿德太子李重润传》。

② 《全唐文》卷249《懿德太子哀册文》。

书为制书"[①]。于是，按照避讳制度，这一年已是翩翩少年（八岁）的李重照，改名字为李重润。也许是命运使然，也许是不明的巧合，在武则天的孙儿辈中，独独李重照在有意无意中触犯了大权独揽、高高在上的皇祖母名讳！

第四，羁留宫中的心态揣摩。

关于重润在羁留岁月中的心态，笔者认为最主要的是他何时真正地了解自己所处境况，即他的皇帝祖父，他曾经的皇帝父亲与现任皇帝祖母之间的恩怨是非。明白了这些，再联系自己的生存环境，此无疑会在少年重润心里泛起久久的涟漪，荡起不息的波澜。另外，倘若他真的受到祖母对他肉体摧残或责罚，那一定会在少年心底埋下怨恨的种子，这便为后来敢于议论祖母的私生活埋下伏笔，造成他含冤被杀的悲剧。上述两种灰色记忆的心路历程，肯定不是重润真实感受的全部。对于李重润来说，除了所经历刻骨铭心的事件之外，对过去发生的林林总总事件，他能记下多少？同样，经过一千三百余年的历史跨越，即使有些许史料传世，后人又何尝能了解重润本人所思所想的万千分之一？

（三）随父母流配的证据

关于李重润另一种可能的生活经历，即跟随父母先后流配到均、房两州，较为直接的证据，就是上文提到《资治通鉴》的记载，云："（圣历元年）三月己巳，托言庐陵王有疾，遣职方员外郎瑕丘徐彦伯召庐陵王及其妃、诸子诣行在疗疾。"[②] 这是一条比较有力的证据，虽然记载中没有明确提到李重润的名字，但它清晰无误地表明，庐陵王的子女们至少超过三人是与他们的父母生活在房州的。作为庐陵王长子的李重润很可能便是"诸子"之一。

史料记载中还提供了另外一条证据，可对上述史料提供佐证。根据《唐代国长公主墓碑文》[③] 记载："则天太后御明堂宴。圣上年六岁，为楚王，舞长命□，□□年十二，为皇孙，作安公子。岐王年五岁，为卫王，弄兰陵王。兼为行王词曰：'卫王入场，咒愿神圣神皇万岁，子孙成

① 《旧唐书》卷6《则天皇后纪》。

② 《资治通鉴》卷206，则天后圣历元年（698）二月。

③ （清）王昶：《金石萃编》卷78，中国书店1985年版。

行。’公主年四岁，与寿昌公主对舞西凉殿上。群臣咸呼万岁。”根据上面碑文中“圣上（唐玄宗）六岁”这条记载，可以推测这次明堂宴的时间大致在则天天授元年（690）前后。这次明堂宴会，武则天的多个孙子和孙女都有参与，那么，假如李重润在洛阳宫中，他为什么没有参加呢？当然，前面提到的李守礼兄弟们也没有参加，所以这一条证据只是些微的表示出李重润可能不在洛阳宫中。

第一，流配行程。

重润一家的流配生活先后经历了三次迁徙，第一次是在光宅元年（684）四月癸酉，由洛阳流配至房州[①]。第二次是在光宅元年四月丁丑，由房州迁转至均州。第三次在垂拱元年（685）三月丙辰，由均州再迁回到房州。

第二，妹妹安乐公主降生。

在重润一家第三次（其实是第二次）迁徙时，即从均州迁往房州的路上，重润的妹妹即后来不可一世的安乐公主降临到这个世界。时在山野，用具皆缺，无奈的庐陵王脱下自己的衣服把这个小生命包裹起来，因此安乐乳名为裹儿。此时的重润，年龄也只有三岁，也是需要人照顾的年龄，不知道当人们为新生儿的降生而忙乱之时，是否有人记得照料他。在无情肃杀的政治阴霾下，落魄的重润一家的悲惨处境着实让人同情。

第三，父亲心态的转变。

庐陵王在流配生活中的心态可以分为前后两个截然不同的阶段。在被幽禁之初，尤其是在徐敬业等人利用他的名号起兵反武之时，庐陵王惶恐不可终日。在严酷的政治氛围中，房州地方官员对他们一家也是非

---

① 《旧唐书》卷6《则天皇后纪》：“嗣圣元年（684）夏四月丁丑，迁庐陵王哲于均州……垂拱元年春三月，迁庐陵王哲于房州。”而《新唐书》卷4《则天皇后纪》的记载是：“光宅元年四月癸酉，迁庐陵王于房州；丁丑，又迁于均州……垂拱元年三月丙辰，迁庐陵王于房州。”对比可以看出《新唐书》比《旧唐书》多出了一条记载，即“光宅元年四月癸酉，迁庐陵王于房州”。参照《资治通鉴》卷203则天光宅元年和垂拱元年的相关记载：“光宅元年夏四月癸酉，迁庐陵王于房州；丁丑，又迁于故濮王宅。……垂拱元年三月丙辰，迁庐陵王于房州。”可以推断《旧唐书》确实漏记了这条史实。但前两次迁徙，前后只相差四天，笔者认为史料在记载此事时有参差之处，或许武则天对将庐陵王流放到均州或房州一时还决定不下来，故发布诏令后，很快又改变，这样第一次发布诏令很可能并未成行。另外，有关房州、均州的地理环境等问题，参拜根兴、樊英峰《永泰公主与永泰公主墓》，三秦出版社2004年版，第23—24页。

常的苛刻，“初，上在房陵，州司制约甚急”[1]。由此也可以推断，在流配生活的前期，中宗一家面临的生存环境，无论物质上还是精神上，都是比较困顿和郁闷的。

面对惶恐不安的丈夫，在“黑云压城城欲摧”的心理极限状态下，重润的母亲韦氏表现出作为唐初女性，更是无畏母亲坚强无比顶天立地的一面。她不仅在生活上照顾，而且从心理上安抚劝解已经濒临崩溃的庐陵王，让他明白祸福相依之关系，最终点亮庐陵王李哲心头熄灭的灯塔。史书载云：“时中宗惧不自安，每闻制使至，惶恐欲自杀。后劝王曰：‘祸福倚伏，何常之有，岂失一死，何遽如是也！’累年同艰危，情义甚笃。”[2] 在妻子苦口婆心的劝慰下，庐陵王的心态开始平静下来。随着政治气氛的宽松，地方官对他们一家的态度也发生了变化，史书记载：“刺史河东张知謇、灵昌崔敬嗣，独待遇以礼，供给丰赡。”[3]

在一个家庭里，父母表现出来的心情会对孩子形成较大的影响。可以想见当庐陵王整日惶恐不安时，在儿女们脸上恐怕也难以找寻到笑容；而当庐陵王逐渐走出恐惧的阴影，心情平静放晴之后，家里黯淡沉闷的气氛便也随之消失，童稚少年天真无邪和本该应有的笑声，便从李重润及其兄弟姐妹的口中时时传出，并使得本来幽静的庐陵王幽禁地荡起丝丝暖意。

第四，改名李重润。

如上所述，载初元年（689），李重照为了避祖母的名讳，把名字由李重照改为了李重润。改名字不单是这个八岁娃娃个人的事情，对庐陵王夫妇来说，此也是一件非常紧要的政治举措。从宏观角度看，可以看作是庐陵王对待母亲武则天的一种政治态度。母亲武则天把名字改成了“曌”，儿子名字中的“照”字显然触犯了避讳，如此，改与不改，何时改、怎样改，这一系列的事情便都包含了政治意味在里面。可以推测，庐陵王夫妇应该是在听到消息后的第一时间内改了儿子的名字。

虽然对父母是件重大的事情，可是对于幼小的李重照，当已经渐渐熟悉的名字由“重照”改为“重润”，他会有何感想呢？他何时才能懂得

① 《资治通鉴》卷208，中宗神龙元年（705）九月。

② 《旧唐书》卷51《韦庶人传》。

③ 《资治通鉴》卷208，中宗神龙元年（705）九月。

改名这个问题背后所体现的政治斗争的复杂性？

第五，弟弟的夭折。

根据清同治年间编纂的《房县志》记载，李重润的父母可能在房州还曾生育了一个儿子，可惜这个儿子不幸夭折了。《房县志》里有两处提到此事，其一是："城西三十里，相传唐中宗在房州，韦后生子殁葬。穴泛出甃，为方圆两池。覆以红亭，其热如汤，浴之，可以愈疾；下流灌田千余亩。秋冬遥望，云雾奔腾，青山红树，互相掩映。出独石潭与沮水、粉水，流入汉江。"① 此外，书中还提到了关于重润这个弟弟死后封为龙王的一个传说，"丁字街井，其水味美，日汲不息（注文：俗传庐陵王子殁此，封为龙王）"②。

在这位夭折的弟弟去世后，重润又成了韦氏与唐中宗唯一的儿子。之所以要强调此点，是因为从后来的历史发展看，这唯一儿子的角色太重要了。后来的所谓韦后乱政，以致激起太子李重俊发动兵变，此为其中重要原因之一，即掌权后的韦后，却突然明白继承者并不是她的亲生儿子，安乐公主等人对李重俊的蔑视和欺辱因此变本加厉。假如李重润不死，或者他的这个弟弟没有夭折，上述事件或许不会发生，历史或许会因此改写！

第六，温馨的家庭教育

关于李重润在房州可能受到的文化教育，没有发现史书相关记载。笔者认为，较为可能的是中宗夫妇亲自教授他们的儿女。这样，一副其乐融融的父母教儿女们识字读书的生活场景，便呈现在了我们的脑海中。正常情况下的皇家子女，能够享受到这种生活吗？

另据史书记载，唐中宗夫妇信仰佛教③。在父母向佛祖祈祷平安以求得安慰的言行中，耳濡目染，李重润及其兄弟姐妹必然受到父母的影响，

---

① （清）杨廷烈纂修：《房县志》卷7。

② （清）杨廷烈纂修：《房县志》卷2。

③ 武则天生李显时难产，玄奘法师亲自为其祈祷。接着，玄奘为刚出生的李显起法名"佛光王"。可以看出，唐高宗武则天或许希望刚刚出生的儿子受到佛教的庇护，并信奉佛教。参《大慈恩寺三藏法师传》卷9，中华书局2000年版。另外，《宋高僧传》卷1《唐京兆大荐福寺义净传》云："帝（唐中宗）以昔居房部，幽厄无归，祈念药师，遂蒙降祉，荷兹往泽，重阐鸿猷。因命法徒更重传译于大佛光殿，二卷成文，曰《药师琉璃光佛本愿功德经》。帝御法筵，手自笔录。"

甚至可能在父母的安排下也屡屡有过拜佛的行动，所以笔者推测李重润从小就信仰了佛教。中宗重新掌握政权后，为含冤死去的儿子李重润和女儿李仙蕙都修建了追福寺院。为李重润追福的懿德寺，位于长安城延寿坊南门之西，是在原来的慈门寺的基础上改建的①。

第七，父亲的心愿。

《太平广记》中记载了庐陵王李显在房州时两件颇为有趣的事情。云："唐中宗为天后所废，于房陵仰天而叹，心祝之，因抛一石于空中，曰：'我后帝，此石不落。'其石遂为树枝罥挂，至今犹存。又有人渡水拾得古镜，进之，帝照面，其镜中影人语曰：'即作天子。'未浃旬，复居帝位。"② 抛开这两件离奇事情的真实性，故事所反映的庐陵王想重新成为皇帝的心愿并不是空穴来风。随着武则天的日渐衰老，在考虑继承人问题时，这位大周女皇再次把目光投在了远在房州的儿子身上。

李重润的生命旅程紧随父亲命运的改变而出现转机。在神都洛阳不断翻新的角斗场中，几朵看似雍容华贵其香无比的"牡丹花"绽开了，与此同时，它的凋谢零落似乎也成为命中注定的东西。

本篇依据现存文献等史料，对唐高宗皇太孙李重照（李重润）在父亲唐中宗李显被废黜并异地囚禁之后，他的何去何从作了相应的探讨。由于史料有限，其中的探讨推证可能还有不能自圆其说之处，敬请批评指正！相信随着新的资料的不断出现，对于李重润的生活轨迹的诠释会更具权威。我们期待着这一问题能得到更加合理的解释。

（《乾陵文化研究》第6辑，三秦出版社2011年版）

① （清）徐松：《唐两京城坊考》卷4，中华书局1985年版。

② 《太平广记》卷135《徵应类·中宗》，中华书局2000年版。

唐懿德太子哀册文关联问题

在永泰公主墓发掘清理十年之后的1971年，陕西省博物馆、乾县文教局联合发掘清理了乾陵侧的另外两座陪葬墓，这就是章怀太子李贤墓、懿德太子李重润墓。关于懿德太子墓，自发掘之日至今，学者们对于该墓墓室的壁画题材[①]、唐代皇室埋葬制度[②]、懿德太子的生平事迹[③]，特别是对墓室壁画关联问题，进行了深入细致的研究，取得了令人欣慰的成果。然而，现存有关懿德太子有限的文献史料中，难得一见的是由当时著名文士李峤所作《懿德太子哀册文》，虽然有学者在其论著中亦有所涉及，但却未见有专文探讨。本篇即对懿德太子哀册文关联问题试作探讨，以就教于诸师友方家！

一　历代哀册文概述

（一）隋代以前哀册文关联问题

哀册，又名哀策，是对皇帝、太子、皇太后等王公大臣死后的策书

---

* 本篇与陕西省乾县乾陵博物馆樊英峰馆长共同署名。

① 参见王仁波《唐懿德太子墓壁画题材的分析》，《考古》1973年第6期；何修龄、王仁波：《懿德太子墓壁画中的盛唐建筑》，《建筑历史与理论（2）》，江苏人民出版社1982年版。侯晓斌：《浅析唐懿德太子墓石刻线刻画“戴步摇凤冠宫女图”》，《武则天与咸阳》论文集，三秦出版社2001年版。申秦雁、周柏龄：《对懿德太子墓“宫女图”的一些看法》，《陕西历史博物馆馆刊》第6辑。

② 王仁波：《懿德太子墓所表现的唐代皇室埋葬制度》，《中国考古学会第一届年会论文集》1979。陈晔：《从懿德太子墓结构看唐乾陵陪葬墓形制：兼谈唐帝陵的陪葬制度》，《武则天与咸阳》论文集，三秦出版社2001年版。

③ 拜根兴、樊英峰：《永泰公主与永泰公主墓》，三秦出版社2004年版。陕西省考古所、富平县文管会合编：《唐节愍太子墓发掘报告》，文物出版社2004年版。

而得名。就是说，只有皇帝、皇太子、皇太后、皇后以及王公大臣才有资格，在死后享受策书的荣耀。

西汉初沿用《周官》制度，加之当时封国制与郡县制并行，故针对死者的身份，决定其哀册承办机关。诸侯王薨、列侯初封及赴封国，由大鸿胪负责向皇帝奏请谥号、诔文及其哀策。列侯薨及诸侯太傅初拜到任，国家遣派大鸿胪的下属大行前去，奏请死者的谥号、诔文及哀册①。

《后汉书》卷6《礼仪志下》载“司徒、太史令奉谥哀策”，其文下有刘昭注云：“晋时有人嵩高山下得竹简一枚，上有两行蝌蚪书之，台中外传以相示，莫有知者。司空张华以问博士束皙，皙曰：‘此明帝显节陵中策也’检校果然。是知册用此书也。”从上面记载可知，首先东汉当时，司徒、太史令担当为皇帝等奉谥哀册的重任。其次，某个阶段哀册曾专门选择蝌蚪文作为书写文字。另外，哀册的制作材料为竹子。

《南齐书》卷10载，有司奏：“大明故事，太子妃玄宫中有石志。参议墓铭不出礼典。近宋元嘉中，颜延作王球石志。素族无碑策，故以纪德。自尔以来，王公以下，咸共遵用。储妃之重，礼殊恒列，既有哀策，谓不须石志。”可见此时哀册（同“策”）仍沿用此前的制度，哀册制作材料为竹子，不用玉石材质。故《隋书》卷9云：“诸王、三公、仪同、尚书令、五等开国、太妃、妃、公主恭拜册，轴一枚，长二尺，以白练衣之。用竹简十二枚，六枚与轴等，六枚长尺二寸。文出集书，书皆篆字。哀册，赠册亦同。”

《文献通考》卷125《王礼考20》载，陈永定三年七月，武帝崩，尚书左丞庾持云：“晋、宋以来，皇帝大行仪注，未祖一日，告南郊太庙，奏策奉谥。梓宫将登辒辌，侍中欣奏，已称某谥皇帝。遣奠，出于阶下，方以此时，乃读哀策。而前代策文，犹称大行皇帝，请明加详正。”国子博士、知礼仪沈文阿等谓：“应劭《风俗通》，前帝谥未定，臣子称大行，

---

①《汉书》卷5《孝景帝纪》，云：“（中元）二年春二月，令诸侯王薨、列侯初封及之国，大鸿胪奏谥、诔、策。列侯薨及诸侯太傅初除之官，大行奏谥、诔、策。王薨，遣光禄大夫吊襚、祠、赗，视丧事，因立嗣子。列侯薨，遣太中大夫吊祠，视丧事，因立嗣。其葬，国得发民二年春二月，令诸侯王薨、列侯初封及之国，大鸿胪奏谥、诔、策。列侯薨及诸侯太傅初除之官，大行奏谥、诔、策。王薨，遣光禄大夫吊襚、祠、赗，视丧事，因立嗣子。列侯薨，遣太中大夫吊祠，视丧事，因立嗣。其葬，国得发民挽丧，穿复土，治坟无过三百人毕事。”

以别嗣主。近检梁仪，自梓宫将登辒辌，版奏皆称某谥皇帝登辒辌。伏寻今祖祭以奉策谥，哀策既在庭遣祭，不应犹称大行。且哀策篆书，藏于玄宫，请依梁仪，以传无穷。”诏可。可见，在什么时间、什么地方读哀册，怎样称呼已故的皇帝，尚书左丞庾持、国子博士沈文阿等人的意见并不相同。最后裁定沿用梁朝仪制。而梁朝的哀册（策）仍采上述南齐时规定，用篆书书写。也就是说，此一时期制作哀册的材料通用竹子，并且在此前后，哀策书写文字亦选用篆书，并成为通制。

唐代之前的哀册，南朝昭明太子《文选》中收录“宋文皇帝元皇后哀册文”，“齐敬皇后哀册文”，此外又有“梁昭明太子哀册文”[①]，“陈文皇帝哀册文”，“隋炀帝元德太子哀册文”[②] 等，散见于现存史书之中。

（二）唐代哀册文

唐代皇帝、皇太子、皇太后、皇后等死后，大多数有哀册文。唐人李吉甫编《国朝哀策文》四卷[③]，收录了元和之前保留的各种哀册文。《宋史》卷209《艺文志》中亦记载有《唐哀册文》四卷，但由于李吉甫书与此书现均已不存，故不知其是否同为一书，或者为两本编纂时期、作者、体例等完全不同的书籍？《唐会要》卷1、卷2中记载了从唐高祖到唐哀皇帝20代皇帝帝号、谥号等，除过唐武宗、唐哀皇帝两人之外，其余18代皇帝均有哀册文。宋人宋敏求编《唐大诏令集》，其中卷26收录有“孝敬皇帝哀册文”等七篇皇帝、皇后哀册文[④]，卷32收录有“懿德太子哀册文”等8篇皇太子哀册文[⑤]。《文苑英华》卷835—839，即用五卷的篇幅，收录唐代哀册文35篇。《全唐文》中收录有29篇哀册文，其中皇帝哀册文13篇（含孝敬皇帝、让皇帝、奉天皇帝、承天皇帝等），皇太子哀册文7篇，皇太后哀册文3篇，皇后哀册文6篇（含则天武后）。有学者曾统计日本学者池田温氏编《唐代诏

---

① 《梁书》卷8《昭明太子传》。

② 《隋书》卷59《元德太子昭传》。

③ 《新唐书》卷60《艺文志五》。

④ 另有“哀皇后哀册文”“让皇帝哀册文”“恭皇后哀册文”“奉天皇帝哀册文”“承天皇帝哀册文”“承天皇后哀册文”等。

⑤ 另有“节愍太子哀册文”“惠庄太子哀册文”“惠文太子哀册文”“惠宣太子哀册文”“恭懿太子哀册文”“昭靖太子哀册文”“庄恪太子哀册文”等。

敕目录》中收录的有关哀册的诏敕，认为约有三十八套哀册，“其中皇帝13套，太子8套，皇后13套，皇太后3套，另外在唐史思明的墓中也（发现）有哀册”[①]，但除了上述《唐大诏令集》《旧唐书》《新唐书》纪传，《全唐文》中保留者之外，其余者仅保存篇目，原文似已不复存在。

与前代哀册不同，唐代哀册的制作材料发生了重大变化，即唐代哀册多用玉石材料。自20世纪中期的考古发掘可以证明这一点。1972年发掘出土的懿德太子哀册为大理石质，1992年出土的惠昭太子李宁哀册为汉白玉质，册的正面镌刻填金文字[②]。史思明哀册为汉白玉质，字阴刻，填金。惠庄太子哀册为汉白玉质，1995年出土的节愍太子李重俊哀册为汉白玉质，字口填绿色。唐僖宗哀册为汉白玉质，唐让皇帝哀册，让皇后哀册均为汉白玉质。就是说，除1972年出土的懿德太子李重润哀册为大理石质地外，20世纪90年代以后发掘出土的唐朝哀册，一般均为汉白玉质地。其次，据研究者考察，目前出土的哀册均为长条形，上下横穿孔，可用线条连接成册，放置于石函或木函之内[③]。哀册的长度差异不大，文字多用工整的楷书书写。由于深埋地下、时间久远，以及人为侵扰，现在发现的唐哀册，其连线均碳化腐朽，导致哀册要么断裂散布墓室，要么散佚不存，进而不利于把握唐代哀册的整体状况。

（三）唐代哀册文体裁

是否唐代有书写哀册文的专门书仪？即法定的文体范本，现在还未发现相关的材料可资验证，但敦煌出土伯3442文书中，收录了如“国哀奉慰嗣皇帝表”等凶仪表11首[④]。就是说，有关哀册文书仪，还需通过查阅敦煌吐鲁番文书或其他文献，作详细周密的探讨。

---

① 王育龙、程蕊萍：《唐代哀册发现述要》，《文博》1996年第6期。

② 陕西省考古所、临潼县文物园林局合编：《唐惠昭太子陵发掘报告》，三秦出版社1992年版。

③ 刘呆运：《唐节愍太子墓出土文物所反映的问题及初步研究》，载陕西省考古研究所、富平县文物管委会合编《唐节愍太子墓发掘报告》，文物出版社2004年版。

④ 赵和平：《敦煌写本书仪研究》，台湾新文丰出版公司1993年版，第186—193页。

不过，从现存唐代哀册文看，其确实具有一定的书写格式[①]。如本文涉及的“唐懿德太子哀册文”，首先说明懿德太子坟茔迁离洛阳的时间，其次阐述唐中宗夫妇的哀痛，即“皇帝嗟蚁庭之寝钥，惜凤渚之韬簧，抚万乘而怀国本，绥六姻而悼乾将。情无辍哀，礼有加数，刻纯懿乎金版，播声芳于玉裕”。随后为委婉哀怨的四六句哀辞，中间一般都有三个或三个以上的“呜呼哀哉”词句，表达对死者冤屈辞世的伤痛。

所不同的是，哀册文撰写者李峤，在撰写完懿德太子哀册文不久，很快收到唐中宗的褒扬敕书：

> 臣某言：昨奉敕，令臣撰懿德太子哀册文。臣术异怀蛟，艺非吞鸟，四科函文，多谢于文学；七子登筵，有惭于词赋。恭闻圣旨，辄奏庸音，岂足以褒叙重离，激扬三善，宣睿慈之恻怆，述天顾之绸缪？曲降丝纶，猥垂剪拂。谕之以云闲日下，方之以陆海潘江。饰嫫母之容，加其粉泽；莹碔砆之质，发其光彩。虽宋玉大言，见褒于楚国；公孙下策，蒙赏于汉朝：无以比此揄扬，方斯恩渥。钦戴紫绂，伏铭元造，仰高天而发悸，顾短札而成羞。无任惭荷战惧之诚，谨诣阁奉表陈谢以闻。

从上引李峤的谢表看，李峤撰写懿德太子哀册文的时间很短，当然，身为中书令，文名誉满朝野的李峤，撰写一篇简短的哀册文并非难事，但唐中宗看后很快就发敕书褒奖，说明中宗复辟唐朝之后短时间内，朝廷办事效率、政令下达还是很快的。同时，由于李峤并非完全按照固有文体敷衍塞责，而是付出一定的心血撰写这篇官样文章，从而获得唐中宗的肯定褒奖。那么，李峤其人情况如何？撰写懿德太子哀册文当时唐朝朝野情势怎样？这是应该探讨的另外一个问题。

---

① 王育龙、程蕊萍把唐代哀册文概括为：“始叙主人薨于某年某月某日某地，再叙某年某月某日葬于某地，后以有韵的四、六字构成的文字为哀册的主要内容即哀辞。在文中多插有‘呜呼哀哉’词句，以表达对死者的悲痛心情。”见上引《文博》1996 年第 6 期。

二 关于懿德太子哀册文的作者

（一）李峤的生平

懿德太子哀册作者李峤，字巨山，赵州赞皇人。早孤，以孝敬母亲而著名。因专心学艺，《旧唐书·李峤传》言其“弱冠进士及第”，《新唐书》记载更为明确，云：“十五通《五经》，薛元超称之。二十擢进士第”，有学者认为《新唐书》的记载值得肯定①。李峤累官任监察御史，又作为监军，出征岭南，招谕邕州、严州反叛的少数民族兵丁，前往獠洞，宣扬唐中央政府旨意，结果叛者纷纷降服，取得不战而屈人之兵的效果，受到唐高宗的嘉奖，拜官给事中。武则天垂帘听政，酷吏盛行，狄仁杰等著名人士被罗织罪名入狱，武则天令李峤与大理少卿张德裕、侍御史刘宪复查此案，张、刘两人惧怕，故认同酷吏的判决，而李峤列举狄仁杰蒙受冤屈惨状上达，结果被贬为润州司马。不久，特诏召回，任凤阁舍人。掌天官侍郎职务，转任麟台少监。圣历年间与姚崇同任宰相并监修国史。长安末年，武则天大兴土木，建造佛像，李峤上奏谏阻，但未被采纳。中宗复辟后，李峤因附会张易之兄弟，被贬豫州刺史，未行，再贬为通州刺史。但数月后，李峤重新回到长安，任吏部侍郎。神龙二年（706），代韦安石为中书令；三年，又加修文馆大学士，监修国史，封赵国公。懿德太子哀册文，就是李峤任中书令时所作。

唐睿宗即位，李峤官任怀州刺史，不久即以年老致仕。唐玄宗在位期间，有大臣上奏，揭发李峤有关罪行，但玄宗以其年老，令随其子虔州刺史李畅生活，不久即病逝。就是说，在唐、武周改朝换代，以及中宗复辟前后复杂的朝野政局变换过程中，李峤几经沉浮。

李畅历任虔州、吉州、衢州、梁州、徐州、德州、相州刺史，所谓“有司考校天下郡国，名闻四人，公居其第一”。李畅嗣子为李惟知。另外，从李畅墓志铭作者为左散骑常侍崔沔，书丹者为李畅的外甥京兆韦

---

① 《旧唐书》记载李峤弱冠进士及第，韩国柳元迪教授参照《新唐书》，经过考证，推定“弱冠”当为二十岁，即李峤龙朔二年（662）进士及第。此可备为一说。［韩］柳元迪：《武后、韦后朝的文人官僚李峤之宦途与改革施政策》，收入赵文润等主编《武则天研究论文集》，山西古籍出版社 1998 年版。

元祎[①]看，李峤还有一个女儿嫁与京兆韦姓男子。

李峤对于武周时期的地方行政建制颇有心得，他曾上奏武则天，并获女皇的赞同，即在唐太宗贞观十道的基础上，进一步将全国山川土地分为二十道，以便中央采取措施进行行之有效之管理。由于其他大臣反对，这次行政改革未能施行。然而，唐玄宗开元末，最终将原来的十道改为十五道，基本上实现了李峤此前的设想。关于此问题，上述韩国木浦大学校的柳元迪教授已有专文探讨[②]，故不再赘述。

（二）李峤传世著作

如上所述，李峤弱冠即进士及第，武周末期官任中书舍人，“则天深加接待，朝廷每有大手笔，皆特令峤为之”[③]。与此同时，李峤富于才思，少与同乡苏味道“俱以文辞知名，时人谓之苏、李”[④]；“有所属缀，人多传讽”，“其仕前与王勃、杨盈川接，中与崔融、苏味道齐名，晚诸人没，而为文章宿老，一时学者取法焉”[⑤]，“时秀朝英，文宗学府”[⑥]。因而，李峤一生撰写了大量的诗赋文章，和崔融、苏味道、杜审言合称“文章四友”，是唐初不可忽视的宫廷诗人之一。

《旧唐书·李峤传》言李峤“有文集五十卷”，《新唐书》卷 50《艺文志》载“李峤集五十卷”，可见到宋朝编纂《新唐书》之时，该文集仍然存在。此后《文苑英华》收录了李峤的诗文著作，而清代嘉庆年间编纂的《全唐文》，则是收录现存李峤文章比较多的，其卷 242、卷 243、卷 244、卷 245、卷 246、卷 247、卷 248、卷 249 共八卷，收录了李峤的各类文章 158 篇[⑦]，包括赋、制文、册文、表文、疏文、书、状、序、

① 《唐正议大夫使持节相州诸军事守相州刺史上柱国赞皇县开国子李公墓志铭并序》，周绍良、赵超主编《唐代墓志汇编续集》，开元 095，上海古籍出版社 2001 年版，第 518—520 页。

② ［韩］柳元迪：《有关唐武韦后期的广域行政区之胎动与论议》，收入《武则天与登封》论文集，中华书局 2003 年版。

③ 《旧唐书》卷 94《李峤传》。

④ 《旧唐书》卷 94《苏味道传》。

⑤ 《新唐书》卷 123《李峤传》。

⑥ 《大周故纳言博昌县开国男韦府君夫人琅耶郡君王氏墓志铭》，载周绍良、赵超主编《唐代墓志铭汇编续集》，万岁通天 004，上海古籍出版社 2001 年版，第 349 页。

⑦ 陈冠明先生统计为 159 篇，并指出《全唐文》中重出、误入、遗漏的个别篇目，参陈冠明：《〈全唐文〉李峤卷考辨厘正》，《古籍整理研究学刊》1995 年第 1、2 期合刊。

碑、哀册文等。陆心源《唐文拾遗》卷16收录李峤“为王相公请改六书笺表”。陕西省社会科学院古籍办公室编辑的《全唐文补遗》第二辑，收录了李峤为凤阁舍人韦承庆的母亲王氏撰写的铭文。《全唐诗》卷57、卷58、卷59、卷60、卷61五卷，收录了李峤诗206首，《全唐诗补逸》卷3收录李峤诗一首，《全唐诗续补逸》卷1收录李峤诗两首及残句。

敦煌出土斯555、伯3738文书中发现唐人张方《李峤杂咏诗注》残卷，共收录了李峤诗120首，但这些诗亦通过其他源流流传下来，上述《全唐诗》中已经予以收录。关于张方校注李峤诗的具体考述，可参段莉萍《从敦煌残本考李峤〈杂咏诗〉的版本源流》[①]一文。

李峤众多的诗文，享誉当时文坛，而诗文的传世，亦产生了极其深远的影响，凸显初唐时代文化之兴盛。如今，伴随着懿德太子陵墓及哀册的发现，李峤的相关事迹，以及哀册文关联问题，应该引起学界的重视。

三 懿德太子墓的发掘及懿德太子哀册文

懿德太子李重润，唐中宗李显长子。原名李重照，后因避祖母武则天名讳改为李重润。开耀二年（682）正月，其出生于东宫内殿。三月，年仅两个月的李重润被唐高宗封为皇太孙，建立皇太孙府；两岁之时，又被委以重任留守京师。其父中宗李显被废后，皇太孙府也已不复存在，李重润以庶人身份，先是被囚禁于皇宫偏殿，后又追随父母到达房州幽禁地，度过凄惨的童年岁月。圣历元年（698）三月，李重润随父母返回神都洛阳，不久进封邵王[②]。大足元年（701）九月，因议论女皇武则天男宠张易之等人干预朝政，武则天大怒，诛杀了时为邵王的李重润，以及参与事件的李仙蕙（永泰郡主）、武延基（嗣魏王）夫妇。神龙元年（705），唐中宗李显复辟。不久，唐中宗为李重润、李仙蕙、武延基三人恢复名誉，追封李重润为懿德太子，胞妹李仙蕙为永泰公主，而且将他们的遗骨从洛阳迁葬至乾陵侧，“号墓为陵”，作为孙子辈陪葬乾陵，进而成为乾陵中最具影响的陪葬墓。

---

① 段莉萍：《从敦煌残本考李峤〈杂咏诗〉的版本源流》，《敦煌研究》2004年第5期。

② 拜根兴、樊英峰：《永泰公主与永泰公主墓》，三秦出版社2004年版，第106—108页。

1961年陕西文管会清理发掘了永泰公主李仙蕙墓，1972年懿德太子李重润墓、章怀太子李贤墓亦相继由陕西省博物馆、乾县文教局清理发掘，在文物、历史学界产生了极具轰动的效应。该墓出土比较完整的壁画40幅，分别绘在墓道、过洞、天井、前后甬道和前后墓室内，其中著名的壁画有《出行仪仗图》《驯豹图》《架鹰图》《列戟图》《侍女图》《内侍图》等。又出土比较完整的三彩俑、陶俑共805件，其中的陶马俑、骑马武士俑、奏乐男骑俑很有价值。又有三彩或陶制生活用品41件，主要是房屋模型、瓶、碗、盘之类。又出土有金（金饰器8件）、铜（鎏金马饰19件）、铁器（马镫5件）共32件①。该墓所不同的是，永泰公主墓、章怀太子墓均发现了当时人为墓主撰写的墓志铭，其中李贤死后先是被追封为雍王，后又进封章怀太子，故墓中竟出土两通墓志。然而，由于懿德太子为唐中宗长子，加之唐中宗对死去的儿女心怀歉疚，死后追封为太子，故其葬仪大幅攀升。懿德太子墓总长达100.8米，而且与上述永泰公主、章怀太子墓存在差异，即在墓中没有发现墓志铭，而是发现代表皇太子及皇帝、皇后崇高葬仪的哀册。

据上引《唐懿德太子墓发掘简报》记载，由于经过千余年，加之人为破坏，出土的哀册很少，“共11片（残）。大理石质。系欧体字，阴刻，填金。残存的哀册文是‘太子重’、‘高居’、‘方春’、‘来裔今’、‘存’、‘朱互而’、‘终’、‘居’、‘月甲戌朔廿’”②。就是说，单从发掘出来的哀册残片，并不能了解懿德太子哀册文的全貌，要探讨懿德太子哀册文相关问题，必须从文献资料找寻相关信息。检讨现存文献，对照出土的哀册残片，可证现存哀册文文字之失。如上述出土残片“月甲戌朔廿”，而文献资料哀册文则记为“月甲戌朔二十”③，对此应该如何解释？首先，出土残片载“廿”，而非“二十”，很显然，从当时人的写作习惯看，出土哀册残片应该是无可置疑的。其次，查阅相关史料，干支排列中并没有所谓的“甲戌”，而出土哀册文残片中出现“甲戌”，这是

---

① 陕西省博物馆、乾县文教局：《唐懿德太子墓发掘简报》，《文物》1972年第7期。

② 同上。

③ （宋）李昉编《文苑英华》卷839作“神龙二年岁次景午夏四月甲戌朔二十三日景申”，和考古发现的哀册刻文相同。（宋）宋敏求编《唐大诏令集》（校点本）卷32，（清）董诰编《全唐文》卷249，均记载懿德太子灵柩从洛阳启程时间为“神龙二年岁次景（丙）午夏四月甲戌朔二十三日景（丙）申”。

明显的错误，此或许是当时写作习惯，或许石料斑点和笔画重叠，抑或是笔误所致，不得而知。如此看来，文献记载懿德太子灵柩从洛阳启程为“四月甲戌朔廿三”当没有错。又据记载，神龙二年（706）四月甲戌，“夏四月，改赠后父韦玄贞为酆王，后四弟皆赠郡王”[①]，即四月一日，唐中宗下诏追赠韦玄贞等人官爵。另外，出土哀册断片中有的字似乎现存哀册文中并不存在，此亦是值得深入探讨的问题。

如同节愍太子李重俊、让皇帝李宪等哀册文一样，《懿德太子哀册文》的格式有与其相似之处，基本上反映了初盛唐时代哀册文撰作的基本规范，只是懿德太子哀册文较上述诸哀册文出现时间早而已。那么，懿德太子哀册文提供了哪些可资讨论的信息呢？笔者以为：其一，其明确记载了懿德太子灵柩从洛阳启程的时间，即“神龙二年岁次景午夏四月甲戌朔二十三日景申，懿德太子梓宫启自洛邑”句，至于什么时间到达长安？到达乾陵陪葬墓侧？什么时间葬埋？哀册文没有交代，但由此似可证明哀册文的撰述当在洛阳。其二，哀册文清楚地表明唐中宗对懿德太子之死的悲痛，即“皇帝嗟蚁庭之寝钥，惜凤渚之韬簧，抚万乘而怀国本，绥六姻而悼乾将”句。其三，指出唐中宗要提高葬仪，即“号墓为陵”，并以太子礼仪葬埋冤屈而逝的长子，这就是采用玉册填金的哀册文，是所谓“情无辍哀，礼有加数，刻纯懿乎金版，播声芳于玉裕”。至于哀册文中的哀词，其中赞扬懿德太子的高尚品质，如“宽惠深博，温良肃祇。苞举六爻，网罗群籍。诗接楚彦，赋延梁客。淮国传骚，云台对易。乐善超辈，多才掩昔。乃崇匡卫，实屏实藩。乃列朝请，为鸿为鹓”；也有惋惜懿德太子英年早逝，体现唐中宗的悲痛心情及天地感应等。

总之，上述懿德太子哀册文，从格式看，继承了此前哀册文的固定格式。就是说，在文章开头说明死者灵柩迁葬启程的时间，护灵队伍及仪仗的规模，皇帝对此事的关注和态度，以及采用玉册礼仪的必要。第二部分为哀词，也是通常的四字句开头，铺叙死者的生平作为，赞扬死者的丰功伟绩，而六字句则起到层层递进作用，进一步表现人们的哀伤

① 《资治通鉴》卷208。笔者按：《旧唐书》卷7《唐中宗纪》载，“又赠玄贞为酆王，玄贞弟四人并赠郡王”。如此，《旧唐书》卷7的记载当有误，即同时追赠的不是韦玄贞的四个弟弟，而是韦皇后的四个弟弟。

和惋惜之情。和此前的哀册文相比，作者李峤晦涩而极富情感的用词格外切切，似乎一字一泪，字字牵情。特别是七次运用“呜呼哀哉”[①] 字样紧扣主题，情感充沛，满含血泪的诉说，怨天尤人催人泪下，真正体现出哀册文应有的“哀情”与“伤悲”。笔者以为，此大概是懿德太子哀册文有别于上述其他哀册文的最大不同点。

附录　懿德太子哀册文校注

一　原文

维神龙二年岁次景午夏四月甲戌朔二十三日景申，懿德太子梓宫启自洛邑，将陪窆于乾陵，礼也。蔽衣夕陈，祖奠朝设，蜃辂俄轸，龙旗按节。皇帝嗟蚁庭之寝钥，惜风渚之韬簧，抚万乘而怀国本，绥六姻而悼乾将。情无辍哀，礼有加数，刻纯懿乎金版，播声芳于玉裕。其词曰：

灵命将兴，元符是膺。皇基茂立，帝武丕承。祥集画堂，庆流朱邸。棘矢延贶，桐圭备礼。寔惟天族，载挺人英。川宝岳秀，虹辉电精。舞象得元，佩觿闻道。刻舟敏遽，牵衣慧早。几神闇体，理识冥资。心韬锺律，情含蔡蓍。曰仁曰孝，非训非师。宽惠深博，温良肃祗。苞举六爻，网罗羣籍。诗接楚彦，赋延梁客。淮国传骚，云台对易。乐善超辈，多才掩昔。乃崇匡卫，实屏实藩。乃列朝请，为鸿为鹓。扬声北路，振彩西园。仪表姬戚，光辉舜门。恭事闱闱，欢迎党族。怡色玉润，温词兰馥。中外克谐，亲疏允睦。恒德有裕，闲言无譓。荣深出幸，宠茂留中。婉娈羣辟，绸缪二宫。陪舆泽厚，赐马恩隆。西蜀钦义，南山向风。礼缛天孙，望高元嗣。重海阙象，前星虚位。方辍颁彝，行膺主器。奄丧门轴，俄催隙驷。呜呼哀哉！

① 查现存初盛唐时期的哀册文，其中李义所作节愍太子（李重俊）哀册文用“呜呼哀哉”两次，张九龄所作惠庄太子（李成义）哀册文用“呜呼哀哉”五次，惠文太子（李隆范）哀册文用“呜呼哀哉”三次，韩休所作惠宣太子（李隆业）哀册文用“呜呼哀哉”五次。虽然不能用“呜呼哀哉”使用多寡辨别哀册文的写作优劣或当时人们的哀痛程度，但通过懿德太子哀册文，可以看出李峤确实写出了当时唐朝皇室的哀痛及悲伤，此大概也是唐中宗发敕褒扬李峤的主要原因之一。

凤下朝阳，龙收暝光。琼田灭彩，桂苑沦芳。国轸倾翰，朝悲坏梁。惟灵征之寂寂，怨天道之茫茫。呜呼哀哉！元圣登朝，恩荣下贲。爰命典册，式昭名谥。谥皂虽崇，粢盛不莅。阖壤同戚，具寮增欷。呜呼哀哉！筑思台兮竟不旋，还作室兮复何年？访来人兮伤对日，瞻去鹤兮感昇天。惜明离之虚蘇，怅风乐之徒悬。怼银牓之留月，泣铜楼之送烟。呜呼哀哉！司兆献占，掌图辨域。挽铎初警，帷幭既饬。引文卫之逶迤，度縏笳之悽惨。缠永慕于青府，结余酸于紫极。呜呼哀哉！辞交风之近甸，出避雨之层峦。望八水而遥集，怀三川而顾叹。麦枯兮夏旱，花落兮春残。林野晦而天无色，烟云愁而景欲寒。呜呼哀哉！税驾昭途，即宫下土。执斧供事，扬麾按部。藏日兮山门，埋镫兮地户。痛平生兮冥寞，哀倏忽兮今古。视不见兮呼不闻，天无晓兮夜无分。同变化兮光阴尽，配阳秋兮菊兰芬。呜呼哀哉！

二　校注

景午、景申：应当为“丙午、丙申”，唐初避高祖李渊之父李昞名讳，故将干支中的“丙”写为“景”。《唐大诏令集》点校本已作改正。

夏四月甲戌朔：《文苑英华》卷839，《懿德太子墓发掘简报》哀册文图版均作“夏四月甲戌朔”，笔者在以上正文中已有辨正，认为《全唐文》卷249，《唐大诏令集》点校本卷32收录懿德太子哀册文时可能有所订正，即改为“夏四月甲戌朔”，因为干支中就没有“甲戌”。

甲戌朔二十三日：《懿德太子墓发掘简报》哀册文图版作“月甲戌朔廿”，图版所载实物是正确的，而《文苑英华》《唐大诏令集》《全唐文》收录文中的“二十”当有误。

窆（bian）：埋葬时穿土下棺。

廞衣（xin），陈列衣服。《周礼·春官·司服》，廞衣服。又有廞车，《周礼·春官·司常》载，“置旌门大丧共铭旌，建廞车之旌，及葬亦如之”。

祖奠：故人安葬，于出殡前夕设奠以告亡灵。晋·潘岳《潘安仁集·南阳公主诔》载，“容车戒路，祖奠在庭”。

蜃辂：蜃，蜃车，即丧车。《周礼·地官·遂师》载：“‘共丘笼及蜃车之役。’注：蜃车，柩路也。柩路戴柳四轮，迫地而行，有似于蜃，因取名焉。”辂，挽辇的横木，缚于辕上，供人拉车使用。

俄轸：俄，倾侧。轸，转动。《文选·七发》载，“初发乎式围之津涯，荄轸（通‘陔’）谷分”。《文选》卷45，“既而帝晖临幄，百司定列，凤盖俄轸，虹旗委旆”，其注云：俄轸、委旆，不行也。

惜：《唐大诏令集》卷32同。《文苑英华》卷839作“愔（yin）”。

万乘：这里指国家社稷。

国本：立国的根本。封建时代特指确定皇位继承关系，确立太子为国本。

六姻：即六亲。

金版：冶炼金属为版，国家发生重大事情则镂于金版。

玉裕：姿容温裕如玉。《旧唐书》卷88《卢承庆传》载有“谏太子书”，云：殿下以仁孝之德，明叡之姿，岳峙泉渟，金贞玉裕。

舞象得元：《文苑英华》卷839作“舞象得玄”，《唐大诏令集》卷32亦作“玄”。因《全唐文》成书于清嘉庆年间，可能编者避康熙帝玄烨之名讳，将“玄”改为“元”。

佩觿闻道：《唐大诏令集》卷32同。《文苑英华》卷839作“珮觿闻道”。

宽惠深博：《唐大诏令集》卷32同。《文苑英华》卷839作“宽惠深愽”。

网罗羣籍：《文苑英华》卷839，《唐大诏令集》卷32均作“网罗群籍”，当是同一字的异写。

云台对易：《唐大诏令集》卷32同。但《文苑英华》卷839作“云梦对易”，注云：“一作‘台’。”看来，《全唐文》《文苑英华》编者采用了后者。

乐善超辈：《唐大诏令集》卷32同。《文苑英华》卷839作“乐善起辈”。

婉娈羣辟：《文苑英华》卷839，《唐大诏令集》均作“婉娈群辟”，当是同一字的异写。

赐马恩隆：《文苑英华》卷839指出“一作‘锡’”。《唐大诏令集》作“锡马恩隆”。

元圣登朝：《文苑英华》卷839，《唐大诏令集》卷32均作“玄圣登朝”,《全唐文》当是避清康熙帝玄烨之名讳。

匕鬯虽崇:《唐大诏令集》卷32同。《文苑英华》卷839作“谥鬯虽崇”。

怼银牓之留月:《唐大诏令集》卷32同。《文苑英华》卷839作“对银牓之留月”。

度繁笳之凄恻:《唐大诏令集》卷32同。《文苑英华》卷839作“度繁笳之悽惨”。

配阳秋兮兰菊芬:《唐大诏令集》卷32同。《文苑英华》卷839作“配阳秋兮菊兰芬”。

说明:笔者看到的懿德太子哀册文有(宋)李昉《文苑英华》卷839(中华书局1990年版),(宋)宋敏求《唐大诏令集》点校本卷32(学林出版社1992年版),(清)董诰《全唐文》卷249(中华书局1991年版),本校注以《全唐文》卷249为底本(似编纂《全唐文》之时,曾以《唐大诏令集》为本),《文苑英华》卷839为校本,有的地方也参照《唐大诏令集》点校本。

(《乾陵文化研究》第3辑,三秦出版社2007年版)

唐懿德太子寺、庙涉及问题

神龙元年（705），唐中宗李显诏令迁葬五年前被母亲武则天赐死的儿子李重润、女儿李仙蕙遗骨于乾陵东南侧，作为父母陵寝乾陵的陪葬墓。为了慰藉死去儿女冤魂，他不惜采取超常规手段，提高规格“号墓为陵”，在当时成为皇朝政治生活中的一件大事。不仅如此，他还为儿女建立寺庙追福。关于永泰寺，笔者曾在《永泰公主与永泰公主墓》中有所论述[①]。本篇依据现有文献及金石史料，探讨懿德太子寺庙关联问题。

一　懿德太子寺、庙的出现

长安城延寿坊南门之西所在有隋朝建造的慈门寺[②]。隋开皇六年（586），刑部尚书万安公李圆通建立了这座寺庙。唐临《冥报记》中曾载有京兆殷安仁在慈门寺发生的故事[③]，流传很广。神龙年间，唐廷举办隆重仪式，迁葬李重润遗骨于乾陵侧，作为陪葬。薛府君时“年未弱冠”，在整个懿德太子迁葬过程中，担当懿德太子挽郎[④]。不久，唐中宗李显为死去的儿子李重润追福，将慈门寺改作装饰，绘制了精美的壁画，使这所寺庙焕然一新，进而改名为懿德寺。这样，懿德寺庙在唐长安以崭新的面貌正式出现。

---

① 拜根兴、樊英峰：《永泰公主与永泰公主墓》，三秦出版社 2004 年版。

② 慈门寺即后来改名的懿德寺，其具体地址在今西安市西南西北工业大学附属小学新建教学楼附近。呼林贵、刘合心、徐涛：《唐智藏禅师舍利塔铭的发现及相关历史地理问题探索》，《碑林集刊》第 5 辑，陕西人民美术出版社 1998 年版。

③ 参李芳民《唐五代佛寺辑考》，商务印书馆 2006 年版。

④ 《大唐故宣议郎行邵州司法参军薛府君夫人周氏墓志铭并序》，载毛阳光、余扶危主编《洛阳流散唐代墓志汇编》，中国国家图书馆出版社 2013 年版。

首先，唐廷设立专门的寺庙及祭祀管理机构，四时祭典。史载“旧制，诸赠太子庙令各一人，从八品上；丞一人，正九品下；录事以下，准隐陵署例”。现在知道的有开元初年，任晖其人“弱冠，补清庙斋郎。□禘礼仪，为庙之藩翰。解褐授懿德太子庙丞。暨乎六载□□，俄丁忧外艰。……”[①] 就是说，任晖曾担当懿德太子庙丞达六年之久，当时庙令是谁？不得而知。其次，懿德太子寺庙管理者庙令、庙丞，其职责为“八处修营，四时祭享”[②]，即维持寺庙日常的运营修护，负责每年数次的祭祀活动。寺庙的相关费用朝廷予以支给。再次，懿德太子寺还有专门的僧人，这一点很少有人论及。唐人崔融作《唐故密、亳二州刺史赠安州都督郑公碑》中，谈及墓主郑仁恺的次子智度，中宗神龙二年后曾为“京懿德寺僧”[③]。当然，懿德寺中不可能只有智度一个僧人，特别是经过唐中宗改名之后，其僧人应该还有不少。因为河南嵩山嵩岳寺，神龙二年敕改其为永泰寺时，就专门度僧二十七人[④]。与永泰寺相类比，在当时的状况下，懿德寺的和尚数应当与之相差不多。至于懿德寺僧侣人数规模、住持者是谁等问题，因缺乏史料，难以求证。最后，懿德太子庙四时祭祀之同时，还依据一定的礼仪，举行相应的祭享活动。现在还能看到的《享懿德太子庙乐章》，就是祭祀时演奏音乐所和歌词。史载：“神龙初，享懿德太子庙乐章，第一迎神，第二登歌、酌鬯，第三迎俎及酌献，第四送文舞出、迎武舞入，第五武舞作，第六送神，词同隐庙。”[⑤] 其词如下：

迎神

甲观昭祥，画堂升位。礼绝群后，望尊储贰。启诵惭德，庄丕掩粹。伊浦凤翔，缑峰鹤至。

登歌酌鬯

誉阐元储，寄崇明两。玉裕虽晦，铜楼可想。弦诵辍音，笙歌

---

① 《唐故朝议郎行鲁郡兵曹参军任府君墓志铭并序》，《全唐文补遗》（千唐志斋新藏专辑），三秦出版社 2005 年版。

② 文中未注出者均见《唐会要》卷 19《诸太子庙》。

③ 《全唐文》卷 220《唐故密亳二州刺史赠安州都督郑公碑》。

④ 《全唐文》卷 915《永泰寺碑》。

⑤ 《旧唐书》卷 31《音乐志四》。

罢响。币帛言设，礼容无爽。

迎俎酌献

雍雍盛典，肃肃灵祠。宾天有圣，对日无期。飘飖羽服，掣曳云旗。眷言主鬯，心乎怆兹。

送文舞迎武舞

八音协奏陈金石，六佾分行整礼容。沧溟赴海还称少，素月开轮即是重。

武舞作

隋季昔云终，唐年初启圣。纂戎将禁暴，崇儒更敷政。威略静三边，仁恩覃万姓。

送神

皇情悼往，祀仪增设。钟鼓 锽，羽旄昭晰。掌礼云备，司筵告彻。乐以送神，灵其鉴阕。①

可以看出，该乐章分为六部分，作为祭享懿德太子时随音乐传唱的歌词。从歌词字面上看，似乎没有什么值得深究的东西，应该是按照当时祭祀的书仪惯例，添加庙主相应的素材创作而成。同时期的隐太子李建成庙、章怀太子等庙也有相应的祭享乐章，而且也是分为六章。但孝敬皇帝李弘及皇后庙享乐歌词则分为九章，以此可见两者祭享礼仪上的差别。

二　懿德太子等庙的存废

中宗在位的神龙、景龙年中，懿德太子庙以及与他的伯曾祖父李建成、伯父李贤三个庙，享受唐朝廷特殊政策，国家派专人，遵照祭奠礼仪四时祭享，哀荣备至。睿宗在位时间短促，上述祭享活动照样举行。然而，唐玄宗李隆基即位后，情况开始有所改变。开元三年（715），担当右拾遗的陈贞节上疏，对唐朝廷负担祭祀上述三庙，以及随后出现的节愍太子李重俊庙的做法提出不同意见，主张“诸太子庙不合守供祀享”，认为：

① 《全唐诗》卷25《享懿德太子庙乐章》。其中“送神”乐词，与隐太子庙乐章相同。

王者祀典，义存德坊，犹且远庙为祧，去坛为墠，亲尽则毁，此皆为继体之君焉，苟非斯文，并从咸秩。伏见章怀太子等四庙，远则从祖，近则堂昆，并非有功于民，立事于世，而寝庙相属，献祼连时，事不师古，以克永世，臣实疑之。今章怀太子等，乃以陵庙分署官寮，八处修营，四时祭享，物须官给，人必公差，合乐登歌，咸同列帝。夫金奏所以颂功德，登歌所以扬辉光，以感神祇，以和邦国。故《诗》曰："钟鼓既设，一朝飨之"，锡有功也。若使无功而颂，无德而扬，乃以姑洗为宫，蕤宾为羽，声含六代，或类五郊，奏《咸和》以降神，歌《肃雍》以延祉，是使舞咏非虔，金石乖仪。谨按《周礼》始祖以下，犹称小庙，未知此庙，厥名维何？臣谓八署司存，员寮且省；四时祭祀，供给咸停。臣又闻磐石维城，既开封建之典；别子为祖，非无大小之宗。其四陵庙等，应须祭祀者，并令承后子孙，自修其事，崇此正典，冀合礼经。

很明显，陈贞节对朝廷花费大量人力、物力，定时祭祀隐太子李建成、章怀太子李贤、懿德太子李重润、节愍太子李重俊诸庙很有意见，认为此四人并无特殊的功勋和德行，像供奉死去的皇帝一样，设庙四时祭祀不合祖制，更与《周礼》的规定格格不入，建议应该即刻停止所有由朝廷负担的祭祀活动，改由其子孙承担相关的祭祀责任，如此才"崇此正典，冀合礼经"。现在看来，陈氏奏疏所论不无道理，说出当时宗室贵族生前食民脂膏，死后仍然耗费国家资财的现实。唐玄宗敕令朝野臣僚上疏议论如何办理此事。驾部员外郎裴子余、太常博士段同泰引经据典，驳斥右拾遗陈贞节的观点。认为：其一，上述四位皇子"并前皇嫡胤，殒身昭代"，皇上之所以保留祭祀，是"哀骨肉之深，锡烝尝之享，宪章往昔，垂范将来"。其二，周朝、汉晋均有先例，如果强行改作，就是"去羊存朔，非礼所安。徇利忘礼，何以为国？"其三，奏疏中提到的四位皇太子，当今皇帝（唐玄宗）要么"本服缌麻"，或者"本服周年"，或者"本服大功"，即和当今皇帝有直系血缘关系，也就是所谓的"亲并未尽"，故而"庙不合废"。和裴、段二人同时上奏的还有礼部尚书郑惟忠等二十七人。唐玄宗综合群僚奏言，采取对于上述四太子的祭祀享典仍然一如其旧，"陵庙既在，官不可削"，只是将"其府史（吏）等各请减半"。如此处置措施，在当时应该说是权宜之计。经过十余年后，唐朝廷在实践中逐渐改变了此前执行的办法。开元二十二年（734）七月二十六日，唐朝廷敕令：

> 赠太子顷年官为立庙，并致享祀，虽欲归厚，而情且未安。蒸尝之时，子孙不及，若专令官祭，是以疏间亲，遂此为常，岂为敦孝？其诸赠太子有后者，但官置庙，各令子孙自主祭，其署及官悉停。若无后者，宜依旧。

应当说明的是，早在储位皇太子时期，李隆基就前往国学释奠，令大臣褚无量讲解《孝经》。即位后的唐玄宗，主张“以孝治天下”倡导孝道。开元七年（719）组织注疏《孝经》班子，并博采诸家众说，亲自为《孝经》作注；天宝五载（746），唐玄宗第二次为《孝经》作注，这就是至今仍陈列于西安碑林著名的御注《孝经》[①] 石刻。正因为有唐玄宗的提倡，懿德太子等庙关联问题，也和“孝道”联系了起来。如此，唐朝廷上述敕令就很好理解了。就是说，一方面考虑到上述众皇太子子孙应向死去的祖辈尽行孝道，另一方面也是为减轻国家相应的负担，故采取新的管理方式。即对于其他有子孙后裔者，四时祭祀仍在原庙设祭，祭祀所需由其子孙全权负担，朝廷对祭祀所及不再负责。对于像懿德太子等没有子孙后裔者，仍然依据原来的办法祭祀。天宝六载（747）正月十一日，唐朝廷赦文中又提到上述皇太子祭祀问题：

> 诸庙之主，礼有遵于合祭，同等则祔，义亦取于旁通。其章怀、节愍、惠文、惠宣等太子，虽官为立庙，比来子孙自祭，或时物有阙，礼仪不备，宜与隐太子及懿德太子列次诸室，简择一宽处，同为一庙。应缘祭事所须及乐馔，并令官供，每差祭官，宜准常式。仍都置庙令，仍自余所废庙官宜停。

就是说，鉴于章怀、节愍等太子庙，虽有后裔子孙前往祭祀，但并未尽行孝道，除不能按照规定的时节祭祀外，即使是祭祀，也缺乏享礼所需

---

① 陈萍萍：《唐玄宗御注〈孝经〉始末》，《台州师专学报》1996 年第 5 期；陈一凤：《论唐玄宗注〈孝经〉的原因》，《长春师院学报》2005 年第 6 期。

物品及应有的礼仪。遵照“礼有遵于合祭，同等则袝，义亦取于旁通”原则，将章怀、节愍、惠文、惠庄、惠宣五太子与没有子孙后裔的隐太子、懿德太子一起，选择一处地点立庙祭祀。这样，就出现了“七太子庙”。关于“七太子庙”的地点，韦述《两京新记》载云：“七太子庙”在长安永乐坊，但宝历二年太常寺奏言中，又载其在永崇坊①。对此，至今没有定论，期待发现新的史料作进一步的探讨。

此后，“七太子庙”问题在上元二年（761）、贞元十五年（799）、元和元年（806）、宝历二年（826）、开成三年（838）、大中六年（852）等又被提出来。为什么如此？主要是针对此后新增加的太子庙，应该采取什么样的祭祀方式而展开的讨论。臣僚们援引前例，在各个时期提出相应的建议。

从唐中宗神龙元年（705）懿德太子寺、庙的出现，到天宝六载（747）“七太子庙”的建立，懿德太子寺庙共存在了40余年。其间有过设立专门机构，僧侣诵经香烟袅袅，国家祭享的辉煌，也有罢除庙令机构，由朝廷有关部门简单祭祀的落魄。至于天宝六载后懿德庙作何用途，未见有史料记载，难于作论。但无论如何，如果真有魂灵存在的话，19岁就死于非命的懿德太子李重润理应知足！因为寺、庙供享虽然未能独享，但位于乾陵东南“号墓为陵”的坟茔仍然存在，他没有变成孤魂野鬼。一千三百余年后的今天，也正是因为有陵墓的发掘，有关他的祖母、父母，以及他的故事才更具魅力、享誉中外。

（《乾陵文化研究》第5辑，三秦出版社2008年版）

---

① 文中没有注出部分，均见《唐会要》卷19《诸太子陵》条。

唐永泰公主研究中的几个问题

永泰公主是唐中宗的嫡女。武则天大足元年（701）九月，永泰等人因私议武则天男宠张易之、张昌宗专权而被处死。1960年陕西省文管会发掘清理了永泰公主墓，出土了一方《永泰公主墓志铭》，由此，有关永泰公主身世、死的时间、死法、号墓为陵的几个问题，在历史、文博学界引起广泛的讨论。

一　永泰公主的亲生母亲是谁?

永泰公主讳仙蕙，字秾辉，唐中宗李显第六女。永泰的亲生母亲是谁？自永泰公主墓发掘以来，在所发表的文章中，似乎很少有人涉及这一问题，然而，弄清这一问题却是至关重要的。

《永泰公主墓志铭》中只是言其为“高祖神尧皇帝之玄孙，太宗文武圣皇帝之曾孙，高宗天皇大帝之孙，皇上（唐中宗）之第七（应为第六）女也”，未言及其母亲是何氏。这正如《金仙长公主碑铭》中不言及其母亲，亦不言和唐玄宗同胞一样[①]，只是囿于碑铭写法而已，不足为论。《资治通鉴》卷208载：“初，韦后生邵王重润，长宁、安乐二公主”，未见提及永泰，似永泰并非出自韦氏。又《旧唐书》卷52《韦庶人传》载：“所生懿德太子、永泰、永寿、长宁、安乐四公主，安乐最幼，……”据《旧唐书》校注记言：永泰原为“永徽”，是依据《新唐书》卷83《诸帝公主传》《太平御览》卷141的记载，校改其为“永泰”的。事实上，唐高宗有“永徽”年号外，各本史书所载中宗诸女中并无“永徽”之称号，加之《新唐书》《太平御览》两书成书均较《资治通

① 《金石萃编》卷84《大唐故金仙长公主神道碑铭并序》。

鉴》为早，故用以上两书校订《旧唐书》，其校注结果当是可信的。还有，《旧唐书》之所以将永泰公主记在永寿、长宁两公主之前，可能是因懿德太子、永泰公主死于非命、影响非凡之缘由，故而才有上文"所生懿德太子、永泰、永寿、长宁、安乐四公主，安乐最幼"的记载。

另外，永泰出自韦后事实上也可成立。史载中宗纳韦氏为妃的时间是"中宗为太子时"[①]，而中宗李显于永隆元年（680）八月乙丑，即八月二十三日被立为皇太子，同日改元。皇太孙李重照（后改名为重润，避武则天名讳，即懿德太子）生于永淳元年（682）正月[②]。因正史中没有具体记载说明唐中宗纳韦妃的时间，故按照传统的"十月怀胎，一朝分娩"的说法，对照唐中宗被立为皇太子的时间，其纳韦氏为太子妃的时间当在永隆元年（680）八月到开耀元年（681）三月之间。

除此之外，我们还可从其他的记载中获取相关的信息。宋人计有功所著《唐诗纪事》中收有唐高宗所写《太子纳妃太平公主出降》诗，记载太子李哲纳妃和其妹太平公主出嫁为同一时间。《初学记》中更有当时大臣任希古、郭正一、刘祎之、元万顷等《奉贺太子纳妃公主出降》诗[③]传世。据《旧唐书》《资治通鉴》诸史书记载，太平公主出嫁薛绍的时间为开耀元年（681）七月[④]，而此年恰为闰七月，而太平公主出降为前七月。看来，时为皇太子的李哲纳韦氏为妃的时间正在此时[⑤]。就是说，皇太孙即懿德太子李重润属早产，而且按照自然月计算，其早产达三个月[⑥]。

如以上推论不妄的话，另外一个问题亦随之出现。既然安乐公主是韦皇后所生的最幼女，而在短短的三年多的时间内，即李重润生年为永淳元年（682）正月，安乐公主"生于房州"，即"中宗迁于房州，欲达

---

① 《旧唐书》卷51《中宗韦庶人传》。

② 《旧唐书》卷5《高宗纪》。

③ （唐）徐坚等著：《初学记》卷14，中华书局1985年版。《全唐诗》卷44还收有裴守真、胡元范所作《奉和太子纳妃太平公主出降》题目的诗。

④ 《资治通鉴》卷202，唐高宗开耀元年条。

⑤ 王仲镛：《唐诗纪事校笺》上册，巴蜀书社1992年版，第15页。

⑥ 皇太子李显永隆二年七月纳韦氏为妃（此年为闰七月，纳妃为前七月。具体是七月初还是七月底，史书缺载），到李重润出生的永淳元年正月，如果按自然月推算的话，应该为7个月，早产3个月；按照妊娠月计算，当为近8个月，早产2个妊娠月。但一般计算妊娠时间，是以妊娠月为基准的。

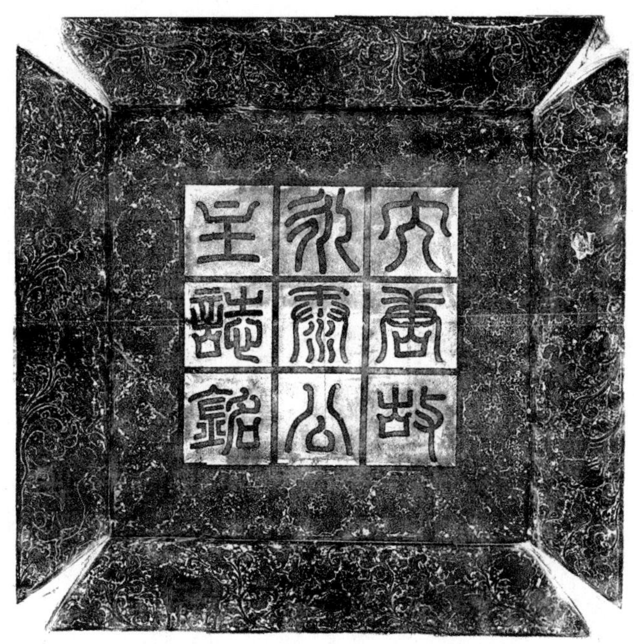

永泰公主墓志盖

州境，生于路次"①。据《资治通鉴》卷 203 载：唐中宗被流贬房州的时间为武则天垂拱元年（685）三月。就是说，从公元 682 年正月到公元 685 年三月这三年零四个月内（公元 684 年为闰年，故多算一个月），韦皇后共生有四个公主，即长宁、永寿、永泰、安乐。乍看起来，四位公主降生从时间上看似乎有点紧张，但按照当时一般妇女的健康状况，以及妇女的妊娠周期计算②，其在三年四个月（四十个自然月）中诞生四个孩子还是可能的。况且，除安乐公主降生时，正值唐中宗被谪迁房州，

① 《旧唐书》卷 51《中宗韦庶人》。

② 按照四周为一妊娠月，即 28 天为一妊娠月的计算方式，一般平均预产期为十个妊娠月（40 周），而实际出生的时间往往较预产期提前者居多，当然，也有一些推后出生的。这样，三年零四个月，就是约 43 个妊娠月。这样，生育四个孩子从理论上是可以成立的。另外，考虑到并非每个孩子都是足月产，如上文提到的懿德太子就可能属于早产；妊娠开始时间当是以最后一次月经日计算，一般来说，此日为受孕日向前推两周，这些都可为以上推论的成立提供事实上的依据。当然，人与人之间的个体差异很大，一千三百余年前出身于官僚贵族家庭，工于心计，身体硕健的韦氏，其和李哲结婚后感情甚好，从生育周期、身体素质、感情因素、客观环境等方面综合考察，都具备这种可能。

韦皇后在半路上生育情况有所不适外，当时贵为皇太子妃的韦氏，其女儿长宁、永寿、永泰从怀孕到出生，韦氏本人都会受到无微不至的关怀和照料当是毫无疑问的。这固然是因为韦氏贵为皇太子妃，另外不可忽视的是皇太子李显与韦氏感情颇好，特别是在登临皇位前后，中宗无论是在情感上，还是在日常生活中都和韦氏形同一人，这无疑为以上三年零四个月生四个公主提供了比较合理、有力的保障。当然，永泰公主和永寿公主系一胎所生，或者其中之一如懿德太子早产并非没有可能（永寿公主为中宗第五女，早夭），只是没有史料佐证，只好存疑。

还有，从一些间接资料也可证明永泰为韦氏所生。景龙元年（707）七月，皇太子李重俊与“左羽林大将军李多祚、将军李思冲、李承况、独孤祎之、沙吒忠义等，矫制发羽林千骑兵三百余人，杀三思、崇训于其第，并亲党十余人”①，但这次政变，由于各种原因最终被镇压。因武崇训为安乐公主的丈夫，安乐公主上表唐中宗，请援引永泰公主故事，号武崇训墓为陵，中宗诏从。然而，给事中卢粲上表驳论，中宗手诏有“安乐与永泰无异……”之句。如果永泰非韦皇后所生，中宗的手敕绝对不会是这种行文表达方式，而采用这种行文表达方式，足以证明安乐与永泰公主具有相同的身份，即同为皇后韦氏嫡生之女。

同时，《新唐书》卷81《懿德太子重润传》载“大足中，张易之兄弟得幸武后，或谮重润与其女弟永泰郡主及主婿窃议，后怒，杖杀之。……”《资治通鉴》卷207载：“邵王重润与其妹永泰郡主，主婿魏王武延基窃议其事，易之诉于太后……”

《新唐书》卷83《玉真公主传》云：天宝三载，玉真公主曾上书唐玄宗，“妾，高宗之孙，睿宗之女，陛下之女弟，于天下不为贱，何必名系主号，资汤沐，然后为贵？请入数百家之产，延十年之命”。又据《旧唐书》卷51《睿宗昭成顺圣皇后窦氏传》载：窦氏“光宅元年立为德妃。生玄宗及金仙、玉真二公主”。玉真公主自称为“陛下之女弟”，而又同出于窦氏，即一母所生。从玉真公主的自述中用“女弟”自称，似

① 《资治通鉴》卷208，唐中宗景龙元年（707）。

“女弟”在唐代为胞妹的代称[1]。

如此，上引《新唐书》卷81《懿德太子重润传》中言永泰公主为其“女弟”，可推测永泰公主为懿德太子的胞妹，也就是说，永泰公主为韦皇后所亲生。

二　永泰之死真相是什么

永泰是被杖杀、毒杀、缢杀、早产而死、难产而死。史学、文博学界众说纷纭，莫衷一是。1963年，陕西省博物馆武伯纶先生发表了对发掘出土不久的永泰公主墓志铭的考释文章[2]，该文主要依据墓志铭文，考出永泰与其丈夫武延基并非同时遇害。又据墓志铭“珠胎毁月，怨十里之无香；琼萼凋春，忿双童之秘药”句，认为墓志作者徐彦伯引用典故，“都和病有关，似永泰公主系因病而死，不是被武后杀害”。1980年，西北大学历史系曾立人先生发表了《关于永泰公主之死》一文[3]，对武伯纶论文提出商榷。曾文的特点是立足于文献记载，通过对文献记载的分析论证，认为“史书所记三人之死在‘九月壬申’，就是该年九月初三，与墓志所记永泰公主死于这年的九月初四，相距只有一天”，反驳武文“永泰公主绝不是与武延基等同时遇害”的结论。曾文认为史料记载武后令三人“自杀”是可信的，并且肯定了三人“都是以赐自尽的方式遭杀害的”；曾文最后探讨了墓志和文献记载产生抵牾的原因。与此同时，有研究者据永泰墓出土的十一块女性骨盆碎片，排列复原了永泰公主的骨盆，并说经医学权威人士品评鉴定，认为“永泰公主骨盆部位较之同龄女性骨盆显得狭小，显然，如此狭小的骨盆，即使一般胎儿也难顺产……”还据墓志铭中“珠胎毁月”句，断定“永泰公主死于难产”[4]。陕西省博

---

① 除“女弟”称呼一母所生的同胞兄弟、姊妹之外，唐人还有称“母弟”“母妹”的，不过从现存资料看，这种称呼用法并不常见。如唐太宗与长孙皇后所生的新城公主，在其传记中称作“晋阳母弟也”。墓志铭文中称作“公主讳字，陇西狄道人。高祖太武皇帝之孙，太宗文皇帝之女，皇帝之□母妹也”。参见《新唐书》卷83《新城公主传》，《全唐文补遗》第5辑，三秦出版社1998年版，第126—127页。

② 武伯纶：《唐永泰公主墓志铭》，《文物》1963年第1期。

③ 曾立人：《关于永泰公主之死》，《人文杂志》1980年第5期。

④ 阎文斗：《千古奇案：永泰公主死之谜》，《视野》1981年第5期。

物馆廖彩樑先生1986年出版了《乾陵稽古》一书[①]，该书专列一目，通过对以上三说的评论，重点加强了对出土永泰公主墓志铭的诠释。如对“珠胎毁月”释作“隐喻永泰（珠胎）为武则天（月方）所毁了”，“忿双童之秘药”句，着重解释“秘药”，认为“永泰公主是被武则天毒杀的，只是比武延基和懿德太子晚死一些时候罢了，这是因为身怀有孕，不立斩或杖杀，而缓期逼令服毒自杀，这在封建社会也是皇帝的一种‘恩典’”，这就是“‘自蛟龙丧雄锷’（武延基被杀），‘鸾愁孤影’，所谓永泰公主的‘守寡生活’”。

综观以上诸说法，其中问题是明显的。武文已为曾文所驳论，此不赘述。曾文论辩较为合理，只是未做进一步探讨，因而有待于补正。第三种所发失之片面，难能成立。廖文实际上是对武文的进一步阐发，虽则修正了武文诠释之误，但纯粹依据墓志，认为永泰服毒而死使人难以信服。

问题的关键是发掘出土的墓志铭究竟可信程度有多少？铭文闪烁其词的“隐喻”话语能否作为研究者确认永泰公主死因的唯一依据？

志文作者徐彦伯，兖州瑕丘（今山东兖州）人。少小即工于文章诗词，受到河北道安抚大使薛元超的荐引，官蒲州司兵参军。与同僚司户韦暠、司士李亘各怀技艺，时人称赞其为“河东三绝”。武则天圣历年中官拜给事中，“时王公卿士多以言语不缜密为酷吏周兴、来俊臣等所陷”，朝廷官员被罗织者难计其数。面对如此险恶的朝野政情，处在政治风云浪尖的徐氏，逐渐练就了明哲保身、处事老练的本领。不仅如此，他还撰写《枢机论》20卷以诫于世。他懂得“言语者，君子之枢机，动则物应，物应则得失之兆见也。得之者江海比邻，失之者肝胆楚、越，然后知否泰荣辱，系于言乎！”又“夫言者，德之柄也，行之主也，志之端也，既可以济身，亦可以覆身”，信奉孔子“终日行，不遗己患；终日言，不遗己忧”[②]，老子“多言数穷”[③]的信条。因而，在酷吏横行的腥

① 廖彩樑：《乾陵稽古》，黄山书社1986年版。

② 《旧唐书》卷94《徐彦伯传》。

③ 《旧唐书》卷94《徐彦伯传》。《全唐文》收徐氏文章6篇，《全唐诗》卷76编其诗一卷（30首）。另外，《全唐文补遗》第1辑收其所撰《大唐永泰公主志石文》，第5辑收其所作《□故韶州乐昌县上柱国王府君（师协）墓志铭并序》《大周故滑州韦城县主簿梁君（莹）墓志铭并序》两篇墓志铭。又据《宋高僧传》卷18载，徐彦伯还曾为“虢州阌乡僧侣万回”撰写碑文。

风血雨中，能够变通自持如狄仁杰者亦不免被罗织囚禁之厄运[1]，但徐彦伯却能备受当政者垂爱，游刃有余于宫禁朝堂。并且，圣历元年（698）三月，其受女皇武则天的差遣，赴房州召庐陵王李哲及其妃、诸子女回洛阳，足见其人谨慎言行的功效。徐彦伯随后还参与《武后实录》的纂修，并获中宗嘉奖，封高平县子，赐物五百段。永泰夫妇及其邵王李重润"私议二张"宫廷案的来龙去脉徐氏当是最清楚的，中宗敕令徐氏撰写永泰公主墓志铭，虽然有点勉为其难，但中宗关心的是如何在墓志中表述武则天和自己在事件中所作所为，即永泰等人的死因、死法问题，如何真切表现中宗夫妇的悲痛和对永泰生平的追述。徐彦伯"好为强涩之体"[2]，并和中宗私人关系颇好[3]，而且以"慎言行"而著称，故而成为担当撰述任务的最佳人选。无疑，此不能说不是强徐彦伯之所难了。为什么如此？这是因为，下令处置永泰等人的是已故的女皇武则天，当今皇帝之母，亲手签发执行缢杀命令的就是中宗皇帝本人。墓志铭文既要写出永泰短暂一生可资流播后世的美行佳话，又要滴水不漏地处理永泰等人之死相关的问题，同时还要顾及中宗皇帝的面子，并寄托其难以启齿的哀思。徐彦伯绞尽脑汁、费尽心机，最终完成任务。

从出土的墓志铭文来看，徐氏行文的晦涩，即对永泰等人的死因、死法诸问题以空泛、艰涩、不知所云的语句表达，并且讳言莫深，如此中宗对徐氏所写墓志铭的满意当是不言而喻的。当然，以永泰公主志石文作为论证永泰等人的死因、死法的唯一证据，其所得出的结论无疑是不完整的。关于这一点，贺梓诚、王其祎诸先生在其论著中已有驳论，

---

① 拜根兴等：《武则天与狄仁杰》，收入《武则天与文水》文集，山西人民出版社 1989 年版。

② 《唐诗纪事》卷 9 载："彦伯为文，多变易求新，以凤阁为鹓阁，龙门为虬户，金谷为跣溪，玉山为琼岳，竹马为篠骖，月兔为魄兔，进士效之，谓之涩体。"此可看作特殊政治气候影响士人文风的绝好例证。

③ 如上所述，徐彦伯曾受命迎接时为庐陵王的李哲夫妇及其子女返回洛阳。中宗复辟后，"与修文馆学士宴乐赋诗，每命彦伯为之序"。如《夜宴安乐公主私第序》《送郑维忠序》《送金城公主和戎》等。而本文所论的《永泰公主志石文》也是奉唐中宗敕令撰写的。这些固然是和徐彦伯当时的文名及影响相关联，但不可否认中宗和徐氏有相当好的私人关系。中宗死后的哀册文亦出自徐彦伯之笔。

可作参考①。毋庸置疑，墓志铭文对永泰公主的生平事迹、德行音貌、所作所为的叙述值得信赖。比如，公主的名讳、字号，出嫁结婚的具体时间、封爵的数量、享寿多少，以及与驸马武延基陪葬乾陵的时间等，为研究者了解永泰的生平事迹提供了翔实的第一手资料。如果没有此墓志铭文，永泰公主的名讳等关键问题，我们是无法得到解决的。特别是墓志铭文指出久视元年（700）九月六日，永泰被封为郡主，食邑一千户，并与武则天的侄孙武延基成婚；大足元年（701）九月四日死，时年17岁。其中也写出了中宗夫妇对永泰等人之死的感受："皇帝在昔监国，情钟筑馆，悲苍昊之不仁，叹皇罃之无禄"；以及永泰灵柩迁葬乾陵附近的情景。这些都是其他文献史料所无法替代的。但是，如上所述，限于墓志铭文作者及当时的现实情况，以及墓志为尊者讳、为长者讳、为亲者讳的撰述意旨，永泰公主墓志铭是不能作为论证其死因、死法等问题的唯一依据当是显然。那么，弄清楚此问题的关键还应从文献记载中寻找突破口，并以墓志铭文作为辅助材料，其结果应当是经得起时间考验的。

如上节所引诸史书，其对永泰等人之死表述分别为："咸令自杀"（《旧唐书》卷183），"逼令自杀"（《资治通鉴》卷207），"令自死"（《旧唐书》卷6），"令自杀"（《新唐书》卷206），"太子并令缢杀之"（《旧唐书》卷78），"皆得罪缢死"（《新唐书》卷104），"为武后所杀"（《新唐书》卷83），"后怒，杖杀之"（《新唐书》卷81），"则天令杖杀之"（《旧唐书》卷86）。显而易见，永泰等人之死的文献记载明显可分为"自杀"和"杖杀"两大类。同时，正如曾文所论，"唐代自7世纪末期，就有对罪犯于律外先行决杖的惯例"，但因此不能排除"行杖"后"令自死"的可能性。就是说，两类死法异途同归，只是行刑的两个不同阶段而已。而"令自杀"则是最终结束永泰等人生命的行刑方式。

至于"令自杀"的具体操作方法，笔者比较以上诸记载，认为《旧唐书》卷78《张行成传附张易之传》的记载是符合当时实际情况的。就是说，永泰夫妇及其兄长邵王李重润聚集一起议论二张出入宫闱，专擅

① 见贺梓城《唐长安城历史与唐人生活习俗》，《文博》1984年第2期；王其祎、周晓薇：《唐代公主墓志辑略》，《碑林集刊》第3辑（1995年），陕西人民美术出版社1995年版。

永泰公主墓志

大权，结果走漏风声①。二张诉于武则天，武后正想依靠二张作为亲信力量维持统治，而私议皇帝隐私大逆不道，特别是对自己的心腹二张的处境造成威胁更是罪不容赦。作为至高无上的皇帝，武则天无疑是可以亲自下令处置几位获罪的孙子们，但她想到了皇太子李显，处置的是李显的儿女及女婿，作为皇朝的法定继承人、储君，子女获罪他从中起了什么作用，扮演什么角色，并承担何种责任？为了庇护二张，扼制朝廷中反二张势力的滋生壮大，武则天在盛怒之余，采取惯用的手段，决意让皇太子处理这件使其难堪心痛，但又不能违背皇帝本人旨意，掉以轻心的事情。这大概就是史家为什么在二张的传记中，详细记载永泰等人被

① 据《旧唐书》卷86《高宗中宗诸子传·谯王重福》载，中宗次子谯王重福之妃为张易之外甥女，永泰等人被害源于谯王重福的告密。关于这一点，中宗韦皇后深信不疑，进而成为此后韦氏加害谯王重福的主要依据。但到底是否如此，因没有更为具体史料佐证，难以作论。另外，《宋高僧传》卷23《唐汉东山光寺正寿传》中也记载了韦氏主张李重福与张易之兄弟告密说。

缢杀的根本原因所在。于是，也就出现了史料所云“则天春秋高，政事多委易之兄弟。中宗为皇太子，太子男邵王重润及女弟永泰郡主窃言二张专政，易之诉于则天，付太子自鞫问处理，太子并令缢杀之”的记载。显然，皇太子李显是迫于母亲武则天的压力，在万般无奈的情况下才作出如此决定的。就是再为愚蠢的人，非己自愿，经己之手，其杀子之痛，以及内心的矛盾、痛苦是可想而知的。

另外，永泰与武延基、邵王李重润是否同时受死，前列诸文论辩甚精，即武延基、李重润死于“九月壬申（九月初三）”，墓志铭文记载永泰死于九月初四。二者前后相差只有一天。可能是如墓志铭文所云，永泰此时身怀六甲，按照唐朝的法律“诸妇人犯死罪怀孕当决者，听产后一百日乃行刑”。皇太子李显似乎想以此作为托词，让女儿苟活人世，但二张的挑拨离间、母亲武则天的狠毒，李显是十分清楚的。在万般无奈的情况下，为了自保，他放纵了自己的残忍，仅仅让女儿多活了一天，永泰最终被缢杀而死。

三 “号墓为陵”的真正意旨如何

“号墓为陵”唐以前似乎未见史载。唐初有明确记录“号墓为陵”的只有懿德太子李重润、永泰公主李仙蕙两座墓①。但是，“号墓为陵”并非不是陵，应该是比帝陵的规格低一等②，也应当和上元二年（675）的太子李弘恭陵，以及武则天之母杨氏的顺陵③有所区别。

那么，为什么中宗重新主政之后，对在武则天统治后期含冤而死的皇子、皇女不惜援例号墓为陵呢？事实上，邵王李重润（即懿德太子），以及永泰夫妇根本谈不上有什么政绩，他们只是因为出自皇室，进而被封为郡王、郡主等。关于此问题，一种观点认为“这种情况和当时政治斗争密切相关”，即“强烈地表现了李家集团在政治上的复辟”；“唐中宗为巩固李家集团的政权，在政治上抑武扬李，在葬制上，对其亲生子女

---

① 中唐时代又有文敬太子李源“所司备礼册命。其年（799）十二月，葬于昭应，有陵无号。……诏置陵署令丞”。文敬太子李源本是唐德宗太子李诵（后来的唐顺宗）的儿子，而德宗非常宠爱这个孙子，因而诏令把其当作自己的儿子对待。《旧唐书》卷150《文敬太子传》。

② 参见宿白《西安地区的唐墓形制》，《文物》1995年第12期。

③ 《唐顺陵勘查记》，《文物》1964年第1期。

采用‘号墓为陵’制度，而对武三思之子武崇训不准‘号墓为陵’”[①]。另外一种观点则主张，永泰公主号墓为陵“可能是出自（皇后韦氏、安乐公主）这些人的意见，中宗无能，她们借此为自己制造先例……”[②] 第三种观点认为，这是“中宗内心对其母的残忍毒辣是不满的”，故复位之后，平反冤案，对其子女“号墓为陵”就是其中采取的拨乱反正措施之一。

第一种观点比较笼统，认为是当时李、武斗争的政治表现。然而，众所周知，中宗即位后，所谓的李、武政治斗争，很大程度上已经演变成为李武的政治联合。此表现为，武氏家族的代表人物武三思已经和唐中宗、韦皇后达成某种默契，武氏家族势力成为韦皇后实现其光荣与梦想的重要干将。张柬之等五王被贬死，实是武三思从中作祟，但无疑也是打着中宗、韦后的旗号，并得到他们首肯的。因而，把“号墓为陵”作为李武斗争之表现的表述是欠妥的。至于说唐中宗在政治上“抑武扬李”，对武三思之子武崇训（安乐公主的丈夫）不准“号墓为陵”的论断也是难于成立的。首先，武三思、武崇训父子是被节愍太子李重俊发动兵变而杀死的。变乱被平息后，中宗降诏赠武崇训为鲁王，并诏令司农少卿赵履温监护丧事。赵履温其人是一个反复无常的无耻小人，他想通过“讽公主奏请依永泰公主故事，为崇训造陵”，讨好安乐公主，以求私利。唐中宗看到奏章没有表示任何意见，当时就“诏从其请”。此后，虽然给事中卢粲上奏认为：

> 夫寻陵之称谓，本属皇王及储君等。自皇家以来，诸王及公主墓，无称陵者。惟永泰公主承恩特葬，事越常途，不合引以为名。《春秋左氏传》云：“卫孙桓子与齐战。卫新筑大夫仲叔于奚救孙桓子，桓子以免。卫人赏之以邑，于奚辞，请曲悬、繁缨以朝，许之。仲尼闻之曰：‘惜也，不如多与之邑。惟名与器，不可以假人。若以假人，与之政也，政亡则国家从之。’”圣人知微知章，不可不慎。鲁王哀荣之典，诚别承恩，然国家名器，岂可妄假？又茔兆之称，

① 王仁波：《懿德太子墓所表现的唐代皇室埋葬制度》，《中国考古学会第一届年会论文集》，1979 年。

② 武伯纶：《唐永泰公主墓志铭》，《文物》1963 年第 1 期。

不应假永泰公主为名，请比贞观以来诸王旧例，足得丰厚。

但中宗手敕答云：

安乐公主与永泰公主无异，同穴之义，古今不殊。鲁王缘自特为陵制，不烦固执。

就是说，中宗坚持依据永泰公主的先例，同意为武崇训“号墓为陵”。但是，卢粲据理力争，认为：

臣闻陵之称谓，施于尊极，不属王公以下。且鲁王若欲论亲等第，则不亲于雍王。雍王之墓，尚不称陵，鲁王自不可因尚公主而加号。且君之举事，则载于方册，或稽之往典，或考自前朝。臣历检贞观以来，驸马墓无得称陵者。且君人之礼，服绝于傍期，盖为不独亲其亲，不独子其子。陛下以膝下之恩爱，施及其夫，赠赗之意，哀荣足备，岂得使上下无辨，君臣一贯者哉！又安乐公主乘两仪之泽，履福禄之基，指南山以锡年，仰北辰而永庇。鲁王之葬，车服有章，加等之仪，备有常数，茔兆之称，不应假永泰公主为名，非所谓垂法将来，作则群辟者也。

中宗在不能说服臣下的情况下，才最终批准了卢粲的奏议。正是因为这件事，安乐公主大怒，以卢粲“忤旨”为由，贬其为陈州刺史①。可见，其一，并不是唐中宗不想让武崇训援引永泰公主的先例，而是给事中卢粲引经据典多方阻拦，中宗在理屈词穷、无可奈何的情况下，才不准给武崇训“号墓为陵”。其二，最早提出给武崇训筑陵的是佞臣赵履温，而中宗并没有表示任何不同意见。其三，虽然为永泰公主“号墓为陵”，但永泰公主是和其夫武延基合葬一墓，这从另一方面证明中宗并没有对武氏家族有任何不恭之举。看来，第一种观点是不可能成立的。第二、第三种观点各有其合理性，但仍需要修正完善。

那么到底应该如何看待唐中宗、韦皇后不惜耗费巨资财富，施加所

① 以上所引均见《旧唐书》卷189《卢粲传》。

谓“特恩”，逾制为死去的女儿建造坟墓呢？笔者以为有以下几点理由。

首先，正如前文所及，自武则天执政之后，唐朝全社会妇女的地位有了较大程度的提高，以至于出现了许多不让须眉的巾帼女杰。有驰骋文坛的上官婉儿，善于政治运作的太平公主、韦皇后、安乐公主等。反映在陵墓建制上，天授元年（690），武则天改其母杨氏明义陵为顺陵，又建议“父在为母终三年之服”。韦皇后也表请天下士庶百姓为母亲服丧三年，“诸妇人不因夫子而加邑号者，许同见任职事官，听子孙用荫”[①]。这些都说明这一时期妇女的社会地位呈上升趋势，因而，永泰公主“号墓为陵”是有其历史和现实的时代背景的。

其次，永泰是中宗和韦后的嫡生女儿，她是因为反对武则天的男宠二张专权含冤而死的；中宗迫于时势参与了对整个事件的处理，因而，当他重新执掌政权后，为子女平反昭雪也是相当自然的。但他本人又不可能从言辞方面大张旗鼓地表示，故只有利用提高葬仪超度子女的冤魂。这样做韦皇后肯定是不会有不同意见的。相反，中宗不这样做，韦皇后反而是不会答应的。如韦皇后于神龙二年十一月将武后时期流放到广西致死的父亲、兄弟的遗骨迁葬长安南郊的韦氏祖坟，追赠其父韦玄贞为上洛郡王，号墓为丰陵；当韦玄贞及其妻崔氏的灵柩到达长安，“百官陪列于青门之外”[②]，“上与后登长乐宫，望丧而泣”。加赠韦玄贞为酆王，谥号文献，号其庙为褒德，其陵为荣先陵[③]。韦后的兄弟韦洵被追赠吏部尚书、汝南郡王，韦洮为太仆卿、上蔡郡王，韦泂为卫尉卿、淮南郡王，韦浩为太常卿、武陵郡王。其结果引起左拾遗贾虚己的疏谏[④]，但中宗置之不理。唐中宗派使迎韦氏诸人士灵柩到达京师长安。韦后对其父亲、兄弟的葬仪完全是逾制的。对于因贬谪惨死的父母、兄弟极尽排场赠王厚葬，那么，对于直接因反对二张惨遭不幸的女儿，实行特制“号墓为

① 《旧唐书》卷7《中宗纪》。

② 《大唐赠并州大都督淮阳王韦君（泂）墓志铭》，《唐代墓志汇编》上册，上海古籍出版社1992年版，第1083—1084页。

③ 《旧唐书》卷183《外戚·韦温传附》。

④ 《资治通鉴》卷208载云：甲子，立妃韦氏为皇后，赦天下。追赠后父玄贞为上洛王、母崔氏为妃。左拾遗贾虚己上疏，以为：“异姓不王，古今通制。今中兴之始，万姓喁喁以观陛下之政；而先王后族，非所以广德美于天下也。且先朝赠后父太原王，殷鉴不远，须防其渐。若以恩制已行，宜令皇后固让，则益增谦冲之德矣。”不听。

陵”也就不难理解了。

另外，从上引给事中卢粲奏文中可了解到，卢氏对永泰公主“号墓为陵”是充分理解的，这应该是代表当时朝野乃至民间的一致看法。为什么永泰公主“号墓为陵”是“事出特制，非后人所援比”呢？其原因只有一个，这就只能从永泰公主等人是因反对二张而死，且永泰、懿德均为中宗与韦后亲生，中宗直接参与处理了这次宫廷案诸方面来理解。如其不然，其他的任何解释都将是苍白无力的。

可以看出，可怜的永泰公主被追封特葬，是在其父亲对不堪回首过去痛定思痛之后，采取的不同寻常下的“非常之举”。因为事出特制，故而使永泰公主死后超越常规、承恩受宠，并由此载入史册、留名千古。然而，对于已经作古的李仙蕙来说，陵与墓，或者墓与陵，是墓是陵，孰墓孰陵，又有什么区别呢？她如果在地下有知，陪伴她并和她永远厮守的只是和她一样，那经过迁葬其中也可能已残缺不全丈夫武郎的白骨，其他的东西在宝贵生命终结之后，又有什么用呢？当然，“号墓为陵”得到安慰，并由此取得心理平衡和慰藉的，只是母亲韦后破碎的胸襟，父亲李显空寂负罪的心灵。

另据《大唐永泰公主志石文》记载，神龙元年三月，唐中宗追封永泰为公主，二年“岁次景午五月癸卯朔，十八日□申，有制令所司备礼，与故驸马都尉合窆于奉天之北原，陪葬乾陵”。志文中的“景午”当为“丙午”，唐初为避唐高祖李渊之父李昺的名讳，碑志金石文及其文献资料多见其例。“□”，查日本学者平冈武夫所著《唐代的历》一书，知神龙二年五月十八日为“庚申”，即是说，“□”当为“庚”。另据《资治通鉴》卷 208 记载，“五月，庚申，葬则天大圣皇后于乾陵”。可见，永泰公主陪葬乾陵之日和武则天下葬为同一天①。这也许是时间上的巧合，也许正是永泰公主之母韦皇后的有意安排，以至于形成一边是女皇下葬，一边是皇后韦氏埋女的状况。对于出现这种情况，唐中宗肯定有难言之隐，因为这明显是对其母武则天的大不敬，但有“帝在房州时，尝谓后曰：‘一朝见天日，誓不相禁忌’”的承诺，加之，对于永泰等人之死，中宗自知有愧，他不会也不可能提出异议。就这样，韦后将自己的女儿

① 参王其祎、周晓薇《唐代公主墓志辑略》，《碑林集刊》（1995），陕西人民美术出版社 1995 年版。

迁葬时间安排在先皇太后（女皇）武则天的灵柩下葬之同日（懿德太子何时下葬史无明载），表现出她对女儿之冤死的极大愤慨。作为一个此时大权在握的母亲，她的做法看起来有悖常理，但也算是对死去的女儿的一个交代。

（台北故宫博物院编辑《故宫文物月刊》第 14 卷第 3 期，总第 159 期，1996 年）

三方新公布的武氏家族后裔墓志铭

与武则天家族相关联的墓志铭，现了解到的有《攀龙台碑》《武懿宗墓志铭》《武嗣宗墓志铭》《唐故昭武校尉延州金明府折冲上柱国武君（龙宾）墓志》《大唐左卫高思府果毅都□长上谯国公夫人武氏墓志》《唐朔方军节度副使金紫光禄大夫行光禄卿上柱国五原公燕王慕容公故妻太原郡夫人武氏墓志铭》《顺陵杨氏碑》《贺兰敏之墓志铭》《故河东节度散将守左金吾宁州三会府左果毅都尉员外置同正员上柱国武府君墓志铭》《唐故节度散将骑都尉试左金吾卫大将军兼奉诚军押衙太原武府君墓志并序》《贺州刺史武府君墓志铭》《武希玄墓志铭》《维大唐武公墓志并序》《唐故武君之铭》《唐故寿阳武君墓志铭并序》等。对于这些墓志资料，先学同好梁恒唐①、马志强②、杜文玉③等先生依据现存文献史料，或者专文论述，或者不同程度涉及，比较清晰地勾画出武氏家族繁衍、发展及兴衰的脉络。下文将针对三方新公布的武氏家族人士墓志铭，即《大唐故武夫人墓志并序》《故沛郡夫人武氏墓志铭并序》《大周故特进

---

* 本篇原题目为《两方新公布的武氏家族后裔墓志考释》，后增加了对最近公布的《武承嗣墓志铭》的考释文字等内容，故题目也做了相应的修改，特此说明。

① 梁恒唐：《谈武氏家族的起源与繁衍》，收入《武则天研究论文集》，山西古籍出版社1998年版。

② 马志强：《大同出土唐代武氏墓志铭略论》，收入《武则天与咸阳》，三秦出版社2001年版。

③ 杜文玉：《武则天家族渊源考》，《陕西师范大学学报》2001年第2期。

④ 关于现存武则天家族及其后裔石刻墓志史料，笔者收集学界已公布的26篇墓志史料，作为本书的附录附在书后。由于笔者掌握资料的局限，对武氏家族及其后裔墓志史料的收集，其中也可能有遗漏，敬请读者批评。

太子太保赠太尉并州牧魏王（武承嗣）墓志铭并序》，希望通过征引其他资料考证志文，为研究武则天家族提供新的史料[④]。

一 《大唐故武夫人墓志并序》

《大唐故武夫人墓志并序》拓片照片发表于赵君平编《邙洛碑志三百种》[①] 一书。据该书前言及笔者考察，此墓志铭为首次面世，其他著作也有著录涉及[②]。墓志铭撰写及书丹者不明。长、宽均为645mm，厚13mm，共有23行，每行23格，全文共有483字，其中包括年、月、日、天、载、初等武周时期所造字。

墓主武夫人，不言其名，为“圣母神皇之堂兄，淄州刺史之长女”，按：武则天之父武士彠兄弟四人，即武士稜、武士让、武士逸、武士彠，武士彠年龄最小。杜文玉教授依据《新唐书宰相世系表》《元和姓纂》等书研究，武士让生四子，即武怀亮、武守官（字惟良）、武怀道、武弘度（字怀运），而武弘度官淄州刺史[③]。就是说，墓主为武则天二伯父武士让的小儿子武怀运的长女。

关于武怀运其人，史书记载武士彠死后，武则天的同父异母哥哥武元庆、武元爽，以及堂兄武惟良、武怀运“皆不礼于杨氏，杨氏深衔之”[④]。武则天为皇后，其母杨氏“置酒，酣，谓惟良曰：‘若等记畴日事乎？今谓何？’对曰：‘幸以功臣子位朝廷，晚缘戚属进，忧而不荣也。’夫人怒，讽后伪为退让，请惟良等外迁，无示天下私。繇是，惟良为始州刺史；元庆，龙州；元爽，濠州，俄坐事死振州”[⑤]。乾封元年（666），惟良、怀运兄弟参与高宗封禅仪式来到泰山脚下，后从至京师长安。此时唐高宗宠爱韩国夫人之女贺兰氏，并封其为魏国夫人，武则天妒忌并想解除此祸患，恰好惟良、怀运兄弟向皇帝献食，则天密令放毒药于贺兰氏食中，贺兰氏因此暴死。

---

① 赵君平编：《邙洛碑志三百种》，中华书局2004年版。

② 杨作龙、赵水森等编著：《洛阳新出墓志释录》，北京图书馆出版社2004年版；张乃翥：《龙门区系石刻文萃》，国家图书馆出版社2011年版。

③ 杜文玉：《武则天家族渊源考》，《陕西师范大学学报》2001年第2期。

④ 《资治通鉴》卷201，唐高宗乾封元年（666）。

⑤ 《新唐书》卷76《则天武皇后》。

唐故武夫人墓志

这样，惟良、怀运兄弟成为替罪羊。高宗下令诛杀武氏两兄弟。依据《唐律疏议》卷18记载，“诸以毒药药人及卖者，绞；即买卖而未用者，流二千里”。可见，武则天假惟良、怀运兄弟之手，不仅解除了逐渐滋生的威胁，而且武氏兄弟也受到应有的惩罚，取得一箭双雕的效果。当然，事情并没有结束。武则天鼓动朝臣们上奏，唐高宗忍无可忍，改惟良、怀运兄弟姓“蝮”氏。又由于武怀运长兄武怀亮妻善氏此前“尤不礼于荣国，坐惟良等没入掖庭，荣国令后以他事束棘鞭之，肉尽见骨而死”[①]。史书没有记载武怀运妻子对待杨氏的态度，但从上述史料看，表现不好是肯定的，但程度可能与善氏有别，因而受到惩罚亦当是肯定的。武怀运的妻子受到惩罚，他的女儿情况如何呢？

按照墓志铭记载，作为武怀运之女的武夫人咸亨三年（672）死亡，享年26岁，而其父乾封元年（666）年被杀，当时武夫人已经20岁了。

① 《资治通鉴》卷201，高宗乾封元年（666）。

依据唐人女子结婚的总体年龄结构，已经二十岁的武氏应当已经出嫁，如此受其父亲的影响相对应小一些。墓志铭云："夫人幽闲恒性，婉□含芳，容德兼修，贞坚独谅。弄瓦之岁，早闻紃组之工，在□之年，即明箕帚之礼。洎作嫔君子，为鲁夫人，便偶德于梁鸿，□和鸣于陈凤。端庄自肃，浣濯斯勤。侍巾幓而不渝，饬紘綖而匪怠。固以羽仪内阃，领袖中闺。钟法□礼之风，姆训妇容之德。而彼苍不憖，中路多违，涕琼之梦俄交，分剑之悲□及。"就是说，墓志铭验证了我们的推测，武氏出嫁鲁氏。但从整个墓志铭看，此鲁氏何许人？与武氏结婚后是否生育？墓志铭没有提及，在此也只好存疑。按照一般的情况，其父母"犯罪"，而且引起皇帝震怒，下令改姓出籍，这在当时是非同寻常的事情，作为罪犯的长女，虽然已经出嫁，但受到各种各样的牵连当是肯定的。武氏在其父被杀事件发生六年后去世，尽管没有确切的史料证实武氏之死和其父被杀事件是否有牵连，但可以肯定其中或许有一定的关系。墓志铭又载曰："粤以咸亨三年五月十日奄捐私馆，春秋廿有六。呜呼哀哉！即以载初元年壹月十八日迁窆于城南龙门原，礼也！"也就是说，咸亨三年武氏死亡，载初元年（690）迁葬到洛阳城南龙门原。墓志铭中提到的"私馆"在何处？死后埋葬在哪里？铭文中没有说明，查阅其他史书也不得其解。但从墓志铭文中没有标明"洛阳"或"东都"，只是说出"城南龙门原"字样判断，武氏死亡后所埋葬地点很可能就在洛阳。天授元年，武则天"太后享万象神宫，赦天下。始用周正，改永昌元年十一月为载初元年正月，以十二月为腊月，夏正月为一月"。[①] 虽然现在已不能看到这次大赦所发布的大赦文，但却正是这次大赦天下，作为武氏家族人士，曾经是"罪人"的武怀运长女，才有可能得到批准迁葬。墓志铭铭词曰："瑶台之英，宝魄之精。兰□桂馥，月炯霜明。幽闲夙著，婉顺天成。有容有礼，载芳载贞。言配其德，寔和其鸣。泣琼留梦，分剑伤情。俄沉夜户，几变春荣。天长人游，地久陵倾。方迁旧域，即厝新茔。却背金涧，前临鼎城。郊原日晚，丘陇烟平。呜笳此送，泪下霑缨。"

上述铭词中有"方迁旧域，即厝新茔"字样，可见原来埋葬的地方可能是武氏原来的埋葬地；因为罪人的缘故，武氏安葬在夫家祖坟的可能性不大，其安葬地点要么临时处置于一个地方，要么仍然葬于武氏祖

① 《资治通鉴》卷 204，武周天授元年（690）。

坟，而后一种可能性要大一些。这是因为武氏死亡已是六年以后的事情了，此时武则天已经完全掌握朝局，被朝野称为“二圣”之一，似乎没有必要把已经了结的旧账，重新祭出来算在已经死亡数年的“罪人”长女身上。

查阅武氏家族墓葬情况，武士彟死后葬在故乡，武则天掌权后称为昊陵。武则天的母亲杨氏咸亨元年（670）死亡，葬于咸阳之洪渎原。“顺陵残碑”石共九块收藏于咸阳市博物馆；“梁王武三思镇墓石盖”亦发现于顺陵封内，现藏咸阳市博物馆，即武三思葬于顺陵附近。埋葬于顺陵封域内的魏王武承嗣墓被盗掘，墓志现藏于北京中国农业大学博物馆内。又有武嗣宗及其女儿也葬在这里。武懿宗坟墓在“京城南旧墓”，说明作为亲兄弟的武嗣宗并没有和其兄武懿宗同葬于长安南旧墓[①]。就是说，虽然武氏有家族墓地，但由于当时各种原因，武氏家族男丁埋葬并非在一处，而是分布在不同地点。当然，除武士彟夫妇之外，作为武氏家族重要人物，上述诸人均是武周以后死亡并埋葬的，可能与死于咸亨三年（672），迁葬于载初元年（690）的武氏具体情况不同。另外，武氏迁葬也有可能和其夫家有关。

二 《故沛郡夫人武氏墓志铭》

此墓志铭见于三秦出版社出版的《全唐文补遗》千唐志斋新藏专辑[②]之中。该书收集了20世纪90年代以后在洛阳周围收集的墓志铭，为学界提供了新的研究史料；由于《全唐文补遗》一书体例所限，我们不知道此墓志铭何时出土乃至何时为千唐志斋收藏，墓志铭的长宽及每行字数、多少行，有否墓志盖等信息也不可知，这是十分遗憾的事情。然而，除了上述要素外，墓志铭也为学界提供了许多珍贵资料，有助于武氏家族关联研究的深入。

墓志铭撰者为翟均，题为“前进士”。查阅《全唐文》《唐文拾遗》

---

① 武懿宗、武嗣宗兄弟死亡时间相近，具体来说只差一年，但埋葬地点却不同。两人的墓志铭均为开元初著名文人官僚苏颋撰写。参见《全唐文补遗》，第2辑第14—15页，第7辑第25—26页。

② 吴钢等主编：《全唐文补遗》千唐志斋新藏专辑，三秦出版社2006年版，第174—175页。

《唐文续拾》《全唐诗》《全唐诗补遗》，以及《全唐文补遗》（1—8）、《唐代墓志汇编》（上下）、《唐代墓志汇编续集》等书，均未见翟均其人事迹。因而，我们只知道翟均曾中进士[①]，其他事迹不得而知。至于他为永和县主撰写墓志铭，说明他在当时还是有一定影响力的。

统计上述《全唐文补遗》录文，沛郡夫人武氏墓志铭共有387字。墓志铭云："夫人姓武，即太原人也。昔唐祚方兴，周德间起，故以阴祇叶运。太后临朝，广树懿亲，为国藩翰。"很明显，武氏既是武则天的外孙女，又是堂侄孙女，其当然属于武氏家族人士。"夫人故周定王驸马都尉攸暨太平公主第二女，封永和县主。"

据史料记载，武攸暨为武则天伯父武士让的孙子，天授年间封为千乘郡王，赐实封三百户；后其为右卫中郎将，尚太平公主，授驸马都尉。沛郡夫人武氏就是武攸暨与太平公主所生的第二个女儿。武攸暨后又晋封定王，不久又改安定郡王。神龙年间，复封定王，实封满一千户；延和元年武攸暨死亡，赠太尉、并州大都督，追封定王。但由于太平公主谋逆事件发生，唐朝廷平毁武攸暨坟墓。众所周知，太平公主永隆年间出嫁薛绍，"假万年县为婚馆，门隘不能容翟车，有司毁垣以入，自兴安门设燎相属，道樾为枯"[②]。可见当时婚礼规模之大。史书又载薛怀义原名冯小宝，武则天"又以其家寒微，令与驸马都尉薛绍合族，命绍以季父事之"[③]。只是垂拱四年（688）薛绍被诬告与唐宗室联合反叛被诛杀，武则天竟杀掉其堂侄武攸暨的发妻，进而嫁寡居的女儿太平公主给武攸暨。

史载：太平公主"神龙元年，预诛张易之谋有功，进号镇国太平公主，相王加号安国相王，并食实封通前五千户，赏赐不可胜纪。公主薛氏二男二女，武氏二男一女，并食实封"[④]。又载太平公主"预诛二张功，增号镇国，与相王均封五千，而薛、武二家女皆食实封"[⑤]。后者未说明到底太平公主给薛、武两家共生有几个女儿。鉴于此，我们姑且以前者

---

① 查阅（清）徐松著，赵守俨点校《登科记考》，亦未见翟均其人事迹，故他是哪一年中进士也无从知道，不过，此墓志铭可为《登科记考》提供新的资料。

② 《新唐书》卷83《诸帝公主·太平公主传》。

③ 《资治通鉴》卷203，垂拱元年（685）十一月。

④ 《旧唐书》卷183《外戚·太平公主传》。

⑤ 《新唐书》卷83《诸帝公主·太平公主传》。

为准，即太平公主与薛绍生两男两女①，与武攸暨生两男一女。然而，墓志铭明确记载武氏“故周定王驸马都尉攸暨太平公主第二女，封永和县主”。也就是说，墓志铭可修正正史记载的错误，太平公主与武攸暨至少应该生有两个女儿。

谯国夫人武氏墓志

墓志铭载：永和县主武氏开元二十五年（737）终于京兆万年县之兴宁里第，享年五十四岁；依时间推算，武氏应当生于683年。当武氏的母亲太平公主被赐死之时（713），永和县主已经30岁了，其是否也受到牵

① 《大唐故万泉县主薛氏墓志铭》，《全唐文补遗》第1辑，三秦出版社1995年版。墓主万泉县主为太平公主与薛绍所生第二女，嫁与豆卢氏，其死于景云元年，享年24岁。另外，据《旧唐书》卷183记载，太平公主阴谋败露后，“公主遽入山寺，数日方出，赐死于家。公主诸子及党羽死者数十人”。《新唐书》卷83又载，太平公主“三子：崇简、崇敏、崇行，皆拜三品”，似乎和上述记载四个儿子存在差异。在此，结合《资治通鉴》卷210记载，姑且认为太平公主的几个儿子除过薛崇简之外，“崇敏、崇行”等人亦被赐死。

连，现存文献史料未见提及，其具体情况不得而知。但是，《唐故光禄卿崔公（瑶）墓志铭》[①] 提供了具体翔实的史料。崔瑶其人就是永和县主的丈夫，“年甫弱冠，尚永和县主，特拜朝散大夫，授太子通事舍人”。墓志铭又载曰：“亲累贬忠州别驾，稍改资州别驾。骥足将骋而还绊，天门始登而又落。虽万人称枉，而二国不空。否有极而必享，明无忧而不烛。特诏褒雪，光复旧官。……属天择良守，朝出名臣，除宣州刺史。”就是说，永和县主夫妇确实受到太平公主事件的连累，被贬离京城，但不久就特诏褒雪，恢复了原来官职，后来又出任地方长官。这说明永和县主夫妇并未参与太平公主逆谋，其所以被贬离京城，应该是受到连坐的缘故。武氏死于京兆万年县兴宁里，此处应该是他与崔氏丈夫居住的地方之一，因为崔瑶天宝八载（749）九月“感疾暴薨”的地方为“东京鼎门之南别业”，就是说，崔瑶在京师长安与东都洛阳均有居处或购置田产。崔瑶享年 72 岁，如此可推算其生年当为公元 678 年，也就是说，崔瑶长永和县主五岁。另外，从墓志铭得知，墓主武氏有三个儿子，分别是“前洛阳县丞杰，前左卫兵曹仪，前右清道仓曹侗等”，看来，其三个儿子均为下层小官，而且，似乎在武氏去世当时三人均离任赋闲，因为三人的官职前都加有“前”字。参照武氏去世时的年龄 54 岁，她的三个儿子应该是三十多岁了，按照唐人历官的大致情况，此时应该是正当做官迁转的重要时期，他们为什么离任？无从知晓，是否是唐人“内忧”或“丁忧”礼制所致[②]？而崔瑶墓志铭中记其曾经任宣州、睦州刺史，由于治理有方，获得朝廷的赞赏，迁任“右卫将军副守东京通摄左厢诸卫，迁金吾将军[③]，加云麾将军，封魏县开国侯”。后来又官拜光禄卿，这是崔瑶最后所任官职。然而，崔瑶其人“雅尚谦静，不好浮荣。当国秉均，同游自昔。累将启荐，固请退闲。孔北海之宾朋，常欣满座，陆大夫之

① 《唐故光禄卿崔公（瑶）墓志铭》，见《全唐文补遗》第 6 辑，三秦出版社 1999 年版。

② 《大唐故朝散大夫秘书省著作郎清河崔公（杰）志文并序》载：“公弱冠，以门荫补一子长上，迁左金吾兵曹。守官用戒，环衙以肃。迁左拾遗。……除洛阳丞。无何，丁永和县主忧，去职。服阕，除秘书郎，转大著作，加朝散大夫。”从永和县主长子崔杰墓志铭文看，他离职确实是因为“丁忧”的缘故。墓志铭见《全唐文补遗》千唐志斋新藏专辑，三秦出版社 2006 年版，第 217—218 页。

③ 永和县主墓志铭中载其丈夫崔氏官职为“有唐右金吾卫将军”，此与文中所引崔瑶墓志铭所载官职有所差异。

宴喜，不□西都”。崔瑶去世时，“长子杰，朝散大夫、著作郎。次子仪，河清丞”，墓志铭没有提及第三个儿子，当然，经过十多年时间，崔杰、崔仪兄弟的官职都有所升迁。不过，天宝九载四月，长子崔杰因父丧悲痛过度，患病而亡[①]。

永和县主武氏死亡七个月后，即开元二十五年十一月十二日，其后人将其尸骨“迁殡于河南之龙门北原”。武氏死于长安，最终迁葬至洛阳龙门。如上文所论，武氏家族在长安附近有几处葬地，其中也不乏武氏女儿葬于祖坟的先例。但作为女眷，而且此时太平公主早已作为罪人为人所弃，武氏家族势力亦衰微不振，故永和县主迁葬应该是与其丈夫家族坟地在洛阳有关。天宝八载十月二十三日、天宝九载四月二日，永和县主的丈夫崔瑶、长子崔杰就是“权殡于龙门北原”或“权厝于河南龙门里”的。

永和县主武氏何时因何故被封为沛郡夫人？上述永和县主墓志，崔瑶、崔杰父子的两篇墓志铭中均未见明确记载，其中崔瑶墓志铭提到曾被封为魏县开国侯，当与沛郡没有关系。永和县主墓志铭词有“宠因外戚，贵由主第。荣华当代，冠盖如云”句，从其中“初封县赋，后锡邦君”句看，可能是永和县主自己开元年间被封为沛郡夫人，应当与其丈夫崔瑶无关。

三 《大周故特进太子太保赠太尉并州牧魏王墓志铭并序》

众所周知，武承嗣事迹集中记载于《旧唐书》卷183《外戚·武承嗣传》，《新唐书》卷206《外戚·武承嗣传》两书，《资治通鉴》卷203也有提及。然而，新出土的武承嗣墓志铭文多达2000余字，应该说是迄今见到有关武承嗣其人最为详细的史料。《中国国家博物馆馆刊》刊登了曹建强先生的考释论文[②]，使学界对这方墓志有了较为清晰的认识。

曹先生论文涉及改“墓志及铭文，墓主生平及历任官职，志文言及的历史人物”三个方面问题，并多有创获，如对武三思其人为文水平，

① 上引《大唐故朝散大夫秘书省著作郎清河崔公（杰）志文并序》，《全唐文补遗》千唐志斋新藏专辑，三秦出版社2006年版。

② 曹建强：《唐魏王武承嗣墓志考略》，《中国国家博物馆馆刊》2012年第6期。

武承嗣墓志的总体评价等，就值得向学界推崇。当然，论文中也有笔误出现，例如将武承嗣的儿子武延基夫妇与懿德太子李重润“私议二张”事件，说成是武延基夫妇与章怀太子李贤；论文题目为“唐魏王武承嗣墓志考略”，并将武承嗣作为唐代的“异姓王”均存在问题，武承嗣的发迹以及死亡亦在武周政权执政时段，似应写为“武周”或“大周”才好。除此之外，下文对于和墓志关联的另外三个问题试做论述。

其一，有关该墓志的出土等问题，上述曹先生论文虽有点滴涉及，但有些问题还应进一步论证。其实，早在2007年洛阳师范学院举办武则天国际学术研讨会之时，就有洛阳学者指出曾见过该墓志的拓片，而且认定是数年前从陕西盗掘之后贩卖到洛阳。单从志文“粤以圣历三年壹月十一日陪葬顺陵，礼也”记载看，武承嗣墓应该就在唐顺陵封域之内，即今陕西咸阳市底张湾镇陈家村一带。顺陵为武则天母亲杨氏的陵墓，据现存史料记载，陪葬唐顺陵的还有景龙年间被杀的武三思其人墓。按照唐及武周时代京师长安的丧葬习俗，作为杨氏顺陵的陪葬墓，身为堂兄弟的武承嗣、武三思两人墓应同在顺陵封域之内，并一定相距不远。至于武承嗣墓被盗掘后，墓志铭如何被盗运到洛阳，又如何在洛阳，或者在北京被中国农业大学博物馆收买或者转藏？顺陵所在的陈家村周边是否发现有盗掘墓葬的痕迹？是否咸阳文物管理乃至公安当局注意到这些事情？这些问题在上述论文中并未有相应的叙述，近十年来陕西文物考古相关部门也默默然未见有点滴关注这件事情，此在古墓盗掘盛行的现在似乎并非什么重大的事情，但这却正是关心文物考古新发现的研究者需要了解的重要问题。相信随着武承嗣墓志相关内容的公布，这方面的消息也会逐渐公开，使得武承嗣墓志涉及的诸多问题真相大白。

其二，武承嗣死亡与庐陵王李显返回洛阳间的关系。墓志载云：

> 圣历元年七月，内迁太子太保。于时年惊辰巳，疹积膏肓。将缠止优之袄，向及□鸡之岁。皇慈特轸，睿念偏钟；中使相望，名医接影。秋方金电，希除逝水之灾；徙秩铜楼，冀免颓山之酷。不谓蛇杯，未悟鹤极来征。埋玉树于泉中，瘗金芝于地下。其年八月十日薨于神都行修里之私第，春秋五十。圣上罢朝七日，痛伤之甚今古莫俦。其月廿日恩制赠太尉，并州牧。仍令营缮大匠刘仁景监护丧事，守雍州司马苏珦副焉。丧事所须，并令官给，赐东园秘器，

朝服一袭，遣内史吊祭。上自制祭文，仍赋悼亡诗一首。……

很显然，墓志铭中提到武承嗣的死亡，其撰写者武三思秉承为亲者讳，为亡者讳的行文原则，并未实际提及武承嗣死亡的真正原因，即没有和庐陵王李显被迎回洛阳，并立为皇太子联系起来，这种情况在现存唐代其他墓志铭中也常常出现，故无可厚非。那么，武承嗣死亡的真正原因如何？不妨引用文献史料：

承嗣以不得立为皇太子，怏怏而卒，赠太尉、并州牧，谥曰宣。[①]

初，后擅政，中宗幽逐，承嗣自谓传国及己，武氏当有天下，即讽后革命，去唐家子孙，诛大臣不附者，倡议追王先世，立宗庙。……密谕后党凤阁舍人张嘉福，使洛州人上书请立己为皇太子，以观后意。后问岑长倩、格辅元，皆执不宜。承嗣不得已，奏请责谕嘉福等，不罪也。怨长倩等，皆以罪诛。以特进罢。未几，复同凤阁鸾台三品。承嗣为左相，而攸宁为纳言，故皆罢。又与三思同三品，不及月俱免，复拜特进。后决意还太子矣。久之，迁太子太保，不得志，鞅鞅愤死，赠太尉、并州牧，谥曰宣。[②]

三月己巳，讬言庐陵王有疾，遣职方员外郎瑕丘徐彦伯召庐陵王及其妃、诸子诣行在疗疾。戊子，庐陵王至神都。……八月甲午，太子太保魏宣王武承嗣，恨不得为太子，意怏怏，戊戌，病薨。[③]

上引三条史料，可证明武承嗣之死和庐陵王李显被迎回神都洛阳，武则天听从狄仁杰、李昭德、吉顼等人的劝告，以及突厥势力对唐朝的追念，最终放弃确立武承嗣为皇太子有关[④]。就是说，对于武则天迎回庐陵王李显，并立其为皇太子，作为武氏家族的代表人物，可能的武氏家族皇位第一继承人武承嗣此前的努力化为泡影，故而怨气攻心、猝发疾病，并

① 《旧唐书》卷183《外戚·武承嗣传》。

② 《新唐书》卷206《外戚·武承嗣传》。

③ 《资治通鉴》卷206，则天后圣历元年（698）。

④ 拜根兴、樊英峰：《永泰公主与永泰公主墓》，三秦出版社2004年版。

不治而亡。当然，墓志铭提供了武承嗣七月发病，八月十日死亡的事实。同时，对于武承嗣的发病，武则天特别重视，不仅派人不时慰问，而且还指示御医前去诊病。只是武承嗣心力交瘁、病入膏肓，尽管名医良药无微不至，但最终难逃死亡的命运。也就是说，因为是女皇帝的缘故，武周政权在皇位继承问题上出现了难以解决的问题。立子还是立侄？结果武则天选择了确立儿子继承皇位，抛弃此前想立武氏子弟的打算，这无疑是将延续武周政权千秋万代，作为自己终身使命的武承嗣所无法面对的事情，故而武承嗣的死也就无法避免，亦成为一个无解的选择。当然，此也可用武承嗣其人的执着性格来解释，因为处于同样境地的堂弟武三思，他就没有如此强烈的反应。在七八世纪之交的中国，这不仅是武氏家族的悲剧，当然也是整个武周政权与生俱来不可回避的终结。

唐魏王武承嗣墓志

其三，武承嗣的子孙后代问题。结合文献史料，墓志铭亦记载武承嗣武周圣历元年（698）八月十日病逝于神都洛阳，享年五十岁。同时，墓志提到武承嗣“子延基等悲开桂剑，涕对楹书，毕地无追，终天永隔”。按照一般墓志铭的写法，武延基应该是武承嗣的长子或者嗣子，现存文献史料也证实了这一点。除武延基之外，武承嗣至少还有两个儿子，只是墓志文中并未提及武承嗣的其他儿子。依据文献资料，下文试做爬梳。

次子武延秀。其实，就在同一年的圣历元年六月，就是武承嗣发病前一个月，武则天发诏书令“淮阳王武延秀入突厥，纳默啜女为妃；豹韬卫大将军阎知微摄春官尚书，右武威郎将杨齐庄摄司宾卿，斋金帛巨亿以送之”[①]。这里的淮阳王武延秀，就是武承嗣的次子。对于前往遥远并充满未知数突厥和亲，武延秀本人的态度如何？因没有史料涉及，不得而知；但这是担负国家重要使命，个人的好恶无疑都是无关紧要的事情。也就是说，从其父亲武承嗣发病到死亡的一个多月时间，武延秀因肩负国家使命前往突厥，并未在神都洛阳；也许到长安四年（703）返回神都洛阳之前，武延秀仍懵懂不知家庭的大变故，即父亲已不在人世的消息。现存史书多记载武延秀行事荒唐，一般均是指其从突厥返回之后，这是否与其家庭重大变故有关？他的母亲来自朝鲜半岛[②]，少年时节在家庭的境遇如何？从现有记载难得其实况；当其出发突厥之前，父亲虽然郁郁寡欢但仍位高权重，同父异母哥哥武延基无忧无虑，如果其母亲在世的话亦应有很好的待遇。但经过艰难惊险的六年异域生活之后，武延秀回到洛阳，他的父亲、兄长均已不在人世，还有可能因家庭败落为亲戚及时人冷落耻笑；家庭往日的荣光已荡然无存，堂叔武三思能否靠得住他亦没有很大的把握。但他有在突厥学到的歌舞绝技，以及沾染的胡风美俗的强大吸引力，更有经过艰难险阻锻炼出来的求生愿望和适应力，故而很快就和希望了解异国风尚，并与已丧偶的安乐公主一

① 《资治通鉴》卷206，武则天圣历元年（698）六月。

② 《新唐书》卷206载：“延秀母本带方人，坐其家没入奚官，以姝慧，赐承嗣。”即武延秀的母亲来自朝鲜半岛百济国，其很可能是百济灭亡后移住唐朝的移民后裔。因为其家庭罹罪，被连坐没入内侍省奚官局为奴婢。又因其长相漂亮、为人聪慧，故被赐予武承嗣为妾。依据武延秀698年前往突厥和亲，其年龄约有18岁左右推算，其出生当在680年前后。如此，其母亲大概在680前被赐予武承嗣为妾。

拍即合[①]，成就并延续了数年荒唐绝顶但却引领时尚的贵族生活。

三子武延寿。现存《旧唐书》《新唐书》《资治通鉴》诸书并未提及武延寿其人，他的踪迹似在文献史料中难以寻觅，具体原因不明。只是在《唐朔方军节度副使金紫光禄大夫行光禄卿上柱国五原公燕王慕容公故妻太原郡夫人武氏墓志铭并序》中，记载墓主武氏为“则天大圣皇后之侄孙女。耸极天孙，分辉若木，峻岳疏趾，长源演流。祖承嗣，周朝中书令魏王；父延寿，皇朝卫尉卿”。这位武氏夫人开元二十三年（735）病亡于长安延福里，享年 33 岁。以此类推，其出生当为长安三年(703)。也就是说，武承嗣的儿子武延寿在 703 年，也就是他的二哥返回之前就已结婚生子了。当然，为什么《旧唐书》《新唐书》“外戚传”，以及《资治通鉴》等史书提到武承嗣的儿子时，只记载武延基、武延秀两人，而没有涉及另一儿子武延寿？是武延寿为庶出，还是有其他原因？不得而知，但武承嗣的这个儿子当是确实存在的。不管如何，在父亲武承嗣怨望愤愤而亡，二哥武延秀衔命北上突厥和亲，两年后长兄武延基夫妇又被杀，作为武承嗣一支的实际掌门人，武延寿的日子肯定也不会好过。好在可能是女皇或者堂叔武三思的恩典惠顾，武延寿很快结婚，延续了武承嗣一支的香火，并在此后为唐朝民族关系的和谐作出贡献。武延寿曾经官任唐朝卫尉卿，似并未在李唐王朝复辟后受到过多的牵连，此大概和其本人的生活态度低调有关。

总之，曹先生公布武承嗣墓志铭文，并做了初步扎实的考释，其开创之功不可磨灭。相信随着相关史料的进一步公开，对武承嗣其人及其武氏家族关联问题的研究会更加深入。

据笔者考察，文献资料并未记载武怀运的子女，以及太平公主与驸马武攸暨所生女儿诸情况，《大唐故武夫人墓志铭》《故沛国夫人武氏墓志铭》的发现公布弥足珍贵；《大周故特进太子太保赠太尉并州牧魏王墓志铭并序》则是不可多得的考古资料，不仅可补文献记载的不足，而且为研究武氏家族关联问题提供新的史料依据。上文对这三方墓志作了一定的考论，相信随着时间的推移，西安、洛阳等地及周边和武氏家族关

① 参见孟宪实《唐安乐公主墓志考释》，西安碑林博物馆编《纪念西安碑林建馆 920 周年华诞国际学术研讨会论文集》，文物出版社 2008 年版。

联的碑刻墓志资料还会不时出现，这些都是应当引起重视的事情。另外，一些已经存在，但并没有引起人们注意的武氏关联碑刻资料亦不容忽视。其一，《豳州应福寺武氏造像题记》[①] 载云："大周长安二年岁次壬寅七月丁卯朔十五日庚辰，皇堂侄女彭城县主敬造等身像三区，千佛藏铺。"与此同时又有《石像铭》，具体记载彭城县主武氏，与其丈夫通议大夫行豳州司马柱国汉川郡开国公陇西李齐敬造释迦牟尼像、观音菩萨像、势至菩萨像等众多佛像事迹。此彭城县主是谁的女儿?《石像记》中还提到彭城县主女儿的丈夫杨玄道，按照当时一般贵族女子成婚年龄推算，长安二年（702）县主的年龄应当是三十多岁。此金石资料应当引起注意。其二，永年县主武氏，嫁与裴昭，裴氏死于韦氏之乱[②]。此永年县主又是谁的女儿?她当时有多大年龄?不得而知。还有一武氏家族出身女士，遁身佛门，死于"开元廿（缺）日"，墓志铭镌于开元二十六年，可推定此人死于开元二十年至二十六年间。只是墓志录文缺失太多，故很难探究其出自何支[③]。其三，李峤所作《为纳言姚畴等贺破契丹表》、陈子昂《为建安王与辽东书》，以及《为建安王贺破贼表》几篇表文，其中提到高仇须其人为建安王武攸宜的外甥，也就是说，武攸宜的姐妹中曾经有人远嫁辽东高句丽遗民上层[④]。对此，岑仲勉、黄约瑟等前辈专家在其著作中曾有所提及，但至今未见专文论及。其四，近年来新出土的《大唐故赠使持节汝州诸军事汝州刺史武府君墓志铭并序》《唐武攸宜夫人李氏墓志铭并序》《大唐故益州行台左丞始州刺史六安县开国公武府君夫人琅邪县君诸葛氏墓志铭》[⑤] 等，虽然已经有学者做过考释，但其中的一些问

① 《豳州应福寺武氏造像题记》，参见《全唐文补遗》第4辑，三秦出版社1997年版。

② 《大唐故右金吾卫中郎将裴府君（昭）墓志铭并序》，载《唐代墓志汇编》景云018，上海古籍出版社1992年版。

③ 《大唐都景福寺威仪和上龛塔铭》，载《唐代墓志汇编》开元479，上海古籍出版社1992年版。参见本书上篇有关景福寺威仪和上灵觉的论述。

④ 从《唐朔方军节度副使金紫光禄大夫行光禄卿上柱国五原公燕王慕容公故妻太原郡夫人武氏墓志铭》中可知武承嗣第三子武延寿之女远嫁至慕容氏，死后埋葬于今宁夏境内。那么，此前武攸宜的姐妹出嫁辽东高句丽遗民也是可能的事情。参见拜根兴《高句丽百济遗民关联问题研究的现状与展望》，《中国历史地理论丛》2006年第2期。

⑤ 参见洛阳市文物考古研究院《唐武攸宜夫人李氏墓发掘简报》，《洛阳考古》2013年第3期；傅清音《新见武则天堂兄〈武思元墓志〉考释》，《文博》2014年第6期；西安市文物保护考古研究院《西安航天城两座唐代壁画墓发掘简报》，《文博》2015年第2期。

题随着新的史料的公布，仍有进一步探讨的必要。总之，有关武氏家族关联问题，其中可足深挖探索的仍然不少，而搜集整理新发现的金石墓志资料，是解决上述问题的重要途径，期待研究者获得更加优异的成果。

（原文登载于《武则天与神都洛阳》，中国文史出版社 2008 年版。修改文刊登于《魏晋隋唐史研究：欣贺宁志新教授七十华诞论文集》，中国社会科学出版社 2016 年版）

《大唐都景福[寺威仪]和上□□铭》关联问题

——有关威仪和上灵觉出自的再考察

龙门石窟第0881窟，编号1336，即位于石牛溪上方的灵觉洞西壁靠洞口的地方，有一壁铭，首题“大唐都景福[寺威仪]和上□□铭”。据研究者考察，此洞“深300 ㎝，高116 ㎝，顶作圆卷形，洞底部有8 ㎝高的长台，可能是安放尸体的”，进而认定此洞为瘗窟[①]。关于威仪和上灵觉铭文，曾任职于龙门石窟的温玉成、张乃翥、李玉昆诸先生在其论著中均有考释，台湾的刘淑芬研究员亦有所提及。但广西师范大学出版社2000年出版的10卷本《北京图书馆藏龙门石窟碑刻题记拓本全编》中，却未见收录此铭文拓片，进而为探讨此洞铭文关联问题造成一定困惑。本篇拟在总结学界对该洞铭文研究的基础上，对铭文所涉及的一些具体问题，以及威仪和上灵觉的出自等提出质疑，并阐述自己的看法。

一 学界已有研究及其问题点

有关威仪和上灵觉洞铭的研究，最早还要追溯到清代学人所作的贡献。乾嘉学派著名金石碑刻大家武亿（1745—1799）在《授堂金石文字续跋》一书中，对此有跋文传世，云：“石残泐过半，铭题有‘大唐都景福寺’字，文称和上，讳灵觉，俗姓下缺。又载‘恳诚至到，天后嘉尚’及‘辞荣出尘’字，盖以世族逃诸空教者。后云‘澡浴换衣，焚香端□，

① 刘景龙、李玉昆编著《龙门石窟碑刻题记汇录》上册，中国大百科全书出版社1998年版，第62页。

时春秋五十二，遂于龙门西岩造龛。季弟崇正，哀友于之□重，悲同气之情深'，则是铭龛者为其弟也。"[①] 上述跋文对此铭石当时的状况作了客观简单描述，并命名其为"灵觉龛铭"，这在当时是难能可贵的。几乎是同一时代金石大家王昶编著的《金石萃编》一书中，未见著录，不知何故。陆心源光绪年间（1834—1894）编《唐文拾遗》72卷、《唐文续拾》16卷，其中后者收录了"大唐都景福寺主威和上塔铭"录文[②]。陆增祥（1818—1882）撰写《八琼室金石补正》一书，其中不仅有对此龛铭的著录录文，而且对龛铭的大小字径也有详细的记载，即"高一尺四寸，广一尺五寸；二十四行，行约二十三字；字径四分，行书，有方界格"。陆氏所写跋文如下所引。

> 尼称和上，和惠源志同。灵觉姓武，文内有太上、有公主字，而国上漫漶。考武攸暨尚太平公主，太平尝封镇国，疑灵觉为武攸暨之女，太上长公主即太平公主。国上所缺为镇也。后有季弟崇正云云。考攸暨二子，一崇敏、一崇行，而不见崇正之名，疑崇正是攸暨之幼子，故曰季弟，世系表失载也。首行赠下所缺似是并字。[③]

与上述武亿所论不同，陆氏的著录跋文中明确判读出灵觉姓武氏，特别指出灵觉和上和太平公主有关系，即她为武攸暨的女儿。不仅如此，陆氏还认为该龛铭的撰写者"崇正"，"疑崇正是攸暨之幼子，故曰季弟"，"首行赠下疑似并字"，只是该书录文中则是"泗□刺史"。就是说，陆增祥可能仔细对正了龛铭拓片，也可能到龙门亲自踏查，进而对龛铭的主要问题点提出自己的看法。

20世纪50年代中期，文物考古专家王去非先生在《文物参考资料》上发表了《关于龙门石窟的几种新发现及其相关问题》[④] 论文，其中有铭文录文，认定龙门石窟中有一种专为安葬僧侣尼姑的洞窟，并对其中的

---

① （清）武亿：《授堂金石文字续跋》卷3，收入《授堂遗书》第2册，北京图书馆出版社2000年影印本，第572页。

② （清）董诰等编：《全唐文》第5册（附《全唐文续拾》），上海古籍出版社1991年版。

③ （清）陆增祥：《八琼室金石补正》卷32，吴兴刘氏希古楼刊本。

④ 王去非：《关于龙门石窟的几种新发现及其有关问题》，《文物参考资料》1955年第2期。

惠灯洞窟、灵觉洞窟龛铭做了录文。80年代初，供职于龙门石窟的温玉成先生发表《试论武则天与龙门石窟》《龙门所见两〈唐书〉中人物造像概说》两篇论文，对涉及上述惠灯、灵觉关联问题作了相应的论证。具体来说：

> 按《新唐书·武三思传》，言三思有三子，但传文中仅言及长子武崇训（尚玄宗女安乐公主。笔者按：此处应该是笔误，应为中宗之女）、次子武崇烈。则“季弟崇正”恰应是三子武崇正，史书失载，此可补之。太平公主与武三思是姑表兄妹，太平公主是灵觉的表姑，武则天曾亲自过问灵觉的婚事，所谓“天后嘉尚，□□为配”，即是此义。但灵觉“辞荣出尘”，遁入空门。①
>
> 《金石补正》卷32，论云：“疑灵觉为武攸暨之女……攸暨二子，一崇敏，一崇行，而不见崇正之名，疑崇正是攸暨之幼子”……此说不确……
>
> 按《新唐书·武三思传》，言三思有三子，但传文中仅言及长子武崇训、次子武崇烈。则此季弟崇正即是武三思的第三子。史书失载，正可补之。灵觉是崇正之姐，当然是武三思之女了。太平公主与武三思是姑表兄妹，是灵觉和尚的表姑。武则天是灵觉的表姑奶。但灵觉舍弃珠玉、钟鼎的豪华生活“辞荣出尘”，遁入了空门。②

可以说，上引即是温先生论证灵觉是武三思之女的全部证言。此后，张乃翥先生在上文提到的《龙门石窟唐代瘗窟的新发现及其文化意义探讨》论文，台湾“中央”研究院历史语言研究所刘淑芬研究员在《石室瘗窟：中古佛教露尸葬研究》中，就引用温先生的论证。刘女士认为“开元二十六年（七三八），武三思之次女、洛阳景福寺尼灵觉卒，葬在龙门石牛溪上方山沟的瘗窟‘灵觉洞’，洞长三米，高一点一六米，地面有高约八公分的长台。洞内右壁的前方镌有《大唐都景福寺威仪和上龛塔铭》”③。

---

① 温玉成：《试论武则天与龙门石窟》，《敦煌学辑刊》1989年第1期。

② 温玉成：《龙门所见两〈唐书〉中人物造像概说》，《中原文物》1993年第4期。

③ 刘淑芬：《石室瘗窟：中古佛教露尸葬研究之二》，（台北）《大陆杂志》总第98卷第4、5期，1999年；收入氏著《中古的佛教与社会》，上海古籍出版社2008年版，第244—289页。

但是，也有专家在其论著中只是客观表述，并认定文中所述灵觉和上就是武三思的女儿。如李玉昆先生在《龙门石窟碑刻题记的史料价值》一文中提到：

> 石牛溪上方有灵觉洞（第881窟），深300厘米，高116厘米，顶作原券形，洞底部有八厘米高的长台，可能是安放尸体的。西壁靠洞口有像铭。铭曰：《大唐都景福寺威仪和上造像铭》，“和上讳灵觉，俗姓武氏”，“太平公主”，“天后嘉尚”，可见灵觉与武则天之女太平公主有密切关系。铭文中还说“以开元廿□”，“忽谓门人令具汤水澡浴，换衣焚香端坐”，“无常于景福伽蓝，时春秋五十二也”，“季弟崇正……遂为铭”，“开元廿六年……日镌”。可见开元廿□年死，很可能就是开元廿六年死的。从铭文中“遂于龙门西岩造龛，即于其月□日…礼也”，“石永窆幽深，天长地久，耕凿无□”，可证明此窟是安葬灵觉的瘗窟。

显然，李先生与上述温玉成先生的论述存在差异，其中最大的区别就是李先生的论述完全来自于对洞铭文的诠释，并未刻意论证洞铭主人的出自，但从其论述中不难看出也是有一定的指向性的。另外，陈尚君教授辑校《全唐文补编》下册《全唐文又再补》卷3，亦收录“大唐都景福寺威仪和上□□铭”辑校录文，其中有“和上讳灵觉。俗姓武氏。□□则天之次女也”，即辑校录文认为灵觉是武则天的第二个女儿①，此说法甚为新奇。那么，威仪和上灵觉到底出自武氏的哪一支？无疑，上述温玉成教授的观点可以作为一家之言，但此观点是否就是唯一的或者值得公认的一种说法？除温先生引用的史料之外，是否还有其他史料证明灵觉是武三思的次女？如果没有的话，现有论述是否还存在瑕疵。学术研究重在创新，发现新的史料或者对现有史料进一步分析，得出可以自圆其说的其他说法，那应是非常期待的事情。

---

① 陈尚君辑校：《全唐文补编》第3册，中华书局2005年版，第2269页。

二 对灵觉洞铭文字的基础分析

对于威仪和上灵觉洞铭，上述诸位先生都有不同程度的解释，由于各自侧重点不同，加之现在可以看到的铭文很多字迹已难以辨认，故而要完全清晰的解读存在困难。然而，在已有解读研究的基础上，有必要对此铭文作基础的探讨分析。为了最大限度避免先入设定之嫌，不妨依据曾任职龙门石窟刘景龙、李玉昆等先生编集的《龙门石窟碑刻题记汇录》（以下简称《汇录》）上册录文，做初步的了解①。先转引该洞铭文如下：

唐都景福寺尼灵觉和上□□铭

唐开元二十六年

大唐都景福［寺威仪］和上□□铭

和上讳灵觉，俗姓［武氏］，□□□□之次［女］也。［外父］泗［州］刺史□□□□国太［平］长公主□□□□补□□之尊，兼鲁馆之□□□□□之鹿□□归一□□今稀□［圣］□□□□□□□□□恳诚至到，天后嘉尚□□为配□□□□□，当秾李之年，遂能舍□□珠玉之服玩，钟鼎□□□辞荣，出尘离染□□□空□也。乃持□□［行］□□□□探跡幽妙三藏□□□□福□闻□戒行□备□□□□□以奖例［徒］众也，于□因□□山普□禅师□□□□授以［禅］法□□［真］几顿悟□拔□获□生［忍至］□□□来湛入真际色相都泯［契］□如□以开［元］廿［年］□□忽谓门人，令具汤水，澡浴换衣，焚香端［坐］，□□□无常于景［福］伽蓝，时春秋五十二也。呜呼！生□□□□□第处荣贵而能舍，行苦行而能动，自非百劫千□□□□习熟能至此哉！遂于龙

① 任职于国家图书馆的王丽燕女士依据收藏于国家图书馆的龙门石窟碑刻题记拓片，认为刘景龙、李玉昆编：《龙门石窟碑刻题记汇录》一书录文，仍有一些可资探讨商榷之处，故文中抄录《龙门石窟碑刻题记汇录》一书录文，或许也有可商讨的地方。参王丽燕《国家图书馆藏龙门石窟造像题记拓本概况》，《文献》2005 年第 4 期。

门西岩造龛，即以其月□日□□□，礼也！季弟崇正哀友于之义，重悲同气之［情深］如□□□遂为铭曰：

炼石补［天］，□□□国，□□□□，凤楼才极，［挺］生哲女，处荣不［惑］，弃彼嚣□，归于实□，□［亲］能孝，□□虔诚，戒行圆备，风仪肃清，六□无［染］，□□明□，极乐世［界］，□品上生。其二［阙］塞之北，□门之南，口□□潭下，□□□石，永閟幽深

天长地久，耕凿无□

开元廿六□□日镌

很显然，经历1300余年的岁月流逝，此洞铭的字迹已模糊不清，其中的一些重要文字我们已不能看到，进而影响对威仪和上生平事迹的全面探讨。但通过遗存的文字，对威仪和上灵觉关联信息亦可了解其中大概。首先，关于此铭文的命名问题，因为其中文字已经难以辨认，故而现在可以了解到的命名并不统一，呈现出不同的意味。如上述清人武亿、陆增祥将其命名为“灵觉龛铭”，陆心源录文主张“塔铭”。王去非认为以“景福寺尼灵觉龛铭”命名较为合适，不同意日本学者“唐都景福寺灵觉和上造象铭”冠名做法。温玉成、张乃翥先生记为“瘗铭”“瘗窟铭”，李玉昆先生称为“洞铭”或“造像铭”。从现在可以看到的录文看，“大唐都景福［寺威仪］和上□□铭”中“铭”前面的两个字确实漫灭不能辨认，故而从清代乾嘉学派金石学家对此就发表自己的看法，但无论如何，将“铭”字前面两个字补为“龛”“瘗”、“瘗窟”“洞”等，都具有一定的学术意义，唯独将其补为“造像”或者“塔”字样有待商榷，因为从考古清理发掘记录中了解到，此瘗窟中似乎没有什么造像，在西岩上也不可能建造塔，它只是相对纯粹的僧尼圆寂后处理尸体的一种途径，而铭文和司空见惯的墓志铭或者碑志的功能没有什么两样。鉴于本篇是以刘景龙、李玉昆编《汇录》一书所收录文文字为本，故文中叙述过程中偶尔也用“造像铭”，只是用引号加以区别，一般情况下均以“洞铭”表示。

其次，威仪和上的法号为灵觉，俗姓武氏，对此学界似乎没有什么异议。第三，《汇录》一书录文提到灵觉的“外□”曾经官拜“泗州刺史”，而陆增祥跋文中特别提出“□”应为“并”，即并州刺史，并非上

文的“泗州刺史”。因为看不到铭文拓片，其中到底应该判读为“泗”还是“并”，判读为“泗”的依据是什么，这些都是很难说明的问题。“泗”字和繁体“并（並）”还是有一定的相似性，但查阅史料，唐代似并没有设立过并州刺史的记载。当然，遍查现存唐代文献史书、碑刻墓志，亦未看到武氏家族人士担任泗州刺史的记载。到底如何界定，还须查找新的史料。铭文特别提到“□国太［平］长公主”，似乎威仪和上灵觉应该和武则天的女儿镇国太平公主有相当的关系。第四，“秾李之年”的少女就受到武则天的“嘉尚”，似乎还给安排有婚配的对象，但灵觉终于抛弃珠玉钟鼎的优裕生活遁入空门。到底是什么原因促使灵觉皈依佛门，因没有史料说明，难以作论。第五，灵觉拜“普□禅师”为师，经过艰苦的修行，获得“顿悟”功效，为当地僧俗所礼敬。对此，温玉成先生的论文中有详细论述，在此不赘。第六，灵觉和上“开［元］廿［年］”圆寂，享年52岁①；开元二十年为公元732年，按照唐人记载年龄的一般习惯②，灵觉享年五十二岁应该是虚岁，她的生年当是公元681年，即唐高宗开耀元年。但同书所附李玉昆撰《龙门碑刻及其史料价值》一文中，却又认为“开元廿□死，很可能就是开元廿六年死的”，其依据是开元廿六年镌刻了威仪和上灵觉的“造像铭”，如同上引铭文中“［年］”字一样，此也是一种推证。张乃翥先生录文也是如此判读的③。然而，如果威仪和上灵觉果真是开元廿六年圆寂的话，其生年就应当是公元687年，即武则天临朝称制的垂拱三年。笔者认为后者可能性比较大。第七，威仪和上并未如同一般僧侣们死后被焚烧尸体掩埋起塔，而是“于龙门西岩造龛，即以其月□日□□□，礼也”，即采取在龙门西岩山崖凿窟摆放露尸葬方式，这样既可实现布施的目的，又能让灵魂飞向西方极乐世界④。同时，她的“季弟（武）崇正”，可能在灵觉和上圆寂后不久就动工开凿石窟，因为据龙门石窟考古工作者实地测量，要在山

---

① 参上引刘景龙、李玉昆编《龙门石窟碑刻题记汇录》一书的录文判句。

② 依据一般史书惯例，人物的生卒年均以虚岁记载，故此处推算亦如此。

③ 张乃翥：《龙门碑刻题识所见中古寺院史料辑绎》，《敦煌学辑刊》1993年第1期。张氏录文为，“契□以开元廿□年五月□日忽谓门人，令具汤水……”

④ 关于瘗窟露尸葬关联问题，参刘淑芬《石室瘗窟：中古佛教露尸葬研究之二》，（台北）《大陆杂志》第98卷第4、5期，收入氏著《中古的佛教与社会》，上海古籍出版社2008年版，第244—289页。

崖上开凿“深 300 ㎝，高 116 ㎝”[1] 的瘗窟，还是要做相当繁重的苦力活的。开元二十六年（738），武崇正为他圆寂的姐姐撰写铭文，并于当年托石匠将其镌刻于瘗窟内石壁上，以寄托他的无限哀思；而全体造窟工程的发起和运营，单从洞铭本身来看，应该和武崇正其人不无关系。

正是有了上述洞铭的镌刻，我们不仅从中了解到开元年间东都洛阳伊洛一带龙门石窟僧侣独特的露尸葬葬俗，而且提供了景福寺威仪和上灵觉这个威名远播显贵家族重要人物事迹，为探讨唐代佛教史、唐代政治史提供了新的史料，一些悬而未解的问题可能因此得到新的解释。

三 威仪和上灵觉是武三思的女儿吗?

如上文所引，温玉成先生考证出威仪和上灵觉是武则天的侄儿武三思的女儿，洞铭撰写者崇正是武三思的第三个儿子。随后，张乃翥、刘淑芬两位先生也认同温先生的看法。从上述温先生的两篇论文看，似乎推测的成分太多，亦未找出十分过硬的证据证明自己的观点，而有些表述不无商榷的必要。论者认为“《新唐书·武三思传》，言三思有三子，但传文中仅言及长子武崇训、次子武崇烈。则‘季弟崇正’恰应是三子武崇正，史书失载，此可补之”。但查阅《新唐书》卷 206《外戚·武三思传》，其中并没有发现武三思有三个儿子的记载，只是在同卷相关论述中出现封武崇训为高阳王、武崇烈为新安王字样。如此看来，依据铭文中出现的“季弟崇正”，就断定武崇正就是武三思的第三个儿子，显然缺乏基本的史料支撑，其论述存在纰漏，还有待于补正成熟。事实上，有关武三思的儿子问题，史书记载并不一致。按照《新唐书》卷 206、《旧唐书》卷 183 记载，武氏封王之时，武崇训在武三思这一支系中首选封王，他作为武三思的嫡子应该是可以确定的，但《旧唐书》卷 183 明确记载“崇训，三思第二子也”，就是说，武三思还有长子存在；当然，此

① 见上引李玉昆等编著《龙门石窟碑刻题记汇录·龙门碑刻及其史料价值》上册，中国大百科全书出版社 1998 年版，第 62 页；但张乃翥《龙门石窟唐代瘗窟的新发现及其文化意义的探讨》（《考古》1989 年第 2 期）一文中，却有“纵长 3.2m，宽 1.20m，高 1.11m 的近似长方体”的记载。文中依据出版年次稍后者。

人或者在武氏封王晋爵之时已不在人世，或者可能系庶出，故而难登大雅之堂。而《新唐书》卷74上《宰相世系表14》则记载武三思有五个儿子，即武崇训封高阳王、驸马都尉，武崇谦封梁公、光禄卿，武崇烈封新安王、尚乘奉御，以及武崇撝、武崇操两人（未载两人授有何种官职）。上述记载均未见有称作武崇正的武三思儿子存在。另外，笔者查阅《唐代墓志汇编》《唐代墓志汇编续集》，《全唐文补遗》（1—9），《全唐文补遗》（千唐志斋新藏专辑），以及《邙洛碑刻三百种》《河洛墓刻拾零》《西安碑林新藏墓志》等碑刻墓志全集，亦未见武崇正其人和武三思有任何瓜葛的记载。如此看来，运用史书中的相互矛盾的记载，推测得出武崇正为武三思第三个儿子的结论值得商榷。

既然武崇正作为武三思季子的推论存在瑕疵纰漏，难以自圆其说，那么由此再推论威仪和上灵觉是武三思的女儿就更成问题了。温先生在上述《试论武则天与龙门石窟》论文中提到，武崇正还撰写了《内道场供奉尼惠灯和和石龛铭并序》，而“右金吾将军崔瑶及妻永和县主武氏，伤梵宇之摧构，痛津梁之永绝，遂于龙门西岩造龛安置……”，即右金吾将军崔瑶和其妻永和县主具体操办惠灯尼的身后事宜。但是，因为武崇正撰写龛铭，永和县主夫妇操办丧事等，而惠灯是武崇正“家代门师，幼瞻仪范……”，故论者得出，武崇正应是武三思的儿子，“而崔瑶之妻武氏者，很可能是武三思的女儿，故由武崇正撰此铭记”。论者可能认为这种推论有点突兀，因而在《龙门所见两〈唐书〉中人物造像概说》一文中改变说法，云：“永和县主武氏虽不见于史载，但也可以推测是武则天的亲属。因为这篇铭记是武三思之子武崇正所撰，并称惠灯是‘家代门师’，即惠灯是武氏家族崇信的和尚。永和县主为惠灯造瘗窟，也应是因惠灯为‘家代门师’之故”。就是说，论者在后来的论著中排除了永和县主是武三思的女儿的可能，这是应该肯定的①。也就是说，上述威仪和上灵觉，以及永和县主武氏都不是武三思的女儿。那么，史书所见武三思的女儿情况如何呢？

① 关于永和县主武氏墓志铭，参拜根兴《两方新公布的武氏后裔墓志铭考释》，收入《武则天与神都洛阳》，中国文史出版社2008年版。洛阳出土的永和县主墓志铭中明确记载武氏为太平公主与武攸暨的第二个女儿，嫁与崔瑶。而《唐故光禄卿崔公（瑶）墓志铭》《大唐故朝散大夫秘书省著作郎清河崔公（杰）志文并序》（崔瑶与永和县主所生长子）等史料可提供证明。

笔者查阅史书及考古墓志资料，其中提到武三思的女儿有三处。其一，《新唐书》卷100《阎知微传附阎则先传》载：（阎知微）“子则先，以武三思婿免死。玄宗在藩时，以善割蒙宠。开元中，有司奏拟供奉，姚元崇以为则先刑戮家，又逆人姻属，不可留京师。诏曰：‘朕在外日，尝驱使，宜令供奉。’”说明武三思曾经和阎知微结为亲家，即武三思的女儿嫁与阎知微的儿子阎则先；虽然因为武三思，阎则先受到牵连，但因与唐玄宗的特殊关系，仍然受到任用。其二，《旧唐书》卷84《裴行俭传附裴光庭传》载：“光庭早孤。母库狄氏，则天时召入宫，甚见亲待，光庭由是累迁太常丞。后以武三思之婿缘坐，左迁郢州司马。开元初，六迁右率府中郎将，擢授司门郎中。岁余，转兵部郎中。光庭沉静少言，寡于交游，既历清要，时人初未许之。及在职，公务修整，众方叹伏焉。”看来，裴光庭之所以成为武三思的女婿，很大程度上和武则天有关。就是裴光庭的这位武氏夫人，在裴氏死后，因为此前和李林甫的隐秘关系，进而成为李林甫晋升宰相（黄门侍郎）的幕后推手。也就是说，现存史书记载的武三思女儿就是上述嫁与阎则先，以及嫁与裴光庭者，而且这两个女儿开元天宝年间仍然在世，特别是嫁于裴光庭者，“武三思女，诡谲有材略，与林甫私。中官高力士本出三思家，及光庭卒，武氏衔哀祈于力士，请林甫代其夫位，力士未敢言。玄宗使中书令萧嵩择相，嵩久之以右丞韩休对，玄宗然之，乃令草诏。力士遽漏于武氏，乃令林甫白休。休既入相，甚德林甫，与嵩不和，乃荐林甫堪为宰相，惠妃阴助之，因拜黄门侍郎，玄宗眷遇益深”[①]。显然，武三思的这个女儿非同一般。除此之外，武三思还有一个女儿嫁与太平公主与薛绍所生儿子薛崇简，武周时期封其为方城县主，死于唐开元十二年三月[②]。至于武三思是否还有其他女儿，排除上文稽考的威仪和上灵觉，以及永和县主之外，因未见史料记载，故难以作论。

四 威仪和上灵觉和太平公主的关系

至于本篇所论的威仪和上灵觉其人，她到底出自武氏哪一支，由于

① 《旧唐书》卷106《李林甫传》。

② 参《大唐故袁州别驾薛府君墓志铭》，《全唐文补遗》第5辑，三秦出版社1996年版。

现存史料并不完备，我们只能做出一定的推论，但是否就是如此，仍期待着新的史料出现。

上述清人陆增祥怀疑威仪和上灵觉“为武攸暨之女”，李玉昆先生在《龙门石窟碑刻题记的史料价值》文章中也隐约认同这种推测，但两者并未作进一步的论证。其实，对此还是有文章可做的。首先，铭文中提到灵觉“□□□□之次［女］也。［外父］泗［州］刺史□□□□国太［平］长公主□□□□补□□之尊”，按照一般的铭文写作格式，文章开头提到武则天的女儿太平长公主，说明太平公主应是和死者有着重要关系的人物，一般来说只能是死者的父母。现存《大唐故万泉县主薛氏墓志铭》《故沛国夫人武氏墓志铭》，其墓主均是太平公主的女儿，故其中提到其母亲太平公主的方式也与上述灵觉龛铭基本一致。另外，虽然清人陆增祥《八琼室金石补正》卷 32 威仪和上灵觉龛铭录文仍然作“［外父］泗［州］刺史”①，但其所写跋文中则认为“［外父］泗［州］刺史”中的“泗”似为“并”字，笔者认为，应查找新的史料，使此问题得到解决。其次，铭文撰者武崇正，除撰写两篇龛铭之外，其行迹再难觅寻。不过，清人陆心源《唐文续拾》卷 3 有对武崇正的简单介绍，即“崇正，开元中人，自署汝濆隐居”，不知以何为据。从武崇正所撰“大唐□□□尼和和禅师□□□修石龛铭并序”文字看，他与永和县主武氏关系非同一般，即永和县主武氏夫妇负责筹划洞窟工程的开凿，武崇正承担铭文的撰写任务，如此配合完成一件共同的事情，若非至亲或者关系密切者，那实在是难以想象的事情。上文已排除了武崇正作为武三思第三子的可能性，而他与永和县主武氏，以及灵觉和上的关系值得进一步探讨。铭文中提到和和禅师是武崇正“家代门师”，可进一步证明武崇正和永和县主武氏的姐弟关系。最后，关于太平公主与武攸暨所生子女问题，笔者在《两方新公布的武氏后裔墓志铭考释》中已有简单论证：

---

① （清）陆心源《唐文续拾》卷 3 录文，“和上讳灵觉，俗姓武□□□则天（缺十字）之次女也，外□父□□刺史（缺十二字）国太平长公主……”录文中并未刻意填补什么字，特别是将“刺史”前的两个字空出，可见此两字到底是何字，陆心源当时所获得的资讯有限，并没有给予相应的判读。

> 史载：太平公主“神龙元年，预诛张易之谋有功，进号镇国太平公主，相王加号安国相王，并食实封通前五千户，赏赐不可胜纪。公主薛氏二男二女，武氏二男一女，并食实封”。又载太平公主“预诛二张功，增号镇国，与相王均封五千，而薛、武二家女皆食实封”。后者未说明到底太平公主给薛、武两家共生有几个女儿。鉴于此，我们姑且以前者为准，即太平公主与薛绍生二男二女，与武攸暨生二男一女。然而，墓志铭明确记载武氏“故周定王驸马都尉攸暨太平公主第二女，封永和县主”。也就是说，墓志铭可补正正史记载的错误，太平公主与武攸暨至少应该生有两个女儿。

另据《旧唐书》卷183记载，太平公主阴谋败露后，“遽入山寺，数日方出，赐死于家。公主诸子及党羽死者数十人”。《新唐书》卷83又载，太平公主“三子：崇简、崇敏、崇行，皆拜三品”，似乎和上述记载四个儿子存在差异。在此，结合《资治通鉴》卷210记载，姑且认为太平公主的几个儿子除过薛崇简之外，“崇敏、崇行”被赐死。那么，另外一个儿子是谁？为何史书中缺乏记载？武崇正“自署汝濆隐居”是否和其家族变乱起伏有关？如果真是如此，“季弟崇正”应该就是史书上不曾记载，但确实存在的太平公主与武攸暨所生的另一儿子！这样也就可以解释为什么武崇正与永和县主两人共同为和和禅师的后事奔波；开元二十五年永和县主死后，威仪和上灵觉次年又圆寂，至此就只剩下武崇正独自面对，担负起给威仪和上凿造洞窟并撰写铭文的重任。也就是说，威仪和上灵觉与永和县主应该是太平公主与武攸暨的女儿[①]。

本文对龙门石窟所在石牛溪上方的灵觉洞“大唐都景福［寺威仪］和上□□铭”做了相应的探讨。首先考察了自清代学者以来学界对该洞

---

① 永和县主武氏开元二十五年（736）终于京兆万年县之兴宁里第，享年54岁；以此类推，武氏应当生于683年。但683年永和县主出生之时，太平公主与薛绍的婚姻仍然存在，故而她不可能是太平公主的亲生女儿。如何解释此一问题？有学者认为永和县主“可能是武攸暨与其他妻妾所生的女儿，出于太平公主嫡母的身份而记于她的名下”。当然，也不排除墓志铭记载永和县主年龄或死亡时间存在谬误。（引文引自网络“维基百科·武攸暨条”）。笔者在上述已发表的论文中未考虑到此事，故特在此提及并予以说明。

铭的录文及相关研究，指出其中的一些问题。其次论证了洞铭的基本构造和文字蕴涵的基本情况。在此基础上，笔者对此前学界存在的威仪和上灵觉是武三思女儿的说法提出质疑，并依据现有文献及墓志史料做了论证。最后，在探讨洞铭文字的基础上，考辨文献史料，指出威仪和上灵觉可能和武则天的女儿太平公主有关系，即灵觉和上武氏有可能是太平公主与武攸暨所生女儿。学术研究贵在创新，有关此洞铭的研究还应当继续深入，笔者的看法只是一种相对合理的推论结果，当然不是最后的结论。

（《唐史论丛》第 15 辑，陕西师范大学出版社 2012 年版）

吴兢与《永泰公主挽歌二首》

武周大足元年（701）秋，皇太子李显与韦妃所生之女永泰郡主等人因私议武则天男宠张昌宗、张易之而被处死。神龙二年（706）五月，永泰尸骨被迁至乾陵侧陪葬。20世纪60年代初，随着永泰公主墓的发掘清理，有关永泰公主的身世、死因、号墓为陵诸问题在史学、文博界引起广泛的争论[①]；但是，文献记载扑朔迷离，出土的永泰墓志铭又讳莫如深，故而发掘新资料成为研究者的当务之急。这样，任何和永泰公主关联的史料的出现，都将是令人高兴的事情。盛唐史家吴兢所作《永泰公主挽歌二首》，应当引起人们的注意。然而，长期以来，研究者对此“挽歌”并未予以重视，本文试作探讨。

一　吴兢传世的唯一诗作

吴兢，汴州浚仪（今河南开封）人。史载其青年时代“励志勤学，博通经史”，与宋州宋城（今河南商丘南）人魏元忠，亳州永城（今河南永城县）人朱敬则过从甚密。后魏元忠官任宰相，朱敬则官正谏大夫。他们均极力推荐吴兢“才堪论撰”，进入史馆修国史。吴兢任职史馆之后，秉笔直书、刚直不阿。他曾和刘知几等人撰定《则天实录》，其中对张昌宗诱胁魏元忠之事如实记录，云：“说已然可，赖宋璟等激励苦切，故转祸为忠。不然，皇嗣且殆。”[②] 后数年，张说官拜黄门侍郎、同中书门下平章事，曾至史馆读《则天实录》，当看到论证魏元忠事件的记载之

① 拜根兴：《唐永泰公主研究中的几个问题》，（台北）《故宫文物月刊》总第159期（14卷第3期），1996年。

② 《新唐书》卷132《魏元忠传》。

时，恼怒不已。他知道是吴兢所书，但却假托刘知几，说道："刘五修实录，论魏齐公事，殊不相饶假，与说毒手。"吴兢不畏权势，义正词严的指出："是兢书之，非刘公修述。草木犹在，其人已亡，不可诬枉于幽魂，令相公有怪耳。"朝野听到此事的人都称赞吴兢耿直无畏，"昔董狐古之良史，即今是焉"。此后，张说屡次请求吴兢删削实录中相关记载，吴兢拒不接受，并说："若取人情，何名为直笔。"① 张说只好作罢。

吴兢一生著作等身，但诗作绝少。神龙二年（706），吴兢与刘知几等史学家修撰《则天实录》20卷。此后，鉴于武三思等人把持史馆监修官职，"阿贵朋佞，酿泽浮辞，事多不实"，在史馆难于实现自己的修史抱负，因而，他私撰《唐书》《唐春秋》二书。后《唐书》成65卷，进而成为唐政府史馆修撰国史依据的重要蓝本之一。特别是开元八年（720）上呈的《贞观政要》20卷，承唐初史馆纂修八史"鉴戒史学"遗绪，为唐玄宗治理国家提供借鉴。当今著名唐史专家牛致功教授认为：《贞观政要》"是一本充分发挥了作用的鉴戒史学著作"②。另外，吴兢还撰有《齐史》10卷，《梁史》10卷，《周史》10卷，《陈史》5卷，《隋史》20卷，《唐书备阙记》10卷，《太宗勋史》1卷，《睿宗实录》5卷，《吴氏西斋书目》1卷等16种著作，共计230余卷③。然而，遍观唐人诗集总汇，以及清代人编集的《全唐诗》，近人收集散佚唐诗编集的《全唐诗外编》等著作，吴兢的诗作仅有一件，这就是和永泰公主关联的《永泰公主挽歌二首》。吴兢只有一件唐诗存世，这和盛唐时代士子官僚以诗咏获取功名，以诗言志的社会风尚似极不合拍。究其原因，也许是吴兢自幼深研经史，最终经人举荐进入史馆（未经过科举），毕生以修史作为生命的依托，无暇他及；另一著名史学家刘知几传世诗作也只有两首。也许是史学家太注重史实，傲视风物。当然，也有可能有些诗篇未能流传下来。但无论如何，崇尚直笔、重视史实的史学家吴兢撰写《永泰公主挽歌二首》，无疑从另外一个侧面，对探讨永泰公主的生平及死后诸问题提供了依据。

---

① 《唐会要》卷64《史馆下》。

② 牛致功：《唐代史学与"通鉴"》，陕西师范大学出版社1989年版，第7页。

③ 李万生：《吴兢研究》下篇，陕西师范大学硕士论文，1988年。

二 吴兢对永泰等人宫廷案是否了解

据史载，吴兢任职史馆是由宰相魏元忠、朱正则推荐的，原因是吴兢“方直寡谐比，惟与魏元忠、朱敬则游”。魏元忠曾两度出任宰相职务。第一次是在圣历二年（699），其官拜凤阁侍郎、同凤阁鸾台平章事，检校并州刺史；第二次为神龙元年（705），官拜卫尉卿、同中书门下三品，旬日又迁兵部尚书，知政事如故。[①] 朱敬则长安三年（703）以正谏大夫擢同凤阁鸾台平章事。[②] 可以推断，吴兢得到两位故友推荐进入史馆修史，最早可以限定于圣历二年，下距永泰等人宫廷案发生约有两年，也可能是在长安三年以后，上距永泰等人宫廷案也只有二、三年。再者，吴兢于开元六年（718）曾作有《乞典郡表》，其表文中有：“臣自掌东观，十有七年，岁序徒淹，勤劳莫著，不能勒成大典……”[③] 很明显，吴兢典掌东观（即史馆），到开元六年已经有 17 年了。从开元六年上推 17 年，应为长安元年（701，此年十月改元长安年号）。就是说，吴兢长安元年已经在史馆任职，即所谓“掌东观”。按照一般的情况，吴兢进入史馆的时间还应该更早一点。对此，《旧唐书》吴兢本传载曰：“荐兢有史才，堪居近侍，因令值史馆、修国史。累月，拜右拾遗，内供奉。”无疑，此可为上面的推理提供佐证。与此同时，上面的推理还可说明以下两点：其一，吴兢到史馆修史，确实是魏元忠推荐，因为圣历二年魏氏已经位居宰相之职，而朱敬则此时的官职只是正谏大夫。这里存在两种可能，要么是朱敬则并未参与推荐，要么是朱敬则在任宰相之前，与魏元忠共同推荐了吴兢。也就是说，有关这一事件，《旧唐书》《新唐书》相关传记的记载可能有误。其二，吴兢进入史馆的时间只能是在圣历二年腊月与长安元年之间，在此姑且以久视元年（700）为计。久视元年吴兢三十岁以上[④]。如此，可以得出这样的结论，大足元年（701）九月，吴兢本人已在神都洛阳任职。另据《大唐六典》记载：“右补缺、拾遗，

① 《旧唐书》卷 92《魏元忠传》。

② 《旧唐书》卷 90《朱敬则传》。

③ 《全唐文》卷 298《乞典郡表》。

④ 《旧唐书》卷 102《吴兢传》载：“天宝八载（749）卒，年八十余。”以此推算，久视元年，吴兢为三十岁以上。

掌如左补缺、拾遗之职”，而左拾遗的执掌为“供奉讽谏，扈从乘舆，凡发令举事有不便于时，不合于道，大则廷议，小则上封……”[①] 而吴兢此时的官职为右拾遗内供奉，其对当时朝廷发生的一系列事件，耳闻目睹当是没有问题的。

发生于大足元年九月初，震惊神都洛阳的永泰等人私议武则天男宠张易之、张昌宗案件始末，以吴兢所处的职位，他应该是相当清楚的。当然，永泰等人私议宫闱，危及炙手可热的二张，其最终被处死，在当时神都洛阳白色恐怖的肃杀氛围之中，作为刚刚任职不久的吴兢，他是不可能发表什么与当时环境相违背的言论的。

神龙二年（706）春天，女皇武则天已经寿终正寝，复位后的唐中宗致力于平反昭雪武周时代的冤假错案，此时吴兢仍然官任右拾遗内供奉。五月十八日，武则天被安葬于乾陵；同日，永泰公主陪葬于乾陵侧，进而形成上文所述的“一边是女皇下葬，一边是皇后韦氏埋女的状况”。《永泰公主挽歌二首》诗当是作于五月十八日之前。吴兢其人是否因参加皇帝母亲及女儿的葬礼回到长安，史书缺载，而唐中宗的确是在同年十月才动身返回长安的。[②]

另外，“挽歌”是唐朝礼制凶礼中的重要内容之一。唐陵寝制度明确规定：

> 属三缪练绋于辒辌车为挽，凡六绋，各长三十丈，围七寸。执绋挽士，虎贲千人，皆白布裤褶，白布介帻。分为两番。挽郎二百人，皆服白布深衣，白布介帻，助之挽两边，各一绋。挽歌二部，各六十四人，八人为列，执翣。

以上是皇帝葬礼的规定。百官葬礼，由鸿胪寺司署令掌挽歌，“三品以上六行三十人，六品以上四行十六人，皆白练褠衣，皆执铎铍”[③]。永泰公主因冤而死，中宗李显被迫参与处置该案，因而，他想用提高葬仪来超度女儿的亡灵，故其葬礼、葬仪多是违制的。这样，其挽歌的形式

---

① 李林甫等撰，陈仲夫点校：《大唐六典》卷9、卷8，中华书局2005年版。

② 《资治通鉴》卷208，唐中宗神龙二年（706）。

③ 《通典》卷86，中华书局1988年版，第2340页。

及挽郎的人数很可能和王妃的葬仪相同，“号墓为陵”即可说明这一点。另据记载，当灵车行进之时，“挽郎执绋，挽歌振作，及挽以进，内外哭从，以赴山陵”①。从《大唐永泰公主志石文》的记载看，永泰迁葬当日，“缟驾纷纷，赪（赪）旌扫云，香袿□灭，哀换（挽）风分。红靡浓兮碑字古，苍松合兮山道曛。珠襦玉匣竟何向，石马陵边皇女坟”。其浩大悲壮的场面可想而知。当然，永泰公主等人是从洛阳迁葬到乾陵陪葬，加之他们均是年轻丧命，并无子嗣，故和皇帝的葬礼相比，无论是规模，还是在朝野的影响等方面，都应当是有很大区别的。无论如何，由任职史馆，任官右拾遗内供奉的吴兢撰写挽歌，另一以追求文章晦涩而著名的太常少卿兼修国史徐彦伯草撰墓志铭，此二人无论从声名乃至影响力，都是最佳人选，足见唐中宗对死去女儿痛悼的良苦用心。

三 《永泰公主挽歌二首》及其价值

《永泰公主挽歌二首》见中华书局 1987 年版《全唐诗》卷 101，其诗云：

秾华从妇道，釐降适诸侯。
河汉天孙合，潇湘帝子游。
关雎方作洲，鸣凤自相求。
可叹凌波迹，东川遂不流。

舜华徂北渚，宸思结南阳。
鳌绶哀荣备，游轩宠悼彰。
三川谋远日，八水宅连冈。
无复秦楼上，吹箫下凤凰。

诗中的秾通“襛”，秾华，指公主。河汉，多指黄河，又专谓银河。潇湘，此处是指情深的湘水，《文选》收有南朝谢玄晖（朓）“洞庭张乐地，潇湘帝子游”，故此处是借用古诗。关雎为《诗经·周南》首篇之

① 《通典》卷 86，中华书局 1988 年版，第 2347 页。

名，此处意为男女交好的情景。凌波，指女性走路步态轻盈优美的样子。舜华，即木槿花，多指女性容颜美妙可人。盭（lì），草名，可染绿，因而又指绿色的绶带。轩是指卿大夫或诸侯所乘的有幡盖的车子，此处专指有幡盖的灵车（辒辌车）。吹箫，指结婚。“宸思结南阳”句，据《旧唐书·外戚传》记载，永泰公主的丈夫武延基生前被封为南阳郡王、继魏王，此处当是指此事。

全诗第一首主要是说永泰公主躬行妇道，嫁与武延基诸侯之家。二人感情笃厚，可惜美好的身影不能够再次展现在人们面前，挽歌既体现了作者沉痛的心情，又符合歌谣哀婉上口，便于传唱的特点。

第二首主要阐发永泰公主迁葬备受哀荣，以及用自然环境的变迁，衬托人们对永泰公主的哀悼情结，其特点和第一首相同。

如上文所述，对于永泰等人“私议二张”宫廷案，文献记载主要出自《旧唐书》《新唐书》的相关纪、传，以及《资治通鉴》的简略记述，1962 年发掘清理出土的《大唐永泰公主志石文》，虽然给研究者提供了详细的生平资料，但在永泰的死因、生母是谁、号墓为陵诸问题上，极尽晦涩掩饰之能事，很难作为进一步探讨永泰公主相关问题的论据。关于这一点，上文中已有论证，此不再赘述。而《永泰公主挽歌二首》则给研究者提供了永泰迁葬当时的一些具体情况。这表现在，其一，“挽歌”的存在，足以说明迁葬永泰公主陪葬乾陵的规模，因为唐朝礼仪对此有明确的规定。针对永泰迁葬的具体问题，其礼仪铺陈只能是升高，而绝不会降低。其二，“宸思结南阳”句，印证了《旧唐书·外戚传》有关武延基封为南阳郡王的记载；而“盭绶哀荣备，游轩宠悼彰”两句，则是直接描述永泰灵柩迁葬乾陵的情景，对进一步探讨永泰公主葬仪提供了有力的证据。

（《武则天研究论文集》，山西人民出版社 1998 年版）

盛唐宰相姚崇事迹

姚崇是唐代著名的宰相，自唐之后，受到历代各界人士的推崇和爱戴。唐代就称他为“救时宰相”，伟人毛泽东也对姚崇赞赏有加[①]。学术界主要关注姚崇敢言直谏、破除迷信、荐举贤才，以及对开元之治出现所作的贡献等[②]。无疑，这些都是值得进一步探讨的问题。近年来，由于新的金石碑志资料的发现，学界对姚崇的家世、后代、故乡等方面的研究也多有涉及[③]，取得了令人欣喜的成就。本文在已有研究的基础上，对姚崇所撰两篇文章的写作背景、动机，所反映的社会现实，以及姚崇在社会动荡变革面前的心路历程试作爬梳。

一 《口笺》及其所反映的社会现实

有关姚崇的著述，《旧唐书》卷47《经籍下》，著录《姚崇集》10卷；《旧唐书》卷46《经籍上》载姚崇领衔删定《开元前格》10卷，姚崇等撰《式》20卷；《旧唐书》卷50《刑法志》中也提到姚崇领衔删定《开元前格》，宋憬领衔删定《开元后格》之事。《新唐书》卷60《艺文志》亦著录《姚崇集》10卷，奉诏领衔删定的《开元前格》10卷[④]。

除此之外，北宋李昉编纂的《文苑英华》不同卷次收录姚崇诗4首，

---

① 张泽宇：《毛泽东眼中的“大政治家”姚崇》，《党的文献》2008年第3期。

② 田廷柱：《姚崇理政与“开元之治”》，《辽宁大学学报》1985年第1期。田廷柱：《姚崇传》，《唐史论丛》第3辑，陕西人民出版社1987年版。佟志华：《姚崇对“开元盛世”的贡献》，《西安教育学院学报》2000年第1期。

③ 姚学谋、刘凤婷：《两〈唐书〉传、表中有关姚崇史料考证》，《三门峡职业技术学院学报》2010年第2期。

④ 《新唐书》卷58《艺文二》。

文章 3 篇；《全唐文》卷 206 收录姚崇赋（1）、奏表（6）、疏（3）、诫（6）、书（1）、牒（1）、记（1）、说（2）、碑文（1）、赞（1）、笺（1）等共计 24 篇，是现在可以看到的姚崇著述收集最完备者。除此之外，《唐文拾遗》补收一篇《中书事状略言优劣奏》。《全唐诗》卷 64 收录姚崇诗作 9 首，还有 1 首疑似姚崇诗作。《全唐文补遗》第 3 辑收录新发现姚崇所作《唐左武卫中郎将石府君（映）墓志铭并序》。陈尚君教授所编《全唐文补编》卷 30，收录 4 篇姚崇文章，其中三篇为增补《全唐文》已有篇目内容，另一篇《都督吏部尚书文献公姚府君玄堂记》，最早见《华夏考古》1987 年第 4 期，此后《隋唐五代墓志汇编》河南卷第 1 册，《唐代墓志汇编续集》（开元 009）均见收录，《全唐文补编》亦将其收录，确认为姚崇的文章之一。

上述姚崇的著述中，有一篇题名《口箴》的文章，唐代以后似还未见有人对其做过专门考察，但这篇文章却反映出特殊时期紧绷的人文环境和社会氛围。为说明方便起见，征引如下：

> 君子欲讷，吉人寡辞。利口作戒，长舌为诗。斯言不善，千里违之。勿谓可复，驷马难追。惟静惟默，澄神之极。去甚去泰，居物之外。多言多失，多事多害。声繁则淫，音希则大。室本无暗，垣亦有耳。何言者天，成蹊者李。似不能言，为世所尊。言不出口，冠时之首。无掉尔舌，以速尔咎。无易尔言，亦孔之丑。敬之慎之，可大可久。敬之伊何？三命而走。慎之伊何？三缄其口。勖哉夫子，行矣勉旃。书之屋壁，以代韦弦。

这篇文章何时撰写？现存资料似难于准确说明①。单从字面意思看，呈四言一句共二十八句的文章似有三层意思。其一，说明言者不善或者多言可能造成的危害；其二，指出慎于言语的好处；其三，警告并勉励世人切勿多言利口，以免受到不必要的连累和自找烦恼。那么，作为武则天统治后期颇受重用，开元初的当朝宰相，即生活于武则天统治后期，以及首开风气的开元初，什么缘由促使姚崇写出如此文字呢？

---

① 姚学谋先生认为此文作于天授年间，此可看作一家之言，但该文具体何时撰写，还应查找更多史料论证。姚学谋观点见《姚崇与洛阳（三）》。对此，下文有论述。

众所周知，唐高宗死后，即位不到两个月的唐中宗李显就被其母武则天从皇帝宝座上拉了下来，迁居湖北房州。随着徐敬业叛乱及李唐宗室起兵事件的出现，打击李唐宗室及反对派，扫除掌握政权道路上的任何障碍，成为武则天及武氏家族势力，以及一些趁火打劫非良人士津津乐道、乐于从事的事情。伴随着告密[①]、酷吏政治[②]的旋风，令人胆战的白色恐怖[③]拉开序幕，长安、洛阳瞬间成为杀戮的竞技场[④]。右拾遗张德私杀羊会同僚庆弄璋之喜，补阙杜肃竟上表告密，即使皇嗣李旦也不能幸免告密的恐惧，妃嫔被杀、自身难保。

在如此肃杀的社会氛围下，臣僚上奏武则天对一些事情表示不同意见或劝谏，往往受到惩罚，下场非常惨烈。周兴治太子通事舍人郝象贤族罪，其家人向监察御史任玄殖讼冤，任玄殖上奏说明郝象贤并无反状，结果玄殖本人被连坐免官。唐高宗曾召见时为河阳令的周兴，并想拔擢任用，但有人认为其非清流不应拔擢；周兴不知，多次在朝堂前游走等待，宰相们都默默不言，只有地官尚书检校纳言同平章事魏玄同多说了一句“你可以离开了”！就这一句话，成为此后酷吏周兴怀恨在心诬陷魏玄同的根源，魏玄同竟被赐死。宰相傅游艺梦登湛露殿，第二天告诉所亲，所亲匆忙上告，结果傅氏被下狱自杀。如此事例不胜枚举。

或许正因如此，一些官员为了避免酷吏罗织之祸，不仅自己谨言慎行，而且还总结教训，告诫世人。职方员外郎徐彦伯，圣历年中官拜给事中，“时王公卿士多以言语不缜密，为酷吏周兴、来俊臣等所陷”；面对如此险恶的朝野政情，处在政治风云潮头浪尖的徐氏，逐渐练就明哲

---

① 《资治通鉴》卷203，则天后垂拱二年（686）三月条载：“太后自徐敬业之反，疑天下人多图己，又自以久专国事，且内行不正，知宗室大臣怨望，心不服，欲大诛杀以威之。乃盛开告密之门，有告密者，臣下不得问，皆给驿马，供五品食，使诣行在。虽农夫樵人，皆得召见，廪于客馆，所言或称旨，则不次除官，无实者不问。于是四方告密者蜂起，人皆重足屏息。”

② 参见胡戟《酷吏政治与五王政变》，《西北大学学报》1983年第3期；王双怀《论武则天与酷吏》，《唐都学刊》1999年第1期；郝松枝《论武周时期的酷吏》，《兰州大学学报》2002年第4期。

③ 《资治通鉴》卷204，则天后天授元年条载云：“时置制狱于丽景门内，入是狱者，非死不出……朝士人人自危，相见莫敢交言，道路以目。或因入朝密遭掩捕，每朝，辄与家人诀曰：‘未知复相见否？’时法官竞为深酷，唯司刑丞徐有功、杜景俭独存平恕，被告者皆曰：‘遇来、侯必死，遇徐、杜必生。’”

④ 关于此一时期酷吏迫害杀戮唐朝功臣问题，参拜根兴《七世纪中叶唐与新罗关系研究》，中国社会科学出版社2008年重印本，第109—111页。

保身、处事老练的本领。徐彦伯精心撰写了《枢机论》一书告诫世人。他懂得“言语者，君子之枢机，动则物应，物应则得失之兆见也。得之者江海比邻，失之者肝胆楚、越，然后知否泰荣辱，系于言乎！”又“夫言者，德之柄也，行之主也，志之端也，既可以济身，亦可以覆身”，信奉孔子“终日行，不遗己患；终日言，不遗己忧”，老子“多言数穷”的信条，指出“不可言而言者曰狂，可言而不言者曰隐”，特别崇尚“睿智之言，犹天地也，人覆焘而生焉；大雅之言，犹钟鼓也，人考击而乐焉。作以龟镜，姬公之言也；出为金石，曾子之言也；存其家邦，国侨之言也；立而不朽，臧孙之言也。”因而，在酷吏横行的腥风血雨中，能够变通自持如狄仁杰者亦不免被罗织囚禁之厄运[①]，但徐彦伯却备受当政者垂爱，游刃有余于宫禁朝堂。并且，圣历元年（698）三月，他受武则天差遣，赴房州召庐陵王李哲及其妃、诸子女回洛阳，足见其人谨慎言行的功效。徐彦伯还参与《武后实录》的纂修，并获中宗嘉奖。唐中宗还敕令徐氏为蒙受冤屈而死的永泰公主撰写墓志铭，徐彦伯“好为强涩之体”[②]，并和中宗私人关系颇好[③]，而且以“慎言行”著称，出自徐氏之手的“永泰公主墓志铭”，满篇含糊其辞、不知所云，徐氏为文水平堪称绝唱[④]。还有，曾出将入相的名臣宰相娄师德，其弟被任命为代州刺史，赴任前兄弟俩见面，娄师德云：

> “吾备位宰相，汝复为州牧，荣宠过盛，人所疾也，将何以自免？”弟长跪曰：“自今虽有人唾某面，某拭之而已，庶不为兄忧。”师德愀然曰：“此所以为吾忧也！人唾汝面，怒汝也；汝拭之，乃逆其意，所以重其怒。夫唾，不拭自干，当笑而受之。”

---

① 拜根兴等：《武则天与狄仁杰》，收入《武则天与文水》，山西人民出版社 1989 年版。

② 《唐诗纪事》卷 9 载：“彦伯为文，多变易求新，以凤阁为鹓阁，龙门为虬户，金谷为跐溪，玉山为琼岳，竹马为篠骖，月兔为魄兔，进士效之，谓之涩体。”此可看作特殊政治气候影响士人文风的绝好例证。

③ 如上所述，徐彦伯曾受命迎接时为庐陵王的李哲夫妇及其子女返回洛阳。中宗复辟后，“与修文馆学士宴乐赋诗，每命彦伯为之序”。如《夜宴安乐公主私第序》《送郑维忠序》《送金城公主和戎》等。而本文所论的《永泰公主志石文》也是奉唐中宗敕令撰写的。这些固然是和徐彦伯当时的文名及影响相关联，但不可否认中宗和徐氏有相当好的私人关系。中宗死后的哀册文亦出自徐彦伯之笔。

④ 参拜根兴、樊英峰《永泰公主与永泰公主墓》，三秦出版社 2004 年版。

按：《资治通鉴》卷205将此纪事记于长寿二年（693）正月，同月还记载了前尚方监裴匪躬、内常侍范云仙坐私谒皇嗣被腰斩于洛阳；酷吏来俊臣严刑逼迫皇嗣左右，想造成皇嗣谋反的口实，结果“左右不胜楚毒，皆欲自诬”，太常工人安金藏剖腹流血满地等事件。由此可见当时朝野政情是何等的严酷。从两《唐书》娄师德传记中看不出其信崇佛教，就是说，他的言行应与信仰无关。娄师德贵为宰相，对其弟出任地方刺史忧心忡忡，故而临行前谆谆教诲。此固然显示出娄师德本人“器量宽厚，喜怒不形于色”，“虽参知政事，深怀畏避，竟能以功名始终”[①]的为人处世风格，但当时朝官们人人自危，风声鹤唳、草木皆兵，也应是他“深怀畏避”的主要原因。娄师德自身谨言慎行，也用这种信条要求家人，可见其用心良苦。

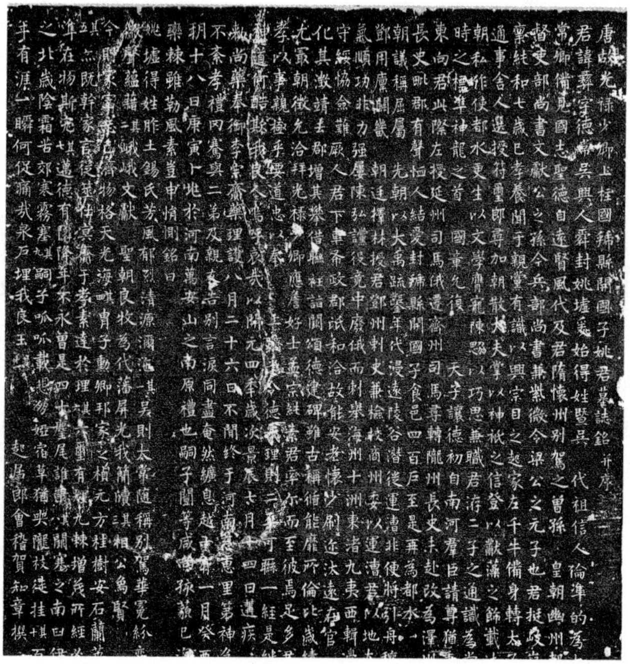

姚崇长子姚彝墓志

① 《旧唐书》卷93《娄师德传》。

姚崇在唐高宗上元二年（675）皇太子李弘去世后充当挽郎，时年26岁。后应下笔成章举，被授予濮州司仓。随后的二十年间，经过五次升迁担当从五品的夏官（兵部）郎中。万岁通天元年（696），契丹李进忠、孙万荣等进攻河北州县，姚崇分析敌情颇得武则天欣赏，故迁拜夏官侍郎。很明显，姚崇进入高层官阶前后，酷吏横行的高峰期已过，但他耳闻目睹因言语导致灾祸的事情一定不少，这对于他此后在官场察言观色、妥善处理与皇帝及同僚之间关系，沉着应对提供了很好的参照。如武则天和侍臣们谈及“往者周兴、来俊臣等推勘诏狱，朝臣递相牵引，咸承反逆，国家有法，朕岂有违。中间疑有枉滥，更使近臣就狱亲问，皆得手状，承引不虚，朕不以为疑，即可其奏。近日周兴、来俊臣死后，更无闻有反逆者，然则以前就戮者，不有冤滥耶?”的问题，夏官侍郎姚崇从容对云：“自垂拱以后，被告身死破家者，皆是枉酷自诬而死。告者特以为功，天下号为罗织，甚于汉之党锢。陛下令近臣就狱问者，近臣亦不自保，何敢辄有动摇？被问者若翻，又惧遭其毒手，将军张虔勖、李安静等皆是也。赖上天降灵，圣情发寤，诛锄凶竖，朝廷刈安。今日以后，臣以微躯及一门百口，保见在内外官更无反逆者。乞陛下得告状，但收掌不须推问，若后有征验，反逆有实，臣主受知而不告之罪。”无疑，姚崇的应对是冒有风险的。因为在此之前针对酷吏罗织罪名滥杀无辜，一些官员也上书提及，结果要么被流放，要么身家性命不保。但很显然，上引武则天对于酷吏疯狂罗织罪名，自己依例审核批转，致使众多朝野官员受冤而死已有所察觉醒悟，加之对于反对派的打击已经告一段落，武则天开始纠正扩大化及蒙受冤屈者问题。在此情况下，姚崇大胆说出实话，并且以姚氏一门百口作为“赌注”，担保朝野官员再无所谓的反逆，足见沉浸官场大浪淘沙数十年的姚崇，洞察朝野局势发展态势，把握说话时机的准确。也就是说，当有必要表明自己的看法，特别是对疑心很重的武则天说话，务必要谨慎应对，既要说出自己对朝野局势的正确判断，把握说话时机，又要实事求是动之以情晓之以理，如此才能达到预期目的。结果，武则天非常高兴，云：“以前宰相皆顺成其事，陷朕为淫刑之主。闻卿所说，甚合朕心。”[1] 并且赏给姚崇银千两[2]。

① 《旧唐书》卷96《姚崇传》。

② 《资治通鉴》卷206，天后神功元年（697）载“钱千缗”。

上述姚学谋先生认为《口笺》撰写于天授年间，依据是《旧唐书》卷94《徐彦伯传》，但徐彦伯传中明确记载“彦伯圣历中累除给事中。时王公卿士多以言语不缜密，为酷吏周兴、来俊臣等所陷，彦伯乃著《枢机论》，以诫于代”，就是说，《枢机论》20卷撰述时间当在圣历年间；按照论者的这种逻辑关系，姚崇的《口笺》之作也应该是在圣历年间，而非上述的天授年间。笔者认为，《口笺》的撰作时间应该在圣历年间或者更为靠后的时间，因为神龙元年中宗复辟，姚崇随中宗及臣僚到上阳宫探望武则天，“王公以下皆欣跃称庆，元之独呜咽流涕”。桓彦范、张柬之提醒姚崇云：“今日岂是涕泣时，恐公祸从此始”，姚崇回答得相当坚决，表明呜咽流涕是发自内心，若因此获罪也心甘情愿。不久，姚崇就被外放亳州刺史，又转任常州刺史。可以看出，此时姚崇还没有如《口笺》所警示的那样，亦不能很好地控制自己的行为。撰写《口笺》当是受到挫折，或者侥幸躲避过灾祸，即姚崇既有对局势世态的观察，亦有自己的人生体验，即感悟朝野因言罹祸教训之后，才作《口笺》文，用简单易懂的话语警示世人。当然，唐玄宗开元肇始万象更新，大刀阔斧实行改革，姚崇颇受重用，不仅提出十事要略，反对佛教与国家争利，破除迷信灭蝗救灾，而且为国家举荐贤才，成为开元之治的奠基人之一。遇明主为时而用，这和上述《口笺》所云并不矛盾。

此后《口笺》仍然受到时人关注。唐后期著名宰相李德裕曾作有《舌笺序》，云：“余宿于洞庭西，梦与中书令姚公偶坐，如旧相识。问余曰，‘君见仆所作《口笺》乎？’余对曰：‘去岁居守东周，于公曾孙谏议合处睹金石之刻，遂莞尔而笑曰：‘孙子犹能藏之。’”① 首先，在“牛李党争”朋党相互倾轧的社会氛围下，作为李党的代表人物李德裕，时时感受到来自对方无端诽谤的压力，他非常敬重姚崇的处世为人，竟然在梦中和姚崇相见言欢，而且姚崇还提到自己所作《口笺》。其次，李德裕曾经在姚崇的“曾孙”姚合处，看到已经刻在碑石上的《口笺》文，说明此文仍然受到很多人的关注。再次，李德裕作《舌笺》是受到姚崇的启发，感于时事艰危有感而发。总之，姚崇所作《口笺》文，折射出特殊时期人们面对恶劣生存环境采取的自保措施，而出自曾见证唐周更替血雨腥风的开元名相姚崇之手，更能引起人们的注意。

---

① （宋）计有功著，王仲镛校笺：《唐诗纪事校笺》上，巴蜀书社1988年版。

二 《遗令诫子孙文》的写作动机

开元九年（721），姚崇病重弥留之际，“先分其田园，令诸子侄各守其分”，然后拿出早已写好的《遗令诫子孙文》[①]，作为遗嘱，劝诫子孙。此文《旧唐书》卷96《姚崇传》全文收录；《新唐书》卷115《姚崇传》，欧阳修摘要节改此文；《资治通鉴》卷212，开元九年九月丁未条，记载姚崇去世消息后，摘录部分文章；《全唐文》卷206亦全文收录，只是不知道是抄录上述《旧唐书》姚崇本传，还是另有所本。因篇幅所限，本篇就不抄录原文，但下文论证则以《旧唐书》姚崇本传为准。

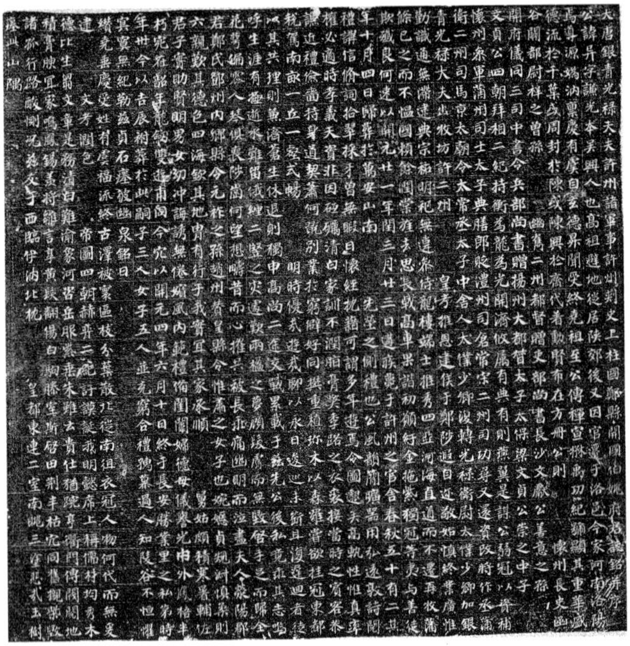

姚崇次子姚异墓志

① 参见冻国栋《读姚崇〈遗令〉论唐代“遗产预分”与家族形态》，朱雷主编《唐代的历史与社会》，武汉大学出版社1997年版。冻国栋教授论文中引用日本学者的见解，并以敦煌出土文书为依据，通过读姚崇《遗令劝诫子孙文》，论证唐代“预分家产”问题，这可能是现在看到的唯一一篇探讨《遗令》的论作。另外，冻教授推定《遗令劝诫子孙文》写于开元四年到开元九年去世之间，因为史书对此没有明确记载，可作为一家之言。

众所周知，每当社会大变革或者改朝换代之时，社会草莽阶层或者中下层往往被裹挟参与，少数人侥幸成为新王朝的功臣显贵，经过历史的大浪淘沙，当他们幸免于难垂垂衰老、即将离开人世之时，往往以虔诚之心，劝诫成长于不同环境的子孙，成为他们托付后事必须面对的事情。且不说唐太宗煞有介事和大臣们谈及“创业与守成孰难?”命题，唐初大臣死前托付后事、劝诫子弟者也大有人在。房玄龄死前“诫诸子以骄奢沉溺，必不可以地望凌人，故集古今圣贤家诫，书于屏风，令各取一具，谓曰：‘若能留意，足以保身成名。’”又云：“袁家累叶忠节，是吾所尚，汝宜师之。”[①] 李勣在病榻前给其弟李弼托付后事，“我见房玄龄、杜如晦、高季辅辛苦作得门户，亦望垂裕后昆，并遭痴儿破家荡尽。我有如许豚犬，将以付汝，汝可防察，有操行不伦、交游非类，急即打杀，然后奏知。又见人多埋金玉，亦不须尔。惟以布装露车，载我棺柩，棺中敛以常服，惟加朝服一副，死倘有知，望着此奉见先帝。明器惟作马五六匹，下帐用幔皁为顶，白纱为裙，其中著十个木人，示依古礼刍灵之义，此外一物不用。姬媪已下，有儿女而愿住自养者听之，余并放出。事毕，汝即移入我堂，抚恤小弱。违我言者，同于戮尸”[②]。然而，事情发展并不以人的意志为转移，上述提到的房玄龄、杜如晦、高季辅、李勣虽生前兢兢业业，成为开国功臣，死前劝诫子孙，对延续家族兴旺十分在意。但房玄龄次子房遗爱尚太宗之女高阳公主，因永徽年间谋反被杀，房玄龄家族因此败落。杜如晦之子杜荷尚太宗另一女城阳公主，因参与太子李承乾谋反，被斩杀，杜如晦家族亦衰落。高季辅之子受到上官仪案牵连，被配流岭南。而李勣死前托付后事给其弟李弼，李弼上元元年（674）意外死亡后不久[③]，李勣嫡孙徐敬业举旗反抗武则天临朝称制，结果败亡，已经死亡二十余年的李勣也受牵连被抛尸于外。很显然，历经唐高宗、武则天、唐中宗、唐睿宗、唐玄宗五位皇帝，姚崇对此当然十分了解，为了姚氏家族的延续及荣辱，他觉得有必要向子孙阐

① 《旧唐书》卷66《房玄龄传》。

② 《旧唐书》卷67《李勣传》。

③ 关于李勣弟弟李弼之死及其相关问题，参拜根兴《“罗唐战争”关联问题的再探讨》，《唐研究》第16卷，北京大学出版社2010年版。

明自己对家产分配、薄葬与厚葬，以及崇奉佛教、修德养性的看法，劝诫子孙。

首先，姚崇对自己的一生荣辱作了简单回顾，即虽没有如古代贤人范蠡、疏广那样知足好施并急流勇退，但在官位上任劳任怨、举荐贤才，最终安享晚年，草草一生并未虚度。人生如白驹过隙，即将告别人世，有必要对身后事有所安排。为什么呢？“比见诸达官身亡以后，子孙既失覆荫，多至贫寒，斗尺之间，参商是竞。岂唯自玷，乃更辱先，无论曲直，俱受嗤毁，庄田水碾，既众有之，递相推倚，或至荒废。”故而推崇效法汉代陆贾、石苞临终前的做法，“预为定分，将以绝其后争”，即耳闻目睹的桩桩事件触目惊心，进而阐述自己将田园家产平分与子弟后代的原因。其次，姚崇列举孔子、梁鸿、杨震、赵咨、卢植、张奂等名人显达主张薄葬，子孙最终达成先祖遗愿传为佳话之事，明确自己反对厚葬的立场，指出“吾身亡后，可殓以常服，四时之衣，各一副而已。吾性甚不爱冠衣，必不得将入棺墓，紫衣玉带，足便于身，念尔等勿复违之”。如果子孙不奉行薄葬，“神道恶奢，冥途尚质，若违吾处分，使吾受戮于地下，于汝心安乎？念而思之”。即强烈要求子孙依照自己的遗言办理丧事。最后，姚崇列举后秦姚兴、梁武帝、胡太后，以及北齐奉佛，但都没有因此得到非分的好处，家国沦丧、身戮名辱；本朝孝和皇帝（唐中宗）、太平公主、武三思等人疯狂造寺、迷崇佛教，也不免为天下笑而收场。认为“佛者觉也，在乎方寸，假有万像之广，不出五蕴之中。但平等慈悲，行善不行恶，则福道备矣！何必溺于小说，惑于凡僧，仍将喻品，用为实录？抄经写像，破业倾家，乃至施身，亦无所吝，可谓大惑也。亦有缘亡人造像，名为追福，方便之教，虽则多端，功德须自发心，旁助宁应获报？递相欺诳，浸成风俗，损耗生人，无益亡者。假有通才达识，亦为时俗所拘，如来普慈，意存利万，损众生之不足，厚豪僧之有余，必不然矣”。劝诫子孙“各宜警策，正法在心，勿效儿女子曹终身不悟也”。明确告诉子孙“吾亡后必不得为此弊法，若未能全依正道，须顺俗情，从初七至终七，任设七僧斋；若随斋须布施，宜以吾缘身衣物充，不得辄用余财，为无益之枉事，亦不得妄出私物，徇追福之虚谈”。姚崇也对道教徒众屈从跟风的做法予以鞭挞，再一次劝告子孙“勿拘鄙俗，辄屈于家”。而且“汝等身殁之后，亦教子孙，依吾此法”。

唐朝似乎没有如同当今的官二代、富二代之说法，但显然存在实质意义上的官二代、富二代。前代置身家性命于不顾，或者流血流汗打拼而获得的地位家产，如果轻而易举地蒸发或者被奢侈浪费，或者触犯国家法律导致家破人亡祭祀无人，这是行将就木的前辈们所不愿想到的。如此就有上述房玄龄、李勣，以及本篇涉及姚崇的遗嘱劝诫文出现并传世。相对于房玄龄、李勣两人，姚崇的遗嘱劝诫文内容重点就是处置家产、诫奢（涉及对身后葬事的安排，主张薄葬）、诫佛，没有上述两人遗嘱蕴涵的杀气，但和房、李两人一样，姚崇的几个儿子也难免被杀和流放命运，只是随后姚氏后裔遵从了姚崇遗嘱劝诫，如将《口箴》刻石等，一代代恪守奉法律己，才成就了一桩桩享誉后世的丰功伟业。

本文对于此前学界很少涉及的姚崇所作《口箴》《遗令劝诫子孙文》两篇文章做了简单探讨，指出《口箴》的写作背景及所反映出武则天以周代唐及唐周交替时期独特的社会现实，姚崇在如此氛围中虽也有挫折，但能够保全性命安然无恙，足见其超强的变通及应对能力。同时，通过和房玄龄、李勣两人的劝诫遗嘱对比，认为姚崇的《遗令劝诫子孙文》重点在于诫奢、诫佛，诠释了王朝初创时期及改朝换代成长起来的新贵显达，他们在刀光剑影中获得权力和地位，进而希望后代持续这种荣耀和地位，但事实上并不能达到他们所预期。不过，由于姚崇处于初唐与盛唐交替时期，王朝虽然经过离乱煎熬，但社会经济文化持续繁荣发展，他的遗嘱劝诫在他的后代中得到了相当好的施行，姚氏家族在唐代后期就出现了如姚合[①]、姚勖[②]等著名人士，而且代有英才贤人，为国家做出了应有的贡献。应该说，一代名相姚崇的苦心并没有白费，他当会含笑九泉。

（《乾陵文化研究》第7辑，三秦出版社2012年版）

① 参见沈文凡、周非非《唐代诗人姚合研究综述》，《东北师大学报》2007年第3期。

② 参见张应桥《唐名相姚崇五世孙姚勖自撰墓志简释》，《河南科技大学学报》2010年第5期。

歌谣、谚语与武则天在位前后朝野政情

民间的歌谣、谚语，是特定历史时期百姓心态的大聚焦。唐高宗、武则天在位期间（650—705），流传于民间（主要是京洛一带）的歌谣、谚语，褒贬人物、评议朝政，体现了当时百姓极强的参与意识，显示出他们对时风污浊的嘲讽和无奈。

一

公元649年5月，贞观天子唐太宗病逝于终南山翠微宫，太子李治继立，是为唐高宗。永徽初年，唐高宗踵贞观之治余风，朝政清明、万民同乐，在地方出现了一大批泽被乡里、誉满朝野，为百姓传颂不已的良吏。京兆万年县（今西安市一部分）县令权怀恩"为政清肃、令行禁止"，唐朝开国后任职京师县令的官员没有人能超过他；权怀恩所到之处，"皆威名御下，人吏重足而立"[①]，以至于京郊百姓纷纷传语说："宁饮三斗尘，无逢权怀恩。"[②] 乍一看，谚语似乎是贬词，但居官"天子脚下"的权县令从严治县、办事精慎，使奸邪丧胆、百姓悦服的清官形象却跃然纸上。

雒县（今四川广汉北）县令张知古，"绥亡固存，躅虐去暴"，与辖内百姓患难与共，众百姓作歌谣咏唱：

我有圣帝抚令君，遭暴昏椽寡纷纷，民户流散日月曛，君去来

① 《旧唐书》卷185上《良吏》。

② 同上。

兮惠我仁，百姓苏矣见阳春。[①]

正是这些精忠爱民、洁身自好的清官良吏，他们以自己的实际作为，唤起百姓对唐王朝的真诚拥戴，朝廷政令得以顺利贯彻执行，百姓获益，他们自己也成为百姓歌谣、谚语咏颂的题材，青史留名。

同时，鞭挞贪官污吏也在歌谣、谚语之中有所反映。李义府，瀛州饶阳（今属河北省）人，贞观年间以善作文赋诗深为太宗垂爱，曾做过晋王李治的侍讲师傅。永徽末年，李义府为武则天最后荣登皇后宝座立下了汗马功劳，颇受高宗、武则天恩宠，官拜中书侍郎、同中书门下三品，中书令，晋封河间郡公。李义府精于投机钻营，史载其“容貌温恭，与人语，必嬉怡微笑，而狡险忌克，故时人谓义府笑中有刀；又以其柔而害物，谓之李猫”。他的儿子、女婿更是倚仗权势卖官鬻爵，倾动京城朝野。龙朔二年（663），李义府因聚敛受贿被贬，他的儿子女婿四人也同时被流放庭州。京师长安百姓拍手称快，通衢大道两旁的墙壁上贴满了声讨李义府父子罪行的露布、传单，而“今日巨唐年，还诛四凶族”[②]的谚语更是传遍京师长安及东都洛阳，老百姓平日淤积的无奈、愤慨，以及恶少衙内被除的喜悦心情在这短短的谚语中得到体现。泽州（治今山西晋城）都督王熊昏聩无能、曲断案狱，而他的前任尹正义却为官公平，百姓两相比较，作歌谣说：

前得尹佛子，后得王癞獭。判事驴咬瓜，唤人牛嚼沫。见钱满面喜，无镪从头喝。尝逢饿夜叉，百姓不可活[③]。

可见，为官优劣、清廉与否，百姓心里自有一本账，他们只能用歌谣这种方式，将其对贪官污吏丑行恶迹的愤懑之情宣泄出来，呼唤着朝廷根除贪贿，惩办赃官。

诚然，贪官污吏导致朝廷失去赖以维持生存的民心，而两军阵前临阵怯懦退却，致使全军覆没，这样的人也是应当受到谴责、正法的。高

① 《全唐诗》卷876《歌》。

② 《全唐诗》卷876《语》。

③ 《太平广记》卷260《王熊》。

宗上元年间（674—676）权任中书令、洮河道大总管、检校鄯州都督的李敬玄统帅唐军抵御吐蕃，两军刚一交战，作为主帅的李敬玄即惊慌后退，部将王杲、曹怀舜等人随后也望风逃窜，使得先锋将领刘审礼失去援助，军败陷阵，唐军大败。当时军中乃至各地传语云：

洮河李阿婆、鄯州王伯母，见贼不敢斗，总由曹新妇[①]。

以妇人比喻李敬玄等人临阵脱逃，置朝廷成命于不顾，足以说明谚语出自一般的百姓、兵卒之口。另外，武则天的堂侄武懿宗被封为河内郡王，当契丹李尽忠、孙万荣叛乱被平定之后，武则天令其与狄仁杰、娄师德等大臣安抚河北，武懿宗对“民有为契丹所胁从复来归者”，均以反叛对待，杀戮殆尽；在此之前，契丹将领何阿小攻陷冀州后杀人如麻，老百姓将两者相联系，各地流传民谣说：“唯此两何，杀人最多。”[②]

酷吏政治是武周时期朝政的一大特色。当时臭名昭著的酷吏有来俊臣、周兴、侯思止、索元礼等，他们的凶险酷恶骇人听闻；而同理“制狱”的司刑丞徐有功、杜景俭却独存严恕，许多人因此而获救。京、洛地区百姓士庶传语道：“遇徐、杜者必生，遇来、侯者必死。”[③] 由此，在酷吏政治的白色恐怖下，出淤泥而不染的官吏的高尚品德不言自明。

再者，讽喻时俗，诙谐中蕴涵褒贬。许钦明、郝处俊同任官于高宗、武则天时期，两人还是同乡，而且，许、郝两家子弟的长相特点也有惊人的相似之处，都是奇丑无比；但因居官京师，富于财势，两家子弟出入多盛装骑乘，趾高气扬，炫耀于里巷通衢，京洛百姓作歌谣云：“衣裳好，仪貌恶，不姓许，即姓郝。”[④] 无独有偶，郝处俊和他的舅父许圉师也同朝秉政，权任宰相之职；他们的同乡田氏、彭氏则精于经商，不几年就赢利积蓄逾亿，成为远近闻名的巨富。其中彭志筠于高宗显庆年间（656—660）上表朝廷，请以家财绢布二万匹捐赠朝廷，高宗下诏褒奖，册任其为奉议郎。江淮各地百姓以此事件为据，传语说：“贵如许、郝，

---

① 《全唐诗》卷 878《谣》。

② 《资治通鉴》卷 206，则天后神功元年（697）。

③ 《全唐诗》卷 876《语》。

④ 同上。

富若田、彭。”[①] 员半千，武则天长安年间（701—705）任正谏大夫，兼右控鹤内供奉，著述颇多，他的庄园在焦戴川（今西安市蓝田县境内），北枕白鹿原。庄园内莲塘、竹径、海棠涧、会景堂风景如画，花坞、药畦、碾磨、麻、稻整齐排列，一派别致脱俗的田园风光，使人目不暇接。里中百姓有谚云：“上有天堂，下有员庄。”[②] 这些歌谣、谚语多针对朝廷要员有感而发，或褒或贬，自然风趣。

二

唐初著名画家阎立本，总章元年（668）高宗任其为右相，晋爵博陵县男。史载阎立本“虽有应务之才而尤善图画，工于写真”[③]，就是说阎氏步入政坛并不是最佳选择。左相姜恪曾多年带兵守边，后归朝为官。两人虽各有专长，但都缺乏宰辅总括朝政的才能，处理朝务多有偏颇不当之处。如京城饥荒，他们不解决根本问题，竟让国子监学生放假回家度饥，又严格要求朝廷要害部门官员必须通晓一部儒家经典著作。时人以《千字文》形式传语说：

> 左相宣威沙漠，右相驰誉丹青。三馆学生放散，五台令史经明[④]。

这些均反映了京城百姓对朝廷因官任欠妥所造成不良后果的不满。当时夏官侍郎侯知一年老，武则天敕令侯氏退休离朝，侯知一上表陈说，深表不满，并且在朝堂上跳跃奔跑，显示自己身体健康，能够担当重任；另一朝官张棕，家有丧事服期未满竟自请起复；吏部主事高筠的母亲病逝，亲朋好友都哀痛悲切，而高筠则声言“我不能为母亲行孝”，实际上是害怕三年丧服影响仕途升迁；员外郎张栖贞因事被人告发，他无计可施，就谎称他的母亲身亡正在操办丧事，企图逃脱罪责。如此官场奇闻，

① 《全唐诗》卷 876《语》。

② 《全唐诗》卷 877《谚谜》。

③ 《旧唐书》卷 77《阎立本传》。

④ 《全唐诗》卷 876《语》。

官吏劣迹，为世人不齿，老百姓传语各地：

> 侯知一不伏致仕，张棕自请起复，高筠不肯作孝，张栖贞情愿遭忧[①]。

天授初年，武则天派纳言史务滋等十人巡抚天下诸道，推举人才。长寿元年（692）初下令将所举人才，“无令贤遇，悉加擢用”，这些人有的被任为凤阁舍人、给事中，最低的也官居员外郎、侍御史、补阙、拾遗、校书郎之职。这样，一些多有才艺的贤能之士确被选任，使英雄有了用武之地，但一大批无才无德的平庸之辈也因此充斥朝廷，朝堂大有官多为患之虑。京城百姓对此多有评说，流传民谣云：

> 补阙连车载，拾遗平斗量，耙推侍御史，碗脱校书郎[②]。

另有一举人沈全交续其谣语：

> 评事不读律，博士不寻章，糊心宣抚使，眯目圣神皇[③]。

御史纪先知闻听民谣上奏，要求严查以绝谤言。武则天听后只是哈哈大笑，说：谁让卿等滥开官缺，事已做出来了，就不要怕人说了。这件事既表明民谣切中时弊，反映了京城士庶百姓对朝廷措置不当的嘲讽心态，而武则天虚心接受不予追究，也从一个侧面显示了她敢于正视朝政之失所独具的政治家风范。

武则天统治末期，张易之、张昌宗兄弟深受女皇宠爱，张氏兄弟因此“势倾朝野”。二张不仅私结党羽，形成一股凌驾于李氏王室、武氏家族之上的政治势力，而且，他们还“竞以豪侈相胜”，朝野侧目。京城即有民谣流传，云：“张公吃酒李公醉”[④]；张公，即张氏兄弟，李公，即武

① 《全唐诗》卷876《语》。

② 《资治通鉴》卷205，则天后长寿二年（692）。

③ 《全唐诗》卷878《谣》。

④ 《全唐诗》卷878《谣》。

周末旧朝的李氏皇室。民谣以此斥责张氏兄弟恃宠专权，对李唐皇室的命运也颇为担忧。张易之的另一个弟弟张昌仪倚仗权势，生活奢靡，所居之第舍宏丽堂皇，远远超过王侯之家。时有洛阳百姓冒险在其宅门题谚榜示，云："一两丝能得几时络"，意为张氏兄弟的末日就要到了；谁知张昌仪看到谚语，竟续题曰："一日即足。"① 这件事及谚语很快传遍洛阳、长安各地。百姓盼望张氏兄弟早日完蛋的心情从谚语中得到充分体现，而张昌仪的续语则显示出他色厉内荏，对自己命运徒唤奈何，过一天算一天的颓废心理。

三

高宗永淳元年（682）春节过后，关中持续干旱，百姓储藏的少许粮食难以度过春天，而夏季作物又因天旱而枯萎，整个渭河平原陷入空前的饥馑粮荒。这时，京城长安流传童谣说：

新禾不入箱，新麦不上场，迨及八九月，狗吠空垣墙②。

鉴于都城长安及其周围地区严重的粮荒，唐高宗带领文武大臣行幸东都洛阳。然而，五月中旬洛阳却连下暴雨，洛水泛滥成灾，东都著名的天津桥被洪水冲垮，城内一片汪洋，数千家居民无家可归。关中地区旱灾继以蝗虫横飞，流行瘟疫，百姓死者无数。无疑，这些均表明在传统时代，人们适应大自然的能力还相当有限，显示出百姓对大自然灾变征兆的自觉或不自觉的感受。

根据《旧唐书》《资治通鉴》诸史书记载，唐高宗晚年患有多种疾病，直接影响到对朝政的掌控，皇后武则天逐渐参与政事，并主持朝廷日常事务。麟德元年（664）以后，朝廷重大事件的处理，高宗都和武则天商议，武则天从此掌握很大的权力，"黜陟杀生，决于其口，天子拱手而已"③。太子李弘仁爱好学，忠厚多才，高宗十分喜欢他，但李弘身体

① 《全唐诗》卷876《语》。

② 同上。

③ 《资治通鉴》卷201，高宗麟德元年（664）。

柔弱多病，又因多次和母亲武则天发生争执，武则天非常恼火。上元二年（675），李弘暴死，时人多传言是武则天投毒所致。随后，高宗与武则天的次子雍王李贤被立为太子，但好景不长，宫中流传说太子李贤并非天后武则天所生，李贤听到传言非常惧怕，而武则天又令御用文人撰写《少阳正范》《孝子传》两部书，赐予李贤，李贤更不自安；他曾作《黄台瓜辞》一首：

种瓜黄台下，瓜熟子离离。一摘使瓜好，再摘令瓜稀，三摘尚（犹）自可，摘绝抱蔓归①。

即李贤想以此感动武则天。而京城也开始流传民谣云："侧堂堂，挠堂堂"②，堂即言李唐皇室，侧者为不正，歪讲，挠可作不安、危机理解。民谣说明李唐皇室面临危机。而堂堂，又似预言将来李唐王室还有重整旗鼓的希望。另外，永淳年间（680—681）以后，两京还流传"杨柳杨柳漫头驼"③ 的谚语，据说是预言不久爆发的徐敬业扬州兵变。中书令裴炎，高宗弥留之时受遗诏为辅政大臣，不久，又参与决策废黜中宗拥立睿宗。武则天临朝称制之后，裴炎多次进谏，反对立武氏七庙及追王父祖，反对诛杀李唐宗室近属，武则天非常不满。徐敬业扬州起兵后，裴炎希望以此作为对付武则天进一步蚕食李唐王朝的契机，报答高宗知遇之恩；当武则天向他询问讨伐谋略时，裴炎答道："皇帝年龄大了，但不能主持朝政，从而给反叛者提供了作乱的依据；如果太后将朝政交于皇帝（睿宗）处理，徐敬业反叛就会不讨自平。"正在这时，京城坊里传诵着更为明显的民谣：

一片火，两片火，绯衣小儿当殿坐④。

从此，裴炎的政治生涯即宣告终结。有人认为民谣是当时朝廷中政

---

① 《全唐诗》卷 29《杂歌谣辞主。》

② 《全唐诗》卷 878《谣》。

③ 同上。

④ 同上。

治势力企图陷害裴炎所为，进而讨好武则天；又有人主张民谣是参与徐敬业叛乱的“初唐四杰”之一骆宾王所作，目的是想让裴炎加入其阵营。但无论孰是孰非，民谣的流传加速了武则天采取行动平叛，并为逮捕裴炎提供了无可辩驳的证据。裴炎很快就被斩于洛阳都亭驿。可见，在特定历史环境下，歌谣、谚语很可能被有政治企图的人所利用，成为他们攻击对方，致对方于死地的撒手锏；当然，这种情况只限于特定的朝廷政治斗争。

武则天在位前后，民间的歌谣、谚语较唐代其他任何时期都多。这些歌谣、谚语内容大多和当时朝野政事、官人品格密切相关，因而具有强烈的政治讽喻特点。这些既是百姓士庶弘扬正气、不平则鸣参与意识的独特反映，也显示了一般百姓期望良吏清官主持正义，以及自我调侃的群体意识，同时亦说明了这一时期言论相对开放自由的现实。当然，从这一点来看，唐周交替及武周时期的政治似乎还是有可圈可点之处。

（台湾《中国文化月刊》第 208 辑，1997 年）

下　　编

唐代政治与文化

唐代仕宦的饮食观

每一个时代都有其特定的物质基础，同一时代的不同时期，社会各阶层由于客观条件及他们所处地位的悬殊，其价值观及饮食观也迥然相异，唐人亦不例外。本文力图用散见各处的史料，勾勒出唐代仕宦饮食观念的演变概况。

唐武德、贞观初，唐朝社会经济还处于恢复和复苏阶段，虽然最高统治者在某些特定时段，仍然有这样或那样的饮食癖好，造成一定的影响，但社会总体上汲取隋朝灭亡的教训，自上而下奉行节俭成为主流。同时，朝野大臣的很大一部分来自社会下层，他们曾目睹稼穑的艰难，对奢侈浪费率多不齿。英国公李勣（即徐茂公，李世勣）为宰相，有同乡来访，他热情款待，但这位同乡吃饭时却“裂却饼缘”抛弃掉，李勣见状很不高兴，怒斥曰“君大少年，此饼犁地两遍熟，概下种锄埘收刈扬讫，硙罗作面，然后为饼。少年裂却缘是何道理?”并警告说：“此处犹可，若对至尊前，公作如此事，参差斫却尔头!”[①] 面对李勣的震怒，这位同乡大为惭愧，唯唯称是。唐太宗也以身作则，尽可能减少参与可有可无的宴会，用自己的实际行动感染臣僚。有一次，世家贵胄出身的大臣宇文士及陪侍太宗用餐，太宗让割肉而食，士及割完后竟然以饼擦手，太宗对此甚为反感，故怒目而视，宇文士及觉察到皇帝不高兴，“更徐徐拭而啖之”，即慢慢擦完后将饼吃掉，太宗因此才没发火[②]。当时御史巡察州县，太宗诏令禁止地方供应肉食，监察御史马周虽然也倡导节俭，但“每行郡县，食必进鸡”，太宗异常震怒，云：“我禁御史食肉，

---

① （唐）张鷟：《朝野佥载》卷5，中华书局1997年版。

② （唐）刘餗：《隋唐嘉话》卷中，中华书局1997年版。

恐州县广费，食鸡尚何与?”故而“榜吏斥之”[①]。这一时期，朝廷显宦如房玄龄、杜如晦、唐临、李大亮等，都以饮馔简约而声名远扬。

贞观后期，随着社会经济的发展并走上正轨，唐人的饮食观念也逐渐发生变化。

高宗永徽年间，鉴于当时政事堂“供馔弥美”，其他公厨竞相效仿，宰相们商议削减供料，而黄门侍郎张文瓘却不以为然，奏称“此食天子所以重机务，待贤才也；吾辈若不任其职，当自陈乞以避贤路，不可减削公膳以邀求名誉也”。并指出“国家之所费不在此，苟有益于公道，斯以不为多也”。结果，张文瓘的建议最终被唐高宗采纳，减削政事堂食料的议论戛然而止，公膳于是不减[②]。高宗本人还常常邀请臣僚宴饮狂欢，造成很大的影响。如总章二年（668），唐军历经艰难，最终灭亡朝鲜半岛的藩属政权高丽，朝野上下欢声不绝，宴饮庆祝比比皆是。而在京的官僚戚属纷纷做美食上献，高宗亲临玄武门观德殿，命“奏九部乐，极欢而罢”。唐周交替，武则天最终登上政治舞台，上层社会生活更加奢侈糜烂。武则天本人的生活就较为奢华，帮助她取得政权的北门学士整天陪侍左右，诗酒宴乐；武则天往来两京巡游各地，地方官多供奉珍味奇食，许多人因此而获得升迁[③]。每当武则天设宴款待群臣，其餐具之精致，酒食之丰美，常使这些食客目不暇接，流连忘返，文人骚客咏诗颂文不一而足。当时著名诗人陈子昂参与一重大宴会，看到丰盛的饮馔名品，不觉兴致大开，故而口占《麈尾赋》，惊动四座，堪称当时上乘名作。赋云：

甲子岁，天子在洛阳，时余始褐，与秘书省正字太子司直。宗秦客置酒于金谷亭，大集宾客。酒酣，共赋坐上食物。天之浩浩兮，物亦云云；性命变化兮，如丝之棼。或以神好正直，天盖默默；或以道恶强粱，天亦茫茫。此仙都之灵兽，固何负而罹殃。始居幽山之薮，食乎丰草之乡；不害物以利己，不营利以同方。何忘情以委化，而任性之不忘。卒罹网以见逼，受庖丁而惟伤；不以斯尾之有用，而杀身于此堂。为君雕俎之羞，厕君金盘之实；承主人之嘉庆，对象筵与宝

① （宋）欧阳修、宋祁：《新唐书》卷98《马周传》，中华书局1975年版。

② （宋）李昉编：《太平御览》卷848，中华书局2011年版。

③ （五代）刘昫：《旧唐书》卷99《崔日用传》，中华书局1975年版。

瑟。虽信美于兹辰，讵同欢于畴昔。客有感之而叹曰：命不可忍，神亦难测；吉凶悔吝，未始有极。借如天道之用，莫神于龙；受戮为醢，不知其凶。王者之瑞，莫圣于麟；遇害于野，不知其仁。神既不能自智，圣亦不能自知；况林栖而谷走，及山鹿与野麇。古人有言：天地之心，其间无巧，冥之则顺，动之则夭。谅物情之不异，又何有于情矫？故曰：天之神明，与物推移；不为事先，动而辄随。是以至人无己，圣人不知；子欲全身而远害，曾是浩然而顺斯。①

沈佺期《嵩山石淙侍宴应制》，所谓“仙人六膳调神鼎，玉女三浆捧帝壶；自惜汾阳纡道驾，无如太室览真图”。便是当时宴会排场、环境气氛宏大荣美的真实写照。

女皇武则天的男宠张易之兄弟“竞为豪侈”，贪口舌之念，酷杀虐食，成为当时人们谈论鞭挞的对象。如张易之做大的铁笼子，“置鹅鸭于其内，当中取起炭火，铜盆贮五味汁，鹅鸭绕火走，渴即饮汁，火炙痛即回，表里皆熟，毛尽落，内赤烘烘而死”。张昌宗、张昌义二人不甘示弱，他们或者“活拦驴于小室内，起炭火”，或者“取铁橛 钉入地，缚狗四足于橛上”②，极尽酷烈奢侈，出尽洋相。

中宗、睿宗之世，伴随着李唐王室的复辟，皇室争斗内讧不断上演，官员对于饮食方面的禁忌似乎更加随意，奢靡风气浸淫王朝上下。光禄少卿杨均以“调膳”侍奉于皇宫，颇得中宗李显和韦皇后的赏识③。太平公主“市易造作，吴蜀岭南供送，相属于路”，“外州供狗马玩好滋味，不可记极”④。中央乃至地方，特别是中央官员一旦晋升官职爵位，务必选取各地精美稀缺食材，制作令人叹为观止的饮馔上献于皇帝，以表得宠之喜悦，惶惶回报之意，这就是所谓的“烧尾”。官僚韦巨源出自京兆韦氏家族，和韦皇后同祖，他于中宗景龙年间迁任宰相，故在其家盛开“烧尾”⑤ 宴，款待中宗及其同僚官员，中宗到场品食后大为赞赏，传为

① 《全唐文》卷 209《麈尾赋》。

② （唐）张鷟：《朝野佥载》卷 2。

③ 《旧唐书》卷 52《中宗韦庶人传》。

④ 《旧唐书》卷 83《太平公主传》。

⑤ 有关“烧尾”涉及问题，可参高启安《释“烧尾”：一个唐代名宴称谓的文化人类学解读》，《唐研究》第 16 卷，北京大学出版社 2010 年版。

佳话；从流传至今的“烧尾宴食单”，可以看出官场这种自上而下强劲的奢靡之风。唐睿宗听闻妹妹“金仙、玉真公主饮素，日令以九龙辇装逍遥炙赐之”[1]。1987 年 6 月，陕西省考古工作者在陕西长安县韦曲镇北原南里王村清理了一座小型唐墓，由于该墓处于韦氏家族墓地范围之内，专家初步勘定其为唐韦氏家族墓葬，其可能与唐中宗韦皇后有关，墓室东壁绘有一幅饮宴图，食案上杯盘罗列，计有杯、碟、羽觞、筷子等；食物丰盛，能够确定的有馒头、蒸饼、胡麻饼、肘子、酒等，大案前面置一莲花形羹盆和一把曲柄勺子，从围坐人物的服饰判断，饮宴场所为露天，时间可能为春天，参加人员应该为中下层官僚等[2]。不难看出，初唐后期，唐人的饮食观随着社会经济的持续稳定发展，正发生着急剧的变化，官僚阶层，无论是高层还是中下层热衷滋味饮宴，呈现出腐化的景象。到了盛唐，这种奢靡之风就欲禁难止，出现了所谓“贫不学俭俭自得，富不学奢奢自来”的社会群体现象。

唐墓壁画《饮宴图》

① （宋）陶谷：《清异录》卷下，文渊阁《四库全书》本。

② 赵力光、王九刚：《长安县南里王村唐壁画墓》，《文博》1989 年第 4 期。

开元初年，鉴于武周及其中宗、睿宗时期朝野奢靡风气的蔓延，唐玄宗曾一度倡导节俭，官僚响应者亦大有其人，如卢怀慎、宋璟、卢从愿、张说等便可视为出淤泥而不染，视浪费为畏途歧路者。然而，在当时这些人毕竟是少数，贪图滋味，攀比享受之风气仍然普遍滋长，从当时社会发展的大环境看，其间自有其滋生发展的原因。

首先，皇室宫廷饮宴放纵，赐食无度。宰相李林甫欺上瞒下，唐玄宗却对其恩宠备至，史载“凡御府膳馐，远方珍味，中人宣赐，道路相望”①，清人编辑的《全唐文》中，收录李林甫谢赐食表就多达六件；而赐食其他重臣官宦也多见于史载，其中官员们所写谢赐食表就是明证。天宝年间，安禄山多次来到京师长安，唐玄宗为了安定河北地方局势，对其倾力相待，“其赐膳品，日有野猪鲊鲫鱼并鲙手刀子”②。杨贵妃喜食荔枝，唐玄宗为讨其欢心，令驿传从千里之外的川、粤一带运送，羊肠曲径的蜀川、岭南，驿卒们快马加鞭，最后落得“一骑红尘妃子笑，无人知是荔枝来”的荒诞结局。上行下效，天宝年间，皇室公主戚属，乃至地方官僚做美食送献皇宫者络绎不绝。唐玄宗命宦官袁思意为检校进食使，专门负责有关上献饮食事宜，全国各地供奉的“水陆珍馐数千，一盘之费，盖中人十家之产”③；杨贵妃的三位姐姐备受唐玄宗恩宠，生活糜烂，其中虢国、秦国两位夫人阳春踏青，也有御厨供应精美食物，极尽奢华。著名诗人杜甫《丽人行》诗中就描绘了虢国夫人等游春踏青的情景，其中写道：“三月三日气象新，长安水边多丽人。……就中云幕椒房亲，赐名大国虢与秦。紫驼之峰出翠釜，水精之盘行素鳞。犀箸厌饫久未下，銮刀屡切空纷纶。黄门飞鞚不动尘，御厨络绎送八珍。……”④

其次，自贞观以来，民族融合局面空前，少数民族的饮食文化也逐渐传入中原地区，并且赢得了时人的普遍赞誉和追捧，成为两京地区士女百姓真情喜爱不可或缺的饮食品样。当时无论是宫廷、地方官府还是民间，胡饼、饆饠等胡食品样随处可见，这不仅丰富了中原汉人的饮食

① 《旧唐书》卷106《李林甫传》。
② （唐）段成式：《酉阳杂俎》，中华书局1981年版。
③ （唐）郑处诲著，田廷柱点校：《明皇杂录》，中华书局1994年版。
④ （唐）杜甫：《丽人行》，见《全唐诗》卷216，中华书局1988年版。

来源，而且使当时的饮食富有极具特色的胡化色彩。流传至今的唐人所撰《食谱》一书，其中内容也是胡汉兼备，极为丰富。充裕的物质源泉，空前发达的烹调技巧，以及官僚阶层对珍馐美味的向往，如此就出现品样繁多杂糅胡夏的美食珍品，成为官僚贵族铺张奢纵的新的落脚增长点。唐初名臣李靖的孙子李令问以“厚奉养，奢饮食”[①] 而为人共知。以文学而享誉盛唐的韦陟其人，特别注重平时的饮食品位，史料记载云：“其于馔馐尤为精洁，仍以鸟羽择米，每食毕，视厨中委弃，不啻万钱之直；若宴于公卿，虽水陆陈具，曾不下箸”[②]；韦陟家中“厨中饮食之香，错杂人入其中，多饱味。而归语曰：人欲不饭筋骨舒黄绿，需入郇公厨”[③]。杜甫《饮中八仙歌》诗中，更是形象地描述了贺知章、李琎、李适之、崔宗之、苏晋、李白、张旭等人暴饮如仙的事迹。当然这八位著名人士，他们的共同特点就是能够多食多饮，而且享誉域内。

最后，科举取士的褊狭，官场的尔虞我诈，一些人科场屡试不第，一些人因各种原因得罪失意，他们看不到未来，故而不拘伦理自暴自弃，用诗酒奢食发泄内心的愤懑和苦痛。如诗人贺朝就有和胡姬调笑豪食的诗歌传世，诗云：“胡姬春酒店，弦管夜锵锵。红毼铺新月，貂裘坐薄霜。玉盘初鲙鲤，金鼎正烹羊。上客无劳散，听歌乐世娘。”[④] 李白也有“胡姬貌如花，当垆笑春风，笑春风，舞罗衣，君今不醉将安归”诗传世[⑤]。一方面上行下效，另一方面社会大的环境使然，这些都无形中助长了当时社会日益膨胀的奢靡风气。官场清音美食，士子纵酒寻欢，社会中上层沉浸于有意的犯罪和无意的自戕之中，最高统治者闭目塞听自得其乐，腐化奢靡的毒疮无限浸入。然而，创造社会财富的一般老百姓的生活却毫无保障，他们面临频繁的天灾人祸，还要承担沉重的租税徭役，处在水深火热的煎熬之中。天宝末年出现“朱门酒肉臭，路有冻死骨”局面也是必然的事情。

安史之乱敲响了大唐帝国的丧钟。唐肃宗、唐代宗、唐德宗三朝踵安史乱离余波，京师长安与东都洛阳几经兵燹，漕运物资粮米不济，官

---

① 《旧唐书》卷67《李靖传附李令问传》。

② （唐）段成式：《酉阳杂俎》，中华书局1981年版。

③ （唐）冯贽著，张力伟点校：《云仙散录》，中华书局1998年版。

④ （唐）贺朝：《赠酒店胡姬》，《全唐诗》卷117，中华书局1988年版。

⑤ （唐）李白：《前有樽酒行》，《全唐诗》卷161。

僚奢侈风气稍有收敛。唐德宗不仅下诏罪己，而且多次“以民饥，御膳之费减半”。虽然下达这些诏敕多为表面文章，但足以说明统治阶级上层，特别是皇帝确实注意到这些问题了，故而像天宝年间官僚阶层的奢靡暴饮豪食有所收敛。但好景不长，唐宪宗元和年间的两位宰相又开启畸形奢食之新风气。如元和中期宰相李吉甫其人，虽然为唐宪宗实现元和中兴做出了重要贡献，但他的日常饮食习惯却多为后人诟病。李吉甫“服物食味，必及珍美，不置资产，京师一宅之外无他第墅”①。另一著名宰相裴度，他曾在唐中央对淮西藩镇斗争中建立奇功，和李吉甫一样，裴度声言“鸡猪鱼蒜，逢着则吃，生老病死，时至则行”②。可以看出，除过两人的性格喜好之外，他们的言行也反映出当时藩镇割据，中央权限日微，官僚无法再挽回往日那种安恬无忧的生活，于是产生及时行乐，饮食为上的思想趋向。最高统治者皇帝也不例外，唐文宗在甘露之变之后，面对朝廷内部宦官专权无可奈何，故曾对亲信言道“吾想天下事难，则进饮醲酎以自醉解”③。这种客观形势导致的消极后果，肇始了唐人，特别是仕宦阶层饮食的第二次奢靡高峰。以佞佛闻名的唐懿宗继宣宗后登上皇位，面对唐朝社会内部蕴藏的重重矛盾和危机，他也想不出符合实际的解决办法，而是大肆挥霍、骄奢淫逸，达到了无可复加的地步。史料记载唐懿宗“奉佛太过，常于禁中饭僧，亲为赞呗。以旃檀为二高座，赐安国寺僧彻，逢八饭万僧”，时任尚书右丞的李蔚上书云：

> 陛下自缵帝图，克崇佛事，止当修外，未甚得中。臣略采本朝名臣启奏之言，以证奉佛初终之要。

进而列举了武则天时狄仁杰上谏女皇施舍佛教无度，中宗时姚崇谏奏公主外戚滥度僧尼，睿宗时大臣辛替否上谏皇帝为金仙、玉真二公主筑造道宫，以及佛寺泛滥等，认为：

> 臣观仁杰，天后时上公也；姚崇，开元时贤相也；替否，睿宗

① 《旧唐书》卷148《李吉甫传》。

② （唐）赵璘：《因话录》卷2，上海古籍出版社1983年版。

③ （唐）李浚：《松窗杂录》，中华书局1958年版。

之直臣也。臣每览斯言，未尝不废卷而太息，痛其言之不行也。伏以陛下深重缁流，妙崇佛事，其为乐善，实迈前踪。但细详时代之安危，涉鉴昔贤之敷奏，则思过半矣，道远乎哉！臣过忝渥恩，言亏匡谏，但举从绳之义，少裨负扆之明。营缮之间，稍宜停减。①

唐懿宗虽然优诏嘉奖李蔚，并任其为京兆尹，不久官拜同平章事，加中书侍郎，但自身佞佛却没有丝毫改变。咸通年间迎奉佛骨，极尽奢靡，影响整个朝野社会。他溺爱长女同昌公主，特别注重给公主的饮食赏赐。"每赐御馔汤物，而道路之使相属。其馔有灵消炙、红虬脯；其酒有凝露浆、桂花醑；其茶则绿华紫英之号……逌诸品味人莫能识，而公主家餍饫如里中糠秕。"公主出嫁之时，"以金银为井栏、药臼、食樻、水槽、釜铛、盆瓮之属"。但是，经过一年多时间，同昌公主竟然暴死，唐懿宗心痛不已。如此，更大规模的耗费奢靡宣告登场。且不说丧葬所费累千巨万，单犒劳役夫的费用就有"酒一百斛，饼啗三十骆驼，各径阔二尺"②。当时大臣韦澳、孙宏二人同在翰林院，颇承恩宠，懿宗"赐银饼馅食之，甚美，皆乳酪膏腴所制"③。宰相路岩、韦保衡、杨收等"奢靡不法"，"为夸侈"。官僚王宗"奢靡自奉"。各级官僚仕宦醉生梦死、花天酒地，到咸通末年，戍守贵州的兵将庞勋率众哗变起事，各地多有相应，唐王朝的统治岌岌可危。虽则如此，唐懿宗的儿子僖宗即位之后，其饮宴奢侈丝毫不亚于其父。唐僖宗喜欢吃蛤蜊，故征求不息；又有泛舟湖陂，饭宴赐予臣僚的嗜好，但是，黄巢起义捣毁长安的喊杀声，惊破了唐统治者的黄粱美梦，唐僖宗步其先祖唐玄宗的后尘，仓皇入蜀避难。"天街踏尽公卿骨，甲第朱门无一半。"这一饮食奢纵期伴随着唐王朝的灭亡而告终。

社会存在决定社会意识。纵观唐代仕宦呈驼峰状的饮食观念演变可见，奢靡浪费、坐吃山空是社会发展的天敌，也是人类自身难以根除的隐患，它可以使一个繁荣发达的社会沉沦于腐化的渊薮，毁灭社会和人群的进取心，使人变得好吃懒做。作为中国历史上繁荣昌盛的唐朝，其

① 《旧唐书》卷178《李蔚传》。

② （唐）苏鹗：《杜阳杂编》卷下，中华书局1958年版。

③ （五代）王定保：《唐摭言》，上海古籍出版社1978年版。

最终走向衰亡，虽然是各种原因所导致，但作为唐朝社会的根本，官僚仕宦饮食的奢靡无度，应该说是一种催化剂，它不断地腐蚀浸淫，其破坏的力量不容小觑，这些应该引起我们的重视。

（《中学历史教学参考》1992 年第 12 期）

唐代的献食问题

唐朝是中国封建社会的繁荣时代，作为调和君臣上下关系的手段之一，饮食对维护政府职能的正常运转曾起过一定作用。[①]然而，由于封建专制集权下权力、利益因果合流导致官僚阶层的唯上是从，统治者某个时期的默许、放任，朝野上下的献食自唐初就相当风行。这股浊流不仅败坏了官场清廉，而且使整个社会弥漫着腐化没落的毒素。

一

献食又称作上礼，起自南齐，隋炀帝尤好此道。唐人宋璟曾云："上礼非古，从南齐后魏，方始有此事。"[②]南齐高宗萧鸾即位后曾下诏禁止远近上礼，云："自今雕文篆刻，岁时光新，可悉停省。藩牧守宰，或有荐献，事非任土，严加禁断。"[③]此诏令可说明两点：其一齐高宗即位之前，远近牧宰地力官曾参与献食。其二，齐高宗对献食非常恼火，严令禁断。此后，南朝梁、陈，北朝魏、齐诸政权内，献食虽未造成很大影响，但朝廷亦未另行禁止。隋炀帝在巡行各地途中，鼓煽倡导地方官献食，首开皇帝巡幸扰乱地方之记录，加速了隋政权的没落崩溃。大业三年（607）六月，炀帝北巡雁门，雁门太守丘和殷勤献食，而马邑太守杨廓独无所献，炀帝甚为不悦；不久即擢任丘和为博陵太守，并令杨廓停职

---

* 原文题目为《试论唐代的献食》，今题目稍有修改。

① 参见拜根兴《唐代的廊下食与公厨》，《浙江学刊》1996 年第 2 期。

② （清）董诰：《全唐文》卷 207 宋璟《请停东宫上礼表》。

③ （唐）李延寿：《南史》卷 5《齐纪》。

赴博陵观摩丘和献奉之程式做法，“由此所至献食，竞为丰侈”①。炀帝行幸太原、济源，所到之地，地方官僚倾当地珍味所有，精心烹制、曲意奉迎，献食以邀功固宠。黄门侍郎张衡邀炀帝至济源老家，献呈丰盛馔食，炀帝令“颁赐公卿，下至卫士”②。十二年（616），炀帝至江都，时隋政权已岌岌可危，炀帝接见前来拜觐的地方官，不问民情政事，而是专究地方官所上礼馔之丰薄，并以之作为奖拔官吏的尺度。如江都郡丞王世充献铜镜屏风，擢任江都通守；历阳郡丞赵元楷献珍馔异味，迁江都郡丞。上行下效，江南地方官为获得炀帝的欢心，“竞务刻剥，以充贡献”，结果，百姓“采树皮叶，或捣为末，或煮土而食，诸物皆尽，乃自相食；而官食犹充物，吏皆畏法，莫敢赈救”③。唐贞观中，大臣魏徵曾以此进谏太宗，云：“隋主先命在下多作献食，献食不多，则有威罚，上之所好，下必有甚，竞为无限，遂至灭亡。”④ 可以看出，皇帝责成地方官献食，既有碍其声名，又直接和国家的兴亡安危密切相关。

唐太宗即位之初，因忙于内外事务，出游巡幸次数相对不多。贞观中期以后，因患有气疾，“热便顿剧”，故而往来于九成宫、洛阳宫、玉华宫、翠微宫之间。贞观十一年（638），太宗东巡洛阳，驻跸显仁宫，宫苑官司多受其责罚，无所适从。其原因竟是宫苑“供奉之物不精，又以不为献食”。侍中魏徵及时上谏，太宗才改变态度。⑤ 次年二月，太宗巡幸蒲州，蒲州刺史赵元楷（即炀帝巡幸江都时因献异味而迁除江都郡丞的赵某）大概风闻太宗责罚宫苑官吏之事，进而故技重演，“课父老服黄纱罩衣，迎谒路左，盛饰廨宇，修营楼雉……。又潜饲羊百余口，鱼数千头，将馈贵戚”。太宗因刚受到魏徵劝谏，故对赵元楷兴师动众献食予以斥责，曰：“朕省河洛经历数州，凡有所需，皆资官物。卿饲羊养鱼，雕饰院宇，此乃亡隋弊俗，不可复行，当识朕心，改卿旧态。”⑥ 太宗虽认为献食是亡隋弊俗，但对赵元楷其人的行为只是温和责备，作出

① 《资治通鉴》卷180，隋炀帝大业三年（607）。

② 《资治通鉴》卷180，隋炀帝大业三年（607），同卷又有“所过州县，五百里内皆令献食，多者一州至百舆，极水陆珍奇；后宫厌饫，将发之际多弃埋之”的记载。

③ 《资治通鉴》卷183，隋炀帝大业十二年（616）。

④ （唐）吴兢著，谢保成集校：《贞观政要集校》卷10《行幸》，中华书局2003年版。

⑤ 同上。

⑥ （五代）王溥：《唐会要》卷27《行幸》。

下不为例的姿态，让其改掉“旧态”；同时，身为一国之君，太宗丝毫没有检讨自己的过失。赵元楷在隋炀帝时献食，缘于炀帝以献食精粗好否任人，此时雕饰院宇，准备羊、鱼食味，是因太宗不久前曾责罚苑吏。这说明，作为专制君主，其言行（特别是行为）往往成为臣僚下属处理事务的准绳。如果君主不从严律己，那么，如同赵元楷之流唯上是从的官吏就会越来越多，其结果终是百姓遭难，国家受损。

宫廷臣僚献食相当普遍。总章二年（668），唐军攻灭高丽，朝野设宴欢庆，在京官僚纷纷做美食上献，高宗亲临玄武门观德殿，令演奏九部乐，“极欢而罢”[①]。神功元年（697）六月，武则天派兵平息了契丹李尽忠之叛乱，时任宰相的武承嗣等人上表献礼食若干舆以贺，云：“蘋羞何有，希陈上帝之筵，草豢非珍，遂同野人之献。”[②] 以上是为庆祝胜利，群臣献食以示同乐。另有皇帝之女出嫁、皇太子纳妃群臣献食。而皇太子请求上礼献食的，永隆年中皇太子李显上食即是一例。[③] 中宗神龙以降，臣僚烧尾献食更是蔚为奇观，贻害至深。当时官员升迁，均须备办烧尾宴请皇帝品食。如大臣韦巨源于景龙年间（707—710）拜受宰相，即做“烧尾宴”款待中宗及同僚，中宗品食后大加赞赏；其烧尾宴食单保存至今，计有五十八款菜点，水陆珍味应有尽有。[④] 兵部尚书韦嗣立新入三品，户部侍郎赵彦昭假金紫，吏部侍郎崔湜复旧官，三人联合在兴庆池设烧尾宴，中宗亲临宴会，韦嗣立等“奉觞献寿”[⑤]。当然，少数正直的官员亦敢顶风，不烧尾献食，大臣苏瑰即是其一。苏瑰官拜仆射而未献食，将作大匠宗晋卿竟说：“拜仆射而不烧尾，岂不喜耶？”[⑥] 中宗本人亦不乐意。再者，皇亲国戚为专权固宠，争相献食是其惯用手法之一。武周时期，武氏家族人士献食频见史载。建安王武攸宜班师回朝，因在外时久，献食一百舆，“所愿皇慈俯纳，丹慊获申，天子万年，永庆南山之寿……”[⑦] 武攸暨尚太平公主，封安定郡王，上表言其“谬当维翰，忝

---

① （宋）李昉等：《太平御览》卷848。

② 《全唐文》卷243李峤《为武承嗣贺贼平后新殿成上礼食表》。

③ 《全唐文》卷217崔融《代皇太子上食表》。

④ （宋）陶谷：《清异录》，文渊阁《四库全书》本。

⑤ （唐）封演撰，赵贞信校注：《封氏闻见记校注》卷5，中华书局2005年版。

⑥ （五代）刘昫等：《旧唐书》卷88《苏瑰传》。

⑦ 《全唐文》卷209陈子昂《为建安王献食表》。

属葭莩，敢申庆跃之情，愿奉宴私之泽，谨上礼食若干舆……"[①] 中宗时皇亲韦将军（韦皇后族人）曾上表请献礼食，"以奉君人，以亲宗族"[②]。开元、天宝之际，皇亲戚属献食达到高潮。史载："天宝中，诸公主相效进食，上命中官袁思艺为检校进食使，水陆珍羞数千，一盘之费，盖中人十家之产。"[③] 广运潭大会之后，陕州刺史韦坚之姊（故惠宣太子李业之妃）亦出宝物供望春楼陈设，并"进食竟日而罢"[④]。杨贵妃的几位姐姐献食终日，"自是宠遇愈隆"[⑤]。朝廷重臣张说闻听元献皇后思食酸，故"每因进经，辄袖木瓜以献，故开元中，说恩泽莫之与比"[⑥]。京兆尹裴耀卿上表贺逸人献长春酒方，并"望进礼食，以称寿觞、欢宝祚之无疆，乐微生之有遇"[⑦]。更具戏剧性的是，中书舍人窦华退朝回府，恰遇一公主进食，"列于中衢，传呼按辔出其间，宫苑小儿数百奋梃于前"，窦华连忙退避，仅以身免[⑧]。

安史之乱爆发后，玄宗出逃四川，肃宗于灵武即位，直至代宗时叛乱才被平定，此时宫廷献食见诸记载的很少。德宗建中年间（780—783）以后，除了如李晟献岁节口味，于邵进打猎口味等少数记载外，献食逐渐被日盛一日的进奉珍宝金银所替代，德宗因此聚积了数目可观的财物，储藏于内库。宪宗平定淮西叛乱，唐朝出现中兴局面，其经济支柱除承继德宗聚积财物之外，宪宗所收地方藩镇的进奉应占很大比例。可以说，宫廷献食到中晚唐已发展到进奉大宗珍宝财物的地步，结果引起谏官交章论奏，朝野怨声载道。百姓的脂膏血汗成为官僚们晋身显达的润滑剂，官场更加污浊腐朽。

下级官吏献食上级官僚以求仕进，成为官场仕进门径之一。武则天时珍羞令赵庆，利用自己手中的小小权力，将诸州郡所贡进，如江淮果物，荔枝龙眼之珍，河济饴糖，米蘖马鞍之妙，石蜜百花之蕊，"趦趄雉

---

① 《全唐文》卷245李峤《为武攸暨上礼食表》。

② 《全唐文》卷219崔融《为韦将军请上礼食表》。

③ （唐）郑处诲撰，田廷柱点校：《明皇杂录》，中华书局1994年版。

④ 《旧唐书》卷105《韦坚传》。

⑤ 《旧唐书》卷51《杨贵妃传》。

⑥ （唐）李德裕：《次柳氏旧闻》，《丛书集成初编》本。

⑦ 《全唐文》卷297裴耀卿《贺献长春酒方表》。

⑧ （唐）郑处诲撰，田廷柱点校：《明皇杂录》，中华书局1994年版。

伏，谒宰辅之车前，踧踖蛇行，拜公卿之马首”。所谓“盗家财而饷家长，人路难通，偷社酒而劝社神，冥途未许，鼠窜求道，小人引之以为能，狐媚取容，君子得之而不贵……”当其丑行败露，朝野大哗，赵庆被贬斥乡鄙。[①] 大足元年（701），武则天西返长安，路过陕州，芮城县尉崔日用“支供顿事，广求珍味，称楚客（时为陕州刺史）之命，偏馈从官。楚客知而大加赏叹，盛称荐之，由是擢为新丰尉。无几，拜监察御史”[②]。天宝中御史中丞王鉷身兼二十余使，与宰相李林甫均为炙手可热之辈，权倾朝野，王鉷之子王准官任卫尉少卿，万年县尉韦黄裳、长安县尉贾季邻“常于厅事贮钱数百缗，名倡珍馔，常有备拟，以候准所适”[③]。长安、万年县尉的作为，其意向不言自明。史学家刘知几的孙子刘赞于大历初为户县丞，他风闻剑南东川节度使杜鸿渐自剑南还京要路过户县，因而“厨驿丰给”，结果，杜鸿渐的判官杨炎推荐刘赞官拜侍御史、浙西观察判官，官运亨通。[④] 另外，元和时绛州刺史李翛，“无他才，性纤巧承迎”，宫廷采办宦官及禁军中尉宾客路过绛州，他常备办丰盛美味佳肴倾心招待，奉迎巴结“以求善誉”，竟使唐宪宗“以为才”，召拜司农卿，迁京兆尹，终官浙西观察使。[⑤] 司门员外郎李道古，“便佞巧宦，早升朝籍”，他经常“以酒肴棋博游公卿门，角赌之际，每伪为不胜而厚偿之”，这种变相献食、贿赂上司的做法使其声名非凡，而公卿“嗜利者悉与之押”[⑥]，李道古历任利、随、唐、睦四州刺史，终元和之世，丑声藂朝，为人不齿。就这样，献食从京城蔓延到地方州县，成为品评官吏为政优劣、迁降的重要条件之一；随之而来的是官场充斥贿赂、舞弊之腐败现象，不仅毒化了官场难得的清廉风气，也为唐朝社会埋下了难以根除的隐患。

除以上所列之外，唐代地方朝集使进京叙职多献食。唐朝规定，各道每三年皆须派使者到京城长安，朝觐皇帝及皇太子、宰相，称为上计。

---

① 《全唐文》卷 174 张鷟《珍羞令赵庆诸州所进口味割截饷送权门每得好官众共谈荐名实相反深亏国章》。

② 《旧唐书》卷 99《崔日用传》。

③ 《旧唐书》卷 105《王铁传》。

④ 《新唐书》卷 132《刘知几传附刘赞传》。

⑤ 《旧唐书》卷 162《李翛传》。

⑥ 《旧唐书》卷 131《李道古传》。

高宗、武则天时期，朝集使、地方刺史入京上计献食者频见史载。乾封初年，高宗东封泰山，武则天的同父异母兄弟始州刺史武惟良、淄州刺史武怀运“以岳牧例集于泰山下”，时韩国夫人之女贺兰氏颇承高宗恩宠，武则天想除掉贺兰氏，恰武惟良等向高宗献食，则天因此密令侍者以毒药置于贺兰氏食中，贺兰氏暴卒；高宗归罪于武惟良、怀运兄弟，二人死于非命。[①] 武则天一箭双雕，武氏兄弟因献食而死。永隆二年（681），史载“王公以下，以太子初立，献食，敕于宣政殿会百官及命妇”[②]。绛州刺史孔祯前来京城入计，代表入计刺史等请求上礼，奏云：“臣等备守外藩，幸欣入计，瞻衢路而踯躅，望阙庭而悚跃，欢情未展，空思侧弁之娱，圣造不赀，仍赐合醵之礼……愿申在藻之心，辄效献芹之志，谨上礼食五十舆”，以便“和殊九沸，美异八珍，有惭殷鼎之滋，岂益尧厨之膳……”[③] 孔祯及其他朝集使上献“五十舆”礼食，且诚惶诚恐，是入计地方官献食的典型事例。天宝二年（743）京城广运潭大会，时任陕郡太守、水陆转运使的韦坚，代表前来入计观礼的天下诸郡官员，“跪上诸郡轻货，又上百牙盘食”[④]，唐玄宗大悦。

另外，周边少数民族首领酋长、羁縻府州君长向唐朝廷求婚，若唐皇帝答应，例列群臣受其献食。贞观十七年（643），薛延陀真珠可汗向唐求婚，并派其侄突利设为使者来到长安，献马五万匹，牛、橐驼万头，羊十万口。闰六月十三日，突利设设馔献食，唐太宗亲御玄武门内相思殿，大会群臣，设十部乐，突利设再拜上寿，太宗赐予其大量财物。[⑤] 唐文宗开成初，河朔三镇之一成德镇节度使王元逵尚绛王悟女寿安公主，“元逵遣人纳聘阙下，进千盘食、良马……”[⑥]

二

对朝野风行不息的献食，唐朝廷在不同时期曾屡次下诏禁止。唐高

① 《旧唐书》卷183《外戚传》。
② 《唐会要》卷30《大明宫》。
③ 《全唐文》卷245李峤《为绛州刺史孔祯等上献食表》。
④ 《旧唐书》卷105《韦坚传》。
⑤ 《新唐书》卷105《褚遂良传》。
⑥ 《新唐书》卷211《王武俊传附王元逵传》。

宗咸亨元年（670）九月，诏来年正月巡幸东都，严令“在路不得妄有进献”。唐玄宗开元二年（714）八月、六年（718）七月、十年（723）正月、十五年（727）六月都曾下诏严禁巡幸沿途地方官献食，其中开元六年即点名处分了蒲州刺史程行堪、同州刺史李朝隐、陕州刺史姜师度，这些地方官在玄宗巡幸“至其州界，咸有进奉”[①]。唐肃宗乾元二年（759）十月行将巡幸东都洛阳前下诏，云：“……其路次州县，一切不得别有征敛，亦不得辄有进献及时新野味等。王公以下文武从官，每顿主人供蔬饭，不得辄置鱼肉、饼果及铺设……，行从官及州县所由，有如违犯，王公以下五品以上，具名录奏，当时贬官，余并从军令；仍令知顿使、左右巡使、御史相知纠察，具状弹奏。如涉阿容及不能举奏，所由议在必行，毋贻后悔……”[②]，此诏令规定之细密、要求之严格均达到相当严厉的程度。同时，一些正直的官吏不仅以身作则，而且多方上谏，并对以献食谋取利益者毫不留情。上文提到魏徵上表进谏唐太宗，以亡隋为鉴戒。张鷟所写判文说明了他对珍羞令赵庆之流的愤恨之情；苏瑰针对宗楚客的责难，上奏唐中宗云：“臣闻宰相者，主调阴阳，代天理物。今粒食踊贵，百姓不足，臣见宿卫兵有三日不得食者。臣愚不称职，所以不敢烧尾。”[③] 表明自己对献食烧尾不同流合污的严正立场。宰相宋璟开元初亦曾上表指出：“群臣敛钱献食，君上厚赐答之，姑息施恩，方便求利，每缘一事，有此再烦，齐魏之风，故不足效。后车辙有前车之戒，应当取适。”[④] 开元初期朝廷献食基本上远离了人们的视线。虽则如此，唐朝野献食随着政治气候的变化仍无限蔓延，并不时出现高潮，其原因值得深思探讨。

首先，封建专制体制下皇帝拥有至高无上的权力，皇帝的好恶往往成为臣僚追逐奉迎的依据。唐太宗虽目睹了隋炀帝巡幸鼓煽地方官献食，最终导致隋朝灭亡的下场，但太宗并未从中吸取教训，先是国子监朱子奢向他谈及烧尾献食之事，他未置可否，[⑤] 后又责罚苑吏，致使一系列恶性事件出现。武则天、中宗时期，朝廷政局变化无常，献食形成高潮似

---

① 《册府元龟》卷113《帝王部·巡幸》。

② 《册府元龟》卷114《帝王部·巡幸》。

③ 《旧唐书》卷88《苏瑰传》。

④ 《全唐文》卷207宋璟《请停东宫上礼表》。

⑤ （唐）封演撰，赵贞信校注：《封氏闻见记校注》卷5，中华书局2005年版。

并不奇怪。开元、天宝之际玄宗广纳献食，则是造成朝廷乃至地方官场腐朽、糜烂的根源之一。肃宗经历了天宝乱离之苦痛，因而，他从心底感到应从关键环节抓起，杜绝漏洞、严加惩治。这就是，解决献食问题的根本症结应该是皇帝本人及跟随皇帝巡幸的王公重臣、戚属幸臣，他力图从限制处罚随行人员的行为，并从他们每天的饮食食料切实抓起。希望以此正本清源、消除隐患。然而，此时朝廷上下已十分腐败，积习太深，故这些诏令大多是官样文章，一纸空文。

其次，自先秦以来就形成的地方向中央政权入贡制度，到唐代演化为诸朝集使、刺史每三年到京城入计朝觐，诸州则定期进贡土特产，从而某种程度上使献食合法化。如明州“岁贡蚶、蛤、淡菜”。太和八年（834）九月，唐廷诏令，“应进奉口味时果进献之外，不得广为般次，烦于邮传”。开成元年（836）正月诏云：“所在除药物、口味茶果外，不得辄有进献……”① 可见，地方州郡每年进献口味食物一直趋于合法，属唐朝廷禁止献食诏令之外。

最后，由于朝野争相献食大气候的影响，一些品行不端的官吏为达到不可告人的升迁目的，利用献食巴结奉迎上司乃至皇帝。上文提到的蒲州刺史赵元楷、珍羞令赵庆、将作大匠宗楚客、司门员外郎李道古诸人即属此类。而且朝廷越腐败，这种人就会越多，致使朝政愈加腐败。同时，作为朝廷监察执法机构的御史台官员，以及代表皇帝出外办事的宦官，他们置朝廷君命于不顾，知法犯法，要挟地方官作威作福，地方官只能被动地献食献金以保平安无事。如一位姓王的地方官曾谈其任官同州，有一御史出巡返京路过同州，“止州驿，经宿不发，忽索杂案，又取印历，鏁驿甚急，一州大扰。有老吏窃哂，乃因庖人以通宪胥，许百缣为赠。明日未明，已启驿门，尽还案牍。御史乘马而去”②。御史巡视各地，本应惩弊救患，解决地方及百姓之困苦，但却无端寻衅扰乱地方，多亏同州老吏见多识广，利用庖厨好食好饮招待，并传话许诺赠予宪胥百缣，才平息了这起御史侵扰地方的闹剧。御史在其他地方的行为如何？老吏以前是否还遇到过相类似的情况呢？从老吏“窃哂”，庖人熟练应付，以及御史“尽还案牍”“乘马而去”的客观效果可得到圆满的答案。

---

① 《册府元龟》卷168《帝王部·却贡献》。

② （唐）李肇：《唐国史补》卷下，上海古籍出版社1983年版。

总之，要彻底解决官场献食贿赂之歪风，单靠几纸苍白无力的诏令是难以解决问题的。皇帝必须严于律己，王公大臣、戚属御史以身作则，自上而下花大气力严惩不贷，才能最终杜绝国家腐败没落之恶源，否则，那只能是隔靴搔痒，献食贿赂所引发的一系列隐患，其后果将是不堪设想的。

（《唐史论丛》第7辑，陕西师范大学出版社1998年版）

唐代的廊下食与公厨

一

廊下食始于贞观年间。唐人崔元翰云："唐太宗文皇帝克定天下，方勤于治，命庶官日出而视事，日中而退朝，既而晏归，则宜朝食，于是朝者食之廊庑下。"① 另外，贞观四年（630）十二月，唐廷曾下诏云："所司于外廊置食一顿。"② 就是说，朝参之日，朝廷责令有关部门在朝堂外廊设食招待朝官一顿，以示优劳。宋王应麟亦证实廊下食"起自唐贞观"③。

廊下食和唐宫廷朝参制度密切相关。唐朝仪制规定：每月初一、十五，即朔望日，因皇帝要向诸陵荐食，不能亲临正殿，因而百官九品以上到便殿觐见皇帝，称为入阁。文武五品以上，仍每月五日、十一日、二十一日、二十五日朝参；三品以上，九日、十九日、二十九日朝参。也就是说，除常参官外，三品以下官员（不含三品），每月遇一、五日朝参，三品以上（含三品），每月一、五、九日朝参，史籍中"六参""九参"之说即是因此产生。

百官朝参辛苦异常。首先，百官宅府散布长安坊里，当时的报时功能和交通条件还比较原始，若天气晴朗尚可，如遇雨雪风寒则相当艰难。白居易有诗云："长安盈尺雪，早朝贺君喜，将赴银台门，始出新昌里。

---

* 本篇中增加了廊下食中和"政事堂食"关联的内容，采自笔者撰写的《唐代饮食与官场》一文，该论文发表于《人文杂志》1994 年第 1 期。

① （清）董诰《全唐文》卷 523《判曹食堂壁记》，中华书局 1985 年版。

② （五代）王溥：《唐会要》卷 24《廊下食》，上海古籍出版社 1991 年版。

③ （宋）王应麟：《玉海》卷 70《建隆崇元殿入閤》，江苏古籍出版社 1988 年版。

上堤马蹄滑，中路蜡烛死。十里向北行，寒风吹破耳。待漏午门外，候对三殿里。须鬓冻生冰，衣裳冷如水。……”[①] 又云：“远坊早起常侵鼓，瘦马行迟苦费鞭。”[②] 可见百官早朝真是备尝辛苦，实在不易。其次，早朝时间早。据日本学者平冈武夫考证，唐百官上朝，五更五点必须进入大明宫的建福门。五更五点，相当于现在的早上五点半[③]。显然，百官从宅府动身的时间会更早。元和年间宰相武元衡就是在“天未明”，与家仆秉烛骑马上朝途中被刺杀的。刘晏官居仆射，“五鼓入朝，时寒，中路见卖蒸饼之处，热气腾辉，使人买之，以袍袖包裾帽底，啖之”[④]。刘晏五鼓即急于上朝，在家未来得及早餐，只有在途中使人购买路旁食肆蒸饼，边走边食，以便不误早朝时间。鉴于此，唐朝诸帝都曾下诏抚慰。神龙元年（705）四月，唐廷“初令文武五品以上，每朔望参日，升殿食”[⑤]。贞元二年（786）八月，御史中丞窦参奏称：依唐仪制，“泥雨合停朝参”。但因军国大事急迫，恐因此贻误，他请求泥雨天令每司长官一人入朝奏事，有两员者并令入朝，亦可轮流朝奏，“其夜甚雨至明不止，许令仗下后，到外廊食讫”，然后入中书省。其余官吏及王府长官，并请停朝，德宗诏可。[⑥] 十三年（797）六月，唐廷下诏：“卿等朝谒是常，或阴雨不闻鼓声，则不免奔波走马，忽有坠损，深轸朕怀。自今以后，纵鼓声差池，亦不得走马。及时暑稍甚，雨雪泥潦，亦量放朝参。”[⑦] 抚慰归抚慰，解决实际问题须切实从百官朝参后的午饭做起。廊下食就是基于朝参百官的实际需求而设立，并逐步完善的。

百官廊下食的等级规格、四季差别、节日追加都有严格规定。景云二年（711），唐廷诏令左右厢南衙廊中食，每日供给常参官五品以上及员外郎“一百盘，羊三口”，其余赐中书门下供奉官及监察御史、太常博士等。百官每日常供三头羊，六参日、节日加羊一头，冬季月份“量造

---

① 《全唐诗》卷 432 白居易《早朝贺雪寄陈山人》，中华书局 1985 年版。

② 《全唐诗》卷 438 白居易《初授赞善大夫早朝寄李二十助教》。

③ ［日］平冈武夫：《唐代的历》，上海古籍出版社 1990 年版，第 16—17 页。笔者按：这里应是指日本所在时间，唐朝时间当是早晨六点半，两地相差一个小时。感谢已故著名唐史及文献专家黄永年教授，是他老人家 1997 年评阅本篇论文时指出了这一点。

④ （唐）韦绚：《刘宾客嘉话录》，上海古籍出版社 2000 年版。

⑤ 《唐会要》卷 24《朔望朝参》。

⑥ 同上。

⑦ 同上。

汤饼及黍藿”，夏月则造办“冷淘粉粥，其粟黄、文桃、梨、榴、湿柿等”，有“不堪供进者，亦供衙前食”。若皇帝临朝恰朝参日，即在朝堂外廊设办食物，并给中书、门下，有剩余的赐食供奉官六品以下，及在仗三卫主兵帅、漏生、漏刻直官，不必将剩余赐品运回①。六品以下参与廊下食的官员，如遇节日则赐食有加：“寒食加饧粥，正月七日、三月三日加煎饼，正月十五日、晦日加糕糜，五月五日加粽萱，七月七日加斫饼，九月九日加糕，十月一日加黍。”除正月晦日（十六）、三月三日、七月七日外，其余节日并是朝参之日（虽然某些节日百官例行放假），这些节日追加食物是“于常食外而加焉”②。廊下赐食的等级差别、供料多少，显示了官员因品级不同而享受待遇的高低差异；然而，能受到皇帝赐食，这对在朝百官无疑是引以为荣的。张籍诗：“朝光瑞气满宫楼，彩纛鱼龙四面稠，廊下御厨分冷食，殿前香骑逐飞球，千官尽醉犹教坐，百戏皆呈未放休，共喜拜恩侵夜出，金吾不敢问行由。”③ 即是描述五月五日皇帝在朝堂廊下赐食百官的情景。节日加赐百官四季风味食料，则体现了唐廷对在朝百官朝参任事贡献的肯定以及采取的优崇措施。

廊下食赐予范围逐渐扩大。景云二年（711）三月，唐廷诏令皇帝若至承天门楼主持礼仪，在朝百官应合食；外国使节归国前辞拜，光禄寺应在朝堂两廊下承设食物赐予，为其饯行④。贞元二年（786），因京师左右金吾及十六卫将军“品秩尤高”，且为文武勋臣出入转迁之地，应增加俸禄官秩，以示奖赏，并诏令“置武班朝参，其廊下食亦宜加给”⑤。可见，贞元二年以前，廊下食似并未有武官参与。长庆二年（822）十月，“致诸卫及率府、王府等司，应无厨给朝官等，自今以后，每放寺观行香及有朝集，宜令依廊下料，各与饭一餐，仍令所由与京兆府计会”，并规定了诸卫、率府、王府等司及无厨给朝官就食的地点，以及承办单位京兆府⑥。尽管以上官员只是依廊下食食料，在遇行香时供给一餐，而且承办单位和常参、朔望朝参承办单位不同，但依廊下食食料供给，并形成

① 《唐会要》卷65《光禄寺》。
② （唐）李林甫等撰，陈仲夫点校：《唐六典》卷15《光禄寺》。中华书局1992年版。
③ 《全唐诗》卷385张籍《寒食内宴二首》。
④ 《唐会要》卷65《光禄寺》。
⑤ 《全唐文》卷51德宗《增置金吾十六卫料钱粮课诏》。
⑥ 《唐会要》卷67《京兆尹》。

制度，某种程度上也说明廊下赐食范围的扩大。

廊下食有严格的礼仪规定。元和二年（806）二月，唐廷明确规定了廊下食礼仪规范，即“廊下食行坐失仪语闹……每犯夺一月俸”①。元和四年，尚书右仆射严绶“尝预百僚廊下食，上令中使马江朝赐樱桃”，严绶居文武两班之首，此前任地方节度使时曾和马江朝认识，相见“不觉屈膝而拜，御史大夫高郢亦从而拜”，当天，御史台弹劾，马江朝即被降官一等，严绶待罪朝堂，不久也被放任地方②。可以看出，廊下食对百官要求之严格。但是，随着时间的推移，因朝参礼仪的烦琐，廊下食渐不为某些官员看重，管理亦趋粗疏。开成四年（839）二月，因“近日丞郎以上官，未就食之前，时有称疾，便请先出”，御史中丞高元裕奏云：“请自今合候对官，遇延英开日，有事要与宰臣商量者，即请拜食后先出，仍事须前牒台司。或年齿衰迟，不任每度就食者，量许三度仗下后先出。其余官不在此限。如违，请每月终，一度具名闻奏”，文宗诏令依从。③ 就是说，有人“未就食之前”，假托患病请求退出，又有年迈衰朽的官员，更因不堪廊下食礼仪，宁肯在朝参中途退出而不出席廊下就食。虽则唐廷对此亡羊补牢另行规定，但廊下食在承办后期管理之疏当是事实。

廊下赐食制度的运行伴随着唐政权的兴衰几经曲折。安史乱后，玄宗仓皇西逃，唐朝廷万事俱废。肃宗“时新承大兵之后，中外艰食，京师米斗常至一千，宫厨无兼时之积，禁营军乏食……④”大历三年（768）十一月，代宗曾下诏加廊下百官厨料，但似乎并不是实际意义的廊下赐食。八年，代宗始诏令光禄寺“主办百僚廊下赐食，仍委御史台勾当”，廊下食重新由光禄寺主持承办。经贞元、元和诸朝，到开成四年，唐廷重申大历八年敕令，使光禄寺继续承办廊下赐食，御史台遣派一名御史“充使勾当”⑤。时隔四十余年，即到僖宗乾符以后，由于各地农民起义蓬勃兴起，藩镇割据混战，唐廷财政亦危机四伏，等到僖宗从四川回到长安，“以多事之后，遂废廊食”，此后只是遇月旦等日才赐食。天复三年

① 《唐会要》卷24《朔望朝参》。

② 《旧唐书》卷146《严绶传》。

③ 《唐会要》卷25《杂录》。

④ 《册府元龟》卷498《邦计部·漕运》。

⑤ 《唐会要》卷65《光禄寺》。

（903）四月，昭宗被胁迫迁居洛阳，军阀朱全忠为扩大自己的实力，收买朝官，请求恢复百官廊下赐食制度。昭宗诏云："百僚入朝，两廊赐食，迁都之后，所司缺供，元帅梁王欲整大纲，复行故事，罔思劳费，悉自再图。是使端简在庭，咸思感悦……"① 就是说，唐代廊下食自贞观时草创，经安史之乱而停办，代宗大历八年重新承办，至僖宗出逃四川返回长安后又停置。昭宗天复三年，军阀朱全忠为笼络百官，倡导重新设置，直到唐亡。另外，廊下食具体由光禄寺承办，另由御史台监督执行，食料为皇帝赐予。此后，五代梁、唐、晋诸政权亦依唐制，朔望朝参、常朝等令百官于朝堂廊下会食②，但其具体的礼仪规范和唐制又有明显的不同。

二

唐朝廷各部寺监及地方州郡官衙大多有公厨。史载："京百司至于天下郡府有曹署者，则有公厨"③，唐太宗命"其余官司，洎诸郡邑，咸因财赋而兴利事，取其奇羡之积，以具庖厨，谓为本钱"④，"长安四月以后，自堂厨（政事堂厨）至百司厨，通谓之樱笋厨，公厨之盛，常日不同"⑤。公厨设立的时间各部门前后不同。天宝十载（751），殿中监王鉷获罪，玄宗赐其"自尽于三卫厨"⑥。王鉷被赐死于三卫厨，说明三卫厨设立应在天宝十载前。元和年间王潜曾任将作监，但"监无公食，而息钱旧皆私有"，针对这种情况，王潜将其息利"取以具食，遂为故事"⑦。此亦说明两个问题：其一，朝廷给京城百司都发放有食料本钱，而一些单位用其息利设办公厨食，而另一些单位则将其息利分给从官，并未设办公厨。其二，将作监公厨到元和中才由王潜主持设立。有个别部门因建制诸原因未设公厨。如德宗时曾因郊祀太庙，诏"行从官吏将士等，

① 《册府元龟》卷108《帝王部·朝会二》。
② 《五代会要》卷6《廊下食》，中华书局1998年版。
③ 《全唐文》卷612陈鸿《庐州同食馆记》。
④ 《全唐文》卷523崔元翰《判曹食堂壁记》。
⑤ （宋）钱易撰，黄寿成点校：《南部新书》卷乙，中华书局2002年版。
⑥ 《旧唐书》卷105《王鉷传》。
⑦ 《新唐书》卷191《王同皎传附王潜传》。

一切并令自备食物，其诸司先无公厨者，以本司缺职物充，其王府官度支量给廪物，其仪仗礼物并仰御史台撙节处分”[①]。王府官至宝历年间仍无曹署[②]。就是说，遇到重大的祭祀活动，个别非常设的单位因无公厨，唐廷诏令采取不同措施，要么自行解决，要么使度支量拨钱粮，使其官员食有所付，不致耽误事务。

名号最大的公厨应是堂厨，也叫政事堂食。贞观初，唐朝廷即确定政事堂会食制度。所谓政事堂食，即堂厨，为皇帝赐食的一种，是专为中书舍人、侍中、黄门侍郎等宰臣享受的一种特权。唐高宗显庆年间，有大臣对政事堂食“供馔弥美”提出看法，建议削减供应，但宰相张文瓘等却不以为然，认为“此食天子所以重机务，待贤才也，吾辈若不任其职，当自陈乞以避贤路，不可减削公膳，以邀求名誉也；国家之所费不在此，苟有益于公道，斯亦不为多也”[③]。这样，减削政事堂食之议未能得到执行。宰相们每天午饭在朝堂围坐而食，皇帝亦不定时地将御膳赐予宰相食用，在午餐杯盘交错之时，达到论辩政事、联络感情、统一步调的目的。开元初，姚崇、卢怀慎为相，姚崇总括朝政多有建树，而卢怀慎则依言而行，难相参差，如同摆设，时人称其为“伴食宰相”[④]。可见政事堂食并非想象的那么和谐平静。唐代宗之后，政事堂食因诸小节引起种种矛盾，成为激化朝廷中枢政争的导火线。先是宰相常衮旧话重提，“因让堂厨”，而其他宰相认为不可，并且声言，“厚禄重赐，所以优贤崇国政也，不能当辞位，不宜辞禄食”，常衮之议虽未奉行，但由此罢除了“每日出内厨食以赐宰相，馔可食数人”[⑤] 的惯例。唐德宗初，因对两河用兵，宰相张镒建议削减堂厨餐钱[⑥]，而杨炎和卢杞因政事堂会食引起的倾轧则更具戏剧性。杨炎在代宗时即为宰相，德宗继位，杨炎在代宗朝的政行德宗很不赞赏，因而，他任用“貌陋而心险”的卢杞为门下侍郎、同中书门下平章事，与杨炎同理朝政。由于政见分歧，杨炎常托故不参加每天的例行会食；有人向卢杞打小报告，言杨炎鄙视卢杞貌

① 《全唐文》卷53德宗《令郊庙从行官吏等自备食物诏》。

② 《全唐文》卷695孙革《请置王府僚吏公署状》。

③ 《太平御览》卷848《饮食部·食》。

④ 《旧唐书》卷98《卢怀慎传》。

⑤ 《旧唐书》卷199《常衮传》。

⑥ （宋）朱翌：《猗觉寮杂记》卷下。

陋无才学，故不参加政事堂会食。卢杞听后大怒，从此和杨炎钩心斗角，德宗建中二年（781），杨炎被贬并赐死。贞元二十一年（805），德宗病逝，太子李诵亦病，不能言语，勉强继位，李诵的亲信王叔文、王伾实施所谓新政，进而引起德宗朝旧臣及在位宰相的不满。王叔文依仗顺宗专权独断，发号施令[①]。当朝宰相杜佑、高郢等对其所为无可奈何。另一宰相韦执谊是王叔文的同伙，一次，几位宰臣正在政事堂会食，“故事，宰相方食，百僚无敢谒见者”，但王叔文竟将宰相韦执谊叫出议事，其他宰相只好停筷等候，片刻过后，韦的随从回话说：“叔文索饭，韦相公已与之同食阁中矣”[②]。杜、高等宰相敢怒不敢言，郑珣瑜、贾耽二相飞马回府，托病不起，朝野哗然。韩愈《永贞行》诗中有：“元臣故老不敢语，昼卧涕泣何汍澜。”[③] 很快，王叔文集团就被不断壮大的反对派摧垮。这场因政事堂食而加速二王集团倒台的事件就是著名的“二王八司马事件”。唐宪宗元和十五年（820）的一天，宰臣们围坐政事堂享用皇帝所赐西瓜，中书舍人武儒衡对新任宰相元稹鄙夷不理，有苍蝇扑在瓜上，儒衡以扇挥打，说：“适从何来，遽集于此”[④]，同坐宰臣们面面相觑，元稹本人亦羞愧不已。当甘露之变爆发之时，门下侍郎王涯“与同列归中书会食，未下箸”[⑤] 即仓皇跑出，至永昌里茶肆，被宦官掌握的神策军兵擒获，后被诬反叛而遭杀戮。可以看出，中国古代食道和官道紧密联系，并在官场得以充分体现，如果处理得不好，往往会因饮食中的一些琐事，打破官场中通常追求的“和谐”与平衡，加深双方固有的矛盾，引起相互倾轧，以至于招来杀身之祸，危害国家。

因人为缘故，有的部门的公厨曾一度被停设。贞元初，张延赏、李泌同秉朝政，各执一词，置百官国事于不顾。先是宰相张延赏下令裁汰官员，朝野怨愤，而宰相李泌上奏请恢复如旧以从人欲，并议加百官俸料，德宗诏从。御史中丞窦参标新立异，又疏改李泌奏议，“使同品之内，月俸多少累等”。不久，李泌又奏请罢除拾遗、补缺之职，德宗虽未听从其言，但此后则不再授予官员拾遗、补缺之职。当时谏署只有归登、

① 赵文润、拜根兴：《唐宪宗》，三秦出版社 1992 年版，第 4—6 页。

② 《资治通鉴》卷 236，唐顺宗永贞元年（805）。

③ 《全唐诗》卷 338 韩愈《永贞行》。

④ 《资治通鉴》卷 241，唐宪宗元和十五年（820）。

⑤ 《旧唐书》卷 169《王涯传》。

韩皋二人而已。李泌又下令收谏署餐料钱，令归、韩二人寓食于中书舍人厨。时人戏云："韩谏议虽有左右，归拾遗莫辩存亡。"如此三年，到贞元五年才恢复了谏司的餐钱，谏司公厨才重新得以设立[①]。

公厨食亦有礼仪规范约束。首先，随着佛教中国化的深入，供奉佛像成为唐官僚士大夫修身养性的理想寄托。大历四年（769）冬，深受唐代宗礼敬的大兴善寺大广智三藏不空法师上奏，请求"天下食堂中置文殊菩萨为上座"[②]，代宗下诏特许，并诏令全国依奏执行。于是，京城百司公厨乃至地方州郡衙门食堂，皆将文殊菩萨的塑像供奉于显要位置，并成为在公厨食堂会食官吏吃饭前顶礼膜拜的又一法定程式。其次，京城百司公厨会食虽没有廊下赐食那样严格的礼仪要求，但仍有一定的行为规范约束。如御史台官员公厨会食，若"杂事不至，则无所检辖，唯相揖而已。杂事至，则尽用宪府之礼"。无疑，御史台会食之前，杂事官在与不在，即采用两种不同的礼仪。不仅如此，"杂端在南榻，主簿在北榻，两院则分坐。虽举匕筋，皆绝谈笑"，就是说，会食时座次位置有明显的主从区分。而且正吃饭时不准谈笑。御史台又规定，"凡入门至食，凡数揖，祗揖者，古之肃拜也，台中无不揖，其酒无起谢之礼，但云'揖酒'而已"[③]。河南府的卢司录曾对主管造食的馔吏说："司录、判官、文学、参军皆同官，环处以食，精粗宜当一，不合别二，无踵旧犯吾不恕……"[④]。这一次次的揖拜，以及近乎训斥的话语，既体现了公厨会食礼仪的周全威严，同时，唐公厨食极力追求的"和"的饮食思想主旨在此亦表露无余。

州郡官衙公厨食料来源于地方财政收入的一部分。唐人刘宽夫即云：地方州郡公厨"咸因财赋，而兴利事，取其奇羡之积，以具庖厨，谓为本钱，杂有遗法……"[⑤] 柳宗元亦曰：公厨"得羡财可以为食本，月权其赢，羞膳以充……"[⑥] 就是说，利用地方财赋的一部分做本钱，然后经营生利以作公厨食料。当然，唐中后期地方州郡拥有相当的财权，州郡刺

---

① 《旧唐书》卷130《李泌传》。

② （宋）释赞宁撰，范祥雍点校：《宋高僧传》卷1，中华书局1987年版。

③ （宋）王谠撰，周勋初校注：《唐语林》卷8，中华书局2008年版。

④ 《全唐文》卷639李翱《故河南府司录参军卢君墓志铭》。

⑤ 《全唐文》卷523崔元翰《判曹食堂壁记》。

⑥ 《全唐文》卷580柳宗元《盩厔县新食堂记》。

史乃至藩帅有时将地方财赋收入直接拨给公厨以充食用，如吴郡一次就将留州的十万七千七百二十贯二百四十文钱拨给公厨以充酱菜钱[①]。唐政府拨给京师百司食料本钱，并由百司各雇人摊保经营，逐月收利，以息利钱充公厨之用。主管发放食料本钱的单位为尚书户部，有时则由国库直接借支。贞元十二年、元和九年唐政府两次勘会京城诸司食料本钱，其中元和九年十一月勘会，得出秘书省等三十二司应管食利本钱物共五万三千九百五十二贯九百五十五文。长庆三年则直接赐予诸司食利本钱共八万四千五百贯文。[②]

诸司雇佣的捉钱人及纳课陪厨户，由于其经营弊端丛生，不仅使公厨食屡见亏欠，而且造成一系列的社会矛盾。如上所述，虽则自唐初诸司每年均向捉钱人四分收利，但其经营的状况如何则直接影响公厨食的开设。事实上，这种求利的运作形式，贞观初年谏议大夫褚遂良即提出异议，此后时废时复，至德后终成为定制。但随着时间的推移，这种取利设厨的做法的弊端日趋明显，具体表现为：

其一，“诸色本钱，比来将放与人，或府县自取，及贫人将捉，非惟积利不纳，亦且兼本破除……”

其二，“商贩富人，投身要司，依托官本，广求私利。可征索者，自充家产，或逋欠者，证是官钱，非理逼迫，为弊非一……”

其三，“及纳息利年深，正身既没，子孙又尽，移征亲族旁支，无支族散征诸保，保人逃死，或所由代纳，纵倪旄孤独，仰无所依，立限逾年，虚系钱数，公食屡缺，民户不堪……”

其四，食利本钱发放后，每年以四分利收纳以充厨用，但负责征钱的驱使官则课钱二百文，即从收纳的四分利中减去一分。因而，“虽落下一分钱，缘置驱使官员，于人户上征钱，皆被延引，虽有四分收利之名，而无三分得利之实……”[③]

其五，中书门下所管本钱，“与诸色人给驱使官文牒，于江淮诸道经纪，每年纳利，并无元额许置，如闻皆是江淮富家大户，纳利

① （唐）陆广微：《吴地记》。

② 《册府元龟》卷507《邦计部·俸禄三》。

③ 以上所见均见《唐会要》卷93。

殊少，影庇至多，私贩茶盐。”[①]

由此就造成两个十分严重后果：第一，朝廷有限的财力大量拨给诸司充作本钱，而诸司屡屡声称厨料欠缺、贻误公务。贞元元年（785），礼部尚书李齐运上奏称“当司本钱至少，厨食缺绝，请准秘书省、大理寺例，取户部缺职钱二千贯文，充本收利，以助公厨”[②]。二十一年（805），中书门下奏称：“伏以百司本钱，久无疏理，年岁深远，亡失颇多。食料既亏，公务则废，事须添借，令可支持。伏望圣恩，许令准数支给，仍请以左藏库度支除陌钱充。”[③] 元和二年（807）闰十月，集贤院大学士武元衡更请赐院厨料钱一千贯文，收利充用[④]。太和元年（827）十一月，殿中省尚食局因厨料贫乏，又无羡余，请赐予本钱二千贯文[⑤]。尽管唐政府不同时期曾对诸司公厨添借本钱，以利朝廷机制的运转，如元和十五年（820）二月，刚刚继立的穆宗即诏令此后每经十年，给内外百司各赐钱一万贯充本，“据司大小、公事闲剧及当司贫富作等第给付”[⑥]；文宗时亦曾令户部“逐月支付尚书省食料本钱”[⑦]。同时，朝廷对于餐钱无端损失有责任的官员严厉处罚。如国子司业归崇敬即是因“国学胥吏以餐钱差舛，御史台按问”，终坐贬为饶州司马的[⑧]。但是，随着唐政府的衰弱，有限的财力难以满足诸司有增无减的厨料添借需求。太和七年（833）八月唐廷敕令：“司农寺每年供宫内及诸厨冬藏菜，并委本寺自供。其菜价，委京兆府约每年时价支付，更不得配京兆府和市，太仓出给纳。”[⑨] 即使接受赐予，也难支持长久。如归融开成中为京兆尹，“府司物力不充，特敕赐钱五万贯，府司以所赐之半还司农寺菜钱”[⑩]。赐钱五万贯，还司农寺菜钱就用去一半，可见京兆府欠缺之多。曾任河中节度使的郑

① 《册府元龟》卷507《邦计部·俸禄三》。

② 同上。

③ 《唐会要》卷93《诸司诸色本钱上》。

④ 《唐会要》卷64《集贤院》。

⑤ 《全唐文》卷966《请添借百司本钱奏（贞元二十一年七月中书门下）》。

⑥ 《唐会要》卷93《诸司诸色本钱下》。

⑦ 同上。

⑧ 《旧唐书》卷149《归崇敬传附归融传》。

⑨ 《唐会要》卷66《木炭使》。

⑩ 《旧唐书》卷149《归崇敬传》附归融传。

元用河中羡余钱三千贯文，充助都省厨米，虽得到唐廷许可，但时议以为省司公膳自有成制，若有所不足，当请求朝廷赐予，不应以前任羡余财充加①。御史台某一时期亦厨食匮乏，诸御史无奈，只有玩弄把戏，"折俸助厨②"。御史台尚且如此，其他司署情形可想而知。

第二，驱使官征纳息利中饱私囊，减少了公厨息利收入；捉钱富户则千方百计据官钱为私有，为富不仁，竞相逋欠；而一般捉钱贫户更因天灾人祸不断，很难按时缴纳息利，有的连本钱也难以偿还。官府逼征息利，从而使其成为唐中后期严重的社会问题之一。元和中白居易曾上疏言道：

> 臣伏见百司食利利出于人，日给而经费有常，月征而倍息无已。然则举之者无非贫户，征之者率是远年，故私财竭于倍利，官课积于逋债。至使公食有缺，人力不堪。弊既滋深，法宜改作。且王者恶言求利，患在不均，况天下之钱一也，谓之曰利，曷若谓之曰征乎？取之于寡，曷若取之于众乎？今若日计其费，岁会其用，举为定数，命曰食征，随两税而分征，使万民而均出，散之天下，其数几何？均之于众，则贫户无倍息之弊矣；入之有程，则公食无告缺之虑矣。公私交便，其在兹乎？③

看来，白居易对唐政府出放高利贷备百司公厨料钱的做法并不赞赏，他提出的建议亦不乏可行性，而其主要点即是解决捉钱贫户问题。白氏的建议未被唐政府采纳，而捉钱贫户难于求生所引起的连锁反应，不仅使其成为晚唐相当严重的社会问题，而且加速了唐政权各种矛盾的激化。

三

廊下食和公厨的作用在其设立之初就广为时人推崇。诗人张籍有《朝日敕赐百官樱桃》诗，就是表现皇帝朝日赐食百官樱桃的情景。首先

---

① 《册府元龟》卷507《邦计部·俸禄三》。

② 《太平广记》卷255《宋务先》。

③ 《全唐文》卷671白居易《议百司食利钱》。

这种优崇官吏的措施，“不专在饮食，亦有政教之大端焉”①。官员们在品食饮馔之余，谈论处理政务之得失，“或有公事之稽留，狱讼之冤滞，六曹之臧否，百姓之惨舒，农桑之失时，乡闾之蠹弊，闻见所未及，才智所未臻，希会馔以言之，共裨风化”②。大理寺公厨食堂大厅的墙壁上，还书写着朝廷的律令格式，目的是解决“内外官僚，多不习律”的问题，使他们“退食之暇，各宜寻览。仍以当司格式，书于厅之壁，俯仰观瞻，免使遗忘”③。显然，大理寺既注意官员在品食之余的议事，而且在退食之后，为其提供了提高业务能力的机会。也就是说，饮食活动只是一种手段，重要的是通过饮食，达到议政、提高办事效率、弥补处理事务过程中人为或时间诸环节造成的偏差，这也是实际工作的需要。

其次，由于会食有严格的官品位置排列、品食的先后次序以及揖让等规定，体现了廊下食、公厨极强的礼仪追求，也起到了约束官吏的行为，维护统治的长治久安作用。

再次，官吏们通过会食，亦可沟通相互信息，联系相互感情。在揖让、品食中取得在其他任何场合中难以达到的效果。

最后，廊下食、公厨之设，也是国家权力的象征。京城百司公厨皆设于议事大厅之侧，而州郡县衙公厨食堂多壮观威严。如周至县食堂之设，“其上栋自南而北者二十二尺，周阿峻严，列楹齐同，其饰之文质、阶之高下，视邑之大小与群吏之品秩，不陋不盈。高山在前，流水在下，可以俯仰，可以宴乐”④；政事堂食更是宰相会食的场所⑤，据说“宰相堂饭，常人多不敢食”⑥。刘宽夫也对公厨的作用大加肯定，即“夫为政之本，在于得人，燕以尊贤……，敞公府之新宇。增阶陛，所以示尊威也；卜高明，所以启顾虑也。大不逾制，崇不近奢，榱桷础阒，无不中度，翼张四檐，洞开双扉；冬霜不到，夏日潜却。可以备盘餐之品式，可以叙主客之威仪，可以寄琴樽之笑傲，可以筹政令之得失……”⑦ 正因

① 《全唐文》卷523崔元翰《判曹食堂壁记》。

② 《全唐文》卷806蔡词立《虔州孔目院食堂记》。

③ 《唐会要》卷66《大理寺》。

④ 《全唐文》卷580柳宗元《盩厔县新食堂记》。

⑤ 参见拜根兴《饮食与唐代官场》，《人文杂志》1994年第1期。

⑥ 《太平广记》卷157《郑延济》。

⑦ 《全唐文》卷740刘宽夫《邠州节度使院新建食堂记》。

如此，京城诸司及地方州郡县衙，争相设立公厨，并延续到唐末。

如上所述，廊下食和公厨是唐政权提高政府职能，强化官吏责任心的一种优崇官吏的手段。这种机制在设置过程中曾起到过重要的作用。然而，如果真像唐人蔡词立所说的那样，官吏“处广厦，宜念巢居露寝者，食兼味，宜念糊口甑尘者；夏清凉，宜念曝日而耕者；冬温燠，宜念卒岁无衣者”。如果真能如此勤政为民，即“日食万钱，无以为愧，岂惟公膳哉?”① 但事实却非如此。一方面，廊下食、公厨食料均取自政府拨款（地方州郡县衙公厨源于地方财政），特别是公厨本钱几易其手，经营混乱，不仅使京城诸司公厨食料频频亏欠，影响政府日常工作，而且使一些捉钱贫户世代受累，难得安生，加深了唐末社会矛盾。另一方面，唐中后期政府腐败，官员们整日沉浸于丰食醉饱之中，荒于政事，是所谓“纵情杯酒之间，施刑喜怒之际，致使簿书停废，狱讼滞冤”②，而政府的财政亏空赤字却年复一年。唐末社会矛盾的激化及农民战争的爆发，追溯其缘由，唐中央和地方官衙公厨食堂豪饮丰食及其负面影响所起的推波助澜作用不可低估。

（《浙江学刊》1997 年第 2 期）

① 《全唐文》卷 806《虔州孔目院食堂记》。

② 《全唐文》卷 76《诫官僚宴会诏》。

唐代道教徒的养生饮食

众所周知，道教徒一般可分为丹道、祷祀、符咒等派别。唐代丹道服饵一派极盛，丹道修炼的程序是先修地元丹，次修人元丹，再修天元丹。以服食中草药配制丹药的地元丹，是唐代道教徒养生的重要渠道，也是这些人奔走影从的事情。无疑，这也为探讨唐代道徒养生饮食提供了重要线索。鉴于现存正史史料记载不多，专论这一问题的文章亦很少见，以下即据唐人诗文、唐宋笔记小说关联史料，对这一问题试作论述。

饭 食

麦饭 唐代北方以食粟、麦为主，麦是道教徒饭食的主料之一。麦饭当是小麦或大麦脱皮而煮食。《太平广记》卷66《谢自然》条，谈及道教徒服食修养，“凡食米体重，食麦体轻”，可见食麦饭有助于修道养生，这已是当时人的一种看法。自号达观子，好神仙之道的李筌在骊山遇到仙老，正值饭时，仙老言“吾有麦饭相与为食，袖中出一瓠，令筌给中取水”[①]。从上述记载可以看出，仙老所用麦饭可能是将小麦或大麦煮熟或者炒熟后晾干，若要食用再加水，然后食之。当然，也有将小麦或大麦磨面后作成饭食食用的。大历初年，钟陵客崔希真“好修养之术”，晨遇避雪门下蓑笠老人，他以大麦面充饭招待，此仙人言道：“大麦受四时气，谷之善者也，能饫以豉汁则弥佳”[②]；《千金要方》卷26亦载“久食（大麦）令人多力健行”。很显然，大麦面和豉汁烧配而成的饭食，是颇具养生功效的。

① 《太平广记》卷63《骊山老》。

② 《太平广记》卷39《崔希真》。

乌饭 又名青精饭、青迅饭，是道教徒服食养生的重要饭食之一。唐初欧阳询编大型类书《艺文类聚》，开元年间徐坚等又编《初学记》，此两种类书中均未提到这种饭食，看来这种饭食产生于盛唐当是无疑。应当说明的是，这种饭食制作的首要一点是南烛叶捣汁浸米。史载："取南烛树茎叶捣碎，渍汁浸粳米，九浸九蒸九曝，米粒紧小，黑中壁珠，袋盛可以适远方也。"① 又有干石青精迅饭法，"其法用南烛草水浸米，蒸饭，曝干，其色青如黳珠，食之可以延年却老"②。诗圣杜甫有"岂无青精饭，使我颜色好"诗句，赠予号称"谪仙"的李白。唐末诗人皮日休、陆龟蒙同时收到隐居茅山的华阳博士张贲赠送的青精饭，皮日休诗云："传得三元迅饭名，大宛闻说有仙卿，分泉过屋舂青稻，拂雾彯衣折紫茎，蒸处不教双鹤见，服来唯怕五云生，草堂空坐无饥色，时把金津漱一声"，诗中自注青稻为青龙稻。陆龟蒙诗曰："旧闻香积金仙食，今见青精玉斧餐，自笑镜中无骨録，可能飞上紫云端。"③ 从杜、陆二人诗文中可对青精饭的主料舂洗，"紫茎"浸泡，蒸、服感受，快意留恋等都有所了解。陆龟蒙自号天随子、江湖散人，似亦修道，其诗云："乌饭新炊芼臛香，道家斋日以为常，月苗杯举存三洞，云蕊函开叩九章……"④ 陆氏诗可说明二点：其一，乌饭因用料讲究、制作烦琐，道徒平日似并不常食，只是斋日才可享用；其二，陆氏行道家斋戒仪式，其修道，即是道教徒当之无疑。青精饭的医用养生价值主要是南烛叶汁浸米，以及夹杂多种中草药材蒸煮。《千金要方》载云："南烛煎益髭发及容颜，兼补暖，又治一切风疾，久服轻身明目，黑发驻颜。"⑤ 正因为青精饭具有轻身养颜、生津耐饥的养生功能，就使得一些心系道教注重养生，又有经济来源的隐士、道徒竞相制作，自己享用，又馈送同道友朋；一些官僚为长寿或从众猎奇，亦制作食用。郑畋诗云："圆明青迅饭，光润碧霞浆。"⑥ 而一般的道教徒似少有此口福，因为制作青精饭所需的原料及配料，其费用是不可小觑的。

---

① （唐）陈藏器：《本草拾遗》逸文。

② （宋）王观国：《学林》卷8《青精》。

③ 《全唐诗》卷628《润卿遗青迅饭兼之一绝，聊用答谢》。

④ 《全唐诗》卷625《四月十五日道室书事寄袭美》。

⑤ 转引王子辉《隋唐五代烹饪史纲》，陕西科技出版社1991年版，第60页。

⑥ 《全唐诗》卷557《句》。

胡麻饭 《千金要方》卷26载，胡麻“味甘平无毒，主伤中虚羸，补五内，益气力，长肌肉……久服轻身不老，明耳目，耐寒暑，延年”[①]。以谢自然之口，言胡麻等“俱能常年”。高宗显庆年中，蜀郡青城百姓采药误入仙地，三日未食、饥肠辘辘，仙人“遂食以胡麻饭、柏子汤诸菹，止可数日，此民觉身渐轻……”[②] 开元年间，居住于长安延平门外的裴氏子常善待一卖药仙人，数年如一日，仙人颇受感动，于是带裴氏子入太白山仙境，“遂留一宿，食以胡麻饭……”[③] 牟融《题道院壁》诗云：“山中旧宅四无邻，草净云和回绝尘，神枣胡麻能饭客，桃花流水荫通津。”[④] 此道院旁有枣树和胡麻地，既然以其招待客人，道徒们以胡麻为饭食当是没有疑问的。诗人皮日休夏日走访道徒陆龟蒙，有诗曰：“半里芳阴到陆家，藜床相劝饭胡麻……”[⑤] 陆氏是做胡麻饭招待好友皮日休的。隐士张贲（华阳博士）有《青迅饭分送袭美鲁望，因成一绝》诗，云：“谁屑琼瑶事青迅，旧传名品出华阳，应宜仙子胡麻拌，因送刘郎与阮郎。”[⑥] 胡麻作为配料，实是青精饭所不可缺少的。以上所引，说明胡麻饭是仙人、道徒的日常饭食之一，服食胡麻饭可轻身延年；另外，胡麻也可拌于道徒斋日所食青精饭中，亦为道徒所乐道。

菰饭 又名雕胡饭。是用菰米（俗称茭白）所做的饭食，此饭得名颇早[⑦]。中唐著名隐士，号“玄真子”的张志和，其诗中有“菰饭尊羹亦共餐”[⑧] 句，李白、杜甫、王维等著名诗人均有咏颂雕饭的佳作传世[⑨]。皮日休《鲁望以躬掇野蔬兼示雅什用以酬谢》诗云：“……深挑乍见牛唇液，细掐徐闻鼠耳香，紫甲采从泉脉畔，翠牙搜自石根傍，雕胡饭熟馎饦软，不是高人不合尝。”陆龟蒙亲自到野外采掇牛唇、鼠耳、紫

---

① 《太平广记》卷66《谢自然》。

② 《太平广记》卷25《采药民》。

③ 《太平广记》卷34《裴氏子》。

④ 《全唐诗》卷467《题道院壁》。

⑤ 《全唐诗》卷613《夏日访鲁望偶题小斋》。

⑥ 《全唐诗》卷631《青饳分送袭美鲁望因成一绝》。

⑦ （唐）徐坚：《初学记》卷26《饭第十二》。

⑧ 《全唐诗》卷29《渔夫歌》。

⑨ 杜甫有“滑忆雕胡饭，香闻锦带羹”诗句。王维诗有“雕胡先是炊，庖脍亦后至”，“琥珀酒兮雕胡饭”；“雕胡弟子饮，空劳酒食馔”；“蔗浆菰米饭，蒟酱露葵羹”；“香饭青菰米，嘉蔬绿笋茎”句。李白则有“跪进雕胡饭，月光明素盘”诗句。

甲、翠牙等野生植物，杂入雕胡饭中。这些野生植物多是较为少见的名贵菜蔬，它们和雕胡米煮熬而做成的饭食，富含营养，用其招待客人，似是道徒陆龟蒙常做的事情。但应说明的是，这种饭食“不是高人不合尝”。陆氏也有诗提到雕胡饭，云：“野馈夸菰饭，江商贾蔗饧，送神枹瓦釜，留客上瓷觥……”[①] 雕胡饭的特点是清香、滑润，口感独特、营养丰富，或许因为雕胡饭具有这些特点，进而成为道教徒喜食的饭食，也得到更多文人士子的好评。

脱粟饭 脱粟，即是粗粮、糙米。脱粟饭得名很早，史载晏子相齐时就食脱粟饭；汉初丞相公孙弘，虽封侯拜相，但每顿“食一肉脱粟之饭”[②]。因为这种饭食制作简单，粟米又“味咸微寒无毒，养肾气，去骨痹热中益气”[③]，因而深得唐道教徒喜爱。《太平广记》卷74《俞叟》条载，有一吕生远赴荆州投靠表亲，因故穷困街市，生活无着，市门监俞叟是一修道奇人，他了解情况后，将吕生带回其住处，“命食，以陶器进脱粟饭而已”，并且施道术使吕生得以尽快还乡。据黄正建先生研究，唐代军兵、山村人也常吃此饭，但军兵吃此饭，就意味着其待遇低，他们就会生气，著名的“泾原之变”其导火线就是如此[④]。道教徒吃这种饭食，目的是养生延年，因而应和其他阶层好恶有别。

琪花饭 如上所述，道教徒为了辟谷，通常将一些可延年益寿的中草药煮食，有的以中草药为主，配以少量其他食料做成饭食，琪花饭即属此类。诗人唐求诗云：“披霞戴鹿胎，岁月不能摧，饭把琪花煮，衣将藕叶裁，鹤从归日养，松是小时栽，往往樵人见，溪边洗药来。”[⑤] 诗中所说的道者，就是将琪花煮食的。据载：“琪树垂条如弱柳，结子如碧珠，三年子可一熟，每岁生者相续，一年绿，二年碧，三年者红，缀于条上，璀错相间。”李绅有诗曰：“冰叶万条垂碧实，玉珠千日保青春。”[⑥] 从诗中知琪树所结果实可“保青春”，即有养生延年的效果。那么，煮食

① 《全唐诗》卷623《江南秋怀寄华阳山人》。

② （唐）徐坚等：《初学记》卷26。

③ （唐）孙思邈：《千金要方》卷26《食治》。

④ 黄正建：《敦煌文书与唐五代北方地区饮食生活（主食）》，《唐长孺先生八十寿辰纪念论文集》，武汉大学出版社1991年版。

⑤ 《全唐诗》卷724《赠道者》。

⑥ 《全唐诗》卷481《新楼诗二十首·琪树》。

琪花，或者用琪花做饭，其对身体有好处当是无疑的。皮日休《上真观》诗，说上真观门前“琪树夹一径，万条青琅纤”[①]。道观前后广植琪树，在唐人诗文中还可见到许多，道徒们食用琪花、琪树果实恐亦不少，关于这一点，还有待于进一步考察。

黄精饭 黄精又名黄芝、菟竹鹿竹、救穷草、野生姜，属多年生草本植物，叶似竹而短，根如嫩姜，可以入药。诗人岑参《赠西岳山人李冈》诗云：“君隐处，当一星，莲花峰头饭黄精……”[②] 就是说，这位居住在西岳华山莲花峰顶的道士李冈，他是以黄精作为饭食的，至于是食叶蔓还是食根茎，煮食还是煎食，限于诗作体裁，不得而知，但用黄精充饭食却是事实。景云年中（710—712），隐居于新安城阳山南坞的隐士许宣平，其声名颇高，诗人李白慕名前去寻访，但未能晤面，遂题诗一首他往。许宣平回来后看到题诗，即吟诗云：“一池荷叶衣无尽，两亩黄精食有余，又被人来寻讨著，移庵不免更深居。”[③] 此诗可作两方面理解：其一，许宣平平日即是以两亩黄精做饭充食的，而且还吃不完。其二，也有可能许宣平将其中一部分作为药材配制出卖，得到钱后购买其他食物，因为诗序中有“结庵以居，时或负薪卖”；他有时挑柴至市变卖，那么将所种黄精炮制药材出卖也是极有可能的。总之，隐士许宣平是以两亩黄精为生的。白元鉴诗中有“黄精宜益寿，萱草足忘情”[④]。黄精延年益寿，道隐之士以其充饭，《全唐诗》中有关此类的诗作还有一些，这里不再列举。

桃花饭、汤饼 道徒还将一些可食鲜花入饭食用，桃花饭就是一种。皮日休《醉中即席赠润卿博士》诗中有“桐木布温吟倦后，桃花饭熟醉醒前”[⑤] 之句。如上所引，润卿博士即是隐士张贲，他作青精饭馈送同道，又作桃花饭，足见此人精于厨馔、重养生。桃花饭也因此留名。“汤饼就是今天的面条”。道教徒也食汤饼，不过，其所食汤饼原料与常人所食有别。冀州枣强县女道士边洞玄，学道服饵40年，年84岁。后遇三山仙人，言洞玄已得道，故“持一器汤饼来诣”。此汤饼和常人所食不同，

① 《全唐诗》卷600《上真观》。
② 《全唐诗》卷199《赠西岳山人李冈》。
③ 《全唐诗》卷860《见李白诗又吟》。
④ 《全唐诗外编·补遗》卷18《药圃》。
⑤ 《全唐诗》卷614《醉中即席赠润卿博士》。

"是玉英之粉，神仙所贵，顷来得道者多服之耳"[①]。三伏天道徒们也吃一种叫冷淘的凉面条。中唐著名理财家刘晏年轻时曾信奉道术，后赴南中任官途经衡山县，就是吃了道士王十八种"香菜茵陈之类"[②] 菜蔬所做的冷淘一盘，刘晏吃后感觉非同寻常。

另外，因道徒宫观多在山谷林壑之间，各种山果、菜蔬，以及中草药也是他们主要的食物来源。

枣、杏、栗 此三种水果，道徒们多喜爱食用，也是道徒向往的仙境里最具代表性的果物。《本草》载："凡枣九月采，日乾补中益气，久服神仙。"[③] 《千金要方》卷 26 载，大枣"可和百药，强志除烦闷心下悬，治肠癖。久服轻身长年不饥，神仙"。隋末官吏元藏几所乘船只遇风浪沉没，他被漂至仙境沧浪洲，这里的果物和凡间果物差别很大"有碧枣丹栗，皆大如梨"[④]。李白《寄王屋山人孟大融》诗中的枣更为夸张，"亲见安期公，食枣大如瓜"[⑤]。上引道院的枣则为神枣，招待往来的客人。大枣食后耐饥轻身，这是吸引道徒食用的关键。仙人多喜食杏，故道观所在杏林常见。项斯《华顶道者》诗有"已废烧丹处，犹多种杏树"句，《梦仙》诗云："红楼近月宜寒水，绿杏摇风占古春"[⑥]；张籍《寻仙》诗有"溪头一径入青崖，处处仙居隔杏花"[⑦]；陆龟蒙诗曰："常思近圃看栽杏，拟借邻峰伴采苓。"[⑧] 又据《千金要方》卷 26 载，栗子"益气厚肠胃，补肾气，令人耐饥；生食之，甚治腰脚不遂"。可见栗与枣的养生功效相当。《太平广记》卷 20《王可交》条载，苏州昆山人王可交，好骨相，具备了成仙的基本条件，他吃了仙人给的两个栗子，此栗子"青赤，如枣，长二寸余"，而且"齿之有皮，非人间之栗，肉脆而甘如饴，久之食方尽"。王可交此后不久就绝谷不食。钱起《赠柏岩老人》诗有"瓠叶覆荆扉，栗苞垂饔牖"[⑨]，此柏岩老人是一道隐之士，从

① 《太平广记》卷 63《边洞玄》。
② 《太平广记》卷 39《刘晏》。
③ （唐）徐坚：《初学记》卷 28。
④ 《太平广记》卷 18《元藏几》。
⑤ 《全唐诗》卷 172《寄王屋山人孟大融》。
⑥ 《全唐诗》卷 554《梦仙》。
⑦ 《全唐诗》卷 386《寻仙》。
⑧ 《全唐诗》卷 626《寄华阳道士》。
⑨ 《全唐诗》卷 236《赠柏岩老人》。

他居处门窗上的排设可推知，他平日既吃雕胡饭，又因山居，也常食栗子。又有道士尹君隐居晋山，“不食栗，常饵柏叶，虽发尽白，而容状若童子”[①]。食栗、食柏叶，二者都可延年，不过，尹君选择了后者，并且效果显著。

也有道徒食蜂蜜。李群玉诗《赠牛山人》有“凿石养蜂休买蜜，坐山秤药不争星。”[②] 这位牛山人养蜂得蜜的用途只能是食蜜或者以蜜和药服饵。晋人葛洪《抱朴子内篇》中有许多丹药配制都和蜜有关；陆龟蒙《寄茅山何道士》诗云：“蜂供和饵蜜，人寄买溪钱”[③]，则明确反映出养蜂是供和药服饵的，唐代道徒自己养蜂取蜜的应当不在少数。还有道士食春笋[④]、食梅[⑤]、食木耳[⑥]、食葵花[⑦]、芦菔根叶[⑧]的。至于道徒服饵柏叶、松叶、茯苓、白术、灵芝、人参、枸杞、皂荚，以及石英、钟乳、丹砂、硫黄、云母、铅汞、黄金、白银等配制、烧炼的丹药，因不在本篇论述的范围之内，故不再赘言。

饮 料

饮茶 唐代道徒饮茶者众多。著名道隐之士如朱桃椎、吴筠、陆龟蒙等都喜饮茶。孟诜《食疗本草》云：“茗叶利大肠，去热解痰。煮取汁，用煮粥食。又，茶主下气除好睡，消宿食。”茶圣陆羽《茶经》一书更明确写道：“苦茶久食羽化。”就是说，饮茶不仅对身体有好处，而且还如同服饵丹药一样，可以延年益寿。这也许是众多的道徒乐于饮茶的原因所在。陆龟蒙嗜茶，他在著名的茶乡顾渚山下设园，“岁取租茶，自制品第”[⑨]；同时，他还依据时人张友新《水说》所示，特别钟爱慧山泉山、虎丘井水、松江水，并千方百计得到这些水煮茶。周贺《玉芝观道

① 《太平广记》卷21《尹君》。

② 《全唐诗》卷574《赠牛山人》。

③ 《全唐诗》卷623《寄茅山何道士》。

④ 《全唐诗》卷621《丁隐君歌》，卷676《自遣》。

⑤ 《全唐诗》卷243《张山人草堂会方士》，《太平广记》卷62《何二娘》。

⑥ 《全唐诗》卷344《答道士寄树鸡》。

⑦ 《太平广记》卷67《崔少玄》。

⑧ 《太平广记》卷72《王旻》。

⑨ 《新唐书》卷196《陆龟蒙传》。

士》诗云："四面杉萝合，空堂尽老仙，翿根停雪水，曲角积茶烟。"[①]诗中所说的道士是一嗜茶修道者，屋角累累茶烟印痕就是明证。唐末诗人李群玉得到龙山人惠赠的石廪方及团茶，兴奋不已，诗云："客有衡岳隐，遗余石廪茶，自云凌烟露，采掇春山芽……凝澄坐晓灯，病眼如蒙纱，一瓯拂昏寐，襟鬲开烦拏，顾渚与方山，谁人留品差，持瓯默吟味，摇膝空咨嗟。"隐居衡岳的龙山人赠予诗人的石廪茶，不仅可明目，解除诗人难言之隐，而且去烦开襟，这种和顾渚山茶齐名的石廪茶养生、药用价值实不言自明，而龙山人除了平日饮茶外修道当是肯定的。李群玉又有《与三山人夜话》[②] 诗，咏颂他与濮阳、夏侯、吴侯三门道徒彻夜饮酒品茶之盛事。温庭筠《赠隐者》诗有"采茶溪树绿，煮茗石泉清"[③]句，又有《西陵道士茶歌》诗。道徒们力求通过服饵丹药修炼养生，最终实现得道成仙的愿望，但服饵丹药或因方法欠妥、烧炼不精，或因服饵失度、急于求成，或因轻视禁忌、危及生命，唐代帝王死于服饵多见于记载；而饮茶却没有服饵丹药所涉及的种种弊端，因而，道徒竞相饮茶也就不难理解了。

又有一种仙人掌茶，其"清香滑熟，异于他者，所以能还童振枯，扶人寿也"。诗人李白作诗，极力推崇此茶，认为应使这种茶名扬天下，并"知仙掌茶发乎中孚禅子及青莲居士李白也"[④]。

饮酒 虽然有唐代道教徒自信道之日就"绝却腥膻胜服药，断除杯酒合延年"[⑤] 的诗句传世，但道徒饮酒，特别是饮药酒的记载却频见史载。《新唐书·隐逸传》记载隐逸之士 25 人，其中王绩、孙思邈、孟诜、王希夷、卢鸿、吴筠、贺知章、秦系、张志和、崔觐、陆龟蒙等 11 人饮酒。白居易《题方山人》诗有"膻腻席中唯饮酒，歌钟会处独思山"[⑥]，方山人在宴席上所饮的酒即是时人所饮之酒。上文提及道徒陆龟蒙早年嗜酒，"深于酒道"，诗人皮日休作《酒中十咏并序》诗，陆氏有《奉和袭美酒中十咏》，举凡酒星、酒泉、酒篘、酒床、酒垆、酒楼、酒旗、酒

① 《全唐诗》卷 503《玉芝观道士》。

② 《全唐诗》卷 568《与三山人夜话》。

③ 《全唐诗》卷 581《赠隐者》。

④ 《全唐诗》卷 178《答族侄僧中孚赠玉泉仙人掌茶序》。

⑤ 《全唐诗》卷 708《溪隐》。

⑥ 《全唐诗》卷 446《题石山人》。

樽、酒城、酒乡；又有《添酒中六咏并序》诗，列有酒池、酒龙、酒瓮、酒船、酒铊、酒杯。这两组诗穷极饮酒所涉及各种物什，并极力渲染，可谓周全，反映了当时名士们喜爱饮酒的特别追求。《全唐诗》等书记载道徒饮酒还有很多，这里不再列举。另外，道徒饮酒还讲求技巧，目的是修养延年。《太平广记》卷72《王曼》条载，太和先生王曼，修养有成，常游五岳名山，他"虽长于服饵，而常饮酒不止，其饮必小爵移晷，乃尽一杯……"看来，王曼饮酒讲求品味养生，具道者之风范。

当然，道徒们更喜欢饮药酒。药酒多有除疾养生之功效。较为著名的药酒有松胶酒、菊花酒、桃花酒。

松胶酒 松树四季常生，饮用松树枝节、松子、松花配制酿造的酒，可使人延年益寿，因而，道徒多采集酿制。前引钟陵客崔希真招待蓑笠仙人所饮即是松花酒；此仙人"于怀中取一丸药，色黄而坚"，放入松花酒中，酒味"则顿美矣"，药丸"乃千年松胶也"。看来，松花酒中放入松胶，酒味就大为改观。岑参《题井陉双溪李道士所居》诗曰："五粒松花酒，双溪道士家，唯求缩却地，乡路莫教赊。"[①] 诗中所说李道士所饮也是松花酒。皮日休曾亲眼看到陆龟蒙自酿松花酒，并作诗咏颂。[②] 又有松叶酒，朱放诗云："松叶堪为酒，春来酿几多，不辞山路远，踏雪也相过。"[③]《千金要方》卷7详细记载了松叶酒的配制法：取"松叶六十斤咬咀之，以水四石，煮取四斗九升，以酿五斗米，如常法。别煮松叶汁以渍米并渍饭，泥酿封头，七日发……"[④] 看来，配制松叶酒似并不复杂。还有一种松节酒，是用松节、猪椒叶为原料，放入干酒曲、糯米，如家酿法就可酿造。杜荀鹤有"松胶腊酿安神酒，布水宵煎觅句茶"[⑤] 诗句，明确反映出这种以松树为原料酿制的酒可安神。服用这种酒还可强筋活血、远行不疲。

① 《全唐诗》卷201《题井陉双溪李道士所居》。

② 《全唐诗》卷613《奉和鲁望看压新醅》。

③ 《全唐诗》卷315《答陆澧》。

④ （唐）孙思邈：《千金要方》卷7。

⑤ 《全唐诗》卷692《题衡阳隐士山居》。

桃花酒 道徒居住的宫观周围也种植桃树[①]，山地沟谷野生桃树也多见于唐人咏颂口碑。《本草》中有玉桃“服之长生不死”的记载，《太清诸卉木方》则云：“酒渍桃花而饮之，除百病，好颜色”[②]，加之史书有传说中的西王母用仙桃宴请汉武帝的记载，这样，道徒们喜食桃子（也含樱桃、胡桃），做桃花饭，配制桃花酒也就不足为奇了。上文所述仙人许宣平咸通年间曾有人见到过，他手捧一大桃啃食，并给所见采樵者一个，采樵者食后“却觉轻健，入山不归”；隋末人元藏几所到仙地沧浪州，州人就是用菖蒲花桃花酒招待他的，元氏饮后感到“神气清爽”[③]。桃花酒的养生价值由此可见一斑。

菊花酒 晋人孙楚《菊花赋》言菊花“流中轻体，神仙食也”，葛洪《抱朴子》中有菊花汁和莲汁、樗汁合丹的刘生丹法[④]，故而唐代道徒对菊花特别钟情。《千金要方》卷14中记载了菊花酒的配制方法。9月9日重阳节道徒饮菊花酒、食米糕甚为流行，以至于演变成为全社会注目的节日风尚之一。唐代关中同州有专门的官酿菊花酒作坊，唐人咏颂菊花、菊花酒的诗作也多见于《全唐诗》之中。

除以上所述几种药酒外，《千金要方》中还记载了数十种药酒，即石斛酒、乌麻酒、枸杞菖蒲酒、虎骨酒、蓼酒、小黄芪酒、黄芪酒、茵芋酒、大金牙酒、钟乳酒、秦艽酒、术膏酒、侧子酒[⑤]；金牙酒、蛮夷酒、鲁王酒、鲁公酒、独活酒、杜仲酒、枳茹酒、附子酒、麻子酒[⑥]；巴戟天酒、天门冬酒、紫石酒[⑦]。这些药酒都有针对性地医治一些病症，同时，服饮这些药酒也可使人延年益寿、永葆青春，因而深得道教徒们喜爱，成为他们经常喝的饮品。

唐代道教徒饮食有以下几个特点。

首先，道徒无论吃什么，食物养生延年是其前提，也就是说，道徒

---

① 如华阳观、玄都观等道观内或周围广植桃树，白居易、刘禹锡、姚合、章孝标等诗人都有诗作传世。见《全唐诗》卷卷365、436、卷500、卷506。转自曹尔琴《唐长安的寺观与文化》，《中国古都研究》，浙江人民出版社1985年版。

② （唐）徐坚等：《初学记》卷28。

③ 《太平广记》卷18《元藏几》。

④ （唐）欧阳询等：《艺文类聚》卷81《药香草部上》。

⑤ 载（唐）孙思邈：《千金要方》卷7。

⑥ 参见（唐）孙思邈：《千金要方》卷8。

⑦ 载（唐）孙思邈：《千金要方》卷14。

饮食是以修炼养生为目的的。如上文所述，麦饭、乌饭、胡麻饭、雕胡饭、脱粟饭、琪花饭、黄精饭等，有的只是一般谷类，为当时最下层百姓常食之物，但因其有养生功效，故深得一般道徒青睐，有的原料是各种中草药中上乘谷类，富含营养，做成的饭食色、香、味、感俱全，成为不可多得的滋补佳品。只有那些有经济来源，且精于修道养生的道隐之士才能制作品食；有的是煮食中草药，这更是养生所必不可少的方法。至于生长于山间的果物菜蔬，不仅丰富了道徒的饮食，而且为他们修道养生提供了新的途径。总之，由于道徒所处地位及自然环境的差异，其饮食则表现出截然相反的格调，但有一点是相同的，这就是，他们所食用的食物都具有养生延年的效果。

其次，唐代道徒饮食禁忌不严，饮酒、食荤因人而异。颜荛《戏张道士不饮酒》诗中有“吾师不饮人间酒，应待流霞即举杯”[①]。上引《溪隐》诗中隐士则“绝却腥膻胜服药，断除杯酒合延年”。就是说，此隐士不食酒肉，态度坚决；施肩吾诗中的龙山人更是“主人家在龙池侧，水中有鱼不敢食”[②]。这些都说明，他们信奉道教断除饮酒腥膻。但是，对于大多数道徒，饮酒食荤是其生活中重要的内容。有的道徒深懂饮酒养生技巧，一杯酒入口，迁延多时才下肚，有的道士豪饮丰食不断，《太平广记》卷27《唐若山》所载唐若山“复好肥鲜美酒，珍馔品膳”，同书卷47载宋玄白则“嗜酒，或食彘肉五斤……”施肩吾所遇醉道士即“霞帔寻常带酒眠，路旁疑是酒中仙，醉来不住人家宿，多向远山松月边”[③]。可见，道徒饮酒食荤是很随便的。

最后，唐代道徒饮食注重养生，影响到社会各个阶层，从而使道徒养生饮食普遍推广，成为唐代重要的社会风尚。唐玄宗的哥哥李宪死后，其随葬品中就有“诸药酒三十余色”[④]，这说明李宪生前喜好药酒养生。诗人李白、王维、杜甫诗作中有关养生饮食的诗句很多；白居易虽虔诚信奉佛教，但晚年不仅来往于神坛道场，并“腹空先进松花酒，膝冷重装桂布裘”[⑤]，即服药酒养生。一些佛门弟子既以佛家空了为怀，又服饵

① 《全唐诗》卷727《戏张道人不饮酒》。

② 《全唐诗》卷492《题龙池山人》。

③ 《全唐诗》卷494《遇醉道士》。

④ 《旧唐书》卷95《睿宗诸子传》。

⑤ 《全唐诗》卷458《枕上作》。

丹药，注重饮食养生，所食品物一如道徒，在饮食方面体现了佛、道的高度统一。皇帝更是如此，中唐皇帝唐宪宗就是其中之一。元和六年（811），年逾八旬的官吏赵昌被授华州刺史，赴任前向唐宪宗辞行，“趋拜轻捷，召对详明”，宪宗十分震惊，他使宰臣秘密查访赵昌“颐养之道”[①] 奏闻。显然，赵昌是一位注重养生的官僚。而唐宪宗终死于服食丹药，足见其对道徒修炼养生的理解是何等片面。重阳节饮菊花酒，是道徒首创，唐中后期演化为全社会重要的节日风尚。另外，初唐孙思邈《千金要方·食治》及同书“道林”篇，孟诜《食疗本草》3卷，以及唐国家药典《唐本草》有关养生饮食的记载，无疑从另一方面显示出道教徒饮食的普及和社会化倾向。

（《陕西师范大学学报》1998年第4期）

① 《新唐书》卷151《赵昌传》。

唐代帝王的巡幸

史载最早从事巡幸者为传说中的黄帝。秦始皇统一中国的次年（前200），就开始了旷日持久、耗费资财的巡幸，直到病死沙丘（今河北广宗西北大平台）为止。此后，历代帝王都将巡幸作为廓清吏治、提高皇威的重要手段，即所谓“省风俗、见高年，所过必给复，所至必赦宥”。唐代帝王巡幸表现为访问高年、巡视地方、奖黜吏官、来往两京避暑就食、巡游名胜、祭奠先贤等。伴随着唐王朝的兴衰，前期和后期巡幸从频率到威仪，以及规模上均有明显的差异。

一 巡游乡闾 访问高年

历代开国皇帝对其故乡和发迹地均极为怀恋，当他们成为一国之主君临天下之后，往日的征战记忆以及浓郁的故乡情结，促使他们重游故地。这既有荣归故里、衣锦还乡的荣耀，又是巡幸礼仪的实际需要。刘邦游幸故乡沛邑（今沛县），高唱《大风歌》；北周明帝宇文毓巡幸同州故宅，更是诗兴大发，“举杯延故老，令闻歌《大风》”，足见其有如刘邦同样的豪迈情怀。唐武德元年（618）末，虽然唐军仍与隋朝残余势力鏖战不息，高祖李渊却带领随从仪仗巡幸位于“长安城朱雀街西第二街以北第二坊之西南隅”的故庄（李渊的父母曾居住于此），置酒高会，极欢而罢。武德四年（621）、六年（623）又两次巡返故里，并于六年四月改“龙潜旧宅”为通义宫[①]，并祭奠其父母，“哽咽悲不自胜”[②]。唐太宗贞

① 《唐大诏令集》卷79。

② 《册府元龟》卷113。

观中亦游历于此，并改通义宫为兴圣寺[①]。同时，李渊的另一住处也受到重视。武德元年十月，李渊巡幸武功旧宅，改其名为武功宫（今陕西武功境内），六年十二月改武功宫为庆善宫，七年（624）十月李渊再次巡幸此处。唐太宗李世民贞观六年（632）巡幸于此，大宴群臣，赋诗云“共乐还乡宴，欢比大风诗”，随后改庆善宫为慈德寺[②]，这里是太宗的诞生地，他以此追怀父皇的亲情和功业；贞观十六年（642），太宗又巡幸至慈德寺，与当地父老涕泣而论旧事，老人们相顾蹈舞，争上万岁寿，以示感恩欢跃，太宗尽饮杯酒，极欢而返。唐高宗龙朔元年（661）、麟德三年（666）两次巡幸旧宅，并“感怆久之，度僧二十人”[③]。

与此同时，初唐诸帝对起兵反隋的发源地并州（今山西太原）也情有独钟。贞观十五年（641）五月，并州父老诣阙请太宗行幸太原，唐太宗动情地说道：“飞鸟过故乡，犹踯躅徘徊，况朕于太原起义，遂定天下，复少小游观，诚所不忘。”[④] 但随着封禅泰山计划的取消，赴太原巡幸的愿望也就落空了。直到贞观二十年（646），唐太宗在讨伐高丽回师途中，才顺路巡幸太原，实现了巡游故地的愿望。唐高宗调露元年（679）九月巡幸并州，知顿使狄仁杰及时上谏，终于免除了并州百姓重开御道的劳役之苦[⑤]。唐玄宗开元十一年（732）正月行幸北都太原，其目的也是“振威耀武，并建碑纪德，以申永思之意”[⑥]。中宗景龙二年（708）四月，时为临淄王的李隆基被授予潞州别驾离开长安。在潞州（今山西长治市）的一年多时间里，李隆基遇到许多事情，并为此后荣登皇位储备了一系列因素条件。开元年间，他曾三次巡幸潞州（开元十一年、开元十二年、开元二十年），并写有《巡省途次上党旧宫赋》，序云：“……爰因巡省，途次旧居。山川宛然，人事无间，忽其鼎革，周游馆宇，触目依然。虽迹异汉皇，而地如丰邑。击筑慷慨，酌桂留连。空想大风，题兹短什。”[⑦] 玄宗把自己与潞州的关系和汉高祖刘邦之于家乡沛

① 《全唐文》卷9太宗《舍旧宅造兴圣寺诏》。

② （宋）宋敏求：《长安志》卷14。

③ 《旧唐书》卷4、卷5《高宗本纪》。

④ 《旧唐书》卷3《太宗本纪》。

⑤ 《旧唐书》卷89《狄仁杰传》。

⑥ 《唐会要》卷27《巡幸》。

⑦ 《全唐诗》卷3《巡省途次上党旧宫赋》。

邑相比较，足见其对发迹地的追念和崇敬之情。

初唐诸帝巡幸过程中不同程度地对辖内高年耆老予以探访关照。贞观六年三月，唐太宗巡幸九成宫，发使存问高年鳏寡。十八年（644）十一月，太宗巡幸洛阳宫，遣使至郑、汝、怀、泽四州巡问高年，赏赐钱物绢帛，以示关怀；太宗还召集洛阳有名望的老年人190余名至仪安殿，设宴招待，与之同乐。十九年（645），太宗亲至河阳（今河南孟县南）年170余岁的吕姓寿星家中，赏赐绢帛以示慰问；接着，又至汲县（今河南汲县）翟、张二位百岁妇人家中看望，至隐居平棘（今河北赵县）服食金青140余岁的张道鸿寿星庐舍中，赐予衣服等物品。唐高宗龙朔元年四月巡幸河南张姓妇人家中，赐物存问抚慰，又看望居住于东都年迈功高的名臣李勣、许圜师等人，君臣谈笑极欢而罢。唐玄宗开元二年（714）十一月巡幸眉县风泉汤（今陕西眉县境内），下令赐予年九十以上并笃疾“物四段，锦布各一屯”[①]。从形式上看，唐太宗、高宗、玄宗等巡幸过程中存问高年，这是统治者维护统治长治久安，满足巡幸礼仪的一种微小行动。然而，它却体现了唐王朝国家强盛，最高统治者体恤民情，兢兢求治的良性心态。同时，它对强化全社会尊老敬贤意识，提高当时全民道德教化水准具有突出的作用，其产生的积极影响也是十分深远的。

二　巡游古迹　避暑休闲

早在贞观六年，太宗在巡幸洛阳途经灞上，即亲临汉文帝霸陵前，设礼祭奠；过华阴（今陕西华阴市），祭奠汉太尉杨震，太宗自作祭文宣示。他还对身边的尚书仆射长孙无忌说道：“昔朕在隋，数数经此，买飧而食，赁舍而宿。自平定祸乱，君临四海，越十余载，不涉此途。今者出关，六军清道。自省德薄，甚增抵惧”，并以隋炀帝“不顾百姓，行役不休”，最终导致“身戮国灭，为天下笑”的下场引以为戒，认为“福善祸淫，亦由人事”，希望长孙无忌等人直言国事，他自己将择善而从[②]。二十年（646），太宗巡幸晋祠（今山西太原境内），令树碑制文。显庆三

① 《册府元龟》卷113《帝王部·巡幸二》。

② 《唐会要》卷27《巡幸》。

年（658），高宗游幸古长安城，向臣僚问及长安自秦汉以来，以其为都的王朝宫室与百姓杂居的原因，又问昆明池何年开凿，并要求太子宾客、兼修国史许敬宗与弘文馆学士检索秦汉以来历代宫室的位置变迁奏上①。高宗每至一地，都悉心询问各地风物名胜，如巡幸至濮阳，即问濮阳"古谓之'帝丘'"的缘由。许敬宗博闻多识，高宗对其回答颇为满意。开元五年（717），玄宗巡幸东都，右散骑常侍褚无量上表，建议"陛下所过名山、大川、丘陵、坟衍。古帝王、贤臣在祀典者，并诏致祭"，玄宗诏从其奏。十二年（724），玄宗巡幸途经西岳华山，敕令华州刺史徐知仁与信安王李祎，勒石于华岳祠，玄宗亲撰碑文及诗，以示祭奠。十三年东封泰山，巡幸至孔子故宅，亲设礼祭奠。太子左庶子吴兢上谏，援引贞观时太宗"凡有巡幸，则博选识达古今之士，以在左右，每至前代兴亡之地，皆问其所由，用为鉴戒"，建议玄宗"遵而行之"②。可以看出，唐朝皇帝巡游名胜，并非单纯游乐，特别是唐太宗，他祭奠汉文帝霸陵，想到了汉文帝节俭而汉兴、隋炀帝不顾百姓死活兴劳役而隋亡，并引以为戒。唐高宗好古乐闻，以史为鉴；唐玄宗能听从臣僚劝谏，巡幸思鉴，祭祀先贤，这些都为形成初盛唐时代政治清明提供了可能。

另外，由于唐初社会经济持续发展，统治区内保持了相对安定局面。唐太宗、高宗、玄宗等皇帝在位期间，出自统治的需要和自身物质条件的限制，当然，主要是统治阶级固有的享乐思想所决定，他们几乎每年要到长安附近名山风景区，或东巡洛阳避暑、过冬，从而形成初盛唐时期帝王生活的突出特点。这种以娱乐游幸为主的活动，在特定的历史时期，成为唐朝廷日常重要的朝务活动之一。自太原起兵以后，李世民戎马战阵十数年，为创立唐王朝基业立下了汗马功劳。当他荣登皇位之时，昔日战争留下的创伤时时困扰着他，加之京师长安地区四季温差很大，夏日酷暑和冬天严寒都使其疲于应付。贞观二年（628），有臣僚奏请太宗营造一凉阁避暑，太宗云："朕有气病，岂宜下湿？若遂来请，靡费良多……"③ 婉言谢绝了臣下的请求。

四年（630）二月、五年（631）十二月，太宗为躲避严寒前往温汤

① 《旧唐书》卷82《许敬宗传》。

② 《唐会要》卷27《巡幸》。

③ 《贞观政要》卷6。

(今陕西临潼华清池)，但每次往返时间都未超过十天，从贞观六年到八年，太宗大多数是三月西去九成宫（位于今陕西麟游县），到九月或十月才返回长安。这期间，监察御史马周曾以“太上皇春秋已高，陛下宜朝夕视膳，而晨昏起居。今所幸宫，去京三百余里，銮舆动轫，严跸经旬，非可以旦暮至也。脱太上皇情或思感，而欲即见陛下者，将何以赴之？且车驾今幸，本为避暑而往，然则太上皇尚留热所，而陛下自遂凉处，温情之道，臣窃未安。此秦皇、汉武之事，非尧、舜、禹、汤之所为……”贞观七年，散骑常侍姚思廉亦进谏，太宗不无感慨地说道：“朕有气疾，热便顿剧，固非情好游幸，甚嘉卿意”[①]，即善意地回复了臣僚的责难。由此可以看出，唐太宗晚年确实身体有恙，故成为其巡幸避暑的重要原因。

贞观九年（635），唐高祖李渊病薨，太宗从此放开手脚，贞观十三年、十八年，太宗都是在九成宫度过盛夏的。随着时间的推移，太宗固有的疾病未见好转，服食丹药希望长生又使得其身体燥热难耐，赴路途遥远的九成宫、洛阳宫避暑已不能满足其身体和欲念的需要。于是，贞观二十一年（647）敕令在坊州宜君县（今陕西铜川境内）建造玉华宫，以取代此前已建成的终南山翠微宫。虽然史载玉华宫“土无文缋，木不雕锼，矫金铺以荆扉，变绮牕于瓮牖……”[②] 但实际情况并非如此。太宗徐贤妃的谏疏中有“北阙初建，南营翠微，曾未逾时，玉华创制，非惟构架之劳，颇有工力之费。虽复茅茨示约，犹兴木石之疲”[③] 之句。可见太宗为避暑巡幸营造宫苑劳民之巨。高宗永徽初年下令改玉华宫为佛寺，而对自隋文帝以来的九成宫仍怀有好感。永徽二年（651）改九成宫为万年宫（乾封二年又改称九成宫)。此后，永徽五年（654）三月至十一月，麟德元年（664）二月至八月，乾封二年（667）二月至八月，总章元年(668）三月至八月，总章二年四月至九月，咸亨元年（670）四月至八月，咸亨四年四月至十月，上元三年（674）五月至九月。此八年中，高宗每年均有半年时间是在九成宫度过的，其目的也是为避暑。高宗晚年还在洛阳及长安周围修造了一系列避暑的宫苑，并且长时期居住于洛阳

① 《唐会要》卷27《巡幸》。

② 《全唐文》卷8太宗《玉华宫成曲赦宜君县诏》。

③ 《贞观政要》卷8《征伐》。

宫中[①]。唐玄宗即位后，除过二次去眉县凤泉汤（开元二年，开元十一年），一次去汝州（今河南临汝）广成汤之外，每年十月或次年二月，都要去临潼温泉宫（天宝六载改为华清宫）[②]。他和太宗、高宗巡幸避暑有明显的不同，表现为：巡幸次数频繁。据不完全统计多达30余次；每次居住时间最长也不过一个月，即居留时间短；时间选定不同，为每年十月中旬以后，或者来年二月，不是为了过冬，更谈不上避暑（来回时间很短）。这是纯粹意义上的游幸休闲。中唐唐代宗、德宗以后，皇帝小范围（长安周围）内的巡幸，亦是游乐巡幸的集中表现，而唐穆宗、敬宗巡幸长安周围寺观名胜，当时人们往往将其视为荒政。

三　巡视宇内　奖黜吏官

唐初高祖、太宗、高宗诸帝巡幸，一般仅局限于上文所及的两个方面。唐玄宗即位之初，太上皇睿宗即令其巡视边境宇内，其制书中有："其有牧州典郡，功施于人，杖节拥旌，隐若敌国者，当崇进律之赏，加以分麾之命。若郡政不举，军令莫修，聚敛苛细，侵削战士者，明兹典宪，肃以天诛。"[③] 虽则这次巡幸因故而未能成行，但巡幸的目的却是非常明确的。开元五年（717）正月，玄宗诏令巡幸东都，所过州县，令紫微令、黄门侍郎苏颋"访察刺史上佐政术，定作三等奏闻"。尽管玄宗未亲自访察，但通过宰相对沿途州县官员的考察，条分缕析，定为三等，有利于对地方官的甄别选任。针对皇帝每次巡幸，沿途地方官多做精美饮食奉献于途的流弊，开元七年，唐玄宗严诏禁止献食，认为献食"实由纲纪未树，教令不行"的缘故，并点名批评同州刺史李朝隐、陕州刺史姜师度、蒲州刺史程行堪。鉴于此三人"能善政，故乃屈法收情"[④]，不作严格处理。开元十年正月，玄宗先是巡幸东都，十二月，从东都北巡并州，听从兵部尚书张说奏议，至汾阳祭后土祠。十一年正月，贬平遥县令王同庆为赣尉，其罪名是"广为储偫，烦扰百姓"[⑤]。唐开元十三

---

① 《旧唐书》卷4、卷5《高宗本纪》。

② 《册府元龟》卷113《帝王部·巡幸二》。

③ 《唐大诏令集》卷79《睿宗令皇帝巡边诏》。

④ 《册府元龟》卷113《帝王部·巡幸二》。

⑤ 《资治通鉴》卷212，玄宗开元十一年（723）正月。

年，玄宗封禅泰山返回驻跸宋州（治今河南商丘南），设宴招待行从官员。宋州刺史寇泚参与宴会。玄宗对此行沿途州郡官员多有评说：如怀州刺史王丘"饩牵之外，一无所献"；魏州刺史崔沔"供帐无锦绣，示我以俭"，济州刺史裴耀卿"表数百言，莫非规谏"。认为"如三人者，不劳人以市恩，真良吏也"。而宋州刺史寇泚"比亦屡有以酒馔不丰诉于朕者，知卿不借誉于左右也"，下令擢任王丘为尚书左丞，崔沔为散骑常侍，裴耀卿为定州刺史。玄宗还对张说云："曩者屡遣使臣分巡诸道，察吏善恶，今因封禅历诸州，乃知使臣负我多矣。"可见，通过巡视各地，玄宗对沿途诸州刺史政绩行为亲自考检，体会到了身体力行调查地方官善恶，和派使臣察检所得结论大相径庭，得出"使臣负我多矣"[①] 的结论。开元二十四年（736），玄宗从东都洛阳西返长安，过陕州，刺史卢奂"有善政"，玄宗令人题写赞辞于刺史厅堂，以示旌表[②]。此后十数年间，玄宗长期居留京师长安，很少作长距离巡幸，直到"安史之乱"爆发逃离京师长安为止。贞元三年（787），德宗巡幸新店（今河南三门峡市西南），至百姓赵光奇家，问及百姓生活状况，言"今岁丰稔，何为不乐？"赵光奇答曰："诏令不信，前云两税之外悉无他徭，今非税而诛求者殆过于税。后又云和籴，而实强取之，曾不识一钱……，每有诏书优恤，徒空文耳！恐圣主深居九重，皆未知也！"[③] 唐玄宗巡幸各地，及时发现地方官处政优劣，对不称职的官员或予以通报、或降格处理，而对政绩卓著的官吏则大加奖擢旌表。德宗入百姓家了解政情，才对"每有诏书优恤，徒空文耳！"的状况有所了解。看来，在传统时代，君主只有通过巡视各地等方式，透过各种自然的或人为的表面现象，深入调查研究，才能取得统治的第一手资料，随之有的放矢，制定出行之有效的措施，达到政治清明，上下通和的效果。唐后期诸帝因朝廷日趋衰落，直接管辖区域缩小，因而巡幸多在长安周围。他们巡幸很少有探察政情的记载，故所谓巡幸要么是纯粹的游玩，要么也只是流于形式而已。

如上文所述，初盛唐皇帝封泰山，祀后土也属巡幸的重要内容之一。另外，唐王朝定都关中，随着长安人口的增多，特别是官僚机构的膨胀，

---

① 《资治通鉴》卷212，玄宗开元十三年（725）十一月。

② 《资治通鉴》卷214，玄宗开元二十四年（736）十月。

③ 《资治通鉴》卷233，唐德宗贞元三年（787）十二月。

关中有限的粮食供给难以满足日益增多的人口需求，加之天灾频仍，唐初漕运又不甚发达，早在隋文帝时就以巡幸洛阳就食缓解关中缺粮问题。唐高宗曾七次巡幸洛阳，其中四次是和关中粮食歉收有关[①]。唐中宗景龙三年（709）亦是因关中旱饥，群臣建议巡幸洛阳，即关中粮食供应问题应是此次东巡的主要原因。开元二十二年（734），关中霖雨不断，庄稼歉收，玄宗东幸洛阳。就是说，关中天灾、区域狭小诸原因导致的粮荒，促使唐初如高宗、玄宗屡次东巡，以缓解关中缺粮的压力。

应当说明的是，巡幸是唐初诸帝维护统治、满足个人欲望的集中表现，一般说来，它都会不同程度地对广大百姓造成负担，劳民伤财。《唐六典》卷14载，皇帝每当行幸，随行仪仗卤薄就达1838人，“分为二十四队，列为二百一十四行”[②]。随从王公贵族、官僚以及警卫部队，其人数动辄以千计。如麟德二年（665）高宗东封泰山，“从驾文武兵士及仪仗法物，相继数百里，列营置幕，弥亘郊原”，突厥等诸蕃酋长“各率其属扈从，穹庐毡帐及牛羊驼马，填候道路”[③]。正因如此，唐政府设有专门的巡幸知顿使，负责安置皇帝及从行人员的食宿；桥道使，主管对沿途道路、桥梁进行必要的清理维修，以利皇帝巡幸。

另外，唐朝廷还设有温泉汤监、九成宫监等官职，负责皇帝行幸之汤监事务及供给。贞观十二年（638）二月，唐太宗巡幸蒲州，刺史赵元楷“课父老服黄纱罩衣，迎谒路左。盛饰廨宇，修营楼雉，欲以求媚”，又“潜祠羊百余口，鱼数千头，将馈贵戚”，太宗认为“此乃亡隋弊俗”，对赵元楷予以责备[④]。但由此可看出唐初皇帝出行多注重形式、排场，此应是赵元楷之流得以广行其术的前提。唐玄宗历次巡幸前下诏，“一事以上，并用当处官物，不须科敛百姓”，但巡幸所用的官物，同样是当地百姓赋税膏脂，财物用之则无，怎能不劳烦百姓？开元二十四年（736），唐玄宗敕云：“两京行幸，缘顿所须，应出百姓者，亦令每顿取官钱一百千。又作本取利充，仍令所由长官专勾当，不得抑配百姓。”[⑤] 从这条史

① 参见石云涛《唐前期关中饥荒、漕运与高宗玄宗东幸》，《魏晋南北朝隋唐史资料》第13辑，武汉大学出版社1994年版。

② （唐）李林甫等编，陈仲夫点校：《大唐六典》卷14，中华书局2005年版。

③ 《唐会要》卷7《封禅》。

④ 《唐会要》卷27《巡幸》。

⑤ 同上。

料可知，开元二十四年以前，每当行幸，并非如上文所云，“不须科敛百姓”，百姓直接身受其祸。另外，取官钱生利以供巡幸资用，无非是政府部门放高利贷，对百姓来说更谈不上有什么益处，因为这最终还是要转嫁到老百姓头上的。况且，该敕令是否执行亦史无明载。唐肃宗乾元二年（759）十月下诏东行，严令王公从官“每顿主人供蔬饭，不得辄置鱼肉、饼果及铺设，亦不得妄差人力，别有抵承”，并规定“如有违犯，王公以下、五品以上具名录奏，当日贬官，余并从军令”，同时还诏令知顿使、左右巡使、御史“相知纠察，具状弹奏，如涉阿容及不能举奏，所由议在必行”[1]。看来，肃宗对造成天宝乱离深有体会。具体到巡幸，形成贿赂、献食等腐败风气的根本原因在于行从官贪得无厌、巧取豪夺[2]。唐肃宗看到这一点，并想加以惩治，这是难能可贵的。总之，无论是巡幸地方、察风问俗，抑或巡游休闲，都应将老百姓的利益放在首位，因为兴师动众巡幸花费的钱财，既是百姓的辛劳血汗，又是国富民强的基石；更重要的是，过度的巡幸会导致上行下效，严重毒化社会风气。

唐朝诸帝巡幸颇多特点。玄宗以前诸帝的足迹遍及黄河流域各地，有的曾涉足辽河流域。如唐太宗因讨伐高丽，东至辽东城（今辽宁辽阳市）、安市城（今辽宁海城营城子）。唐太宗、高宗、武则天、玄宗都曾北至太原，唐太宗、高宗、武则天则往返于长安与九成宫，或长安与洛阳两都之间。唐玄宗以后诸位皇帝，除玄宗、僖宗迫于王朝变乱仓皇南逃入川，代宗东奔陕州，德宗狼狈西走奉天（今陕西乾县）、南下梁州（今陕西汉中）之外，其余诸帝多往来于长安宫苑之间，就是近在咫尺的东都洛阳也无缘巡幸（昭宗被裹挟于洛阳不在限内），这是和唐朝国运衰落密切相关的。同时，唐朝诸帝巡幸，除唐太宗、高宗因健康原因，往来于长安与行宫之间避暑、玄宗赴华清池休闲游乐外，其余巡幸大多有政治或礼仪目的。中唐以后皇帝限于时势维艰及自身素质所限，巡幸的目的则完全是为了游乐，这是唐朝前后期皇帝巡幸最显著的差别。

（《南都学坛》1994 年第 3 期）

---

① 《册府元龟》卷 113《帝王部·巡幸三》。

② 参见拜根兴《试论唐代的献食》，《唐史论丛》第 7 辑，陕西师范大学出版社 1998 年版。

贞观之治:胡汉融合与社会开放

一　文成公主与唐蕃和亲

（一）吐蕃松赞干布求婚始末

贞观初年唐与周边少数民族政权的和战往来，使得唐太宗君臣更加自信，同时也在边疆各民族中建立起无可超越的威信。然而，刚刚强大的唐朝在对外政策方面仍然采取较为稳妥的措施，力争在与周边民族政权交往中处于不败之地。和亲政策就是当时主要的措施之一。

地处唐朝西南的吐蕃王朝，由于和唐朝地土相邻，在对西南地区民族交往中处于十分重要的地位，唐太宗很快就注意到这一点。当时统治吐蕃的是松赞干布（弃宗弄赞）。据史料记载，松赞干布很小就继承了赞普王位，性格豪爽、武艺高强，有雄才大略，先后臣服附近的羊同及诸羌政权。贞观八年（634），松赞干布首次遣使到达唐都长安朝贡。不久，唐太宗派遣使者冯德遐前往吐蕃抚慰，松赞干布热情接待，并对唐朝产生了更加浓厚的兴趣。他听说突厥、吐谷浑都已和唐朝联姻，唐朝嫁公主到这两个地方，因而派使者携带丰厚的礼物金宝，以及求婚表文，随同冯德遐一起赴长安求婚。面对吐蕃的求婚请求，因当时对吐蕃的情况了解得并不多，加之其他因素所致，唐太宗并没有立刻答应，而是盛情款待使者后，将其送回①。吐蕃使者返回后对松赞干布说："刚到长安的时候，唐朝热情招待我们，并答应嫁公主到吐蕃。正在此时，吐谷浑王也到达唐都，是他们从中挑拨离间，唐朝才慢待我们，进而改变了此前

---

①　参见陈松、黄辛建《唐与吐蕃首次遣使互访史实考略》，《西南民族大学学报》2012 年第 4 期。

嫁公主到吐蕃的承诺。”① 查阅这一时期的记载，吐谷浑王确实到过长安，但时间在吐蕃使者到达长安之前，因而不可能有挑拨唐与吐蕃关系之举动。可能是吐蕃使者道听途说，也可能是有意编造，因为如此就可推卸他未能完成使命的责任。松赞干布听了使者的话后，很快组织兵力，并联合羊同等民族，出兵进攻吐谷浑。面对吐蕃的进攻，弱小的吐谷浑逃遁躲避吐蕃兵锋，结果其部属家畜遭受吐蕃的掳掠。虽然如此，松赞干布仍未善罢甘休，出兵进攻党项以及白兰诸羌族，频繁进攻和唐朝保持关系的周边民族，向唐朝示威。贞观十二年（638），松赞干布率领二十万兵卒迫近唐朝西南边境松州西境，遣使携带金银财宝赴唐，说是要迎接唐朝公主入藏。他还对下属说：“如果大唐不嫁公主给我，我定率兵进攻唐朝边境。”不久，吐蕃进攻松州，松州都督韩威缺乏缜密对策，率领少数骑兵到前沿了解敌情，结果被吐蕃军打败。西南边境由于吐蕃入侵，人心惶惶不安。

面对吐蕃为求婚发起的挑衅要挟和不断升级的入侵，唐太宗采取军事行动和怀柔政策并用策略。唐朝任命吏部尚书侯君集为当弥道行军大总管，右领军大将军执失思力为白兰道行军总管，右武卫将军牛进达为阔水道行军总管，右领军将军刘兰为洮河道行军总管，众将军以步骑五万迎击吐蕃。唐军虽然人数不多，但却是唐军的精锐，历经战阵。先锋军牛进达据守松州，吐蕃军围城十余日也不能攻克，唐军乘吐蕃攻城不克心理懈怠的机会，趁夜色突出松州城袭击吐蕃营帐，斩杀吐蕃军兵一千余人，取得初战胜利。松赞干布看到唐朝精锐部队士气高昂，战斗力强，若两军继续作战，对吐蕃并没有什么好处，因而一面下令撤军，一面遣使谢罪并再次向唐求婚。为了维护西南边境的安定，避免周边已经平息的战事再次出现反复，使统治区内百姓真正做到休养生息，唐太宗最终决定答应松赞干布的求婚请求。唐朝与吐蕃和亲正式开启。

贞观十四年（640）十月，已经得到许婚的松赞干布，派遣国相禄东赞（噶尔东赞）为正使，智塞公顿为副使，带领人数突破一百人的庞大使团，携带黄金五千两，珍稀宝物数百件作为聘礼，浩浩荡荡来到唐都，

① 《旧唐书》卷196上《吐蕃上》。文中并未引用原文，而是对原文的翻译解释，本篇下文亦有相同情况，特予说明！

向唐朝正式请求出嫁公主到吐蕃[1]。据记载，禄东赞虽不识文字，但机智干练，在吐蕃上下颇有威望，受到松赞干布的器重和信任。唐太宗接见吐蕃使者，禄东赞灵活应对，很受太宗欣赏。传世阎立本画作《步辇图》，就是描绘唐宫这次盛大的外事活动情景：画中唐太宗坐在步辇上，吐蕃使者毕恭毕敬地陈述，太宗则全神贯注倾听，宫女们抬着步辇、打着团扇，唐初皇帝接见吐蕃使者的影像跃然纸上。于是，唐太宗授予禄东赞右卫大将军，并想将琅玡公主的外孙女段氏许配给他。唐太宗为什么这样处置，无外乎是想以此拉近并加强与吐蕃的关系。但禄东赞的回答多少使唐太宗感到诧异，他说："因父母已经给我选定了妻子，故而原谅我不能接受皇帝陛下的浓浓厚意；再者，我们英明的赞普还没有见到大唐雍容聪慧的公主，我怎能抢先为自己娶妻呢。"唐太宗不听禄东赞的陈词，加之吐蕃副使智塞公顿嫉妒禄东赞受到唐皇帝的器重和关注，在与唐朝鸿胪寺官员商议以一名人质暂留唐长安时，主张禄东赞为首选人物。为了唐蕃友好，禄东赞同意作为人质暂留长安。唐太宗赐予禄东赞住宅一区，并将上述段氏许配给禄东赞，禄东赞迎娶段氏为妻，而副使智塞公顿率使团其他人等回返吐蕃，向松赞干布汇报求婚捷报并准备迎亲。

再说中原王朝自西汉初奉行和亲政策以后，历代皇帝的亲生女儿出嫁番邦边地的并不多，远嫁荒漠陌生国度的多是宗室或民间女子。据史载唐太宗共有 21 个女儿，贞观十四年（640），唐太宗李世民 42 岁，第三女汝南公主贞观十年已经死亡，从现存墓志看似乎还没有出嫁。第五女长乐公主李丽质 19 岁，此时已下嫁长孙冲。第十一女临川公主李孟姜 16 岁，也已出嫁。第十九女兰陵公主 13 岁，此时正值婚龄（后嫁与窦氏）[2]。从现在掌握的史料看，按照当时皇室及贵族女子的婚嫁年龄，似乎唐太宗并非没有女儿待字闺房，而且可能还为数不少。但是，唐太宗还是选择了宗室女子前往吐蕃。这位宗室女子就是后来的文成公主。

文成公主的父亲是谁，唐太宗为什么会选中她？与此关联的问题均

---

① 关于唐蕃交聘关联问题，参吴以宁《唐蕃交聘制度考述》，《学术月刊》1994 年第 10 期。

② 参王其祎、周晓薇《唐代公主墓志辑略》，《碑林集刊》第 3 辑，陕西人民美术出版社 1995 年版。

未见史料记载，我们只知道这位16岁的李唐宗室女子，很小就被长孙皇后收养在宫中，接受各方面的教育，不仅美丽动人雍容华贵，而且还具有极高的文化修养（传说她精通文学、历算及相地术）和坚强不摧的意志及忍耐力。唐太宗册封这位自幼生长在宫中的宗室女子为公主，担当大唐与吐蕃的友好使者重任，肯定也是察觉到她具有区别于其他贵族女子的非凡之处。对于文成公主来说，无疑也是一个平生不曾有过的严峻考验。这主要体现在这位公主要放弃衣食无忧的汉族贵族生活，前往千里冰封极度陌生，和唐都长安迥然相异的高原地带，去和一位未曾谋面、语言不通，但却要共同度过此后人生历程的吐蕃赞普婚配，其中酸楚无奈、怨天尤人，但又蕴涵无限期盼和遐想的心情，大概只有文成公主自己才能体会得到。这时留在长安的禄东赞，不时地拜见文成公主，给她介绍吐蕃境内奇闻逸事，加深对吐蕃和伟大英明的赞普的印象和了解。如有的书中曾记载禄东赞看到文成公主闷闷不乐，就给她唱有关吐蕃的歌谣：

吐蕃藏地，吉祥如意。众宝所成，赞普宫中，神作人主。
松赞干布，大悲观音。神武英俊，见者倾慕。以教制邦，
人民奉法，诸臣仆从，歌唱升平。出佛慧日，擎功德灯。
出产诸树，土地广博，五谷悉备，滋生无隙。金银铜铁，
众宝具足。牛羊繁殖，安乐如是。至奇稀有，公主垂听。

显然，禄东赞在唐都的一系列活动，以及对文成公主的循循善诱，有助于她改变心态，正确面对未来的生活。

关于松赞干布此时的年龄，现有史料记载不尽相同，故学术界也有不同的观点和看法。有研究者认为此时松赞干布已经72岁，也有主张48岁的，另有学者力主24岁说，但一般研究者多依从24岁之观点。就是说，16岁的文成公主肩负大唐王朝的神圣使命，将要远嫁到长安朝野上下均津津乐道，但又难能具体描述的西南边陲高原地带——吐蕃。

（二）文成公主是如何入藏的

从长安出发前往吐蕃首府逻些城（今西藏拉萨），即使在步入21世纪的今天，虽然我们拥有飞机、火车、汽车等现代化运输工具，前往也

不是一件容易的事情，我们仍然要面对迥异的气候和令人魂断雪原的高原反应，而在一千三百六十余年前的唐朝更是可想而知，当时只有马匹和人力，其艰难程度真正考验着人的意志和精神。

贞观十五年（641）正月，唐太宗特命江夏王李道宗①，带着释迦牟尼的法像及历史、历算、医药、儒家经典著作等、数万匹绸缎，以及人数众多的工匠技术人员、乐队等庞大使团，持节赶赴吐蕃，作为主婚人送文成公主完婚。那么，唐太宗为什么要选江夏王李道宗作为主婚人，护送文成公主前往吐蕃呢？从现有资料看，李道宗为李唐宗室主要人物之一，当时正值壮年，历经战阵，能够经受鞍马劳顿；同时，李道宗遇事不惊，果敢任事，是值得信赖的人物，此其一。贞观十四年李道宗官拜礼部尚书，又是唐朝宗室藩王，派他前往吐蕃，从礼仪及对唐蕃关系的重视度等方面讲，都可说是较为合适的人选，此其二。贞观初，吐谷浑频繁扰边，李道宗曾经跟随大将军李靖出兵吐谷浑，为追击残敌深入吐谷浑辖境十数日，取得关键性战役的胜利。基于这次战役的缘故，他对前往吐蕃沿途道路山川形势较为了解，此其三。从此后使命的顺利完成看，太宗的选择是值得肯定的。

关于大唐的送亲队伍如何到达吐蕃，现存史籍缺乏完整的记载，当然，已有学者对此做过研究，并得出自己的结论②。我们只有从间接的史料得其大概。《新唐书》卷40《地理志》鄯州西平郡下记载了前往吐蕃的道路，从其中涉及文成公主关联的遗迹判断，文成公主一行就是从这条路前往吐蕃的。也就是说，大唐送亲使团从都城长安出发，经过咸阳、凤翔、陇西、临夏，并向吐谷浑境内的龙支城进发。就在使团即将出发之前，唐太宗派使诏令吐谷浑王做好迎接文成公主的一切准备，因而在吐谷浑境内，文成公主一行受到先前出嫁吐谷浑王诺曷钵的唐弘化公主的盛情款待，唐使团人员、随从的吐蕃使者，以及吐谷浑人在大河坝附近的驿馆内，举行了盛大的联欢活动，弘化公主嘱咐文成公主到达吐蕃应注意的事项，也谈了嫁到吐谷浑后的感受，两人泪眼朦胧，难分难舍，但最后还是依依话别。随后，使团经过临蕃城（今镇海堡）、定戎城（今

① 参见顾吉辰《唐代入蕃使李道宗事迹编年》，《西藏研究》1991年第4期。

② 关于文成公主入藏路线，参黄显铭《文成公主入藏路线初探》，《西北民族学院学报》1980年第1期；黄显铭《文成公主入藏路线再探》，《西藏研究》1984年第1期。

青海湟源西南)、赤岭(今青海日月山)。沿此路继续向前，途经尉迟川(今青海倒淌河)、苦拔海、莫离驿(今青海海南州曲沟一带)、大非川(今青海共和切吉草原)、那录驿(今青海兴海大河坝)。又经暖泉(今青海温泉)、到达烈谟海。而松赞干布早就率兵在柏海(今青海省扎陵湖)附近安营扎寨，等候文成公主一行到来。对于柏海一带，江夏王李道宗并不陌生。回想贞观九年，他与大将侯君集挥师来到这里，曾远望积石山，寻访黄河源头，这里的山山水水对他来说是那样的熟悉，那样的令人流连忘返，因而，唐朝使团与吐蕃迎亲队伍在此会合别有一番趣味。在这里，松赞干布举行了隆重的迎娶仪式，作为长辈，又是唐朝一方的全权代表，李道宗主持了缔结唐蕃友好交往的结婚仪式。松赞干布以女婿的身份，恭恭敬敬向李道宗行礼；同时，他第一次看到人数众多身着各式各样华丽鲜艳服饰的宫女随侍，以及唐朝动人心魄的礼仪规范，感叹大唐礼乐文明的光辉灿烂，其中自惭形秽亦溢于言表。送娶仪式结束后，李道宗及部分唐朝随从人员告别文成公主，返回唐朝，其间依依不舍涕泣离别的场面感天动地；文成公主一行此后随松赞干布继续前行。

他们经过荒无人烟，气候恶劣的生命极限区域，经470里到达众龙驿(今扎布隆山口)，渡过西月河(雅砻江上游)，再经210里到达多弥国西界。渡犛牛河(今青海东南部通天河)，过藤桥100里到达列驿。再经吐蕃村、截支桥及截支川，400里后到达婆驿，经过大月河罗桥，过潭池、鱼池，530里到达悉诺罗驿。又经乞量宁水桥、大速水桥，320里到达鹘莽驿(当拉岭)。在此后的岁月里，每当唐朝使者到达这里之前，文成公主都派人来此迎接。鹘莽驿过后又有鹘莽峡，这里地势险要，但却风景如画，100里之后可达野马驿。经过乐桥汤，400里至阁川驿(今西藏自治区那曲)；恕谌海130里后到达阁不烂驿，一座名叫三罗骨山的雪山映入眼帘。又走60里的路途到达突录济驿。此后，每当唐朝使者入蕃，吐蕃赞普都派人在此迎接慰劳。又经过柳谷莽布支庄温泉，这里的地热资源十分丰富，景色迷人。随后过汤罗叶遗山及吐蕃赞普祭神处，250里到达农歌驿(今西藏自治区羊八井)，距离吐蕃的首府逻些城已经不远了。就是在农歌驿，上述唐使到达这里都受到吐蕃宰相的隆重接待。又经盐池、江布灵河，110里后渡姜济河；继续前行，260里到达卒歌驿。随后渡臧河，经过佛堂，180里后至勃令驿吐蕃鸿胪馆，这里是吐蕃专门接待唐朝及其他国家使节的地方，一行人中的大部分就安置在这里。同时，松赞干布的牙帐也就在附近。

经过漫长艰难极富挑战的吐蕃征程，文成公主一行终于到达目的地，而在今青海、西藏各地流传着很多有关文成公主的传说，表达了汉藏人民对文成公主以微弱之躯，为汉藏友好关系的缔结忘我精神的肯定和褒扬。赤岭，也就是日月山，藏语为“尼玛达哇”，蒙古语称作“纳喇萨喇”，位于今青海湟源县南部与共和县交界处，海拔最高处为4877米，是青海东部农业区和西部畜牧业区域的分水岭。山的东西两边自然环境迥异，东边有梯田阡陌、村落良田，西边则是广袤无边、牛羊成群的草原地带。传说文成公主经过日月山，站在山顶，回头看到自己熟悉的村落良田，再看前方一望无际的草原，抑制不住的感伤如期而至。据说唐太宗此前就预计到文成公主在这里会思念故乡和亲人，所以在出发前专门请宫中匠人打造了一面日月青铜宝镜，装进精美的妆盒赐给她，说到紧要关头才能打开妆盒，可以免除思念家乡亲人之苦。此时，文成公主哽咽地打开妆盒，一面宝镜呈现在公主面前。但不幸的是，此前吐蕃使者恐怕公主从镜中看到亲人留恋不走，故而暗中将日月青铜宝镜换成了一面普通的石刻日月镜，想到达吐蕃后再将宝镜放回妆盒。公主拿出镜子，什么长安的亲人、故乡的山水，一点也看不到，公主怨恨父皇薄情欺骗远嫁异域的女儿，委屈气愤使得她泪如泉涌，她生气地将这面镜子抛在一边，擦干眼泪，毅然决然踏上西去的旅程。当然，到达吐蕃之后，当看到真正的宝镜的时候，气愤怨恨的心情一扫而光，代之而来的是对故乡亲人的无限思念和感怀。正是因为这件事情，后人将赤岭改名为日月山。唐开元年间，唐与吐蕃曾在日月山顶树立起标志汉藏友好的石碑，双方以日月山为界，长时期和睦相处互通有无，随后的茶马互市场所就设在这里。现在日月山口，有20世纪80年代中期，为纪念文成公主入藏建立的日月二亭。日亭内有青海省人民政府撰文树立的“文成公主进藏纪念碑”，记述文成公主入藏和亲过程及历史功绩；亭内墙壁上还绘有禄东赞前往长安请婚巧破难题轶事壁画。月亭内有十分珍贵的“唐蕃赤岭分界碑”，亭内还绘有文成公主入藏后传播唐朝文化，促进西藏社会经济文化发展的壁画。

日月山西麓有倒淌河。传说文成公主怨恨父皇薄情，泪如雨下，其泪水流成了一条河流，因一般河流都是由西向东汇入江河流向大海，而这条河却是由东向西汇入碧波荡漾景色万千的青海湖，当地人给此条河起名为倒淌河。事实上倒淌河发源于日月山西麓的察汗草原，它是流入青海湖的最小支流。河水清澈透亮，常年流水不断。正是由于这条小河自西向东流向青海湖的独特，加之有文成公主的动情传说，如今早已是名扬四海，成为人们乐于前往的地方。倒淌河镇处于青藏公路和青康公路交汇处，镇内建有纪念文成公主的雕塑公园，也是过往行人常常光顾的好去处。

除此之外，四川玉树藏族自治州首府结古镇10多公里的百纳河口不远处，有著名的“文成公主庙”。传说文成公主历经艰难险阻到达这里，她深深感到一行人平安通过天然屏障巴颜喀拉山和通天河，一定是神灵和佛陀保佑的缘故。从小信奉佛教的她，考虑到有必要在此建造佛像，以表达自己虔诚供奉的心愿。于是，她率领随行的工匠，在路旁岩壁上雕刻出数十尊佛像和佛塔。70年后，入藏和亲的金城公主路过这里，她发现了文成公主留下的佛像遗迹。为了很好地保护文成公主奉佛功德，她派人在石雕佛像处修建了一座庙宇，并赐名为“文成公主庙”。现庙内有九尊浮雕佛像，文成公主佛像居中坐在莲花台上，两边上下分两层排列八位宫女，有的手拿莲花，有的手捧牡丹；有的手持金刚杵，有的手托宝瓶；有的手端如意宝食碗，有的手握七星上方剑。整个佛像造型构图落落大方，排列井然有序，姿态容貌形神兼备，显示出高超的石雕艺术水准。

文成公主一行到达吐蕃之后，松赞干布非常高兴。他曾经对亲近的臣僚说：“我的父祖没有机会和中原王朝通婚，现在我终有机会娶到大唐公主为妻，真是天意啊！”鉴于文成公主不习惯毡房生活，松赞干布特意为她修筑了一座城池，城内的装饰摆设，一如中原城邑之制，公主深受感动。与此同时，文成公主厌恶当地人以红色颜料涂抹颜面的风习，松赞干布下令吐蕃境内暂且禁止这种活动；不仅如此，松赞干布脱掉此前穿戴的毡裘服饰，改穿唐人官吏的绸缎衣服，有意识地接近靠拢中原文化，以博得文成公主的欢心[①]。正因如此，也使得刚刚进入吐蕃的文成公主逐渐熟悉并适应和长安天壤之别的生活，投入崭新但不无曲折的新生

① 李永宪认为松赞干布的一系列举动，“其实是一种政治姿态，表明他十分重视与唐朝通婚的结果。下令禁‘赭面’，既是对文成公主的尊重，以‘禁令’的形式取悦于公主，同时也是向唐王朝示好，表明他将进一步推进唐蕃间已有关系的发展”。参李永宪《再论吐蕃的“赭面”习俗》，收入谢继胜等主编《汉藏佛教美术研究》，上海古籍出版社2014年版。

活之中。为什么这么说呢？这是因为，松赞干布在迎接文成公主入藏之前，已先后迎娶了泥婆罗（今尼泊尔）赤尊公主，党项族人茹容氏，羊同族人象雄萨与孟萨赤姜等四个妃子。赤尊公主看到文成公主的到来，心生妒忌，但当了解到文成公主精通天文星算风水，善于佛教庙宇筑造后，最终接受他人的劝解。据《西藏王臣记》一书记载，两人见面后表现得较为友好，赤尊公主说道："汉主文成汝，辛苦婚使迎，虽来此藏地，然我先为大"，显然，她认为她应当是松赞干布的正妻；文成公主的答词也很得体，说："无心作较量，汝言赛谁强，先越户限大，庙堂建湖上"，就是说，文成公主信奉实力，希望让事实说话。从这件事情可以看出，16 岁的文成公主具有超人的承受力和非凡的适应能力，松赞干布很可能就是看中了公主的这一优点。

（三）唐蕃和亲的历史影响

文成公主入藏，完成唐蕃和亲的历史使命，在汉藏文化交流史上谱写出一曲波澜壮阔的篇章，对唐与吐蕃关系的发展产生了极其重要的影响[①]。

首先，唐蕃和亲对吐蕃社会经济文化的发展提供了新的契机。文成公主入藏之时，带去了中原王朝先进的生产技术以及各种书籍，有助于吐蕃封建化过程的进一步展开。随后，中原各种先进生产技术如种植、酿酒、养蚕、造纸、制陶等手工业技术，以及医药、历算等专门知识传入吐蕃，促进了吐蕃在各个方面技术的进步和物质生活的极大丰富。同时，儒学关联书籍传入吐蕃后，儒家治理国家的理念逐渐落实到松赞干布管理吐蕃的实际行动上，他制定的十六条人事准则，就是依据儒家的人伦道德信条。在中原一带十分流行的阴阳五行观念，也是由于文成公主的入藏，在吐蕃社会中流行开来。松赞干布还请求选派吐蕃贵族子弟赴唐都长安国子监，学习《诗经》《尚书》等儒家经典，得到唐太宗的批准。与此同时，他还引进能够识文写作人才，专门负责撰写表疏文字，加强与唐朝的各方面往来。

其次，唐蕃和亲后，双方的关系步入正轨，开启了众多渠道的友好

① 关于唐蕃和亲的原因及历史意义问题，参见雷学华《唐蕃和亲的原因与历史意义》，《广西民族研究》1998 年第 1 期。

交往。贞观十九年（645），唐太宗亲征高丽返回长安，松赞干布闻听消息后，专门派遣大相禄东赞奉表来到长安表示祝贺，携带的礼品中有一件金质天鹅特别引人注目，其制作精美，高达七尺，天鹅身体内可以注入三斛酒，朝野传为美谈。贞观二十二年（648），唐朝右卫率府长史王玄策出使西域，途中受到中天竺国（今属印度）劫掠。松赞干布闻讯后出动精兵，协同王玄策讨击中天竺。当对天竺战斗取得重大胜利之后，吐蕃遣使来长安传达获胜消息。贞观二十三年（649），唐太宗病逝，高宗继位，下诏授予松赞干布驸马都尉，封为西海郡王，赐物二千段。松赞干布还写信给辅佐唐高宗的宰相长孙无忌，说："天子刚刚登临大宝，如果臣下中有不听召唤怀有二心的人，作为驸马的我当率兵前来，为国家除害。"他还向唐朝献上金银珠宝十余种，希望供奉在唐太宗的灵座之前，表示自己强烈的感恩怀念之情。唐高宗非常赞赏松赞干布的一片忠心，晋封其为賨王，赐杂彩绸缎三千段。就是在这一次遣使过程中，松赞干布请求蚕种及酿酒、制作碾磑、造纸及制作笔墨的工匠，唐高宗爽快地答应了他的要求。永徽元年（650），松赞干布病死，唐高宗在长安宫中为其举哀悼念，并派遣右武侯将军鲜于臣济持节携带皇帝玺书前往吐蕃吊唁。和其他十三位周边少数民族政权首领一样，按照松赞干布本人长相雕刻的石雕像，陈列于唐太宗昭陵北司马门内，成为唐朝和周边民族友好往来的见证。

其三，文成公主入藏后的一系列活动，不仅有利于吐蕃民族文化的发展，而且使得唐朝的影响空前增强。传说松赞干布修建拉萨大昭寺时，曾经请文成公主察看拉萨附近地形，文成公主和尼泊尔赤尊公主各派一批工匠艺人帮助修建。结果文成公主在拉萨北郊建造了小昭寺，值得注意的是，小昭寺的正门面向东北方向，体现了文成公主虽出嫁到吐蕃，但仍时刻思念着故乡大唐。正因如此，今西藏地区流传着不少赞颂讴歌文成公主的诗歌，显示出千百年来人们对她的怀念之情。汉、藏史籍中将当时双方的关系称作甥舅关系，即称汉族为舅舅，藏族被称为外甥。尽管此后唐与吐蕃之间曾发生过一些冲突，但是各个时期双方的友好交往却一直没有停止，这些都应当归功于文成公主入藏和亲开启友好之门。唐高宗永隆元年（680）十月，文成公主在吐蕃病死。

二　民族内迁与民族融合

（一）频繁的民族内迁

公元618年唐政权建立，在当时东亚乃至世界成为一件大事，而贞观年间唐朝周边民族的频繁内迁，成为这个事件很好的注脚，验证着事件的真伪。唐朝周边有许多少数民族国家政权，如北方有突厥、薛延陀等，西边及西南方有高昌、吐谷浑、吐蕃、于阗等，东北方有高句丽、靺鞨、奚、契丹，南方则有南诏等。

关于贞观时期少数民族与唐王朝交往，史书中有设置羁縻府州及内附、内属、内徙等不同记载，而其所指含义各不相同。我们这里所要论述的只是内徙，也就是说内迁，因而有关内附、内属关联问题虽也有涉及，但不是论述的重点所在。

自隋朝初年，雄踞北方的突厥就频繁骚扰中原。隋唐之际，突厥坐收渔人之利，获得了许多好处。武德九年（626）六月玄武门之变后，突厥颉利可汗率兵二十万南下，想趁太宗新立，唐朝内部不稳之机，取得更多的好处；然而，唐太宗看出了颉利可汗的如意算计，他带领高士廉、房玄龄等六人骑马隔渭水而语，斥责颉利可汗负约。颉利看到唐朝早有防备，只好退兵。鉴于突厥的存在及对唐朝构成的巨大威胁，贞观三年（629），唐太宗命令李靖、李勣北上讨伐。而颉利可汗众叛亲离，仓皇逃窜。经过艰苦的战斗，李靖俘获突厥男女十余万，杂畜数十万，李勣也俘虏五万余口。颉利可汗本人被唐军俘获解送至长安①。突厥灭亡后，如何安置降服的十余万口突厥人，成为朝野争论的焦点问题，大臣颜思古、李百药、温彦博等提出各自的看法，唐太宗最终采纳温彦博的建议，将突厥降众安置在东起幽州、西至灵州广阔的中原北部沿边地域。在原突利可汗所辖地域，设置顺、佑、化、长四个都督府；分颉利可汗辖地为六州，并设置定襄、云中两都督府加强管理。唐朝还授予突厥降将阿史那苏尼失为怀德郡王，阿史那思摩为怀化郡王；任命右武卫大将军史大奈为丰州都督，其余酋长只要到达长安，都拜将军中郎将等官职，让他们在长安任官。结果，突厥入朝官居五品以上者达到一百余人，相当于

① 《旧唐书》卷194上《突厥上》。

当时在朝官员的一半，而入居长安的突厥人也接近一万家。贞观十年(636)，突厥拓设阿史那社尔率领随从万余家来降，唐朝将这些人安置于灵州以北。阿史那社尔本人留在长安，被授予左骁卫大将军，太宗还将他的妹妹衡阳公主许配给他，以示优崇。贞观十五年（641），阿史那思摩（李思摩）率其属下十余万，精兵四万，马九万匹渡黄河，被安置于故定襄城。此后数年间，李思摩入朝，其属下部分南下，被安置于胜、夏两州。有学者统计从贞观到开元间突厥人内迁数目，认为总共可达一百万人之多，而贞观年间的集团性内迁则最具规模。

突厥灭亡后，以前依附于突厥的一些民族纷纷内迁。贞观三年末，铁勒系统的拔也古、仆骨、同罗部落酋长率众投降。贞观十年初，思结俟斤率领属下四万人投降唐朝。贞观六年（631），原来居住在热海边的铁勒部中的一支契苾部落，酋长契苾何力率部落六千余家到达沙州，唐朝将他们安置在甘、凉二州之间，同时任命契苾何力为左领军将军。与此同时，铁勒系统的另外一支势力薛延陀踵突厥之后控制漠北地区，但唐军很快就遏制了薛延陀的扩张势头，并分别于贞观十五年、贞观二十年（646）两次将其打败，薛延陀八万余人投降唐朝。

处于唐朝东北方的高丽，由于历史与现实种种原因，贞观后期与唐的关系趋于紧张，最终导致贞观十九年的唐太宗出兵亲征。经过数月的激战，唐军攻陷高丽玄菟、横山、盖牟、磨米、辽东、白岩、卑沙、麦谷、银山、后黄十个城池。唐军班师回朝的时候，迁徙盖、岩、辽三州高丽等百姓共七万人，并将他们安置于中原各地。

西北方的吐谷浑、党项等族，或者受到突厥、吐蕃威胁，或者以唐朝为敌等，也曾内迁边地州县。如党项羌拓跋部迫于吐蕃强盛威逼，于贞观初年请求内迁，唐朝将他们迁移至庆州，设置静边等州让他们生活。此一时期，党项的野利、破丑、把利等部落也纷纷内迁，唐王朝在庆州设置静边、安化、宜定、芳池等侨置州。除此之外，自由迁徙者也为数不少，分别生活于灵、夏、胜等州。周边各少数民族政权内附唐朝，唐朝在原居住地设立羁縻府州者也很多，但此与上述内迁有明显的差异，因篇幅所限，在此就不再赘述。

贞观年间周边少数民族部落内迁，是有其具体明确的缘由的。一般来说有以下几种原因。其一，受中原先进的经济文化吸引，迁入和中原接近的缘边地域，方便和中原王朝进行经济文化交流。贞观时期唐朝和周边少数民族政权和战关系复杂，此一方面的例子相对不多。其二，摆脱强大民族突厥、吐蕃政权的奴役，希望通过内迁成为唐王朝的子民，以获得庇护。如铁勒系统诸部落、党项羌，以及后来的吐谷浑等就属于这种情况。其三，逃避所处地区恶劣的自然环境和灾害，以及战争的侵害。作为游牧民族逐水草而生存，如果遇到强烈的自然灾害和不可避免的战争波及，寻找可以生存和可资依靠的新天地当是可以理解的。有史料记载，武德五年（622），突厥境内发生饥荒；贞观二年（628），突厥境内大雪平地数尺，牛羊马匹多冻死。同时，突厥内部矛盾重重，依附突厥的其他民族更是苦于压迫和剥削。这样，贞观三年（629）唐朝与突厥战争爆发之后，不仅是依附突厥的铁勒、薛延陀等部，而且还有突厥不同分支势力，当看到颉利可汗兵败之后，纷纷要求内迁，一则逃离天灾造成的困苦，二则投向唐朝寻求新的庇护和保障。

周边少数民族的内迁对唐朝有什么影响呢？首先，内迁的少数民族百姓，在唐太宗开放的民族政策下，在唐朝沿边或京畿地域开始新的生活。虽然朝野臣僚引经据典探讨此前历代执行内迁造成的危害和苦痛，极力反对，但唐太宗坚持己见，从根本上避免和优化了重蹈覆辙的可能，各民族百姓友好相处，共同缔造了贞观之治的美好前景。就是说，内迁对于少数民族百姓来说，提供了程度不同相对安静祥和的生活环境。其次，内迁的民族多被安置在唐朝西北沿边一带，这些少数民族客观上成为唐朝捍御边境的生力军，此后一旦边境有事，这些民族总能接受唐朝的派遣，充当唐朝抵御外族入侵的第一道防线。其次，由于内迁的缘故，一方面促进了民族融合，另一方面对于少数民族区域社会经济发展提供了重要的契机。这表现在边境地带各民族之间的经济文化往来频繁，文化习俗的相互感染渗透等。最后，由于内迁于沿边的民族自身的各种原因，有的叛服无常飘忽不定，唐朝对于内迁民族采取的统治方式也不统一，有时带有很大的随意性，所以在个别地区造成一定的混乱，进而成为朝廷臣僚经久不息的话题，但从贞观以后的情况看，上述情况并非主流。总之，内迁加强了中原王朝和周边民族的友好往来，促进了民族团结和融合，有利于内迁少数民族社会经济文化的发展，应该是一件值得肯定的事情。

（二）民族融合的高潮

随着贞观时期唐朝与周边民族的和亲，以及众多的民族内迁、内附情况的出现，各民族的融合出现了前所未有的高潮。

入唐的少数民族将领多娶唐朝宗室女为妻，蕃汉通婚蔚为盛事。如上文已经提及，突厥阿史那社尔入唐后，唐朝授予他左骁卫大将军，唐太宗还将他的妹妹衡阳公主许配给他；阿史那忠贞观四年入唐，太宗将宗室女定襄县主嫁给他，并赐予长安宅第；突厥酋长执失思力尚唐高祖女九江公主，拜驸马都尉。铁勒系统契苾部落首领契苾何力入唐后，唐太宗许配临洮县主与他。与此同时，近万家的突厥人入住长安，其中和唐朝人结婚者当然也不少。突厥首领在长安、洛阳都有宅院，如李思摩居所在长安居德里，阿史那忠居所在洛阳尚善里。正因如此，胡化之风潮开始出现。

谈到唐朝长安、洛阳的胡化问题，贞观年间已形成风潮。如上所述，贞观四年三月，周边各少数民族首领来到长安共同上奏，公推唐太宗为“天可汗”，唐太宗爽快地答应，赐予西北各民族首领玺书，规定来往文书称唐太宗为“天可汗”；贞观二十一年（647），西北各族君长主动要求修筑一条直通唐朝与北方各族来往的大道，称为“参天可汗道”，唐太宗答应了他们的请求，并在沿途设立六十八所驿站，驿站备有马匹及酒肉饭食供给来往使者及过客。同时，近万家的突厥人定居长安一带，突厥的各种风俗习惯也扎根生长，直接肇启唐朝的胡化风潮。而这种风潮在贞观年间就已经相当强劲。唐太宗太子李承乾从小受到突厥习俗的熏染，长大后极力推崇欣赏突厥的生活方式。他在东宫选拔一百余人演习胡人的音乐，将头发也做成胡人的椎髻形式，身穿彩绸制作的舞衣，跳跃舞剑，锣鼓声震天地通宵达旦。又做大铜炉及鼎锅，招引奴婢偷盗民间牛羊，亲自烹烧，与这些人共同享用。还喜欢说突厥话，穿突厥服装，曾经选拔类似胡人长相者，让其身披羊裘，制作成突厥的发型，然后五人一小组同住一屋，将部伍分成不同的方阵，旗帜招展加强训练。李承乾本人也住在毡房之中，指使各小组烹羊，然后抽佩刀割肉畅快吞嚼。他还扮作突厥可汗，佯装死亡，让众人号哭并以刀划面。李承乾曾说：“假若登上皇位，我将率数万骑兵到金城，然后披头散发，投靠阿史那思摩，情愿在其麾下做一名下级军官，岂不快哉!”[①] 作为皇太子，李承乾对突厥习俗的热衷喜好竟达到如此地步，足见这种胡化风潮影响力之大。

西域各族的生活风尚传到两京和其他地方。饮食方面，胡饼、饆饠、汤饼（面条）、冷淘（凉面）、馄饨等风行长安、洛阳，此后成为中原百姓喜闻乐见的主要食品；由于突厥等民族内迁以及唐王朝对耕牛的保护，西北少数民族日常食用的羊肉，在长安乃至内地颇受人们喜爱，进而改变了人们的肉食类别和习惯，可能直接导致唐代人体格壮硕，以及开元年间前后妇女以胖为美风潮的出现。唐太宗平高昌后，就将高昌的马乳葡萄和酿酒方法引进到中原，用这种原料酿制的酒芳香甘洌、味道醇美，唐太宗将它颁赐给百官臣僚后，此酒从此名声大震。此后，葡萄不仅在长安，而且在其他地方都广泛种植，丰富了人们的饮品资源。丧葬方面，亦由于突厥人的大量入住，突厥的火葬风俗在长安出现。颉利可汗入唐后，郁郁寡欢，贞观八年（634）死于长安，唐太宗诏令按照突厥风俗，焚烧尸体后埋葬于灞水之东。近年来，颉利可汗的儿子阿史那婆罗门墓也在同一区域发现，墓志铭现收藏于西安市碑林博物馆[②]。据研究者比对史料记载及实地考察推定，颉利可汗的埋葬地当在今西安市灞桥区新筑街道办辖内。阿史那思摩（李思摩）死后虽陪葬昭陵，但还是按照突厥习俗火葬后掩埋。此后，高句丽最后一个国王高藏也埋葬在颉利可汗墓侧[③]。

另一方面，少数民族内迁后，接受中国传统文化的熏陶，特别是在唐朝重视诗文歌赋的大环境下，他们不仅接受儒家的道德规范，而且文化素养也大大提高。上述铁勒契苾部首领契苾何力的事迹可以说明这个问题。司稼卿梁修仁高宗时负责修造大明宫蓬莱院，他在庭院中栽植了许多白杨树。契苾何力偶到大明宫，梁修仁指着白杨树对他说，此树生长周期快，三五年间宫中就可遮蔽太阳乘凉了；契苾何力并不认同他说的话，只是默默地诵读古诗：“白杨多悲风，萧萧愁杀人。”意思是说白杨树多栽植在坟茔冢墓之侧，并不适宜于宫中庭院。梁修仁很快下令拔

---

① 《资治通鉴》卷196，唐太宗贞观十七年（643）。

② 参见《突厥王子墓志现古城 正史中阙载具体身份待查》，《西安晚报》2006年8月16日。

③ 拜根兴：《唐代高丽百济移民研究：以西安洛阳出土墓志为中心》，中国社会科学出版社2012年版。

掉白杨，改栽梧桐。作为一个内迁时间并不长的少数民族武将，他的识见如此之高，竟使得汉族官员为之汗颜，足见其文化素养之高。颉利可汗的儿子叠罗支迁住长安后，颉利的几个妻子都得到很好的供应，叠罗支也是一样，但他的母亲因为来长安晚，没有得到相应的供给，叠罗支从此就不吃肉了。唐太宗听到这件事后大发感慨，说："天生的仁孝秉性，华夷都是如此一般。"下令按照标准供给叠罗支的母亲。

总之，由于周边少数民族内迁，加之唐太宗奉行自信开放的民族政策，为唐初民族融合创造了十分有利的条件，使得唐朝的民族融合出现第一个高潮，并对贞观之治局面的出现奠定了重要的基础。

（三）唐朝蕃将知多少

关于唐代的蕃将，台湾学者章群教授与大陆学者马驰教授均出版有专著①，并在学术界产生了广泛的影响。由于少数民族体格及生长环境的不同，他们的忍耐力和战斗力都特别突出，因而历代王朝不同程度地任用他们，担当军队中的先锋军。唐初也不例外，当时的蕃将已经成为唐朝军队的中坚力量。

贞观年间的蕃将有汉化蕃将与新附蕃将之分。其中汉化蕃将指其父祖为鲜卑等族人，进入中原的时间较长，唐朝建立后成为唐朝军队的生力军。这些人有长孙无忌、长孙顺德、尉迟敬德、屈突通、斛斯政则、豆卢宽等人。贞观四年（621）降服突厥之后，唐太宗对新附蕃将越来越重视，而这些人也没有辜负太宗的期望，为大唐的繁荣昌盛做出了重大贡献。

颉利可汗阿史那咄苾，继其兄处罗可汗而立。贞观四年被俘至长安，唐太宗虽历数他以前的罪恶，但对他特别优待，照顾他的生活习惯，在庭院中建穹庐，让他居住；又封颉利为虢州刺史，右卫大将军。贞观八年死亡，赠归德王。近年来在西安周边出土了颉利可汗的儿子阿史那婆罗门墓志，孙子阿史那伽那墓志；河南洛阳 2000 年出土阿史那伽那儿子阿史那感德墓志，这些均对了解颉利可汗入唐之后其后代繁衍，以及当时民族融合提供重要的史料。有关这方面的研究，台湾学者朱振宏最近

---

① 章群：《唐代蕃将研究》，台北联经出版事业公司 1986 年版；章群《唐代蕃将研究（续编）》，台北联经出版事业公司 1990 年版；马驰：《唐代蕃将》，三秦出版社 1990 年版。

关注隋唐时代突厥人汉文墓志，发表有系列论文，可资参考①。

突利可汗阿史那什钵苾，颉利可汗长兄始毕可汗之子。贞观初，突利与颉利可汗内斗不息，并向唐朝求救。贞观三年（620）以后，突利入唐，唐太宗待之如宾，拜右卫大将军，封北平郡王。突利听从唐太宗调遣，贞观中入朝途经并州（今太原）病死，年二十九岁。唐太宗诏令为他立碑，命大臣岑文本撰写碑文。

突利可汗弟弟阿史那结社率，入唐后拜为郎将宿卫，后因谋反被擒杀。

乙弥泥孰俟利苾可汗阿史那思摩②，颉利可汗族人。武德初年常遣使者入唐，唐高祖为表彰他的诚意，封其为和顺郡王。贞观四年与颉利可汗一同被俘，后唐太宗拜为右武侯大将军，化州都督，使他统率颉利可汗旧部迁居黄河以南地区。贞观十五年（641），唐朝内迁阿史那思摩统率的十余万众，建牙帐于故定襄城。只是他不能很好地管理属下，所属多逃离唐朝内地。阿史那思摩入朝愿拱卫宫廷，唐太宗拜他为右武卫将军，赐姓李。曾经随从唐太宗征伐辽东高句丽，身体被流箭射中，太宗用嘴为他吮干血迹，一时传为美谈。贞观二十一年（648）三月病死，终年六十五岁，陪葬昭陵。

阿史那遮匐，阿史那思摩之子，入唐后担当左屯卫中郎将。

阿史那忠③，原名阿史那泥孰，在唐军擒拿颉利可汗战斗中起到重要作用。入唐后，授予左屯卫将军，娶唐太宗韦贵妃与前夫所生女儿，即太宗之子纪王李慎的同母异父姐姐定襄县主为妻，历任右武卫、左武卫、右骁卫大将军，青海道行军大总管、西域道安抚大使兼行军大总管等官职。参与高宗朝对高句丽、对吐蕃征伐战斗。上元二年（675）病死，享年六十五岁，陪葬昭陵。

阿史那社尔，突厥处罗可汗次子。颉利可汗被俘后，阿史那社尔自号都布可汗。贞观十年入唐，唐太宗任命他为左骁卫大将军，在灵州安置他所领突厥人户，迎娶衡阳公主为妻，拜驸马都尉。贞观年间先后任

① 朱振宏：《唐阿史那伽那墓志研究》，《唐研究》第 20 辑，北京大学出版社 2014 年版。

② 艾冲：《唐太宗朝突厥族官员阿史那思摩生平初探——以〈李思摩墓志铭〉为中心》，《陕西师范大学继续教育学院学报》2006 年第 2 期。

③ 王玉清、荀若愚：《唐阿史那忠墓发掘简报》，《考古》1977 年第 2 期。

交河道行军总管、崑丘道行军大总管，率兵出征；检校左屯卫营，封毕国公，又官拜右卫大将军。永徽五年（654）病死，陪葬昭陵。

阿史那道真，阿史那社尔之子，官左屯卫大将军。高宗咸亨年间，随薛仁贵讨吐蕃援助吐谷浑，结果兵败大非川，唐高宗依律免死为民。

阿史那摸末[①]（607—649），突厥处罗可汗嫡子。贞观初入唐，授予右屯卫大将军。唐太宗曾发敕书慰问，说阿史那摸末的母亲隋义成公主，因与太宗上代姨表关系从小就认识，情同一家；义成公主初婚时曾到过李世民的家里，到现在仍然时时想起当时的情景。贞观二十三年（649）阿史那摸末死于都城长安，年四十三岁。夫人李氏，为平夷县主。

阿史那匆施[②]（636—697），阿史那摸末之子。曾官至郎将，神功元年病逝于洛阳，终年六十二岁。

阿史那哲，阿史那匆施之子。曾任左骁卫翊府中郎将，仍充幽州道经略副使，开元十年（722）病死于洛阳，享年六十九岁。

阿史那贺鲁，贞观二十一年（647）率部内属，唐太宗率文武百官隆重接待他，授予贺鲁左骁卫将军，瑶池都督。不过，阿史那贺鲁在高宗永徽末发动叛乱，唐派苏定方等将领出讨，结果俘虏贺鲁，平定叛乱。

执失思力[③]，突厥酋长。贞观中期入唐。唐太宗征伐高句丽，诏令执失思力驻屯金山道，率领突厥军队防备薛延陀骚扰边境。薛延陀果然遣派十万军队寇掠黄河以南，执失思力假装害怕而后撤，薛延陀军队深入到夏州后，执失思力整军而战，薛延陀军大败，唐军追击六百余里，取得整个战役的胜利。执失思力娶唐高祖女九江公主，拜驸马都尉，封安国公。此后还担任归州刺史。

执失莫坷友，突厥酋长，执失思力的兄弟，随唐太宗征伐高句丽，官拜左威卫大将军，使持节执失等四州诸军事，执失州刺史。

契苾何力[④]，铁勒族契苾部落首领，贞观六年（623）入唐，唐太宗授其为左领军将军。贞观九年（639），与唐将李大亮、薛万彻、薛万均

---

① 葛承雍：《东突厥阿史那摸末墓志考述》，《中国边疆史地研究》2003年第1期。

② 朱振宏：《阿史那施（匆施）墓志笺证考释——兼论隋至唐初与突厥关系》，《乾陵文化研究》第6辑，三秦出版社2008年版。

③ 牛致功：《关于唐与突厥在渭水便桥议和罢兵的问题——读〈执失善光墓志铭〉》，《中国史研究》2001年第3期。

④ 张文燕：《唐代契苾何力家族籍贯变迁》，中央民族大学硕士学位论文，2013年。

等出讨吐谷浑，终获大胜。识大局、明是非，受到唐太宗嘉奖。担当北门宿卫，后来迎娶临洮县主为妻。贞观十九年（645）唐太宗出征高句丽，担任前军总管，作战勇敢建立奇功。唐高宗在位，历任左骁卫大将军、浿江道、辽东道、凉州道行军大总管，为大唐开疆拓土，维护边疆安宁建立了不朽的功勋。死后陪葬昭陵。

回纥酋长吐迷度，率兵出讨薛延陀建立功勋，唐太宗授予他怀化大将军，瀚海都督。

契丹酋长窟哥，贞观二十二年（648）率部族内属，唐太宗授予窟哥左领军将军兼松漠府都督，封无极县男，赐姓李。

三　开放的社会风气

（一）玄奘西去印度取佛经

佛教从魏晋南北朝时期传至中国，其间经历了艰难的岁月。虽然隋文帝醉心佛教，但因隋朝经两代皇帝就走向灭亡，佛教的发展相对平缓。一些经书翻译问题不少，不利于信徒们传习。特别是在隋唐之际的战乱中，百姓面对旷日持久的血腥杀戮，希求得到佛陀真经的庇护和保佑，这样，一位千古传扬的伟大人物横空出世，这就是唐代著名僧侣玄奘。

玄奘，本姓陈，河南洛州缑氏县（今偃师市）人。自幼聪慧明达、悟性过人，并熟读《孝经》等古代经典著作。他的二哥陈长捷，在东都洛阳净土寺出家当和尚，玄奘耳濡目染，对佛教产生兴趣。当时有饬令在洛阳度二十七僧，玄奘因年幼而落选，但受到负责度僧的大理寺卿郑善果的垂爱，破格超度，以十三岁幼小孩童出家为僧。当时正值隋末战乱，兄弟俩听说唐王李渊占据长安，很受百姓的拥戴，因而共同来到长安。不久，又闻四川佛法圣地，两兄弟又经子午谷进入汉川，到达成都。当时中原大乱，只有四川未受大的乱事波及，玄奘法师刻苦钻研，很快通晓诸部经典。武德五年（622），玄奘兄弟回到长安，跟随久负盛名的常、辩两位大师学习佛典，深受两人的赞赏，被称为佛学“千里驹”，成为长安家喻户晓的人物。虽然如此，玄奘法师并不满足。因为他听了诸位大师的讲解，但每个人的理解阐发各不相同，查阅佛典，有的翻译词不达意，不甚明了，他逐渐认识到只有像法显、智严那样前往印度，取得如《瑜伽师地论》等经书，才能解决这个问题，普度众生。于是，他联系其他僧侣，并申请前往印度，但因为玄武门政变刚刚平息，唐政府限制出境，因而没有得到批准，其他人就此罢休，而玄奘去意弥坚。这年八月，玄奘踏上了西去求经的漫漫历程。

玄奘起初和在京的天水僧孝达结伴，到达天水后碰见兰州僧，一同到兰州；又和凉州送官马返回者同到凉州，接受当地僧俗邀请，开讲《涅槃》《般若》等经。当时凉州处于中西交通枢纽地位，西域商旅使节云集，玄奘高水平的经讲很快传遍当地，受到僧俗的极大关注。然而，凉州都督李大亮接到报告，说有从长安来的僧人想西去求法，李大亮严厉阻止。在此情况下，河西一带著名僧人慧威法师密遣两弟子送玄奘到瓜州，刺史独孤达热情接待，玄奘了解到“从此北行五十余里有疏勒河，上狭下阔，深不可渡。上有玉门关，为西去必经之途。关外又有五个烽燧，常年有唐朝边防官兵把守，烽燧间各有百里路程，其中气候干燥，水草全无；过了五个烽燧，还有莫贺延碛，如此就进入伊吾国境了”。在瓜州停留一个月后，瓜州也收到凉州都督严禁玄奘出关的指令。州吏李昌崇信佛教，他们秘密相见，建议玄奘赶快离开瓜州。经过五个烽燧，边防官兵严力盘查，经受恶劣的气候的考验，玄奘得到边防烽燧官兵王祥、王伯陇，胡人石般陀的帮助，虽险象环生但却是有惊无险，磨炼人的忍耐力和意志。渡过长达八百里的沙河，找寻野马泉，到达高昌国后，受到国王麹文泰的盛情欢迎。他在高昌国讲论佛经，获得当地僧俗百姓的拥戴。

麹文泰用尽各种办法，千方百计想把玄奘留在高昌，为高昌的佛教繁荣作贡献，但玄奘不为所动，最后竟绝食三日，以死抗争，表明西去求法信念的坚定不移。麹文泰没有办法，只好备齐沿途用度，遣派殿中侍御史欢信护送玄奘到叶护可汗牙帐，并作二十四封信及礼物，向沿途屈支二十四国介绍玄奘，请求关照①。

由于有高昌王麹文泰的鼎力帮助，西去减少了很多麻烦。途经天山山脉，备受冰雪严寒煎熬，七日之内，随从冻死十有三四，牛马牲畜更是损失惨重。过热海（今伊朗色可库尔）、达碎叶城，见到叶护可汗，受邀讲经并劝留驻，玄奘西去意志坚决，可汗知难而退。过突厥关塞铁门，缚喝、揭职、梵衍那等国，巡礼寺院，会见名僧大德，遍阅小乘经典，

① 李正宇：《玄奘瓜州、伊吾经行考》，《敦煌研究》2006 年第 6 期。

收获颇多。当时的印度处于四分五裂局面，计有南、北、中天竺之分。进入北印度境内后，玄奘更是如鱼得水，过烂波国、那揭罗喝国，至佛顶骨城瞻仰佛骨舍利，不畏艰险，赴如来降龙留影处礼拜。到佛陀圣贤辈出的犍陀逻国，行六百里至乌仗那国，过怛叉始罗国、僧诃补罗国、乌刺尸国，到达迦湿弥罗国，都城有寺院百所，僧侣五千人，玄奘受到国王僧俗的盛情欢迎。寺院的僧侣讲经，玄奘论难，气氛欢快融洽；国王还给玄奘配备书手二十人，并有五人随身服侍，所需一切供给。在这里，玄奘见到七十余岁的法称法师，跟他学习《俱会论》《正理论》，以及《因明》《声明》学问，观摩将九十六万字佛教经典镌刻保存的赤铜塔碑。玄奘在此停留了两年。又经磔迦国至那仆底国、阇烂达那国、屈露多国、设多图卢国等，到达中印度地区。在释迦牟尼成道的摩揭提国，观摩印度全境最大的寺院、最高的学府那烂陀寺院受到礼敬。玄奘在此学习五年，由于刻苦钻研，他成为印度佛学界公认的权威人士。

玄奘在异国他乡历经艰辛，已经成为驰名中外的佛学大师，因常常思念故国大唐，萌生回国的想法。这样，他接受印度戒日王所派使者护送，直到大唐边境为止。回来途经于阗国，玄奘书写表文给贞观天子唐太宗，历数自己近二十年间赴印度求法历程，请高昌商人入朝代为传达，说明自己现在于阗待命。唐太宗闻听玄奘返回，马上行文到于阗，请玄奘尽快返回。同时，还让邀请多位懂得梵文和经义的僧侣一同返回，并诏令沿途州县官员在路上迎接。贞观十九年（645）初，唐太宗亲征高丽已到洛阳。玄奘先到沙州，又长途跋涉到达京城长安。受到西京留守房玄龄及僧俗民众热烈欢迎。随后玄奘赶赴洛阳都亭驿，受到唐太宗接见。两人相见恨晚，太宗皇帝对玄奘更是慰劳有加。

玄奘前后经过十九年（626—645），历尽人间艰难险阻，带回佛骨舍利及其他大量的佛像圣物，特别是带回大乘经、大乘论、上座部经律论、三弥底部经律论等佛典凡五百二十夹，六百五十七部，以二十匹马驮运回京城，实现了求得佛教真正经典的夙愿。随后，在唐太宗的支持下，玄奘奉命口述，由弟子辩机笔录完成《大唐西域记》一书。该书记载了玄奘沿途所到各国的风土人情、物产传说、地形地貌，成为今天了解当时西域及印度历史文化的唯一重要书籍。同时，他还组织当时高僧大德，成立了专门的翻译机构，开始将带回的佛经翻译成中文。唐太宗看到部分译稿后，专门撰写《大唐三藏圣教序》文章；唐高宗即位后，在他所做的《述圣记文》中，也提到朝廷对翻译经书事业的重视。当时参加译经的高僧大德有灵润、道深、道因十二人，而道宣、惠立等九人因擅长文辞亦顺利入选，精通梵语梵文的沙门玄谟，优于字学的沙门玄应等也受邀加入。朝廷名臣于志宁、许敬宗、薛元超、来济、杜正伦、李义府等，一并参与经书汉译文本的润色。在长达十九年（645—664）的漫长岁月中，先后在长安弘福寺、慈恩寺、西明寺及玉华宫等地，以玄奘为首的译经团队共翻译《菩萨藏经》《瑜伽师地论》等经典七十五部，计一千三百三十卷[①]，培养出窥基、圆测、慧立等著名的佛经翻译人才。麟德元年（664），玄奘法师圆寂。

一个人一生能有几个十九年？漫长人生如何面对困难？玄奘法师以自己的伟大实践，为我们提供了一面镜子。在取经的路上，面对沙碛荒原、天山冰雪、强盗劫道、前路漫漫、异国他乡，以及常人难以忍受的孤寂无聊，玄奘法师以坚强的毅力，不仅走了过去，而且实现了自己临行前的愿望，求得真经返回唐朝。第二个十九年中，他既要应对皇帝不时的调遣，而且还从事一系列佛教活动，带领翻译团队披星戴月日复一日翻译带回的经卷，弥补了此前经书词不达意之缺陷，对于佛教的传播和佛教中国化做出了重大的贡献。

（二）一千三百多年前的中印之战

作为世界两大文明古国，除过上述高僧玄奘赴印度求经，以及卫尉丞李义表出使印度之外，唐初中国与印度的来往似乎并不多，而值得探讨的还有王玄策出使中天竺，进而引发的中印之间，以及与吐蕃、泥婆罗之间的冲突与战争。

贞观二十一年（647），唐太宗派遣右率府长史王玄策持节出使印度（当时称为天竺）。当时印度分东、西、南、北、中五个国家，即五天竺，其中中天竺兵强马壮，东、西、南、北四天竺处于依附地位。四天竺国王接待唐朝使节之后，纷纷遣使入唐。恰在此时，中天竺因国王尸罗逸多（即戒日王）死，引起国内变乱，大臣阿罗那顺自立，并将矛头直接指向唐朝使者。他们发兵攻掠王玄策使团，包括王玄策在内的唐使三十余人势单力薄，被天竺军擒拿，其他国家贡献的礼物也被劫掠一空。当

① 参见张德宗《玄奘译经活动述论》，《史学月刊》1996 年第 3 期。

时唐朝与吐蕃、泥婆罗维持相当好的关系，一场南亚世界大战已在所难免。此后，王玄策趁夜寻机逃脱，步行至吐蕃西部边境，以天子使臣名义征召吐蕃及泥婆罗两国军马讨伐天竺。于是，吐蕃派遣精锐骑兵千二百人，泥婆罗出动七千余军马前来参战。两国联军在王玄策及副使蒋师仁率领下，到达中天竺下辖的茶镈和罗城宾伽毗黎河，与天竺军队列阵对垒。双方大战三日，战场阴风萧萧，战鼓雷鸣，血流成河。中天竺三千余人被斩杀，溺河而死的也有万人之多。阿罗那顺弃城逃跑后，重新组织离散军兵，向蒋师仁所率联军发起进攻，结果还是以战败告终，他本人也被俘虏；亲兵带领他的妃嫔及王子，依仗乾陀卫江（恒河）天险据守，蒋师仁率兵出击，又打败这些人，俘获阿罗那顺的妃嫔王子等男女一万二千人，牛马三万余头匹，取得了战役的全线胜利。这次战役对天竺产生了相当大的影响，随后就有五百八十余座城邑向联军投降。王玄策押解阿罗那顺返回唐朝，吐蕃也遣使到长安献捷，唐太宗授予王玄策朝散大夫以示嘉奖。永徽初，在昭陵北司马门雕凿十四蕃君长像，其中就有阿罗那顺的雕像①。

唐初中国与印度偶然出现的这场战争，涉及吐蕃和泥婆罗两国，而且实际上参与者应该是中天竺、吐蕃、泥婆罗，反映了当时喜马拉雅山沿线民族国家的实力和相互关系。但是，战争并没有阻碍唐朝与印度诸国间的友好关系，到唐玄宗时期，这种往来更加频繁。

（三）外来文化的传入

贞观年间，随着唐朝与西域及北方民族国家来往的增多，唐都长安成为当时世界政治文化的中心城市之一，各种文化在这里汇集交融开花结果，有助于长安国际化都市性质的形成，也印证了唐朝开放包容对外政策的成功。

由于唐政府对各种宗教采取宽容吸纳政策，唐初佛教得到更加广泛的传播。如上所述，玄奘法师贞观初西去印度求法，贞观十九年携带大量经卷回到长安，为佛教的进一步传播创造了条件。虽然贞观年间朝廷有过对佛教关联问题的辩论，但唐朝廷则采取达观包容态度，一些新的佛教寺院建立，佛教经卷经过专门机构翻译出来，佛教不同宗派也相继

① 《旧唐书》卷198《天竺国》。

出现，这些都为唐中后期佛教中国化局面的形成创造了条件。

祆教是公元前六世纪波斯人所创设，因它推崇光明的生活，崇拜火，因而也称为拜火教。进入七世纪后，随着伊斯兰教在波斯中亚地区的发展，阿拉伯世界伊斯兰化成为时代发展的潮流，以前流行于这一地域的祆教则失去了往日的风光，一些人以流亡者身份东来唐境，希望得到唐政府的保护。武德四年（621），唐高祖下令设置祆教祠和关联官职，以后在长安经常有西域信奉祆教的人，供奉圣火，从事传教活动。贞观五年（631），祆教传教士穆护何禄上奏唐朝廷，要求建立祆教寺庙。有学者根据记载，认为唐代最早出现的祆教祠庙，位于长安布政坊西南角，除此之外，唐都长安崇化坊内、礼泉坊西北角、礼泉坊街南东侧、普宁坊西北角、靖恭坊街南西侧等，也有祆教祠庙的存在。长安之外的其他地方，如东都洛阳会节坊、立德坊、南市西坊，凉州、敦煌辖内，也有祆教寺庙①。

景教是东罗马基督教的分支之一，盛行于波斯（今伊朗）。贞观九年（635），波斯景教传教士阿罗本到达长安，十二年（638），唐太宗诏令在义宁坊建立景教的波斯寺院，度僧二十一人。除此之外，长安礼泉坊（后移至布政坊西南角）也有景教寺院。值得一提的是，西安碑林博物馆收藏的建立于公元781年的《大秦景教流传中国碑》，详细记载了景教传入中国的经过，是域外文化传入唐朝的重要文献之一。

除祆教、景教之外，摩尼教在武则天时期在唐朝境内正式传播。

祆教、景教在贞观之后得到相当大的发展，只是唐武宗会昌毁佛过程中，这些宗教均蒙受打击，并从此一蹶不振。一般来说，信奉域外传来的祆教、景教、摩尼教者主要有以下几类人。其一，不远万里经过西域来到唐朝从事贸易经商的商人及其随从家属，如粟特人等。这些人来到唐朝以后，因为固有的祆教、景教及摩尼教信仰，所以他们需要定期到相应的祠庙从事宗教活动。其二，迫于伊斯兰教的蓬勃发展，在中亚及阿拉伯地区失去传教和生活的依仗，因而流亡到东方强盛国家唐朝，希望在这里得到传教的机会和发展的可能，他们既是传教者，当然也是信奉者。其三，先祖时就归化中原王朝，但确实具有西域乃至中亚血统的人，可能他们从心理上更容易接受域外传教士的宣传，以至于信奉并

① 参见林悟殊《中古三夷教辩证》，中华书局2005年版，第256—283页。

皈依上述宗教。其四，唐初奉行开放和兼容并蓄的国策，在长安、洛阳以及一些域外人士常常涉足的地方，对当地人的生活习惯必然产生一定的影响，更何况以上各教传教士周密动人的传教，好奇、追求时尚，使得一些唐人也加入信奉祆教的行列。

除宗教文化之外，西域人在贸易经商的同时，将西域独特的文化因素带进长安及中原各地。衣着方面，胡服、胡帽、胡鞋，从出土的唐三彩俑及唐墓壁画中可以得到证明。饮食方面，羊肉抓饭、胡饼等胡食成为长安、洛阳等地民众喜爱的家常食品。建筑方面，波斯人建造的“凉房”出现在长安等地，在炎热的夏天，这种独特设置造型的建筑，往往是宫廷及达官贵人消暑的重要场所。正是域外文化的传入，打马球，风行泼寒戏也就不难理解，而开元年间兴起的“胡姬”文化，将蕴涵多种文化因素、富有挑战刺激的国际化都市长安，装点得更加多彩妖娆。

（四）外来物品的引进

唐初外来物品的引进主要有以下几个方面。首先，外来植物及加工技术的引进。上述唐太宗派遣大将侯君集率兵打败高昌后，高昌有名的马乳葡萄及葡萄酒酿造技术被引进长安及中原地区，促进了长安饮品市场的发展和创新。贞观十一年（637），康国进贡金桃、银桃树种，唐太宗令将其栽植于苑囿之中。除此之外，从波斯引进的石榴、胡桃、胡麻、菠菜种子，也极大地丰富了唐朝人的见识和生活。其次，由于丝绸之路的畅通发达，中外经济文化交流的飞速发展，西域乃至欧洲的玻璃制品、珊瑚、琥珀、毛皮、珠宝、香料①，以及制作金银器技术等输入中原，长安西市内不时可看到金发碧眼的异域人士不停地忙碌着，他们不远万里带来的贵重物品，牵动着消费观念，常常成为都市时尚生活的风向标。最后，输入了一些唐朝没有或者品种相对优良的动物，丰富了人们的生活和识见。西域诸国进献珍禽异兽见于史书记载的有以下几处。贞观四年，龟兹国遣使献上良马；贞观九年，疏勒国遣使献名贵马匹。贞观十一年，罽宾国遣使献名贵马匹；贞观十六年，该国又献上褥特鼠，这种老鼠嘴巴尖窄尾巴赤红，以蛇为食物，如有人被蛇所咬，它能够闻到并撒尿于伤口，伤口很快就会愈合。贞观九年，康国遣使入唐，进贡狮子

① 参［美］劳费尔《中国伊朗编》，林筠因译，商务印书馆2001年版。

到长安，太宗非常高兴，令大臣虞世南写诗赋咏颂。武德七年，高昌国献雌雄狗一对，这种狗高六寸，长尺余，聪明伶俐，原出自拂菻国，这是中国首次拥有这个品种的狗（即现在我们常见的哈巴狗）①。贞观元年，高昌国又进贡玄狐皮裘给刚刚即位的唐太宗。南方少数民族国家政权进献者如下。贞观二十一年，堕婆登国献古贝、象牙、白檀木等；同年，陀洹国遣使进献白鹦鹉及婆律膏，向唐朝请求赐予马匹及铜钟。贞观初，林邑国遣使进献经过驯养的犀牛。四年，遣使献火珠，这种珍珠形同鸡蛋、皎洁白润、光芒四射。五年，又进献五色鹦鹉，太宗感到非常新奇，诏令太子右庶子李百药赋诗咏颂；还进献白色鹦鹉，其长相令人怜惜、与人说话应答如流，太宗不忍心束缚鹦鹉，请人将其放归山林。唐乾陵石刻中有翼马和鸵鸟石雕，有研究者认为，唐陵中第一次出现鸵鸟石雕，显示了当时人们对这种出产于非洲的珍禽已有不少了解。

（杜文玉主编《贞观长歌：大唐崛起风云录》，三秦出版社2007年版）

---

① 参［美］爱德华·谢弗《唐代的外来文明》，林筠因译，陕西师范大学出版社2008年版。

唐朝文化与长安

唐朝是中国历史上最强盛的王朝之一。唐人所创造的辉煌灿烂、无与伦比的业绩，至今仍为后人传颂着。一些文化遗存今天还可看到或触摸到，其重要性及学术文化价值也渐为越来越多的中外学者所公认。英国历史学家韦尔斯在其著作《世界文化史》中写道："在第七、第八、第九世纪，中国是世界上最安定最文明的国家。……那时候，欧罗巴及西亚细亚零落的人民，住在茅舍、小城，或悍盗的堡垒中；而中国的人，却大多数在平静、快乐、慈爱的环境中过活；西方的人心，正苦于神学锢蔽的黑暗，而中国的人心，却开展宽畅而有进步。"① 至今遍布北美、西欧、澳洲、日本及东南亚等地的"唐人街"，既说明当地确实是以中国人为主的聚居区，同时也证实唐人或者唐朝文化，已经在海外中国人的心目中扎下了根，并获得了世界各国民间乃至政府的认同。那么，唐朝文化在当时世界占据怎样的地位？唐朝文化的具体表现都有哪些呢？

但是，鉴于唐朝文化所涉及的地域广阔，如至今还可看到的敦煌石窟壁画及散落各地的敦煌遗书。20 世纪 70 年代开始整理并出版的吐鲁番古墓文书，新疆其他地域 1949 年以后出土的各种唐代遗物。洛阳龙门石窟高大伟岸的卢舍那大佛及其他精美绝伦的佛教造像石窟艺术，遍布北邙山的唐代古墓及汇集所发掘墓志铭的"千唐志斋"。太原晋祠的唐武周时期的风峪石经遗存及五台山保存完好的众多唐代寺庙，成都闻名于世的杜甫草堂。这些好像在短时间内是难以说清道明的。文化的载体或者担当者的身份虽然不同，但做出贡献所起作用

---

① ［英］赫伯特·乔治·韦尔斯撰，蔡慕晖、蔡希陶合译：《世界文化史》第 42 节《中国的隋唐二朝》，上海大江书铺 1932 年版。

却是相同的。如跋山涉水不辞劳苦历尽艰难赴印度取回佛经，并潜心翻译探索佛陀世界的高僧大德；远离祖国缔造和平长期居住在唐境的外国使者及商客僧侣；或者辗转到达广州、扬州，然后沿大运河北上，或者从陆路经历酷暑风寒，为实现人生的价值，即实现所谓“修身齐家治国平天下”的理想，并求得一官半职，来自唐境各地乃至新罗、渤海及日本等国参加科举考试的文人举子；因各种原因被贬离都城长安，就职于江南、岭南蛮荒之地，塞外边关无人之区的诗人学者官员等。这些实际的或事实上的文化使者，他们的行动和作为，无疑为唐朝文化的兴盛繁荣，奠定了坚实的基础，做出了使后人引以为荣，并无可替代的巨大贡献。但是，因为其牵涉的问题众多，难能作周全详备的论述，如此，本篇就将聚焦点对准最能体现唐朝文化精神风貌，反映大唐恢宏气象的地方，即唐都长安所涉及的唐朝文化诸问题上。

一　唐都长安文化兴盛的原因

（一）唐都长安的地理位置

唐都长安地处中国西北陕西省内关中平原中部，今天的西安市即是建立在原长安城故址上。在中国历史发展的前段（唐末以前），长安一直作为国都及政治经济文化中心的地位存在（曾经有十三个王朝将这里作为都城，故长安有所谓十三朝古都之说），因而，唐长安积淀着深厚的文化基因和成果。那么，为什么长安能作为都城，为什么唐长安的文化发展如此令人叹为观止呢?

要回答这一问题，须从长安所处的地理位置及中国历史发展前半的基本形势入手。

应当看到，无论是汉代还是隋唐，其以长安作为国都，首先看中的是关中所处的地理形势和河山险要，认为这样可以长治久安。其实早在战国时代，主张合纵的辩士苏秦就对关中优越的地理位置有过论述，西汉初娄敬及张良等人力主建议汉高祖刘邦定都长安，也是强调长安周围的山川形势的优越；唐人张守节将其解释并作了发挥，即认为关中“东有黄河，有函谷、蒲津、龙门、合河等关；（南有）南山及武关、峣关；西有大陇山及陇山关、大震、乌兰等关；北有黄河南塞：是四塞之国”[①]。同时，关中所处的泾渭流域沃野千里，是所谓的天府之国。唐长安周围又有八条河流流过，即长安城西的沣水、镐水，城东的灞水、浐水，城北的渭水、泾水，城南的潏水、涝水，是所谓的“八水绕长安”。这八条河流不仅可提供长安周围农作物的灌溉，间接运输长安以南的物资，同时也使长安城市用水有了保证，此亦是唐王朝定都于此的一个重要因素[②]。

还应当看到，中国历史发展的前段，主要是面临西北边疆少数民族政权的入侵威胁，这在秦汉以至隋唐均是如此。但定都长安，既逼近前线，若发生战事，可以快速地派遣军队到达前线，同时又有天然关隘阻隔，防止敌人的入侵。这种进可以攻，退可以守的地理条件，当时其他地方并不具备。

（二）长安具有水陆路交通枢纽地位

但是，由于国力的发展及长安所在人口的增加，关中平原的富庶究竟是有限的，很难满足都城日益增长的粮食及其他物质需求。这样，依据关中境内的渭河及东鄙的黄河主道，兴修人工河道，以便将关东的粮食、物资源源不断的西运成为当务之急，这种运作势在必行。隋王朝在短暂的数十年间不仅在关中开凿了广运渠，引渭水东流，于潼关附近再归流渭水，并通达黄河；特别是隋炀帝时期兴修了纵贯南北，即南起余杭，北达涿郡，沟通钱塘江、长江、淮河、黄河、海河五大水系，西达长安的南北大运河。满载江南、河北等地粮食、货物的船只通过大运河等直达长安，保证了长安的繁荣。唐初每年从其他地域大约运进粮食 20 万石，开元时期增至 200 万石，中唐以后则保持在 100 万石左右。有学者称运河是唐王朝的生命线[③]，其实际情况确实如此。同时，通过这条大运河还将各个地域的文化风俗传到长安，使之最终融汇于长安唐文化的主流之中，促进了唐朝文化的兴盛。

不仅如此，大运河北段永济渠所沟通的涿郡，事实上是唐朝东北各

---

① 《史记》卷 69《苏秦列传》。另外，有关陕西关中为“天府之国”的论述，参见王双怀《“天府之国”的演变》，《中国经济史研究》2009 年第 1 期。

② 史念海：《环绕长安的河流及有关的渠道》，《中国历史地理论丛》1996 年第 1 期。

③ 何汝泉：《唐代地方运使述略》，《西南师范大学学报》2003 年第 6 期。

处的门户，盛唐之前东北地域的诸少数民族奚、契丹、高丽，以及后来的渤海国，均是由此实现与中原王朝交流来往，并到达长安的。而大运河中段通济渠及其连接的山阳渎和江南河，其联系的地区更为广泛。通济渠唐代称为汴河，汴河能通到长江下游三角洲及太湖流域，这一地域的中心城市是扬州。扬州是唐境著名的经济都会，也是对外经贸的口岸，更是长江三角洲及太湖流域货物集散地。通过长江的支流湘江或赣江，可与岭南的广州相联系。广州也是一个对外的贸易口岸。就是说，由广州来的外国商客和使者，可以绕道扬州，再沿汴河辗转到达唐都长安城内。另外，谈及以长安为中心的交通，不能不谈到丝绸之路。由长安西行，经河西走廊再西行至天山南北，更远可达葱岭及中亚和欧洲。也就是说，唐境内的丝绸首先集中于京师长安，再通过丝绸之路运输贸易至西域各国；西域及欧洲各国的货物，例如香料珍宝等，也是由丝绸之路转运至长安的。丝绸之路和汴河及其相连的运河水路，形成长安交通的东西两翼，赋予长安东西交通中心地位，使长安所代表的唐朝文化极具强烈的国际化色彩。

除过东西主干道之外，还有几条以长安作为起点的南北交通干线。其一，长安南向越秦岭到达成都平原，再南行或出雅州（今四川雅安县），或出戎州（今四川宜宾市），均可到达今云南的洱海上；又可西行至骠国（今缅甸），由骠国出海，即到了印度洋上。其二，出长安城北上，经灵州（今宁夏灵武县）或夏州（今陕西靖边县北白城子），就可到达突厥、回纥辖境。其三，由长安城东南出武关，可至长江中游，再南行亦可到达岭南的广州。其四，由长安城东北出行，经蒲津关，可直达汾河中游的太原，再翻越太行山脉，亦可到达上文所及的涿郡。

如上所述，以长安城为中心四通八达的交通道路，呈现向外辐射或集中聚焦的双重景象，不仅可通达唐境内各地，更可遍历当时世界各国①。唐统治者奉行开放的对外政策，以及本身经济的高度发展，加之便利的交通道路，方便了商人长途转输货物，以及各色人等前来长安，或从长安奔赴唐境各地。这种良性的运作，既使唐王朝有条件与境外进行更频繁的文化经济交流，进而促进了长安的经济繁荣和文化兴盛，同时

① 参见刘希为《隋唐交通》，台北新文丰出版公司1992年版。

也有利于唐朝廷对统治区内实施更有效的统治。

二 唐长安城的构造及文化意涵

长安城是隋唐两代的都城，隋时叫大兴城，唐改称长安城。大兴城是由隋朝著名建筑家宇文恺设计，历经半年时间完成。宇文恺设计大兴城时，把龙首原以南的六条高坡视为干之六爻，并按“九一、九二、九三、九四、九五、九六”顺序排列，设置不同的建筑物。他认为“九二、九三、九五”高坡的地位特别尊贵，所以“九二置宫室，以当帝王之居，九三立百司，以应君子之数；九五位贵，不欲常人居之，故置玄都观，兴善寺以镇之”。进而使皇宫、政府机关和重要寺庙占据其上，另外的三条高坡，也分别被城墙、重要机关、寺庙，和文武百官私宅所据有，充分体现了中国古代皇权、政权、神权三位一体，至高无上的封建伦理思想。唐朝建国后改大兴城为长安城，并对其郭城、街道、坊市等方面进行了修建和补充①。长安城的形制为长方形，东西宽 9721 米，南北长 8651 米，周长 36700 米。总面积为 84 平方公里。另据考古钻探和发掘证明，长安城墙是版筑夯土墙，高 10.3 米，墙基厚 18 米。

长安城的整体由外郭城、皇城、宫城组成，城内采用棋盘对称布局。东西 14 条大街，南北 11 条大街，进而把郭城内划出 110 个坊。南北向的街道中，宽达 150 米的朱雀大街把郭城分为东西两半，街西归长安县统辖，街东归万年县管辖。整个城有十二个城门，即北面玄武门、芳林门、光化门，西面开远门、金光门、延平门，南面启夏门、明德门、安化门，东面延兴门、春明门、通化门。宫城位于全城的北部中央，由太极宫、东宫、掖庭宫三部分组成，太极宫又称西内，是皇帝及皇族居住处理朝政的地方。但唐玄宗即位后则居住在兴庆宫（又称南内），中唐以后皇帝大多居住在唐高宗朝最终落成的大明宫（又称东内）中。皇城紧附于宫城之南，周长 9200 米，是唐政府机关的所在地。

太极宫位于全城中轴线的北端，即所谓龙首原南麓的“九二”高地，宫城的中央计有大殿 20 余所，在承天门与玄武门之间，自南而北依次排

① 参见李令福《隋唐长安城六爻地形及其对城市建设的影响》，《陕西师范大学学报》2010 年第 4 期。

列着太极殿、两仪殿、甘露殿、延嘉殿、承香殿五座大殿，处于宫城的中轴线，形成凌空之势，以显示皇权的神圣不可侵犯。

大明宫原名永安宫，是唐太宗为其父李渊避暑所建的一座宫殿。唐高宗龙朔二年（661），高宗身患风疾，而太极宫潮湿难耐，故对大明宫大加修造，并将政治中心迁移至此。大明宫南部呈长方形，北部呈梯形，周长7600米。其以丹凤门、含元殿、宣政殿、紫宸殿、蓬莱殿、含凉殿和玄武殿为中轴线，左右两侧建有若干中小型宫殿，气势磅礴、巧夺天工。

兴庆宫位于原来的兴庆坊，是唐玄宗作临淄王时的旧居。李隆基即位后，改旧宅为宫殿，居住并处理政务。因此，兴庆宫是唐玄宗一朝政治统治的中心。兴庆宫占地约144.5公顷，宫殿园林豪华绚丽，并极具特色。兴庆宫的主要宫殿有兴庆殿，大同殿以及花萼相辉楼、勤政务本楼、沉香亭等。

东、西市的规模大小相同，长、宽各约1050米，成正方形。市内东西南北各有两条并列的大路，有利于市内店铺的设置。东、西市店铺的数目，据宋人宋敏求《长安志》一书记载，两市各有220行，但现在能考证出来的只有60余行。东、西市是长安经济贸易中心，因为这里常年居住有大量的中亚及欧洲商人及各色人等，故也是中西文化交流的主要场所。

如上所述，长安城以坊里制统辖，坊里制是长安社会组织的基础单位，它对当时东亚世界产生了重要的影响。新罗的都城庆州、日本的平城京、渤海的上京城，均是仿唐长安城的网格状坊里建造的。对长安坊里制进行精细全面研究的有日本的妹尾达彦教授，韩国的朴汉济教授，以及国内著名学者史念海、李健超、辛德勇、杨鸿年、张永禄等教授①，他们对长安城坊里设置的原因、坊里的设置样式、坊里内的社会人员构成、坊与主要街道的组成关系、坊里制的演变及崩溃诸问题，均有各自可以自圆其说的解释论考，故不赘言。

---

① 参见［日］妹尾达彦撰，高兵兵译《唐都长安的都市计划》，西北大学出版社2012年版；史念海主编《西安历史地图集》，西安地图出版社1995年版；李健超《唐长安1∶2.5万复原图》，《西北大学学报》1993年第2期；辛德勇《隋唐两京丛考》，三秦出版社1991年版；杨鸿年《隋唐两京坊里谱》，上海古籍出版社1999年版；张永禄《唐都长安》（增订本），三秦出版社2010年版。

三 唐诗的繁荣与唐都长安

（一）唐诗与进士科诗赋取士

唐代承袭隋朝的制度，科举设明经、进士等科。唐高宗永隆二年（681），大臣刘思立建言“明经多抄义条，进士唯诵旧策，皆无实才”，唐廷由此规定“进士试杂文二篇，通文律者，然后试策”。所谓杂文，实际上就是诗赋。应当说明的是，隋唐以前南北朝对立，北朝重经术，南朝多文学。隋炀帝、唐太宗均是好文之主，进而对当时的社会风尚产生影响。开元以后，进士科日渐尊崇，当朝名士官宦多是进士科出身，而且中进士之后，即可获得步入官场的资格。虽然开元末及天宝年间有人曾指出其中流弊，元和以后牛李党争争执的主要议题之一仍是关于进士科问题，但直至唐末，进士科以诗赋为主取士始终没有改变。

正是由于是以诗赋取士，唐朝出现了数以千计的诗人。诸如“初唐四杰”“陈子昂”“诗圣”“诗仙”“山水田园诗”“边塞诗”“大历十才子”“元、白、韩、柳”称号亦由此出现。唐代诗人见于《全唐诗》著录的共有2026人，显然，此绝不是有唐一代全部诗人的总数。因为近人王重民就另外辑有《补全唐诗》《全唐诗补遗》，后又有童养年辑《全唐诗续补遗》（此合辑为《全唐诗外编》）。20世纪90年代复旦大学陈尚君先生根据新发现的资料，又重新辑录了新的唐诗集子《全唐诗补编》。清人在《全唐诗》之外，还辑有《全唐文》1000卷，据统计作者共有3042人，其中有的作者实际上同时也是诗人。如此多的诗人，当然是受当时国家以诗赋取士政策的影响。

唐中宗神龙以降，诗人们到达长安之后，就千方百计将他们的佳作上达当时诗界著名人士，以便获得好的评价，此后才能风行全国，这就是所谓的“行卷”之风①。中唐著名诗人白居易应举，就是以一首《赋得古原草送别》诗，向当朝官员诗人顾况行卷，终获顾况的推荐并名扬天下。登科无疑是值得庆幸的。唐朝将公布录取结果称为“放榜”，随后

① 参见程千帆《唐代进士行卷与文学》，上海古籍出版社1980年版；俞钢《唐代举子行卷文体考论》，《陕西师范大学学报》2010年第1期。

各种宴会接踵而至，如闻喜宴、樱桃宴、曲江宴等，其中曲江宴最为重要，因其地点在杏园，故又称杏园宴[①]。宴会后进行的活动为雁塔题名。相传中宗神龙年间，有一新取进士在大雁塔刻上自己的名字，以后成为风气；届时由新科进士推举同年善书者在雁塔题名，“妙有行列，婉若雁阵”。白居易诗“慈恩塔下题名处，十七人中最少年”，即是体现自己雁塔题名时的情景。随后新科进士们还要相聚打马球以示庆贺。进士及第一系列的庆祝活动，烘托出唐长安都市一条无比亮丽的文化风景线。

（二）唐都长安与诗人咏颂

众多的诗人来到长安，有的登科后随即在唐朝廷任官，有的客居长安。由于他们的存在，长安城的文化色彩更加浓厚并赋予各个地域相互交融发展的特点。诗人往往和酒是分不开的，诗仙李白同时也是酒仙，诗圣杜甫不能一日无酒。贺知章、白居易诗酒俱佳，韦应物、房孺复亦被称为“诗酒仙”。这样“李白斗酒诗百篇”的佳话传世就不足为怪了。李白纵酒赋诗并非戏谈，他的《清平调词》三首和《宫中行乐词》八首都是在宿酒初醒时所作，“解释春风无限恨，沉香亭北倚栏杆”句获得后代诗人学者的一致好评。《饮中八仙歌》诗中还提到另一诗人兼书法家张旭，“张旭三杯草圣传，脱帽露顶王公前，挥毫落纸如云烟”，其书法技艺之高似只有酒才能催化唤起。唐文宗时将李白歌诗，张旭草书及裴旻（mín）的剑舞称为“三绝”。至于其他诗人有关酒的话题那更是多不胜言。

宏伟壮丽的长安城，成为当时诗人们咏颂的对象，许多脍炙人口的诗篇由此出现。诗人贾至曾经歌咏雄伟富丽的大明宫，云：“银烛重天紫陌长，禁城春色晓苍苍。千条弱柳垂青锁，百转流莺绕建章。”长安城街道宽广笔直，里坊排列整齐，里坊之中紧邻街道两侧的高第广宅，显示出坊里排列的特点。韦应物《长安道》诗曰：“汉家宫殿含云烟，两宫十里相连延。归来甲第拱皇居，朱门峨峨临九衢。”每逢节日，长安城内沉浸在节日的氛围中。平时长安城黄昏后就击鼓关闭坊门，禁止行人在街道上行走，但正月的上元佳节三天内不禁夜行，可以通宵达旦地游玩。宋务光《上元》诗：“九陌连灯影，千门度月华，倾城出宝骑，匝路转香

---

① 骆亚琪、樊志民：《唐代进士宴会中的饮食文化》，《安徽农业科学》2013 年第 17 期。

车。烂漫惟愁晓，周游不回家。更逢清管发，处处落梅花。”

杜甫《丽人行》诗“三月三日气象新，长安水边多丽人”，则是描写王公贵族们春天曲江池边踏青游玩的生活场景。曲江池位于长安城东南角，与另外两个游赏胜地杏园、慈恩寺相邻。对此，诗人们多有咏颂诗篇传世。储光羲义咏曲江池诗“天静终南高，俯映江水明。有若蓬莱下，清浅见澄云”。诗人韦应物、卢伦、高适等均有咏曲江诗。慈恩寺是长安著名的佛教寺院之一，唐高宗为其母亲长孙皇后祈愿所建，其规模相当可观，有十余个院落，共1897间房屋，常驻僧徒有三百人。寺内有闻名中外的大雁塔，塔建于永徽三年，是唐高宗为存放高僧玄奘从印度带回的经卷和佛像而捐赠建造的。大雁塔为仿木结构楼阁式砖塔，现高64米。塔为四方锥形，逐层缩小，造型简洁古朴大方。岑参登临大雁塔写下了“登临出世界，磴道盘虚空。突兀压神州，峥嵘如鬼工。四角似白日，七层摩苍穹。下窥指高鸟，俯听闻惊风”诗篇。寺内的精舍南池荷花馥郁、清水粼粼，水边植有片片青竹，惹人喜爱；浴室院、元果院、太平院均种植牡丹，而元果院的牡丹最大，太平院的牡丹最红。每当春季，这里是长安乃至外地佛教信徒及一般平民常常光顾的地方。杏园在慈恩寺正南，与曲江池东西并列，独占一坊之地。园内广植杏树，每当杏花开放，园内园外春意盎然。此亦是游人春天游赏观览的好去处，也是诗人咏颂的绝好题材。

另外，如灞桥、杜曲、荐福寺、朱雀大街、兴庆宫、华清宫等，也是诸多诗人常常咏颂的地方。晚唐诗人杜牧《过华清宫》诗，“长安回望绣成堆，山顶千门次第开。一骑红尘妃子笑，无人知是荔枝来”，发人深思，成为绝唱。①

四　公元七八世纪世界文化的中心地——长安

唐长安作为当时国际化的大都市，东西文化交流的中心，经济发达、文化灿烂，反映了当时世界都市文化发展的各个层面和最高水准。

---

①　以上参西北大学中文系编《唐代诗人咏长安》，陕西人民出版社1979年版。

（一）呈现多种文化成分并存，朝气蓬勃的景象

唐初，由于朝廷采取有利于社会经济发展的措施，隋末战乱造成的诸多破坏和损失得到较快的恢复。同时唐初统治者富有开放进取、宽大包容的博大胸怀，加之丝绸之路的畅通，待之而来的是与域外国家民族商贸流通的持续递增，宗教的输入及外传，政治外交交涉的频繁展开，促使唐帝国本身的日益强盛及国际化程度的提高。唐朝在对外交往过程中，逐渐取得了绝对的主导地位。这表现为唐朝不仅担当扮演当时东亚世界的调解人和事实上的盟主地位①，在与西北边境诸民族的角逐、交流中占据优势，而且在和东南亚、中亚、欧洲诸国家地区交往中，也树立了极高的信誉。

唐太宗本人曾经说过“自古皆贵中华，贱夷狄，朕独爱之如一”。正因如此，贞观四年（631），唐太宗受周边少数族首领的一致拥戴，接受诸国所奉“天可汗”称号。史载云：“（贞观）四年三月，诸蕃君长诣阙，请太宗为天可汗，乃下制令后玺书赐西域北荒之君长，皆称‘皇帝天可汗’。诸蕃渠帅有死亡者，必下诏册立其后嗣焉。”② 无疑，在这种社会氛围下，必然有利于世界各地区文化纷纷落脚长安，寻求各自的发展，同时也为长安的经济繁荣，文化多色彩景象的出现提供了条件。

长安以北的渭北高原上，自西向东分布着众多的唐朝皇帝陵墓，这就是“唐十八陵”。唐陵大多依山为陵，这种葬式显示出唐朝文化的伟岸坚毅风格。当然，从唐朝的陵墓文化，也可看出强烈的多元文化共融色彩。唐太宗昭陵位于今陕西礼泉县九嵕山上，昭陵六骏无疑是石刻中的精品，其明显带有突厥文化色彩③；陵前司马门祭坛内的十四蕃君长石像背上皆有其名字，如今保存有多躯石像底座题名，分别是吐蕃赞普松赞干布、突厥可汗阿史那社尔、新罗乐浪郡王金真德等人④。而唐高宗与武

① 如朝鲜半岛三国中的百济、新罗就是如此。参拜根兴《激荡五十年：高句丽与唐朝关系研究》，［韩］《高句丽研究》总第14辑，2002年。

② 《唐会要》卷100《杂录》。

③ 葛承雍：《唐昭陵六骏与突厥葬俗研究》，《中华文史论丛》第60辑，上海古籍出版社1999年版。

④ 陕西省考古研究所昭陵博物馆：《2002年唐昭陵北司马门遗址发掘报告》，《考古与文物》2006年第6期。

则天的合葬陵乾陵陵前的景况则是另一番景象。乾陵前置有各种石刻，如华表、翼马、鸵鸟各一对，石马5对，石人10对；东西南北四门各有石狮1对，另有61尊宾王石人像。特别值得一提的是，其中的鸵鸟、翼马石刻模样，显然是来自当时的非洲及中亚地域，因为在此之前中原王朝并没有这些奇禽异兽，陵墓葬仪石刻这种样式也是见不到的，黄新亚教授在其早年出版的专著《长安文化》一书中对此作了精辟的论述，并充分肯定了其在唐代中西文化交流中的作用和意义。鸵鸟、翼马、蕃臣石像模式从此之后普遍运用于其他唐陵，显示了当时世界文化的交融和唐人惊人的想象力。乾陵前的六十一蕃臣像屹立于乾陵神道两侧，它是当时唐长安作为世界文化中心的最好证明。

在长安东、西两市，到处可见来自西域及其他地域人开设的各种店铺，其中最具特色的是由胡人开设的酒肆，因为这里不仅出售西域出产的各种酒，同时还伴以胡姬侍酒，故吸引了众多的文人雅士前去品尝异域风味。著名诗人李白、贺朝等经常出入这样的酒店，留下了许多优美动人的诗篇。西域的饮食文化登陆长安，而且颇受世人的青睐。饭食中有名的为胡饼、搭纳、馕、饆饠等。其中胡饼风行长安。唐玄宗逃离长安途经咸阳，饥饿难忍，宰相杨国忠于咸阳市中买胡饼送达，唐玄宗才免受饥饿之苦。日本僧人圆仁开成年间在长安就吃过胡饼，并说“时行胡饼，俗家皆然”。馕亦是饼类烤制食品，至今新疆地区维族乃至汉族人均将其作为主食。有学者考证，饆饠是一种类似今新疆及中亚地区流行的抓饭。据史书记载唐长安的饆饠店，一在东市，一在长兴里，享有盛名。酒类中，高昌葡萄酒唐初传到长安。史称唐太宗平高昌后，其“收马乳蒲桃（葡萄）实于苑中种之，并得其酒法。帝自损益造酒成，凡有八色，芳辛酷烈，味兼缇盎。既班赐群臣，京师始知其味”①。波斯的三勒浆酒此时也传入长安，《四时撰要》一书记载了三勒浆酒的酿造方法，说明此技术已经为长安人所掌握②。与此同时，中原的饮食文化也大量西传，1972年在新疆吐鲁番唐墓中出土了三种花式点心，相当精致。还有，饺子在新疆吐鲁番唐墓中也有出土③，这说明长安固有的饮食传到西域后

① 《册府元龟》卷970《外臣部 朝贡》。

② 韩香：《隋唐长安与中亚文明》，中国社会科学出版社2006年版。

③ 柳洪亮：《1986年新疆吐鲁番阿斯塔纳古墓群发掘简报》，《考古》1992年第2期。

也是受到欢迎的。

唐都长安110坊中，共建有佛寺112所，足见当时佛教传播之盛况。除众多的佛教寺庙之外，据北宋人宋敏求所撰《长安志》一书，并参照清人徐松《唐两京城坊考》之记载，当时长安还有祆教寺、景教寺、摩尼教寺等寺庙①。其中祆教寺分布于布政坊、醴泉坊、普宁坊、靖恭坊。景教寺庙又称波斯胡寺或大秦寺，义宁坊的景教寺，是贞观九年（635）唐太宗为大秦国胡僧阿罗本所立；醴泉坊的景教寺，是仪凤二年（677），唐高宗依当时波斯国王卑路斯奏请而建立，只是由于其他原因，此寺后迁至布政坊。现树立于西安碑林博物馆显著位置的《大秦景教流行中国碑》，就是当时景教传教士们，为将其长期传教的经历和功德名扬后世而立。② 义宁坊的摩尼教寺（又称明教寺）建于唐代宗大历二年（767），原居住于唐西北边境地带的回鹘部族，因帮助唐廷平定安史之乱，其有功者得到唐朝廷默许，得以定居长安，其创建摩尼教寺亦取得唐朝廷的许可。拜火教唐高祖武德四年在长安置祠，“常有群胡奉事，取火咒诅”③。可以看出，因受到唐最高统治者的支持，使众多域外宗教落脚长安，其信徒不仅有生活在唐长安的外国人，一些唐朝的官僚文人，或许是出于好奇，或许是真心信奉，故常常光顾，进而给长安的信仰世界增加了奇异的异域风采④。

音乐、舞蹈方面，域外文化汇集到这里，并一度形成风气。唐代宫廷所演奏的乐曲分燕乐和雅乐两部分。贞观中期的燕乐称十部乐，其中大多（8部）来自西域及其他地区，即西凉乐、高丽乐、扶南乐、龟兹乐、疏勒乐、康国乐、安国乐、高昌乐，这些乐曲作为唐朝法定的国乐演奏，足见当时唐朝吸纳外来文化的胸怀和气魄。著名的舞蹈有：来自西域的泼寒胡戏，此歌舞一般在冬天举行，唐中宗神龙年间在长安十分流行，上至皇帝、官僚，下至平民百姓均踊跃参与，常常是万人空巷⑤。来自西域康国、米国的胡旋舞，唐玄宗开元、天宝年间在长安非常兴盛。

① 参见李建超《增订唐两京城坊考》，三秦出版社2006年版。

② 参见路远《景教与景教碑》，西安出版社2009年版。

③ （唐）杜佑撰，王文锦、王永兴等点校：《通典》卷40《职官》，中华书局1988年版。

④ 关于唐代祆教、摩尼教、伊斯兰教的传播，参见葛承雍《唐韵胡音与外来文明》，中华书局2006年版。

⑤ 赵望秦：《泼寒胡戏被禁原因发微》，《学术月刊》1998年第2期。

这种舞蹈的特点是，舞者立在特定的舞毯上，变换舞姿，旋转如风；白居易《胡旋女》诗云，“左旋右转不知疲，千匝万周无已时。人间物类无可比，奔车轮缓旋风迟”。安禄山体重达三百三十斤，但跳起胡旋舞，旋转如风，颇受唐玄宗的赞赏，只是安禄山随后发动叛乱，导致唐王朝从此走向衰败；故元稹《胡旋女》诗云：“天宝欲末胡欲乱，胡人献女能胡旋。旋得明主不觉迷，妖胡奄到长生殿。”除此之外，还有胡腾、柘枝等舞。中唐诗人李端有《胡腾儿》诗传世，诗云：“胡腾身是凉州儿，肌肤如玉鼻如锥。桐布轻衫前后卷，葡萄长带一边垂。……扬眉动目踏花毡，红汗交流珠帽偏。醉却东倾又西倒，双靴柔弱满灯前。环行急蹴皆应节，后手叉腰如却月。丝桐忽奏一曲终，呜呜画角城头发。”从所引诗可以看出，这些来自西域的文化在长安受到何等的关注。

大秦景教流行中国碑

唐初，因与突厥和战交往频繁，贞观中，唐朝打败东突厥后，一次就有万户突厥人迁住长安，这些人长期居住长安，加上突厥使臣亦往来不绝，促使突厥的风习传至长安，以至于太子李承乾“好突厥言及所服”，或按突厥人的习俗生活，或模拟突厥军队战斗，造成很大的影响①。开元、天宝时期，唐长安还盛行穿戴胡服，即生活在长安的人，崇尚西域地区少数民族服饰及印度、波斯等外国服装。所谓的胡服，具有衣长及膝，衣袖瘦窄的特点。女子服装一般的样式是，腰间系有革带，脚穿靴，领式为圆领、翻折领，对襟开领等。陕西西安所在韦洞墓、韦项墓出土的石棺椁线刻画，以及陪葬于乾陵的

① 《旧唐书》卷76《恒山王李承乾传》。

永泰公主墓线刻画、壁画、陶俑人物的衣着样式多是如此[①]。帷帽来自吐谷浑，盛行于武后时期。安史之乱后，长安又先后流行回鹘装及吐蕃装（元和妆）。当时无论身份高低贵贱，男女老少皆崇尚西域及外国人的穿着打扮、饮食习惯、行为仪态，加以模仿并以之为荣，实开一时之风气。有研究者将上述一系列的变化称作胡化倾向[②]，应该说是比较确切的表述。

（二）唐都长安是域外或唐境其他地域人们向往之地

因长安是唐朝的国都所在，加之唐朝文化在当时世界上的领先地位，使域外各国纷纷派遣驻唐使节，周边民族地区政权亦因各种原因，派遣宿卫、使者，来唐经商、学习的诸域外人士亦长期滞留长安，强化了长安作为国际化大都市的氛围。贞观年间，朝鲜半岛三国高丽、百济、新罗，以及吐蕃、高昌以及后来的渤海均遣派贵族子弟到长安学习；唐文宗开成二年（837），新罗派到长安的留学生就有 200 人；从唐穆宗长庆元年（821）到唐末，荣登科举宾贡科的新罗学生达 58 人[③]。其他如日本前后十九次派遣唐使（其中十三次明确的到达）来到唐朝。特别是一些求法高僧，如日本、新罗等国的僧人、遣唐使，虽然历经磨难，但仍将赴唐学习当作一生的最大愿望，而一旦从唐学成返回，或取得经卷，回国后必声名大震。日本孝德天皇时人高向玄理曾在唐侨居 32 年，孝谦朝的遣唐副使吉备真备在唐长安侨居 17 年，后者回国后位至右大臣，其他遣唐使回国担任高官的人也不少。

新罗著名的僧人慈藏、义湘，自唐回到新罗后，颇受新罗善德王、文武王看重，是新罗家喻户晓的人物，他们均千里迢迢来到长安等地求法巡礼[④]。而且，因为这些域外人士十数年居住于长安，有的人竟在长安娶妻生子，有的人老死在长安。如在韩国享有盛名的崔致远十二岁时赴唐，在唐获得宾贡进士后，又担任地方官，入淮南节度使高骈幕府，经

---

① 樊英峰、王双怀编：《线条的艺术：唐乾陵陪葬墓石椁线刻画》，文物出版社 2013 年版。

② 赵文润：《论唐文化的胡化倾向》，《陕西师范大学学报》1994 年第 4 期。

③ ［韩］李基东：《新罗下代宾贡及第者的出现和唐罗文人的交欢》，收入《新罗骨品制社会和花郎徒》，一潮阁 1984 年版。

④ 拜根兴：《入唐求法：铸造新罗僧侣佛教人生的辉煌》，《陕西师范大学学报》2007 年第 4 期。

十余年后才回到新罗；而另一重要人物金仁问，担当新罗对唐交涉重任，前后七次赴唐，668—694 年，二十多年常驻长安，最终病死于长安①；随金仁问一起赴唐的薛永冲，可能在唐朝结婚，所生女儿嫁与武则天时期著名大将郭元振，其墓志铭被收录于《文苑英华》《全唐文》诸书之中，薛永冲也死于长安。崇奉道教的新罗人金可纪，于唐科举及第后，前往长安之南终南山中修道，最后在此得道升天，至今终南山子午谷口还保存有关金可纪的摩崖石刻②。七世纪时，伊斯兰教的创始人穆罕默德统一了阿拉伯半岛，随后又东灭波斯，西进开罗，进而建立了一个从中亚到南亚、北非的大帝国，穆罕默德用《古兰经》鼓励他的臣民，“为了追求知识，虽远在中国，也应该去”。这样，众多的大食人长途跋涉来到唐都长安，或经商或学习。不仅如此，长安也聚集来自世界其他地域的巨商贾客。

同时，唐长安宫廷王公贵族、官僚及富豪的各种奢侈消费，其巨大的经济利益，吸引了如波斯、大食、拜占庭、印度等国的珠宝商人等前来长安，长安西市、东市到处都留有他们的足迹。1955 年在西安市东郊唐墓中出土有波斯萨珊朝库思老二世的银币，1965 年在长安县王家庄公社天子峪国清禅寺附近的残舍利塔内发现一件白瓷钵，高 13 厘米、口径 14.5 厘米，内装骨灰和大小套装的二个银盒及一个小金盒。较大的银盒高 5 厘米、口径 5.5 厘米，内装小银盒和七枚波斯萨珊朝银币，这些都是当时波斯商人和传教僧侣在长安的见证③。周边少数民族政权频繁地向唐朝进贡，带来他们的土特产和奇禽异兽，而唐朝则每每回赠大量的精美丝绸及书籍、经幢等物品。就是说，长安具备巨大的经济富源和文化向心力，此亦是吸引外国及周边政权商人、使者、僧侣前来长安的重要原因。

周边少数民族人士来到唐朝，有的人在唐京城担任官职，呈现居处内地化，特别是京师化（长安）的特点。唐政府对于被征服的周边少数族首领乃至一般将领，采取安抚笼络政策，即不仅不归罪其人，还授予

---

① 拜根兴：《金仁问研究中的几个问题》，《海交史研究》2003 年第 2 期。

② 周伟洲：《长安子午谷金可纪摩崖碑研究》，《中华文史论丛》2006 年第 1 期。金可纪摩崖石刻被切割后收藏于西安市长安区博物馆内。

③ 朱捷元、秦波：《陕西长安和耀县发现的波斯萨珊朝银币》，《考古》1974 年第 2 期。

官职，赐予田宅，进而对周边民族也形成一定的吸引力。这些蕃将酋长首领因在长安居住，享受高官厚禄，加之京城舒适的生活，故逐渐对京城长安产生感情。如唐太宗册突厥族阿史那忠为右贤王，辅佐阿史那思摩治理突厥旧部时，其不忍离去，即出塞"思慕中国，见使者必流涕求入侍"，就连册为可汗的阿史那思摩，后来也只身入朝"思留宿卫"。蕃人入京，大都受到唐政府的赐宅，后世代定居长安。东突厥处罗可汗之子阿史那社尔、高丽莫离支泉男生家族人士，百济王子扶余隆及子孙，以及安金藏、李楷洛，唐玄宗时代的哥舒翰、王思礼等在长安均有宅第。一些蕃将被赐陪葬皇陵，其子孙随后亦得随葬周围，按当时人的观念，他们已经变为地道的唐京师长安人了①。

唐朝一般每三年举行一次科举考试，京城以外的考生，必须在当年十月赶赴长安。如上所述，在当时的社会条件下，前来京师长安赶考，这是一般庶族地主阶级人士步入官场的重要途径，也是他们毕生梦寐以求的大事。对他们来说，长安是驶向理想彼岸的实验场和起航地，虽然多数人屡试不第，有人为参加下一次科考，滞留长安穷困潦倒，但每每想起一经考取便身价大增，怎能不使他们趋之若鹜心花怒放呢！正是在这种原动力的感召下，激励他们克服困难，振奋精神。虽然有"三十老明经，五十少进士"之诗句传世，但每届均吸引数千名赶考的举子奔赴长安，此实是当时长安的一大人文景观。另外，唐境诸州郡每年均要派朝集使赴长安述职②，他们必须于十月二十五日到达京师长安，十一月一日先到户部，随后拜见尚书省诸官员，并汇集考堂，陈述政绩，并接受省部官员的考问；正月元日，陈列各地的土特产于朝堂殿廷。有时，唐皇帝还要亲自接见各地朝集使，了解全国各地的具体情况，朝集使亦可发表对施政的见解。这样，朝集使每年到长安述职，不仅可以如实汇报自己的工作，展示当地琳琅满目的土特产，饱览京师盛景，进而将长安最新时尚佳音带回遥远的任职地，同时还可接触当朝宰相，可能对以后的升迁及调动提供机会。更重要的是，有可能得到皇帝的召见，目睹龙颜。天宝初年的广运潭大会，就突出展示了唐朝天下十五道各道民俗、

① 马驰：《唐代蕃将》（增订本），三秦出版社 2010 年版。

② 李永：《从朝集使到进奏官：兼谈中国古代的"驻京办事处"》，《天府新论》2011 年第 6 期。

特产等。京师长安的特殊地位决定了朝集使制度的实行，各地朝集使的到来，也为京师增添了强烈的地域政治文化的色彩。

本篇对唐都长安涉及的唐朝文化作了简要的论述，可以看出，唐朝文化具有开放、包容、创造、辐射等特点，它们在唐都长安涉及的文化成分中表现得相当充分。唐代文化所具有包容开放精神，可以说是当时国家强盛、社会发展、经济繁荣、文化进步的动力。宣示并继承古代优秀的文化传统，从古代文化中汲取有用的成分，可以为今天的社会发展、文化建设提供借鉴。

唐代长安佛教文化的交融与传播

——兼论长安都市佛教文化的东亚传播

唐朝是中国封建社会最为繁盛的时期，唐都长安是闻名世界的国际化大都市，吸引周边及其遥远地域的人们来到这里。正因如此，长安也成为世界诸多文化的集散地与催化窖。诞生于印度，经过长途漫漫的丝绸之路到达长安的佛教文化，踏着唐朝开放包容、积极进取的时代节奏，在汲取改进、交融勃发的序曲中，引领佛教发展的鳌头，演绎出佛教中国化的最新成果，并对周边国家和地区产生了深刻的影响。对此，二十余年前黄新亚先生就有专著出版[①]，随后佛教史研究专家王亚荣出版新著[②]，近年来西安文理学院成立专门的长安文化研究中心，陕西师范大学也设有国际长安学研究院，其中涉及长安佛教文化的研究内容。本文在此前学者研究的基础上，主要阐述唐都长安作为七至八世纪享誉世界的中心都市，在佛教宗派、佛教理念、佛教文化交流等方面交融发展及其特点，以及在佛教中国化历程中的贡献，并通过现有史料，探讨长安都市佛教文化在东亚国家的传播和影响。

一　佛教文化繁荣发展的国际舞台

公元618年，唐王朝建立了，历史翻开新的一页。自隋文帝以来兴盛的长安佛教，在唐朝得到了更大的发展。首先，作为都城，长安在中国佛教发展史上占有重要地位，与佛教相关的许多重大事件都和长安相关

---

① 黄新亚：《长安文化》，陕西人民出版社1989年版。

② 王亚荣：《长安佛教史论》，宗教文化出版社2005年版。

联。当时佛教的九大宗派，即法相唯识宗、华严宗、净土宗、密宗、禅宗、律宗、天台宗、三论宗、三阶教宗，其中法相宗、华严宗、净土宗、密宗、律宗、三论宗、三阶教七宗的祖庭都在长安，例如密宗的祖庭就是大兴善寺，法相宗的祖庭为大慈恩寺等，只有禅宗、天台宗祖庭在长安之外的少林寺、天台山国清寺，显示出作为汉唐都城的长安在佛教传播中不可替代的地位。因为祖庭的缘故，无论佛教宗派如何发展，都和长安有着不可分割的关系。其次，自唐朝建立之初，因最高统治者皇帝的大力普及，特别是一些特殊时期，如武则天改唐为周，唐代宗、唐宣宗等皇帝在位期间，佛教得到了飞速的发展，佛教寺院大量增加，佛教信徒的数量也以惊人的速度发展。还有皇帝觊觎长生不老的缘故，希望通过度僧、建寺、写经、供奉舍利等，提倡信奉佛教。这样，除过武宗灭佛引起佛教起落之外，唐朝其余皇帝或者大力普及，或者或明或暗地支持佛教，促进了都城长安佛教整体的发展。再次，由于统治者的提倡，加之作为都城氛围的依托，当时名僧大德如玄奘、道宣、义净等多驻跸于此，对于外国求法巡礼僧侣，长安也是他们理想的终点。新罗僧侣慈藏、义湘、胜诠、圆测、慧超，日本僧侣空海、最澄、圆仁、圆载，印度僧侣善无畏、金刚智、菩提流志、不空等云集长安，长安极具国际化特点的都市文明喷薄而出。复次，自玄奘从印度返回后，长安成为中国佛教，或者说世界佛教的改造场和重新出发地，成为佛教走向世界化国际化的风向标，引领世界佛教朝着中国化方向发展。此表现在佛教经典的翻译和推广上。佛教经典翻译既有唐朝国家作为后盾，如玄奘主持的佛经翻译工作极具成就，从翻译经典的囿集，翻译人员的构成，译出佛经的传播地域及接受人群，以及佛教本身所具有的异域风情，均显示出强烈的国际化特点。又有如义净、善无畏、不空等名僧大德主持，唐朝廷大力支持的译经活动，当然也有其他僧侣个人召集翻译佛经活动，这些都显示出都城长安作为佛教文化传播中心应有的、不可替代的地位。最后，由唐朝廷支持，都城长安频繁举办的佛事活动，也使得长安弥漫着佛的智慧和荣光，具体表现在《涅磐》《三论》《摄论》《地论》《法华》《华严》义林、义学讲论[①]，衬托出都城长安无与伦比的世界佛教文化中心地位。总之，由于大唐帝国的繁荣昌盛，唐朝在东亚乃至世界范

① 介永强：《隋唐长安佛教义林与义学风尚》，《陕西师范大学学报》2005 年第 2 期。

围内的影响超乎寻常，唐都长安成为世界文化交融发展的中心。长安文化中绽放的佛教文化盛况空前，代表着当时佛教发展的最新成果，大量的印度著名僧侣来到长安，中土大德也将印度传来的经典活学活用，以便更好地传播，进而促进了佛教的中国化历程。作为都城的长安，是唐朝的政治文化中心，作为世界佛教中心的长安，则是世界佛教中国化的试验场和重新出发点，引领佛教中国化，并成为佛教文化交融发展广阔的国际舞台。

二 佛经翻译中的文化交融

如上所述，唐都长安作为唐朝乃至世界文化的中心，佛教文化的发展传播也引领世界佛教发展潮流，其中重要的一点就是佛经的翻译。众所周知，中国佛经翻译经过三个阶段，其中前两次为后秦鸠摩罗什，以及南朝梁真谛主持的佛经翻译，而唐代玄奘、义净、不空、菩提流志等人在长安主持的佛经翻译，对于长安佛教国际化，以及佛教中国化产生了重大影响，扮演佛教中国化的直接推手。当然，翻译佛经，不仅需要既懂梵文，又有扎实的汉文基础的专门人才，是两种语言的对译和碰撞，两种文化的交融，而且孕育着开放与创造新的契机。这样，在唐都长安出现的由国家支持推动的译经活动，很好地体现了文化交融的特点。

首先，除众所周知的鸠摩罗什等人翻译佛经之外，隋代著名僧侣释彦琮亦曾主持隋炀帝设在洛阳上林园的翻经馆，翻译出大量的经书。他在译经过程中，逐渐总结出一些对后世颇具指导性的心得和感悟。如他曾对翻译经书提出十条注意事项，即“粗开要例，则有十条，字声一，句韵二，问答三，名义四，经论五，歌颂六，咒功七，品题八，专业九，异本十”。

释彦琮还提出参与译经者必须具备以下八个条件，才能够胜任译经任务，即“所备者八：诚心爱法，志愿益人，不惮久时。其备一也。将践觉场，先劳戒足，不染讥恶。其备二也。荃晓三藏，义贯两乘，不苦暗滞。其备三也。旁涉坟史，工缀典词，不过鲁拙。其备四也。襟抱平恕，器量虚融，不好专执。其备五也。沉于道术，淡于名利，不欲高衔。其备六也。要识梵音，乃闲正译，不坠彼学。其备七也。博阅苍雅，粗谙篆隶，不昧此文。其备八也。八者备矣，方是得人”[①]。从此后的译经实践看，上述八个条件确实是每个参与翻译佛经人士必须具备的先决条件。

其次，《宋高僧传》卷3《唐京师释满月传》[②] 所附作者释赞宁“论”，其中提到翻译佛经过程中涉及的译字译音、胡语梵言、重译直译、粗言细语、华言雅俗、直语密语等六个方面问题，对于佛经翻译过程中梵本的选定、人员的配备及分工、译场与译主的协调，以及遇到问题如何解决等，均给予解释和说明，可以说是当时翻译佛经的纲领性、指导性的文件，其中处处显示出文化交融的要素。

另外，宋人编纂的《佛祖统记》卷43中，详细记载了佛经翻译的工作流程，参与人员的分工，即对翻译流程及责任体制的记载。首先译主是统筹规划译经的直接责任者，负责选定经书，制定译经计划，具体指导、把握、解决译经过程中可能出现的问题；其次是坐在译主左边的证义，坐在译主右边证文，听译主高读梵文，检查是否有误，并且担当和译主评议考量梵文经书之任务；第三是精通梵文和汉语的僧侣，他审听梵文，并将梵文转换为汉字，但仍然是梵文的音韵；第四为笔受，即将已经转换为汉字的梵音改为汉文；第五为缀文，将转换的汉字连接成为完整的汉文句子；第六为参译，即对证原梵文经卷和翻译后的汉文，指出其中可能存在的错误；第七为刊定，其职责是修改删补译好的汉文，捋顺上下文意思；第八为润文，就是润色上述翻译的汉文佛经，最终改定成书。当然，以上只是译经院（场）具体责任者和担当者，一般还要有一个监护官（宰相），负责译经的后勤保障。可见，要将梵文经书翻译为汉文，是要经过一系列专门人才协同合作，政府全权支持方能毕其功，任何个人都只是译经群体中的一分子[③]。

从现有的史料记载看，译主在翻译过程中起着重要的不可替代的作用，从玄奘、义净，到不空和菩提流志都能说明这一点。首先，上述数

---

① （唐）道宣著，郭绍林点校《续高僧传》卷2《隋东都上林园翻经馆沙门释彦琮传》。中华书局2014年版。

② （宋）赞宁：《宋高僧传》卷3《唐京师释满月传》，中华书局1987年版。下文所引同书版本，均如上。

③ 拜根兴：《入唐求法：铸造新罗佛教僧侣佛教人生的辉煌》，《陕西师范大学学报》2008年第3期。

人获得唐朝最高统治者的膜拜和支持，玄奘得到了唐太宗、唐高宗父子的无微不至的照顾，从慈恩寺、翠微宫，再到玉华宫译场的设置及人员的配备，处处都有皇帝垂顾的影子[①]；义净受到武则天的垂爱，不空深受极力奉佛的唐代宗支持，此前菩提流志的译经也是如此。其次，这些人都具有渊博的知识、超常领导能力，以及令人钦佩的求法传道经历，对各自的母语耳熟能详，又前往佛典所在的印度或者来到作为佛教集散地所在的长安、洛阳[②]，熟练掌握翻译佛经所必需的梵文、汉文，成为享誉佛界的高僧大德，对涉及的其他语言也达到灵活运用的程度。应该说，他们本身就是佛教文化交融的化身，身处长安主持佛教经典的翻译，也给长安佛教文化增添了亮丽的色彩。最后，参与佛经翻译的僧人，不管是途径漫漫沙海不远万里来自印度、中亚等地，还是漂洋过海不惜身家性命来自朝鲜半岛，他们的佛学修养及其语言天赋，均在当时堪称上乘，在佛教的某个方面都颇有建树。如贞观、永徽年间享誉长安的总持寺僧智通，与梵僧对译《千臂千眼经》二卷，智通本人“善其梵字，复究华言，敌对相翻，时皆推服”[③]。参与菩提流志在长安翻译《宝积经》，担当证义的循州僧侣释怀迪，“久探经论，多所该通，七略九流，粗加寻究。以海隅之地，津济之前，数有梵僧寓止于此，迪学其书语，自兹通利”[④]。祖籍印度、生在大唐的释慧智“本既梵人，善闲天竺书语，生于唐国，复练此土言音。三藏地婆珂罗、提云若那、宝思维等所有翻译，皆招智为证，兼令度语”[⑤]。当然，还有来自唐朝藩属国新罗的僧侣，如圆测、神昉等人，他们因各种原因，年龄很小就到达唐朝，首先学习汉语和梵文，然后在唐都长安著名寺院修行，提高佛教修养，最终在佛教教义或

---

① （唐）慧立、彦悰：《大慈恩寺三藏法师传》，中华书局2000年版。

② 玄奘经从陆路十九年往返印度自不必说，义净咸亨二年（671）乘海船从广州出发，历经艰难险阻到达印度，于武周证圣元年（695）夏返回，深谙梵文，熟悉佛典，并带回梵本经律论近四百部，合五十万颂。菩提流志、不空均熟悉精通汉文。大兴善寺释潜真撰述的《文殊师利菩萨佛刹庄严经疏》中提到“又诏以文殊菩萨为上座，皆三藏所请。三藏学究瑜伽，解穷法印，身口意业，秘密修辞。戒定慧学，显通宣畅，唐梵文字，声韵具知。传译此经，善符圣旨。文质相兼，灿然可观”。此处的三藏，就是不空金刚。引文见《宋高僧传》卷5《唐京师兴善寺潜真传》。

③ 《宋高僧传》卷3《唐京师总持寺智通传》。

④ 《宋高僧传》卷3《唐罗浮山石楼寺怀迪传》。

⑤ 《宋高僧传》卷2《周洛京佛授记寺智慧传》。

者其他某个方面做出成就，产生一定的影响力，进而接受选择，参与唐朝国家组织的佛经翻译，担当重要的使命。可以说，在长安这片赋予佛教文化精神的炽热的土地上，这又是一种交融。

翻译经书过程中朝野臣僚参与，也使得这种交融更具实际效果。玄奘和尚在慈恩寺、玉华宫等处开设译经场，京中知名大臣如于志宁、来济、许敬宗、薛元超、李义府、杜正伦等人参与润文自不必说[①]，而中宗景龙四年（710），义净在大荐福寺翻译《浴像功德经》《毗奈耶杂事二众戒经》《维识宝生》《所缘释观》等二十部，除过众多的梵僧担当证梵本、证梵义、读梵本、证义、笔受、证译之外，当时著名文人官僚李峤、韦嗣立、卢藏用、张说等二十余人奉文润色，宰相韦巨源、苏环监护[②]。睿宗先天二年（713），菩提流志在长安北苑莲池、甘露亭译经场，翻译佛典一百二十卷，梵、汉僧侣担当证文、证义、笔受等基础工序，朝臣卢粲、徐坚、苏瑨、崔璩、卢象先、郭元振、张说、魏知古等参与润文，呈现出“儒释二家，构成全美”[③] 的交融和谐局面。如此场景在此后唐朝廷支持的译经场中成为习以为常的事情。

总之，通过佛经翻译，唐都长安不仅聚集一大批来自不同地域国家，掌握多种语言，潜心修行探究、学有所成的佛教专家，而且通过唐朝廷的大力支持，开设国家资助的译经馆，翻译通过多种途径从印度带回的佛教经典，这种在译经过程中产生的佛教文化碰撞交融，集中体现在最后定本的汉语化的佛经疏论上，引领佛教中国化风潮，体现出唐都长安作为国际化大都市的多元交融特点。

三 儒、佛、道等宗教间的相互批判与交融发展

（一）儒佛道的争论及其相互交融

说到儒佛的争论，自唐初就一直存在，并在这种交流中加强了人们对佛教的了解，对于佛教中国化产生了重要的作用。长安作为唐朝的都

① 《续高僧传》卷4《唐京师大慈恩寺释玄奘传》《大慈恩寺三藏法师传》，中华书局2000年版，第179页。

② 《宋高僧传》卷1《唐京兆大荐福寺义净传》。

③ 《宋高僧传》卷3《唐洛京长寿寺菩提流志传》。

城，这种争论往往在长安朝野出现，因而赋予佛教文化交融的诸多的特点。最著名的就是傅奕与萧瑀的争论。从史料记载看，傅奕上疏请除去佛教，历数佛教对唐初国家产生的一系列困惑。作为奏疏，而且是连上十一道，为了引起皇帝和世人的重视，其中不免有夸大的成分亦可想象。唐高祖让朝臣们对此发表看法，只有太常卿张道源认为所奏合理。由此可见武德年间佛教在长安朝野的影响程度，以至于出现诸如佛教与唐朝国家间的隐性矛盾，此为其一。朝堂上只有太常卿张道源认同傅奕的奏文，其他众多的臣僚均持反对意见，足见统治上层，或者说唐都长安所在的官僚知识阶层已普遍接受佛教理念，此为其二。既然傅奕道高和寡，其除去佛教的想法当然遇到挫折，难能实现，此为其三。在这种情况下，傅奕与萧瑀的争论不可避免。

> 中书令萧瑀与之争论曰："佛，圣人也。奕为此议，非圣人者无法，请置严刑。"奕曰："礼本于事亲，终于奉上，此则忠孝之理著，臣子之行成。而佛逾城出家，逃背其父，以匹夫而抗天子，以继体而悖所亲。萧瑀非出于空桑，乃遵无父之教。臣闻非孝者无亲，其瑀之谓矣！"瑀不能答，但合掌曰："地狱所设，正为是人。"高祖将从奕言，会传位而止①。

与傅奕相反，作为忠实的佛教信仰者，萧瑀②对傅奕的态度如上所述。唐高祖之所以"将从奕言"，是作为国家代言人对傅奕列举的佛教传播过程中引起的一系列问题，所做的应急处理，但是，如果真按傅奕奏疏中的提议去除佛教，至少在唐政权刚刚建立的当时可能性不大，因为当时要解决的重大问题实在太多了。当然，傅奕与萧瑀争论的焦点是儒佛理念的交锋，两者在交锋中没有出现衷心孰优孰劣的最终决断，而是在唐都长安开放包容的氛围中，这种争论最终朝着双方相互交融的方向迈进。和儒学一样，在治理国家统合百姓思想的众多方面，佛教的作用也逐渐展现出来。

唐高宗时代，针对和尚是否应拜俗、僧道是否应拜君亲，在朝廷中

① 《旧唐书》卷79《傅奕传》。

② 萧瑀的哥哥、女儿，以及内侄均出家，成为当时信仰佛教的世家，颇负盛名。

又引起广泛的讨论。龙朔二年（662）四月，高宗曾下诏书“勒僧道咸施俗拜”，此后集朝廷百官议论，改为不拜君而拜父母，不久又废止不行①。《全唐文》卷203—205，卷230中，收录保存了数十位朝廷大臣及知名学者奏疏，主要议题就是关于僧尼是否拜俗等问题。其实，这些围绕儒家倡导的忠孝、礼义、人性论等展开的争论，使得佛教僧侣信徒在争论中自觉不自觉地吸收这方面的东西；而面对佛教传入的强烈冲击，不仅是统治者的治理理念，就是一般人也对佛教教义乐此不疲，双方的交融逐渐深化发展，并成为这一时期思想界引人注目的大事件。日本学者砺波护撰有专文，剖析此前道端良秀、藤善真澄、鎌田茂雄等学者的观点，指出其中存在问题，认为隋唐初期僧侣不拜君亲，开元十八年（730），唐玄宗曾在兴庆宫花萼楼主持佛道讲论，结果，释道氤“雄论奋发，河倾海注”，而道士尹谦“对答失次，理屈辞殚，论宗乖舛”，玄宗“再三叹羡”，诏令赏赐道氤绢帛五百匹②。如此，儒、佛、道三教间的相互辩论交锋，三者在相互交融过程中磨合发展。开元二十一年（733），唐玄宗诏令僧尼必须礼拜君亲，但经过安史之乱，到上元二年（761）九月，唐代宗下诏称僧尼并不需称臣及礼拜，这种情形一直到延续到后代。砺波护还探讨了日本社会呈现的王法与佛法并重问题③。佛教正是在这种冲突、碰撞、相互吸收过程中，逐渐占据唐长安上流社会，并和本土儒家思想交融发展④，立足唐都长安并走向全国乃至东亚各地。

唐宪宗元和末年又有韩愈谏佛骨事件发生，从事件的前因后果看，既涉及韩愈本人对佛教理念的理解差异，又有唐宪宗本人在迎佛骨具体操作上的铺张及京师长安由于迎奉导致的浮躁喧嚣，从当时整个社会氛

---

① 《宋高僧传》卷17《唐京师大庄严寺威秀传》。

② 《宋高僧传》卷5《唐长安青龙寺道氤传》。

③ ［日］砺波护著，韩昇编，韩昇、刘建英译：《隋唐佛教文化》，上海古籍出版社2004年版，第87—110页。

④ 扬州龙兴寺僧侣法慎来到长安，受到长安僧俗的礼拜敬仰。法慎“与人子言依于孝，与人臣言依于忠，与人上言依于仁，与人下言依于礼。佛教儒行，合而为一。学者流误，故亲校经论。延来者听受，故大起僧坊。将警群迷，故广图菩萨因地。善护诸命，故曲济众生寿量。以文字度人，故工于翰墨。以法皆佛法，故兼采儒流”。天宝七载圆寂。可以说，佛教传播过程中与传统儒学交融发展，法慎其人是一个最好的例证，他到达长安，受到朝野名士顶礼膜拜，显示出这种交融已经达到相当高的程度，佛教中国化已不是可望而不可即的存在。《宋高僧传》卷14《唐扬州龙兴寺法慎传》。

围看，韩愈被贬潮州也是情理中的结果[①]。事实上，韩愈本人虽然以反佛著称于世，但他所提出的道统说，有学者认为就是仿效佛教的祖统学说而建立起来的[②]。著名佛教史大家汤用彤罗列了韩愈之外的唐代反佛人士，并指出他们反佛言论四大方面，即言佛教造成政局不安，信奉佛教导致国祚短促；举出前代沙汰佛教的成功范例，指责佛教僧徒不受戒律、肆意乱行等[③]。不管怎样，在佛教与儒道交融的社会潮流面前，韩愈等反佛人士的举动虽然指出并校正了佛教传播过程中出现的一些杂音，而儒、佛、道合流发展的脚步，也正是在韩愈等硕儒大家不知不觉地推动中稳步向前。

到了唐末，不管是在唐都长安，还是在唐朝广大的其他区域，儒、佛、道三者间的争论就很少有唐初那样激烈和火药味，佛教中国化的目标已经达成。应该说，如同佛教经典在长安集中翻译，然后传播唐朝辖境，再到朝鲜、日本一样，佛教和唐朝本土其他宗教的争论和交融，也是从唐都长安开始，经过激烈而漫长的相互碰撞和吸收，最后取得交融发展的结果。

（二）佛教宗派间的争论和交融

唐都长安寺院林立，由于地处佛教发展的中心地带，以及京师独特的地位，七大佛教宗派的祖庭寺院也在这里长期存在，各宗派的振兴发展从这里开始，各种佛教活动也在这里广泛开展。

首先，宗派内部由于不同体系源流的原因，展开争论并随着时间的推移和形势的变化，呈现交融发展状态。法相维识宗内部玄奘、窥基、圆测对佛典的理解差异，以及私人关系的演变就能说明这一点。《宋高僧传》卷4《唐京师西明寺圆测传》，同卷《唐京师大慈恩寺窥基传》，记载圆测贿赂守门者，偷听玄奘法师讲新翻译的《唯识》，并利用玄奘法师罢讲，率先在西明寺鸣钟招众讲论。由此与玄奘门人窥基产生争执，进而演绎出玄奘慈恩系与圆测西明系之间的争执与矛盾。对此，汤用彤[④]、

① 赵文润、拜根兴：《唐宪宗》，三秦出版社1992年版。

② 张金兰：《隋唐儒佛融合略论》，《集宁师专学报》2008年第1期。

③ 汤用彤：《隋唐佛教史稿》，北京大学出版社2010年版，第26—31页。

④ 同上书，第123—124页。

陈景富[①]等学者在其论著中均有阐述，不仅考证出上述史料存在的问题，而且论述了玄奘、圆测两人的同学加同志关系，并探讨了圆测闲居终南山、窥基行化河东的原因。法相唯识宗内部不同派别矛盾斗争过程中优胜劣败、融合发展，体现出佛教宗派发展过程中产生的问题，以及当时社会氛围下客观形势对这种交融发展的影响。受到武则天青睐的著名僧侣释法藏，也曾经参与玄奘主持的译经，“始预其间，后因笔受、证义、润文，见识不同而出译场。至天后朝，传译首登其数”。又参与义净主持的译场，与胜庄、大仪担当证义[②]。其他宗派的发展也是从内部交融提炼，外部的压力和推动，最后得到提升发展的机遇。这种内部改造，或者说内部统一过程，也是交融提升并不断演进的过程，促进佛教各宗派的稳步快速发展。

其次，唐都长安佛教宗派间的竞争碰撞，也是相互交融的一种形式，推动佛教中国化向前发展。

最后，唐都长安佛教与来自西域的祆教、摩尼教等宗教的交流融合。对此，王维坤、彭树智等学者有专文论述[③]，在此不赘。

四 长安都市佛教的东亚传播

（一）唐都长安佛教与新罗佛教传播

唐朝建立之后，佛教成为治理国家的重要工具之一。由于最高统治者的提倡和支持，佛教发展传播异常迅速，其中和朝鲜半岛新罗国佛教文化交流更是如此。从现在掌握的史料看，来自新罗的僧侣有国家选派，也有大量的自己前来求法巡礼的僧侣。有的人年龄很小就来到唐朝，而有的人在新罗已经有了一定的佛学修养，有的人在新罗已声名鹊起，来到唐朝只是镀金并有所希求而已。但无论如何，这些人来到唐都长安，或者跟随高僧大德领会翻译最新佛教经典，如修炼法相唯识宗的新罗僧侣就有圆测、胜庄、神昉、智仁、玄范，学习密宗的惠日、慧超等人，

---

① 陈景富：《圆测与玄奘、窥基关系校考》，《南亚研究》1994 年第 3 期。

② 《宋高僧传》卷 5《周洛京佛授记寺法藏传》。

③ 参见彭树智《唐代长安与祆教文化的交往》，《人文杂志》1999 年第 1 期；王维坤：《唐代长安与西方宗教文化交流的研究》，《西北大学学报》2002 年第 4 期。

从现存记载看，由于各种各样的原因，这些人最终都没有返回新罗，老死唐朝，但他们的学说和贡献，在唐朝与新罗频繁来往前提下[①]，或多或少都影响到新罗佛教的发展[②]。

也有结伴前往印度取经者，只是这些人亦未返回新罗，但他们坚强不屈的精神，感召着前来求法巡礼的新罗和尚。依据义净《大唐西域求法高僧传》卷上记载，贞观年间前往印度取经的新罗僧侣有：阿离耶跋摩从长安出发，前往印度取经，到达后“亲历圣踪。住那烂陀寺，多闲经论，抄写众经”。他很想返回，但还是老死于该寺。慧业和尚历经艰难险阻到达印度，六十多岁死于那烂陀寺。玄恪法师到达印度大觉寺，不惑之年染病而死。玄太法师永徽年间走吐蕃道，过尼泊尔到达中印度，数年后返回唐朝，不知所终。还有没有留下姓名的两位新罗和尚，他们从长安出发，走海路前往印度，但在中途患病身亡。慧轮法师麟德末奉敕随唐僧玄照前往印度，玄照后返回唐朝，慧轮“既善梵言，薄闲《俱舍》”，留在当地生活。当然，新罗僧侣前往印度取经最著名、最有收获者当属慧超。16岁的少年慧超开元七年（719）与抵达广州的密教大师金刚智相见，他们乘海舶前往印度巡礼，开元十五年（727）抵达安西。返回长安后在大荐福寺金刚智门下学习，天宝元年金刚智圆寂后跟随不空和尚习经。后慧超前往五台山，德宗建中年间（780—784）在乾元菩提寺圆寂。慧超之所以名传后世，不仅表现在他跟随金刚智、不空两位密宗大师，翻译《大乘瑜伽金刚性海曼殊室利千臂千钵大教王经》，而20世纪初在敦煌石窟发现传世《往五天竺国传》残卷，则是继东晋法显《佛国记》，玄奘《大唐西域记》后的又一部记载往返印度沿途所见所闻的著作，慧超往返印度取海道、陆路，又和上述法显、玄奘有所不同，显示出他的独特性。这一时期前往印度取经的还有无漏、元表、悟真等人。无论如何，上述新罗僧侣在风起云涌的求法活动中，敢为天下先，不惜身家性命誓死求法取经，不仅感动着一代代新罗僧侣，而且对佛教传入新罗的质和量，都有相当大的促进。

---

① 关于唐朝与新罗关系，可参考党银平《唐朝与新罗文化关系研究》（中华书局2006年版）；以及拜根兴《七世纪中叶唐与新罗关系研究》（中国社会科学出版社2003年版）、《唐朝与新罗关系史论》（中国社会科学出版社2009年版）两书。

② 关于新罗僧侣参与唐朝译经场馆翻译佛经，可参见郭磊《7—8世纪唐朝的佛经翻译和新罗学僧》，《韩国研究》总第10辑，国际文化出版公司2010年版。

前来唐朝求法巡礼者更是多见于史载，学成回国的高僧大德，为新罗佛教传播发展做出了突出贡献。慈藏。贞观十年受新罗善德女王的派遣，前来唐朝修习律宗，他先后在五台山、终南山修行，贞观十七年要求返回新罗，回国前慈藏“以本国经像未充，乞斋藏经一部，并诸番幢花盖堪为福利者，赍还本国”[①]，唐太宗答应了他的请求。慈藏回国后，向善德女王建议建造皇龙寺九层塔，这座佛塔不仅是新罗都城最具象征性的标志性建筑，而且作为新罗“护国三宝”，受到以佛教立国新罗朝野的尊奉和重视；慈藏还积极促成新罗改穿唐朝服饰，运用唐高宗永徽年号，使新罗与唐朝的官方关系进一步深化。义湘和尚龙朔二年（662）受新罗文武王派遣到达长安学习华严宗，咸亨二年（671）回到新罗。由于义湘对新罗华严信仰的贡献[②]，韩国佛教界将其奉为新罗华严初祖。除此之外，留学唐都长安的顺璟研习唯识宗[③]，胜诠学习华严宗，惠通、明朗研习密宗等[④]，元晓大师虽然因各种原因未能前来唐都长安求法[⑤]，但他的著述学说也可能受到唐朝本土佛教的影响。

唐中后期辗转唐朝各地及唐都长安的新罗僧侣，对于佛教传播，新罗九山宗派的形成具有决定性的作用。无相大师从都城长安到剑南四川，创净众宗，在成都保唐寺圆寂，因为无相的缘故，很多新罗僧侣均前往参禅，促使新罗境内禅宗兴盛。王室出身的金觉乔虽未到过唐都长安，入唐后就在九华山苦修，成为信众敬仰的地藏菩萨[⑥]。而由于禅宗的盛行，入唐新罗僧侣前来巡礼，直接促成新罗九山禅派的形成和发展，对此，笔者曾在《入唐求法：铸造新罗僧侣佛教人生的辉煌》一文中做过论述，在此不赘！

上述入唐新罗僧侣的译经修禅、求法巡礼，他们对佛教经典的吸收和探索，在唐都长安感受到的佛教文化的独特气息，以他们青春年华的亲身实践，在中华佛教圣地长安争得他们的一席之地，使得长安佛教文化在交融交流中发展，并经过时间的洗礼，完成佛教中国化的历史进程。

---

① 《续高僧传》卷25《唐新罗国大僧统释慈藏传》。

② 《三国遗事》卷4《义湘传教》。

③ 《宋高僧传》卷4《唐新罗国顺璟传》；《三国遗事》卷4《胜诠髑髅》。

④ 《三国遗事》卷5《惠通降龙》，同卷《明朗神印》。

⑤ 《宋高僧传》卷4《唐新罗国黄龙寺元晓传》。

⑥ 《宋高僧传》卷20《唐池州九华山化城寺地藏传》。

同时，他们从长安走出，将佛教最新的理论架构带回新罗，促进了佛教在新罗的进一步传播。他们成为长安佛教交融发展的催化剂和见证人，为唐都长安佛教文化的交融传播作出了突出贡献。

（二）日本学问僧与长安佛教传播

早在遣隋使时代，长安就频现日本学问僧的身影。道慈和尚长安二年（702）随第七次遣唐使粟田真人使团入唐，在唐都长安学三论、法相二宗及密宗近二十年，并以学业优异著称于世，曾被选入皇宫中讲《仁王》《般若》二经。回到日本后积极传播佛教，居住于大安寺等寺院，天宝三载（744）以70多岁高龄圆寂。道慈和后来到达长安的玄昉，返回后参与日本东大寺等佛教寺院的设计建造，不仅吸收了唐朝寺院建筑的合理成分，而且依据日本的山地形势，形成日本的佛教寺院建筑风格。

荣睿、普照两位，开元初年来到长安，积极物色唐朝律宗大师前往日本，最终选定曾经在长安受戒的律学大师鉴真和尚。经过六次磨难，鉴真和尚终于到达日本，为日本佛教的发展做出了重要贡献。

空海、最澄两人804年到达唐长安，先后在青龙寺等寺院求法巡礼，806年返回日本。

圆仁在唐朝九年间，一大半时间在长安寺院居住，他的不朽名著《入唐求法巡礼行记》记载了其求法巡礼的艰难历程，圆仁对唐中后期长安佛教发展的记载，以及返回日本后的传播活动，奠定了他在日本佛教发展中的地位。

总之，长安佛教在日本的传播，既有日本学问僧不畏艰难险阻兢兢业业地求法学习，也有中国高僧大德舍生忘死前往传播，经此两个或多个途径，促进了佛教文化在日本的传播，显示出长安佛教文化交融发展强大的生命力。

本篇对唐都长安佛教文化交融发展相关问题作了简略地探讨，指出作为7—8世纪世界佛教文化中心的长安，不仅在佛教经典的翻译、佛教寺院的分布、佛教宗派的发展、佛教高僧大德云集等方面，说长安是佛教文化的集散地和催化窖似不为过。在长安佛教发展历程中，印度及中亚高僧来到长安，中土著名僧侣不满已有佛教经典的现状，不远万里前往印度取经，新罗、日本僧侣源源不断的前来求法巡礼，在长安的大街小巷，各种已有的文化成分不断汇集产生的新思想，并在交融发展中催生佛教最前沿文化的诞生，长安不仅成为佛教中国化的选秀场和实践地，而且通过各种途径，经过众多人们的努力，将佛教文化的诸多精髓传播到朝鲜半岛及日本，促进了东亚佛教文化的发展升华。长安佛教文化的交融发展，是盛唐文化最具代表性的成果，浸透着开放包容发展的时代理念，散发出强烈的世界性和国际化气息。

（韩国《佛教社会文化研究》总第12辑，2012年）

唐代学术文化的发展

唐朝是我国学术文化发展的重要阶段，虽然以前史家有“唐代学术，是多面性而光辉的，然积学之士，率致力诗文，两者相衡，殊有逊色”[①]的说法，但从我国学术文化发展的历史长河看，唐人对经学、史学、地理学、科学技术的探讨研习，其成果和贡献都是相当突出的，下面分而述之。

一　经学的一统和异化

魏晋南北朝天下大乱，经学有“南学”“北学”之分，表现为“南北所治，章句好尚，互有不同”[②]，“南人约简，得其菁华，北学深芜，穷其枝叶”[③]，经学通过不同的途径向前发展。589 年，隋统一全国，隋文帝虽是好佛之主，但曾一度“超擢奇隽，厚赏诸儒，京邑达乎四方，皆启黌校”，炀帝继位，“复开庠序，国子郡县之学，盛于开皇之初”[④]。然而，好景不长，隋末农民战争的烈火迅速燃遍全国，许多经学师尊或遇难身亡，或逃遁荒鄙。618 年，李渊建立唐政权，他深知“武创业，文守成，百世不易之道也。若乃举天下之赞仁义，莫若儒”[⑤]；因而，武德二年（619）诏令国子学、太学、四门学、郡县学置生员传习经传。当时，“四方儒士，多抱负典籍，云会京师”，高丽、百济、新罗、高昌、吐蕃等周边地区诸国，亦遣派子弟入国都长安国子学晓习经传。唐朝境内习

---

① 岑仲勉：《隋唐史》下册，高等教育出版社 1959 年版，第 642 页。

② 《隋书》卷 75《儒林传序》。

③ 《北史》卷 52《儒林传序》。

④ 《隋书》卷 75《儒林传序》。

⑤ 《新唐书》卷 198《儒学传序》。

儒谙经蔚为风气。

但是，经过南北朝经学的大浪淘沙，汇集长安的儒经师尊各述己说、难能统一，这和唐王朝一统宇内，力求思想文化趋同如一的国策是相违背的；同时，唐太宗看到儒学经典“去圣久远，文字多讹谬”，因此诏中书侍郎颜师古在秘书省“定五经”。颜师古，雍州万年（今西安市）人，南朝齐黄门侍郎颜之推孙，其祖世居江南。师古“少传家业，博览群书，尤精训诂，善属文”[①]，他对“五经”中讹缺的文字详加订正，书成奏上。为使该书获得时人遵从，唐太宗召集名学硕儒重新议论，这些人长期传习儒经各有心得，而颜氏所作五经《定本》，多从其祖《颜氏家训》中的说法，即就是说，师古依据南学经疏训校五经，故受到“北学”儒士的责难。虽则如此，颜师古广引晋、宋以来江南传本，“随言晓答，援据详明，皆出其意表，诸儒莫不叹服”[②]。贞观七年（633）十一月，唐廷颁布五经《定本》于天下，以此作为学人传习儒经的范本。

贞观十一年（637），唐太宗又以儒学多门，章句繁杂，诏令国子祭酒孔颖达会同当时名儒贾公彦等撰定《五经义训》。贞观十六年（642）孔颖达等奏上《五经义训》180卷（《周易正义》14卷，《尚书正义》20卷，《毛诗正义》40卷，《礼记正义》70卷，《春秋正义》36卷）后易名为《五经正义》。太宗下诏褒奖云：“卿等博综古今，义理该洽，考前儒之异说，符圣人之幽旨，实为不朽”[③]；但国子博士马嘉运却认为孔颖达诸人所撰《正义》“繁酿”，并且撰文“掎摭其疵”[④]，“至相讥诋”[⑤]。太宗诏令重新裁定，但马嘉运不久即病卒。高宗永徽二年（651），诏中书门下与国子三馆博士、弘文馆学士再加考订，尚书左仆射于志宁，右仆射张行成，侍中高季辅增损遗冗。永徽四年（653），复审考订告一段落，始颁行全国，并以之作为每年科举考试明经类的经典依据。清人皮锡瑞称：“自唐至宋，明经取士，皆遵此本。夫汉帝称制临决，尚未定为全书；博士分门授徒，亦非止一家数；以经学论，未有统一若此之大且久

① 《旧唐书》卷73《颜师古传》。

② 《旧唐书》卷73《颜师古传》。

③ 《旧唐书》卷73《孔颖达传》。

④ 《新唐书》卷195《马嘉运传》。

⑤ 《新唐书》卷198《孔颖达传》。

者”，认为这是经学发展史上的一大变易[①]。已故范文澜先生对此有更高的评价，云：“唐初孔颖达撰《五经正义》，结束了东汉魏晋南北朝历代相沿的经学，这是适应政治上全国统一的巨大事业，很有助于统治阶级的思想统一”，并且说“孔颖达撰《五经正义》，颜师古定《五经定本》对儒学的影响，与汉武帝罢黜百家，独尊儒术有同样重大的意义”[②]。无论怎么说，唐王朝利用国家之机制，采取行政手段统一学术思想界，不仅对唐代科举制的渐趋成熟，而且对于改变魏晋南北朝经学南北异途，相互指责抵牾状况，使经学走向全面发展提供了可能，并使经学在国家政治生活和对人民教化中发挥了举足轻重的作用。

这一时期私家治经学的学者也很多，他们对经学的疏证研究颇具成就，其著作多见于《旧唐书》《新唐书》的“艺文志”之中。

陆元朗（字德明）著《经典释文》30卷。此书收有《易》《书》《诗》等十四种经典书籍，他“研精六籍，采披九流，搜访异同，校之苍雅”[③]，使汉魏六朝时经学研究成果在此书中得以保存。《四库全书总目提要》云：“其列老、庄于经典而不取孟子，颇不可解，盖北宋以前，孟子不列于经，而老、庄则自西晋以来为士大夫所推尚，德明生于陈季，犹沿六代之余波也。”[④] 皮锡瑞也认为《经典释文》属南学，“开唐人义疏之先声”[⑤]。《经典释文》的出现，“汉魏六朝音切凡230余家，又兼载诸儒之训诂，证各本之异同，后来得以考见古义者，注疏以外，惟赖此书以存真，所谓残膏賸馥，沾溉无穷者也”[⑥]。

安史之乱后，唐王朝一步步走向衰落。这时，唐政府颁行的经学范本已不为学者所重视，一些治经的学者鉴于时局独辟蹊径，对儒经重作诠释疏证，开一代学风。最具代表性的是《春秋》之学大盛，名家辈出、著作毕现。这一时期研讨经学的代表人物有啖助、赵匡、陆质等人。啖助，赵州（今河北赵县）人，后迁居关中，精通经学，历十年，考订《春秋》三家优劣，“缝绽漏缺”，著《春秋集传》；又摄其纲目，编为例

① （清）皮锡瑞：《经学历史》，中华书局2008年版，第198页。

② 范文澜：《中国通史》第4册。人民出版社1998年版，第123—124页。

③ 《全唐文》卷146《经典释文·序》，中华书局1985年版。

④ 《四库全书总目提要》卷33，中华书局1965年版。

⑤ （清）皮锡瑞：《经学历史》，第207页。

⑥ 《四库全书总目提要》卷33。

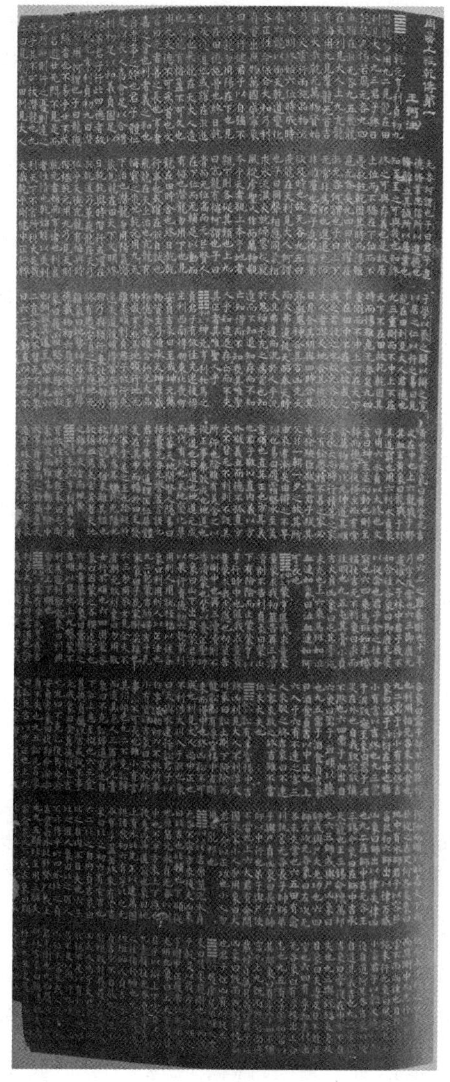

开成石经照片

统，认为公羊传、谷梁传虽是“后人据其大义，散配经文，故多乖谬，失其纲统”，而左氏“解义多谬，其书乃出于孔氏门人，且《论语》孔子所引，率前世人老彭、伯夷等，类非同时”，又“《左氏传》《国语》，属缀不伦，序事乖剌，非一人所为。盖左氏集诸国史以释《春秋》，后人谓左氏，便传著丘明，非也”[①]。因而，啖氏认为二传传经优于左氏。啖氏并不以此为终，他“考覆三传，舍短取长，又集前贤注释，亦以愚意裨补缺漏，商榷得失，研精宣畅，期于浃洽尼父之志”[②]。在这里，啖助抛弃了此前治经者注重注家臆解，而是舍传求经，独立地发挥自己的见解，首开宋儒附会臆断的治学风气。

啖助的学生赵匡，河东（今山西省西南部）人，曾官拜州刺史；陆质，吴郡人，“有经学，尤深于《春秋》”[③]，著《春秋集注》20卷等。有学者认为“陆淳（即陆质）说春秋，无所建白”，“系将啖、赵二人‘随文解释，非例可举者’，纂而成之。……不见陆氏自有所说”[④]。但从总体上看，陆质对啖助学说的传布和发扬光大所做的贡献是十分明显的。史家赞曰：啖助“名治《春秋》，摭诎三家，不本所承，自用名学，凭私臆决，尊之曰‘孔子意也’，赵、陆从而唱之，遂显于时。……[⑤]”显然，《新唐书》撰著者对啖助师徒的舍传求经的研究方法并不赞赏。然而，啖氏师徒的《春秋》学研究，在当时的确起到了积极现实的作用，“故其书一出，好异者骛之”[⑥]；柳宗元师从陆质深以为荣；卢仝撰《春秋指微》解经不用传，韩愈赠卢仝诗云：“春秋三传束高阁，独抱遗经究始终。”这种情况反映了一些学人在唐中央政权日益衰落的形势下，力图通过研习《春秋》微言大义，“诛讨乱贼以戒后世”，“改立法制以致太平”[⑦]，尊奉唐中央政权，反对藩镇割据，主张加强中央集权的思想。开成年间（836—841）郑覃等人力主刊刻石经，也说明了这一点。

自唐高宗之后，进士科成为士子们官进的重要途径，诗赋之学大盛，而经学在某种程度上却受到冷落。元和之后，进士科弊端丛生，导致了许多新问题的产生。因而，一些对儒经怀有好感的人在研习经学的同时，极力主张恢复经学的固有地位，进而改变唐王朝的危机局

---

① 《新唐书》卷200《啖助传》。

② 《春秋集传纂例》卷1《啖氏集传注义第三》。

③ 《新唐书》卷198《陆质传》。

④ 章群：《唐史》第3册，第515页。

⑤ 《新唐书》卷198《啖助传论》。

⑥ 马宗霍：《中国经学史》，商务印书馆1965年版，第104页。

⑦ （清）皮锡瑞：《经学通论》卷4，中华书局1954年版。

面。郑覃，唐德宗时宰相郑珣瑜之子，“长于经学，稽古守正”[①]，“不喜文辞、病进士浮夸，建废其科”[②]。太和年间（827—836），郑覃上奏文宗，认为“经籍讹谬，博士相沿，难为改正。请召宿儒奥学，校定六籍，准后汉故事，勒石于太学，永代作则，以正其缺”，[③] 文宗诏可。开成初，郑覃奏起居郎周墀，水部员外郎崔球，监察御史张次宗，礼部员外郎温业等校定“九经”文字。不久，经文校订刊刻完毕，这就是著名的“开成石经”。虽自石经刊布之后，时人评说纷纭，但“自熹平石经散亡之后，惟开成石经为完备，以视两宋刻本，尤为近古”[④]。唐政权以国家的力量刊布石经，这不仅是经学史上的一件大事，而且反映了当时士人为拯救时运所做的努力，并在一定程度上体现了唐中央内部牛李党争的根源。

总之，唐代经学由分立到统一，从统一到异化，中国经学闪过了由汉学步入宋学的最后光芒。此后，经学即归属宋学范畴。

二　史学的发展

武德四年（621）十一月，起居舍人令狐德棻面奏李渊云：“近代以来多无正史，梁陈及齐犹有文籍，至于周隋多有遗缺。当今耳目犹接尚有可凭，如是十数年后，恐事迹湮没无可纪录。”[⑤] “陛下既受禅于隋，复承周氏历数，国家二祖功业，并在周时，如文史不存，何以贻鉴今古？”[⑥] 李渊对此深表关心。武德五年（622）十二月，唐廷下诏撰修前代史书，但因种种缘故，“历数年，竟不能就而罢”[⑦]。贞观三年（629），唐太宗再次下诏，重撰梁、陈、齐、周、隋五代史。可以说，令狐德棻的奏言，肇启了唐代以国家名义修史的先声。

---

① 《旧唐书》卷 173《郑覃传》。

② 《新唐书》卷 165《郑珣瑜传附郑覃传》。

③ 《旧唐书》卷 173《郑覃传》。

④ （清）皮锡瑞：《经学历史》，第 212 页。

⑤ （宋）王钦若等：《册府元龟》卷 556《国史・采撰二》。

⑥ 《全唐文》卷 137《请修近史奏》。

⑦ 《旧唐书》卷 73《令狐德棻传》。

（一）史馆的设立和初唐八史

唐代以前，历代都设有史官，所谓“君举必书，书法不隐，所以慎言行，示劝戒也”[①]。史馆的得名起自北齐[②]，唐朝因袭隋制，置史馆隶属秘书省著作局，设郎二人，佐郎四人组成。贞观三年闰十二月，移史馆至门下省北。宰相监修国史，大明宫建成后，史馆移至门下省南面[③]，同年，唐廷开始大规模的撰修五代史。这样，《梁书》《陈书》《隋书》《周书》《北齐书》以及《南史》《北史》《晋书》经数年相继修成。

1. 子承父业 修史不辍

《梁书》《陈书》作者姚思廉，其父姚察曾任南朝陈吏部尚书，入隋为秘书丞，“学兼儒史，见重于二代”。姚察仕官陈朝时即有志修撰梁、陈二史；进入隋朝任官之后，隋文帝诏授其为秘书丞，别撰成梁、陈二史。姚察大业二年病逝，临终前，他将未完成的序论及纪传阙略部分，遗嘱其子姚思廉按原有体例续撰，“博访撰续，思廉泣涕奉行”[④]。姚思廉上书隋炀帝陈述父志，遂受诏续撰梁、陈二史，但隋末大乱，姚思廉辗转各地，难成其愿。贞观三年（629），唐太宗诏姚思廉与秘书监魏徵同撰梁、陈二史，至此，姚思廉才得以完成父志。他兼采谢炅诸家有关梁、陈二代撰述，推勘研究陈朝政事，删削前朝傅縡、顾野王等人所修旧史，在其父原作的基础上，撰成《梁书》50卷，《陈书》30卷，“魏徵虽裁其总论，其编次笔削，皆思廉之功也”[⑤]。贞观十年（636）书成奏上。清人赵翼云：《梁书》“虽全据国史，而行文则出自炉锤，直欲远追班、马”，并且得出“世但知六朝之后古文自唐韩昌黎始，而岂知姚察父子已振于陈末唐初也哉”[⑥]。

《北齐书》作者李百药，定州安平（今河北安平县）人。其父李德林，“善属文，辞覆而理畅”[⑦]。隋文帝开皇初其受命撰《齐史》，书未开

① 《册府元龟》卷554《国史部·总序》。

② （唐）李林甫等：《大唐六典》卷9《史馆》。

③ （五代）王溥：《唐会要》卷9《史馆上》。

④ 《陈书》卷27《姚察传》。

⑤ 《旧唐书》卷73《姚思廉传》。

⑥ （清）赵翼撰，王树民校证：《廿二史札记校证》卷9，中华书局1984年版。

⑦ 《隋书》卷42《李德林传》。

始撰写就病逝。李百药贞观初年官拜中书舍人，奉敕修撰《齐书》。李百药遵循其父编辑意旨，详加考论，贞观十年撰成《北齐书》（区别于萧子显《南齐书》）50 卷。宋人对《北齐书》多有评论：陆游《老学庵笔记》中对《北齐书》多用当时俗语资料就颇为推崇；另外，《北齐书》到北宋时就散佚不全，后经宋人校勘辑佚，才得以流传至今，如许多纪、传即兼采《北史》，“今《北齐书》各纪各列传凡称神武，文宣及无论赞者，皆非百药作，皆《北史》也”①。

《南史》《北史》作者李延寿，陇西大姓，世居相州（今河南安阳市）。其父李大师“少有著述之志”，对宋、齐、梁、陈、魏、齐、周、隋南北分隔，南书谓北为“索虏”，北书指南为“岛夷”，“又各以其本国周悉，书别国并不能备，亦往往失实”的状况甚为关注，因而“常欲改正，将拟《吴越春秋》，编年以备南北”②，即编撰通史以正其缺略。李大师隋末及武德年间两次撰修此书，贞观二年（627）李大师病逝。李延寿贞观中官太子典膳丞，崇贤馆学士，曾参与撰修《五代史志》《晋书》，在修撰之余，他“思欲追终先志”，将齐、梁、陈五代他书未载的条目昼夜抄录；贞观十五年（641），李延寿获得机会遍观唐初所修五代史书，他又亲自抄录，本纪部分依《史纪》体，次第连缀，“更勘杂史赞正史所无者一千余卷，皆以编入，其烦冗者，即削去之”。这样，李延寿经十余年终于完成《南史》80 卷，《北史》100 卷的撰述。唐高宗显庆四年（659），《南史》《北史》获准流传。李延寿所撰《南史》《北史》中，一改魏晋南北朝时期所修史书的片面性，以统一国家的姿态撰述史事。仿《晋书》体例，在《北史》中设《僭伪附庸传》，体现了统一的唐王朝思想上的需要及史书所反映出的社会现实。另外，李延寿首开唐代编撰通史的局面，而且“自两宋以后，《南史》《北史》风行，而原来的八种断代史俱微，以至于阙佚”③，充分说明这两部通史著作的生命力。

子承父业，修史不辍，初唐八史之中有五史（除过《周书》《隋书》《晋书》之外）出自父子两人之手，这是私家修史在中国史学发展史上留下的最后印记。唐朝之后虽也有私史出现，但类似如上情况的就很少见了。

---

① （清）王鸣盛：《十七史商榷》卷 65。

② 《北史》卷 100《序传》。

③ 范文澜：《中国通史》第 4 册，第 360 页。

2. 宰相监修，集众所长

贞观十年（636），《五代史》修撰完成，虽则《五代史》修撰者分别为姚思廉、李百药、令狐德棻和魏徵，但总负责人却是魏徵。魏徵不仅全面负责撰修组织工作，而且撰写了梁、陈、周、齐诸史总论和《隋书》的绪论。这种修史体制的完善，既便于对史书体例等的统筹规划，又可发挥撰修者各自所长，《五代史志》《晋书》的撰修即是这样。

贞观十五年（641），鉴于贞观十年修成的五部史书（即《五代史》）都缺少“志”，唐太宗诏于志宁、李淳风、韦安仁、李延寿等续修《五代史志》。显庆四年（659）修成梁、周、齐、隋《五代史志》30卷。《五代史志》初单独流传，后晋时才与《隋书》纪、传部分合为一书。《五代史志》中“经籍志”最为著名，编撰者首次将我国古籍以经、史、子、集四大类注录，弥补了《汉书·艺文志》之后史书缺少经籍志的缺陷，并使后世学人获得便利。《天文志》《律历志》出自唐初著名科学家李淳风之手，对魏晋南北朝时期天文、历法的成就有精辟超凡的载论，成为记载这一时期科学事业发展的实录。另外，《地理志》《食货志》《刑法志》等都是出自专人，选材得当、客观翔实、堪称信史。《五代史志》是继《南史》《北史》之后又一部通史著作。

《晋书》题唐太宗御撰，实际主持修撰的是房玄龄、中书令褚遂良、太子左庶子许敬宗，参加撰修的有来济、陆元仕、刘子翼、卢承基、李淳风、李义府、薛元超、辛玄驭、刘胤之、阳仁卿、李延寿、张文恭等。在此之前，有关晋朝的史著已有十八家，撰修者以臧荣绪《晋书》为底本，参考其他史著，“分功撰录，莫不传考前文，旁求逸蔓，举其精要”[①]。著名史家令狐德棻，以及敬播、李怀安、李怀俨等“详其条例，重加考正”[②]。后世对《晋书》评说纷纭，认为史官“多文咏之士，好采诡谬碎事，以广异闻；又所评论，竟为绮艳，不求笃实”[③]，又说“其所采择，忽正典而取小说”[④]。总的看来，《晋书》编撰是较为成功的。如载记部分“尤简而不漏，详而不芜，视《十六国春秋》不可同日语

① 《册府元龟》卷556《国史·采撰》。

② 同上。

③ 《旧唐书》卷66《房玄龄传》。

④ 《四序全书总目提要》卷45。

也"[①]。志"最可观采"。唐太宗自撰宣、武二帝及陆机、王羲之四论，更增加了《晋书》的权威性。因《晋书》的广泛流播，此前的十八家《晋书》多失传。

这种宰相或重臣监修，史官集体修史的官修史书制度，自唐代之后为历代统治者所效法，历代的"正史"正是通过这种撰修形式得以连续不断，保留了我国历史撰修的完整资料。

除初唐八史之外，史官刘知几私撰的《史通》20卷，贞元年间（785—805）杜佑编著的《通典》200卷也很有名，开创了我国史评体著作和典章制度通史的先河。

（二）"汉书学"与《史记》的传注

隋末一些名儒硕学为躲避战乱，流徙于乡野教授孩童，从而形成唐初许多各有源流的学问和系统研究的风气。如颜师古就有家学渊源，其父颜思鲁"以儒学显"，其叔父颜游秦撰《汉书决疑》12卷，为当时学者所称道。师古"少博览，精故训学，善属文"，贞观中，太子承乾在东宫，师古受命注《汉书》，他采用其叔父质义，"解释详明，深为学者所重"[②]。后太子承乾上表，太宗令编入秘阁，对师古亦予以嘉奖。房玄龄以颜师古所注《汉书》，"文繁难省"，因而使"有良史之才"的著作郎敬播"摄其机要，撰成四十卷，传于后代"[③]。同代人姚思廉，其父姚察旅居关中，撰《汉书训纂》，"思廉少受《汉书》于察，尽传其业"，姚思廉的孙子姚班，据其祖所著，立意发挥，著成《汉书绍训》40卷。唐高宗永徽之后，逐渐形成一种专门学问，即"汉书学"。当时著名学者有刘伯庄、秦景通兄弟、刘纳言等，其中秦景通、秦纬兄弟"俱有名，皆精《汉书》，号'大秦君'、'小秦君'"，而且形成独立的《汉书》学派，在研习《汉书》的学者中影响最大，所谓"当时治《汉书》，非其授者，以为无法云"[④]。乾封年间（666—668）都水监主簿刘纳言，给沛王讲授《汉书》，后沛王为皇太子，即章怀太子李贤。李贤集诸儒共注范晔《后

---

① （清）赵翼撰，王树民校证：《廿二史札记校证》卷7。

② 《旧唐书》卷73《颜师古传》。

③ 《旧唐书》卷189《敬播传》。

④ 《新唐书》卷198《秦景通传》。

汉书》，刘纳言为主要参与者。可以说，太子李贤组织人力注《后汉书》，其兴趣多来自刘纳言讲授《汉书》所得。当时治《汉书》学的还有高宗朝的郝处俊、开元时的殷践猷及唐末的柳璨等。

研治《史记》的学者有褚无量、高子贡，而王玄感坚持不懈，“并所注《孝经》《史记》稿草，请官给纸笔，写上秘书阁”①；刘伯庄撰《史记音义》《史记地名》《汉书音义》各二十卷，从不同侧面、角度研究《史记》。武后长寿年间（692—694）的许子儒，“其所注《史记》，竟未就而终”，实为憾事。这一时期研治《史记》的集大成者，是开元年间司马贞所著《史记正义》和张守节著《史记索引》，不仅是治《史记》的高水平之作，而且为后代进一步研究《史记》提供了详确的资料。

(三) 谱系学和地理学

1. 谱系学

魏晋六朝选举以“九品中正”为前提，从而形成魏晋时代谱学大盛的局面。“唐代谱学本脱胎于魏晋六朝谱学，因而，这种鲜明的门阀观念和森严的等级界限当然也得以继续传播。”② 尽管唐统治者自觉不自觉地想削弱这种门阀观念，但官修、私修谱系本身，无疑对维系统治阶级有利的等级制度起到推波助澜作用。另外，谱学是唐代史学发展的重要组成部分，政府不定期组织人力编撰谱书，为唐代史学的发展增添了新的内容。

贞观五年（631），唐太宗以“山东人为自矜夸，虽复累叶陵迟，犹恃其旧地，女适他族，必多求聘财”，诏令吏部尚书高士廉等“刊定姓氏”，于是收聚天下谱系，考其真伪，撰成《氏族志》，定山东崔幹为第一等。太宗览后大为不满，指出撰修《氏族志》“不须论数世以前，止取今日官爵高下作等级”③。经修订，贞观十二年（638）《氏族志》10卷面世，列李唐皇室为第一等，后族第二等，山东士族崔幹为第三等。《氏族志》修成后，“升降去取，时称允当，颁下诸州，藏为永式”。④

---

① 《旧唐书》卷189《王玄感传》。

② 瞿林东：《唐代史学论稿》，北京师范大学出版社1989年版，第108页。

③ 《旧唐书》卷65《高士廉传》。

④ 《旧唐书》卷82《李义府传》。

显庆四年（659），许敬宗为奉迎皇后武则天，中书令李义府“耻其家代无名”，上奏请求修改《氏族志》。唐高宗诏令礼部侍郎孔志约及阳仁卿、史玄道、吕才等十二人，以“皇朝得五品者，书人族谱”[①] 为标准，总括245姓，287家，高宗自裁体例，撰写序言，撰成《姓氏录》一书。书成后，缙绅大夫多以入选为耻，称其为“勋格”。从《氏族志》到《姓氏录》，唐政权内等级门阀的覆盖面增大，而一些士族门阀以此为耻的心情亦可理解。另外，从中宗景龙元年到开元初，经三次大规模的修撰，著名谱学家柳冲等参与修成的《姓系录》20卷，是唐代官修谱书的集大成者，也标志着唐代谱学研究达到顶峰。元和七年（812）太常博士林宝撰《元和姓纂》10卷，也是官修质量较好的谱书之一。

唐代最有名的谱学家有武德年间文学馆学士、天策府仓曹参军李守素，时称“肉谱”[②]，即活的人物典。武则天时太子司仪郎路敬淳，“尤明姓系，自魏晋以降，推本其来，皆有条序”，著《姓略记》20卷，《衣冠谱》60卷。此后的谱学家，如柳冲“博学，尤明世族，名亚路敬淳”，后韦述、萧颖士、孔至“各有撰次，然皆本之路氏”[③]。柳芳自己也说：“唐兴，言谱者以路敬淳为宗”，足见路敬淳对唐代谱学界影响之大。

2. 地理学

唐初史馆撰《五代史志》，其中“地理志”详细记载了南北朝各代地理，是后世查考这一时期山川地理物产风俗较为权威的著作。贞观二十年（638），魏王泰“延宾客著书”，引著作郎萧德言及顾胤等人撰修《括地志》，全书550卷，《序略》5卷，宋人称此书为“坤元录”。因编者曾“分道诸州，披检疏录”，注重旧地志辑存和地理沿革载述，故颇受时人重视；但由于卷帙浩大，到南宋时就已散佚。唐高宗曾遣使分往康国、吐火罗，访查当地风俗物产，“诏史官撰次，许敬宗领之，显庆三年（658）上”[④]，编成《西域图志》60卷。贞元年间杜佑撰《通典》200卷，其中《州郡典》14卷，对唐天宝之前各州郡山川、风俗等有详细记载。杜佑奉行“求实”的编撰理念，对同时或此后的地理学家产生的影

① 《唐会要》卷36《氏族》。

② 《唐会要》卷36《氏族》。

③ 《新唐书》卷199《路敬淳传》。

④ 《新唐书》卷58《艺文志》。

响是显而易见的。

和杜佑同时代的地理学家贾耽“尤悉地理”，他针对陇右“久沦藩寇，职方失其图记，境土难以区分”现状，画《关中陇右及山南九州等图》一轴，详绘以上各地州郡、人口、山水走向、兵力部署，满足唐政权政治军事的实际需求。贞元十七年（801），他又撰成《海内华夷图》《古今郡县道四夷述》40卷，其中《华夷图》长3丈，宽3.3丈，图上1寸为实际百里，图上用黑色书写古时地名，用红色书写当时地名，即“古郡国题以墨，今州县以朱”[①]，这是我国制图史上的一大创新，为此后彩图的出现迈开了第一步。贾耽又撰《贞元十道录》4卷，《关中陇右山南九州别录》6卷，《皇华四达记》10卷，《吐蕃黄河录》4卷。贾耽的地理学撰著，力求务实，体现了安史之乱后一些官吏学人的心态。元和年间的宰相李吉甫，为协助唐宪宗平定藩乱，于元和八年（813）上《元和郡县图志》42卷，“分天下诸镇，纪其山川险易故事，各写其图赞篇首”，目的是“成当今之务，树将来之势”，并对“丘壤山川攻守利害”详细记载。另外，李吉甫据形势需要，绘制河北“险要所在”，宪宗将所绘图张贴于宫廷浴堂门壁，以示警示鞭策；李吉甫又绘淮西地形图，但未及进献而病卒，唐宪宗令其子李德裕进献，为唐中央平定淮西叛乱提供了必要条件[②]。编绘地图直接用于政治、军事目的，在唐之前似乎很少见到，这说明地理学到唐代，无论从形式还是内容都具有相当高的水准，也逐渐成为王朝实施政治军事活动的一种工具。

三 科学技术的发展

（一）医学

唐初著名药物学家孙思邈的出现，标志着我国古代医药学已发展到一个新阶段。孙思邈，京兆华原（今陕西耀县）人，“幼遭风冷，屡造医门，汤药之资，罄尽家产”[③]，鉴于此，他访师学艺，锲而不舍，“于阴

① 《新唐书》卷166《贾耽传》。

② 《新唐书》卷146《李吉甫传》。

③ （唐）孙思邈：《千金要方·序》。

阳、推步、医药无不善”[①]。高宗永徽三年（652），整理出著名的《备急千金要方》30卷；年逾九十耄耋之年，又整理出《千金翼方》30卷。这两部医药学著作集前代诸医学大成，而且多有创设，如对妇科、儿科疾病的临床经验等。孙思邈还提出“食疗胜于药疗”的看法，在当时产生了很大影响；他的学生孟铣著《食疗本草》《补养方》两书，发挥了孙思邈的食疗理论。孙思邈还对医生须具备医德有精辟的看法。另外，天宝十一载（752）相州刺史王焘撰成的《外台秘要》40卷，也是一部很有影响的医药学著作。

唐政府也组织人力编撰药典，这就是高宗显庆四年（659）英国公李勣领衔编集的《唐本草》53卷（《本草》20卷，《目录》1卷，《药图》25卷，《图经》7卷），从而开辟了由国家撰修药典的先例，它是世界上第一部由国家编定的药典。

唐代医学在许多方面都有突破。首先，针灸治疗病症颇有成效。鲁州刺史库狄嵚患风湿病不能挽弓，名医甄权“使彀矢向堋立，针其肩隅[②]”，针到病除；甄权撰有《脉经》《针方》《明堂人形图》各1卷，当时备受推崇。常州医士许胤宗曾用蒸气薰浴法，即“造黄耆防风煮汤数十斛，置床下，气如雾，熏薄之”，至天黑前患者就能说话了，首例风湿病患者经蒸熏法得以治愈。其次，唐代外科手术已达到很高水平。唐高宗晚年患头晕目眩病，视力大减，御医秦鸣鹤“刺（高宗）头出血”，高宗随即痊愈[③]。武则天长寿二年（693），酷吏来俊臣刑讯皇嗣李旦左右，诬皇嗣谋反，太常安金藏为证皇嗣清白，以佩刀自剖，“五脏并出，流血被地，因气绝而仆”。武则天闻讯命以小步辇拉至宫中，命御医“却纳五脏，以桑白皮为线缝合，傅之药，经宿，金藏始苏”[④]。中唐诗人施肩吾有“二十九人及第，五十七眼看花”之句，《全唐诗》注云“施肩吾与崔嘏元和十五年同第，嘏旧失一目，以珠代之，施嘲之云云”[⑤]。这是我国古代第一例装置假眼外科手术。

还有，唐代士人因环境所限，或兴趣所在，精通方药、医术的也很

① 《新唐书》卷196《孙思邈传》。

② 《新唐书》卷204《甄权传》。

③ 《资治通鉴》卷203，唐高宗弘道元年（683）。

④ 《旧唐书》卷187《安金藏传》。

⑤ 《全唐诗》卷871《嘲崔嘏》。

多，甄权、杜鸿渐、李逢吉三人均因至亲患病弥留，遂发奋研医，终成名医。德宗朝宰相杨炎在贬所道州（今湖南道县西）著《南行方》；翰林学士陆贽被贬忠州十年，休笔静处以免遭谤言，但其"家舍瘴乡，人多疠疫"[①]，陆贽抄录采缀药方，著成《陆氏集验方》50卷，流传广泛。元和朝宰相李绛著《兵部手集方》，诗人刘禹锡在贬所著《传信方》都产生过相当好的效果。随着中外文化交流的深入，来华印度僧人在传教的同时，亦将印度医学成果带到中国，前文所提御医秦鸣鹤刺高宗百会穴治病，很可能是借鉴印度眼医刺前额出血疗法。开元年间，景教徒僧崇一为玄宗兄李宪治病，很快治好[②]；著名诗人刘禹锡苦于眼疾，偶得天竺僧人诊治，刘禹锡曾以诗相酬。《唐本草》中的一些药物如郁金、简香等来自安息。

（二）天文历法

唐代二百九十余年中，曾八次改动历法，即戊寅元历、麟德历、大衍历、至德历、五纪历、观象历、宣明历、崇玄历，其中戊寅元历、麟德历、大衍历最为著名。

唐高祖定鼎长安，新朝伊始，太史令庾俭、丞傅奕争相引荐东都道士傅仁均。傅仁均"善历算，推步之术"[③]，高祖诏其入太史局修历。武德元年（618），唐廷诏颁新历，即《戊寅元历》。这个历法最大的贡献就是采用定朔。要明白定朔，须先说明平朔，平朔即是以平均朔望月的长度为据，从不以上元合朔之刻开始，每过一个平均朔望月得到一次合朔的时刻，此合朔时刻即叫"平朔"。由于月亮运动有快有慢，真正朔望月的长度不定，因而合朔时刻可以有相当大的差异[④]，因而东汉时刘洪就提出推算日月食要考虑月亮是运动不均问题，要改正按平朔法定出的数据，就须采用"定朔"原理。南北朝时何承天、隋代刘孝孙、刘焯都主张改用定朔，但因种种原因未能如愿。傅仁均实现了前代天文学家梦寐以求的愿望。针对《戊寅元历》，侍中封德彝提出质疑；贞观初益州人阴弘通

① 《旧唐书》卷139《陆贽传》。

② 《新唐书》卷81《让皇帝李宪传》。

③ 《旧唐书》卷79《傅仁均传》。

④ 参见《中国天文学简史》，天津科技出版社1979年版，第85页。

旧话重提，反对采用傅历；天文学家李淳风驳斥傅历十有八事，太宗敕大理卿崔善为考定二家得失，最后七条改从李淳风说，十一条并依旧议。这些有关历法的争论，有助于唐历的改进和天文学术研讨的深入。

贞观十九年（645）七月，出现了所谓连续四个大月的情况，主张平朔法的人再次发难，结果定朔法被取消，恢复平朔。高宗麟德二年（665），唐廷颁行李淳风创设的《麟德历》，并重新采用定朔。《麟德历》以隋刘焯《皇极历》的算法为依据，扬弃了《戊寅元历》的失误，改变朔日进位方法。这样，定朔法就被一直沿用下来。

开元九年（721），采用五、六十年的《麟德历》预报日食的准确性越来越差，制定新的历法被提上议事日程。唐玄宗敕僧一行（原名张遂，683—727），“考前代诸家历法，改撰新历”，又令率府长史梁令瓒等与工人创制黄道游仪，以考七曜行度，互相证明①。开元十五年（727），新的历法《大衍历》创制完毕。同年，僧一行病逝，后经宰相张说和历官陈玄景编次历经、历议进上。《大衍历》把过去没有统一格式的中国历法归纳成七个部分，即步中朔术、发敛术、步日位术、步月离术、步轨漏术、步交会术、步五星术，是当时最科学、最先进的历法。僧一行经实地观测认为：“冬至时日行最急，夏至时日行最缓，这是对太阳周年视运动规律比较正确的认识，它改正了（隋）刘焯以春分前一日日行最急的错误认识。”② 而且，《大衍历》在计算太阳视运动的同时，还发明了不等间距的内插法公式，为我国古代数学的发展做出了重要贡献。

僧一行还注意到同一次日食而全国各地看到的情形完全不同的现象，因而，他在《大衍历议》“日蚀议”中提到，日月交食月亮较太阳近，当长安看到日全食时，南方却只能看偏食，这是有关“食带”问题的首次记载。同时，僧一行等人分十四个点测量子午线长度，这在我国乃至世界科学史上都是一件大事。太史监南宫说“择河南平地，沿水准绳墨植表而以引度之”③，其中在滑台的白马（河南滑县东）、浚仪（河南开封）的岳台、扶沟（河南扶沟）、上蔡（河南上蔡）的武津四个经度相差极小的点上，对夏至日正午太阳影长和北极高度进行测量（从滑县到上蔡间

① 《旧唐书》卷191《僧一行传》。

② 参见《中国天文学史》，科学出版社1981年版，第83页。

③ 《新唐书》卷31《天文志》。

距 562.9 里，日形差 2.1 寸），成果突出，推翻了此前已有人怀疑，但缺乏实测验证的“王畿千里，影差一寸”的假设。而且，僧一行通过实测和严密的运算，得出子午线的每度约 122.8km，同现代测量值每度 111km 相差很小。虽然僧一行等人并非有意识地测量地球大小，但对地球子午线长度的测量，在科学史上却有非凡的意义，这是世界上第一次大规模的测量子午线，比公元814 年由阿尔马蒙领导和阿尔花剌子模参与下，在美索不达米亚实测子午线要早 90 年。

僧一行死后，来华的印度历家瞿昙悉达翻译西域《九执历》。此后太史监陈玄景、南宫说等人极力诋毁《大衍历》，认为大衍历写《九执历》，“其术未尽”①。但经实测检验，《大衍历》的科学性远超《九执历》，以上诸人皆受到唐廷的处罚，这说明学术的研讨必须尊重事实，只有这样才能获得科学的成效，并经受时间的检验。《大衍历》之后，唐政府还行用过五种历法，但都沿袭《麟德历》和《大衍历》，只是对其作枝节上修改，改变历法名称而已。

（《南都学坛》1993 年第 3 期，署名“叶茂”）

① 《新唐书》卷 28《历四下》。

隋唐官吏的用笏礼仪

笏，又称手板、笏板、簿。《舆服杂事》载：“古者贵贱皆执笏，主书君上之政令，有事则搢之于腰带中。”《礼·内则》云：“子事父母，鸡初鸣，冠缨緌端韠绅搢笏。”可见，上古执笏，是为臣民、子女尊奉君主、父母而设。另据《淮南子》载，周武王灭商后曾请教姜太公云：“寡人伐纣，想后世争斗不已。”太公答曰：“王欲久持，则塞民以兑。”于是，武王下令军将臣僚解剑搢笏，此应是周人制笏之始。

战国时代天下大乱，偏居西鄙的秦国向东扩展，逐渐取得优势，迫使东方六国归附。期间六国为反抗秦国，曾采取暗杀行动，尤其以荆轲刺秦王最具代表性。此后，每当臣僚朝觐，会见外使，皇帝本人手握剑把自不必说，站立大殿两旁的侍官、卫士更是严阵以待，朝堂俨然成为战场。

汉高祖刘邦借秦末农民战争的强大力量统一宇内，定都关中，他令大臣叔孙通备办君臣朝觐礼仪；为了渲染铺陈偃武修文之举，宫廷侍官以手板（笏）代替刀剑。故此，终汉朝四百余年，武官可带剑执笏上朝，文官上朝之前，须用笔将所奏事项摘要写于简笏上，随即将笔插入发髻，笔尖不蘸墨汁，纯粹用作装饰。这种手执笏板，头簪白笔逐渐演化成为一种宫廷礼仪制度。两晋时期，“尚书令、仆射、尚书手板头复有白笔，亦以紫皮裹之，称作笏”。北周武帝宇文邕保定四年（564）三月，“初令百官执笏”①。看来，魏晋南北朝时期朝官似已不再簪白笔，而是将笔固定在手板头上。另外，这一时期手板和笏由于装饰的不同而有所差别，故《隋书》卷12《礼仪志七》称“晋宋以来，谓之手板，此乃不经，今还谓之笏，以法古名”，统称为笏。

---

① 《北周书》卷5《武帝纪》。

一 官员上朝必备的物件

隋唐以降，宫廷礼仪更趋于完备，用笏礼仪无论从场合、规模、笏的质地、制作等方面，都有了进一步的发展，并且增加了以前各个时代都不曾有过的新内容。

首先，官吏上朝参拜、日常会客，笏是他们不可缺少的随身携带物。隋初太师李穆颇受隋文帝恩宠，其子孙虽在襁褓，皆拜仪同，“其一门执象笏者百余人，贵盛当时无比”①。1955 年考古工作者在湖北武昌桂子山隋代墓葬中发现了一组青瓷鼠、牛、猴俑，身着彩衣，手执笏板，两腿盘坐，仪态庄严。动物世界何来朝廷仪制？但这种造型似不单纯是制作工匠的巧思而已。

唐高祖武德元年（618），李密率各地农民军围攻盘踞于洛阳的隋将王世充，洛阳城内饿殍遍地，兵员极缺，王世充部将元文都招募军卒，对参与守城但不食军粮者授散官二品，城内富商大贾乘机缴纳囤积的少许粮食，以谋取官职。一时间洛阳城内手执象笏的贾客商贩朝拜殿堂，不计其数②。笏在战乱或改朝换代的过程中，随着它所代表的皇权的衰微，充其量不过是满足了一些市侩商贾的虚荣心而已。而官吏执笏的礼仪功能则被缩小到最低的程度，并且流于形式。贞观年间，沿用隋朝的官吏用笏礼仪，并加以整饬变通，一整套用笏礼仪从此通行于朝野。每天拂晓③，百官穿戴整齐聚集于大明宫建福门外（永徽以前在太极宫），然后执笏鱼贯而入，接受皇帝的召见。唐朝朝廷外事活动很多，不时有外国使者求见，这样就需要充分显示大唐帝国怀柔远方的浩荡胸怀，以及大唐天子顶天立地的咄咄威仪。每当此时，文武朝官分两班站立于大殿前两侧，六部尚书及中书令、侍中、黄门侍郎等手执象笏，不单是“记事受言”，而且随时以备皇帝顾问；其余官员或执竹笏，或执木笏，以示对崇高无上皇帝的虔诚尊崇，整个殿堂弥漫着封建礼仪的井井有条

① 《北史》卷 59《李穆传》。

② 《资治通鉴》卷 185，唐高祖武德元年（618）。

③ 日本学者平冈武夫考证为早上五点半，此处当然是指日本时间，正确的时间应该是早上六点半。

和专制君主的赫赫威仪。这种场面可从唐代著名画家阎立本的传世名作《步辇图》中得到启示和验证。另外，贞观二十二年（648），少数民族结骨部落首领（俟利发）失钵屈里可栈来到长安，请求唐太宗任官，并说“执笏而归，诚百世之幸”，太宗答应了他的请求，失钵屈里可栈执笏返回。唐朝在结骨部落辖区设立了坚昆都督府，进而说明此一时期某些少数民族所在的羁縻府州官员也执笏任事①。

朝官、地方官平时在家，或者在府衙处理公务，往往随身携带笏板。中唐宰相李钰之子李谱妻性妒忌，其父崔铉曾招李谱责备，李谱难以接受，“谱初犹端笏，既忿，即横手板”②，可见，在家受长辈召见亦端笏以示敬，而“横手板”则表示气愤异常。洛阳县令宋之逊喜爱唱歌，后出任连州（今湖南连县）参军，刺史陈希古赞赏宋之逊的歌唱才能，竟邀请其至私宅教授女仆唱歌。结果，每天天刚蒙蒙亮，宋之逊就端笏正襟立于宅院，嗷嗷而唱，众婢女则隔窗而和，声震天宇，闻者无不大笑③。武宗会昌年间（841—846），高宗朝著名宰相狄仁杰的后裔狄惟谦任晋阳令，时久旱不雨，田川干涸，有巫女以祈雨为名祸害乡里，狄惟谦以计戳穿了女巫所设骗局，随后令于晋祠后山前焚香，他自己“端笏立于其上”。很快，天降大雨，士民欢跃④，此可看做是地方官遇到重大严肃之事件时，仍执笏以示威严的证据。

其次，官吏品级不同，所执笏的质地品质也有所差别；笏的制作式样也有一定的改进。隋唐王朝沿用魏晋以来官吏用笏质地规定，即“五品以上，通用象牙，六品以下，兼用竹木”⑤，针对此前制作的笏式样，“三品以上，前挫后直；五品以上，前拙后屈”。武德以后，唐廷统一规定，笏的式样“一例上圆下方”。开元八年（720），唐廷再作规定，“诸笏，三品以上，前屈后直；五品以上，前屈后挫，并用象；九品以上竹木，上挫下方。男以上听依品爵执笏”。笏的长度沿用前代制度，即“笏度二尺有六寸，其中博三寸，其余六分而去一”⑥（这里的长度应是唐尺）。

① 《资治通鉴》卷198，唐太宗贞观二十二年（648）。

② 《唐语林》卷7《补遗》。

③ （唐）张鷟撰，赵守俨点校：《朝野佥载》卷1，中华书局1979年版。

④ 《唐语林》卷1《政事上》。

⑤ 《隋书》卷12《礼仪志》。

⑥ 《唐会要》卷32。

二 丰富多样的用途

隋唐时期笏的作用，除过上文提到的维护君臣上下等级关系之外，还有其他几方面的用途。

其一，记事功能。中唐宰相王播工于治术，史载其“雅善占奏，虽数十事，未尝书于笏”[①]。可见，当时仍有官吏将所上奏事情简要写在笏上，以便随时观看，避免遗忘。

其二，皇帝经常赐笏与宠爱或有才干的臣僚，以示优崇。天宝年间，年仅十岁的刘晏（后任官于唐代宗朝）受召在宫中观看著名优人王大娘戴竿表演，看到绝妙处，少年刘晏应声赋诗云：“楼前百戏竞争新，唯有长竿妙入神，谁得绮罗翻有力，犹自嫌轻更著人”，玄宗及杨贵妃赞赏少年刘晏的诗才，即诏令赐予刘晏“牙笏及黄文袍”[②]。元和初年，知制诰李绛以耿直上谏而著称。有一次他因上谏激怒了年轻的唐宪宗，但李绛并不惧怕，仍谏论不已，宪宗非常生气。次日宪宗气消后，“面赐金紫，帝亲为绛择良笏赐之”[③]，此当为赐良笏表彰忠正直谏的臣僚。唐文宗太和八年（834），太子侍读陈夷行受诏五日一度入长生殿侍太子讲读经论，文宗单独召见陈夷行，让其善侍太子，并“面赐绯衣牙笏”，文宗还优崇大臣王起（宰相王播之弟）。王起颇有文名，曾题诗于太子所执笏上，并传为佳话。凡此种种，笏似乎成为皇帝笼络臣僚，传递皇帝对臣僚的信任与赞赏的特殊信物。

其三，臣僚往往以笏叩头，表示无能为力或无可奈何。文宗太和初年，宦官专权，宰相宋申锡受文宗密诏谋讨宦官势力，但其谋被宦官识破，后文宗召见宋申锡、牛僧孺等宰相，诸宰相在朝堂外等候，宦官即宣令所召无宋申锡；宋申锡至此才知道密谋不行，于是他面向延英殿门，“以笏叩额还第”[④]，宋申锡终死于贬所。昭义节度使刘从谏袭父职任节度使，曾赴长安谋职带平章事，宰相李固言多方劝阻，但刘从谏贿赂宦官，

---

① 《新唐书》卷167《王播传》。

② （唐）郑处诲撰，田廷柱点校：《明皇杂录》卷上，中华书局1994年版。

③ 《旧唐书》卷164《李绛传》。

④ 《新唐书》卷152《宋申锡传》。

遂得其愿。刘离开长安途径邮亭，李固言等朝官设食为其饯行，仍好言相劝，使其善保父祖基业，从谏“以笏叩额下泪”，回到使衙，对下属屡屡言及李固言为社稷之臣，有李固言在朝，对朝廷再有非分之想实属枉然①。

其四，笏是皇权的象征，官吏执笏，好似臣仆为主人履行义务一样。唐高宗李治继位后，早先册立的王皇后久不生育，而高宗从长安城北感业寺召回其父亲太宗的才人武媚娘，却很快为高宗生出一子一女，高宗遂产生了废王皇后立武昭仪的念头，并很快付诸实施。朝廷一班老臣激烈反对，高宗的舅父长孙无忌和顾命大臣褚遂良更是慷慨陈词，从中阻挠。殿堂上，君臣各执一词互不相让，矛盾终于到了不可调和的地步。以老臣自居的褚遂良丢掉手中的象笏，大声说道：“还陛下笏，乞放归田里”②，然后以头叩地鲜血淋漓。褚遂良后来的命运自不待言，然而，在这里笏似乎成为官员向皇帝恭守义务的象征物，扔掉它，好像丢弃巍巍皇权赋予的神圣使命一样。无独有偶，唐玄宗开元末年御洛阳五凤楼酺宴，百姓观者如堵，致使乐不能奏筵宴难开，宫廷卫士也难以控制局势，玄宗非常忧虑。正在此时，宦官高力士奏请传河南丞严安之到场；以刚严著称的严安之奉诏来到后，只是“以手板绕场划地”，并说“犯此者死”。至此，“人至其划以相戒，无敢犯者”③。笏对封建时代臣民的威慑力从上文事例可明显看出，老臣褚遂良冒犯了它（当然其他原因也不能低估），就是触犯了炙手可热的皇权；洛阳市民百姓不敢走近严安之手板所划的圈子半步，无疑也可说明这个问题。

其五，在唐代，笏还成为一些名门大族摆排场，显示豪贵的装饰品。当时世代做官的名门显族父子兄弟出入朝廷，其家中的排场礼仪令人叹为观止。山东大族崔义玄贞观、永徽年间在朝为官，此后他一门子孙数十人都在朝中任事。开元年间，崔氏每年都要举办家宴，届时车马蜂拥巷衢，色彩斑斓，众兄弟子侄朝服衣冠、组佩琳琅，在阳光照射下相互辉映。而特别引人注目者，则是他们手中所执笏板。每当宴会即将开始之时，他们必先让仆人将一张大床放置在宴会场正中央，床上铺垫华丽

① 《唐语林》卷3《方正》。

② 《资治通鉴》卷199，唐高宗永徽六年（655）。

③ 《资治通鉴》卷214，唐玄宗开元二十三年（735）。

名贵的丝罗绫锦，然后一个个小心翼翼地将各自所执笏板放上去。于是，象牙的、竹木的，白色的、枣红的、玄青的参差重叠，整个床上登时变为笏的世界笏的海洋。只有到了此时，他们才如释重负，尽情享用美味佳肴，沉浸于欢乐的氛围之中[①]。还有，活动于代、德两朝的韩滉、韩皋父子，“自黄门（韩休）以来，三世传执一笏，经祖父所执，未尝经授仆人之手，归则别置卧内一榻，以示敬慎”[②]。唐宣宗大中年间（847—859），诏出魏文贞公（魏徵）所执笏板，“归其孙丞相谟”，当时名士孙樵曾作《笏铭》一篇，此铭文收入宋人编集的《唐文粹》之中。就是说，魏徵所执过的笏板被收藏了二百余年，这样，笏板不仅成为魏徵犯颜直谏的历史见证，而且还是一件艺术品；宣宗将其重新拿出来，既能使魏谟重温父祖的艰辛和荣耀，并通过表彰，启迪在朝官员的忠诚之心，维护约定俗成的君臣礼仪。

开元时代著名政治家、诗人张九龄，一生以诗书为友，满腹经纶。由于自幼羸弱，加之长期劳累，中年以后骨瘦如柴，手无缚鸡之力。上朝时手执笏板，直累得上气不接下气。当时朝廷规定，官员退朝后“皆搢笏于带，而后乘马”[③]。张九龄体弱不胜其累，每次上马必先让仆人替他执笏，久而久之，他突发奇想，即用上等丝绸制作一个特殊的笏袋（囊），平时将笏装入囊中斜挎在肩上，上朝时再从中取出，成为当时京师长安街巷谈论的笑料。就这样，朝野其他官员又竞相仿效，制作出更为精美的笏袋，用以体现其尊荣富贵。再者，据《云仙杂记》记载，“会昌以来，宰相朝则有笏架入禁中，逐门传送至殿前，朝罢则置于架上；百僚则各有笏囊，亲吏持之”。看来，随着时间的推移，官吏们也想出各种各样的办法，以便朝会时更为快捷方便地使用笏板。

其六，笏板有时成为短兵相接，或者在不便于使用其他器械情况下，进行自卫或进攻的武器。这种情况常常发生于宫廷之内或官吏之间。唐德宗建中末年，泾原兵变乱卒奉藩镇朱泚为王，攻占都城长安，德宗被迫出逃奉天（今陕西乾县）。朱泚想诱使军将段秀实参与叛逆活动，段佯装同意；有一天，朱泚与叛臣们在朝堂饮酒谋划，段秀实坐于朱泚对面。

① 《旧唐书》卷77《崔义玄传》。

② 《唐语林》卷4。

③ 《旧唐书》卷99《张九龄传》。

其间双方发生言语争执，段勃然而起，乘机夺过一叛臣手中的象笏，直向朱泚头上砸去，朱泚未及躲避顿时血流满面，狼狈匍匐在地，而段秀实却在一旁拍手叫骂不止，直到被杀害①。贞元年间，权臣裴延龄当政，权倾朝野。有一次，吏部尚书顾少连与裴延龄巧会于田镐府第，顾乘酒酣之际，挺笏大喊："段秀实笏击贼臣，今吾笏将击奸臣"，并直扑其前，欲击裴延龄，多亏众人相劝，裴延龄才得以幸免②。

其七，据《唐语林》记载，唐末军容使杨复恭"俾具襴笏宣导"，此应是现在见到有关宦官执笏的最早记录。只是20世纪60年代之后，在西安周边地区发掘的唐墓壁画中，宦官、给使执笏的画面不时出现③，而初盛唐时代宦官是否执笏还有待于进一步探讨。

至于笏是否还有其他用途，相信仁者见人，希望得到学界同仁的指正。

三　晚唐五代时官员的用笏

晚唐时期，由于宦官专权、藩镇割据，唐廷实际控制地域日趋缩小，一些早已认同的礼仪出现了松散紊乱的现象，而官吏用笏制度像初盛唐那样规范。唐僖宗时宦官田令孜专权，致使僖宗出逃宝鸡，而百官却留在凤翔，御史大夫孔纬受命召百官赴行在，结果百官"皆以袍笏不具为词"，孔纬无可奈何，只好只身返回宝鸡④。然而，在远离中原地区的边城，却仍然保留沿用唐廷官吏用笏礼仪。

甘肃敦煌莫高窟、安西榆林窟壁画中保存了大量这方面的形象资料。《曹义金行香图》《乐廷环行香图》最具代表性⑤。前者壁画中曹义金手握金香炉，腰揩象笏，其随从站立左右，最能使人联想起初盛唐宫廷宏

① 《旧唐书》卷128《段秀实传》。

② 《新唐书》卷162《顾少连传》。

③ 1978年陕西世纪昭陵陪葬墓中出土大量唐墓壁画，其中长乐公主墓、段简璧墓中出土的壁画可说明此一问题。参陕西历史博物馆编《唐墓壁画国际学术研讨会论文集》，三秦出版社2006年版。

④ 《旧唐书》卷179《孔纬传》。

⑤ 曹义金、乐廷环均为继张义潮之后统治敦煌地区的地方政权首领。

大井然的官吏用笏礼仪①，体现了盛唐文化对周边区域的深远影响。

综上所述，官吏用笏是中国封建时代礼仪制度的一个缩影，在繁荣昌盛的隋唐时代得到了相当程度的发展。它广泛应用于官僚集团各阶层，形制趋于固定，并且演化出具有时代特色，烘托浩大壮观的宫廷仪仗，维护上下尊卑制度，代表皇权，显示官吏品级排场，自卫反击等特殊用途。这一时期笏的制作和用笏礼仪，对于宋、元、明等朝代产生过重要影响。如宋代的笏“初短而厚，俄而长阔，皇祐间极大而差薄，其势向前微曲，谓之抱身，后复用直而中者”②。宋太宗还依据前朝的笏头鞋、笏囊的程式，命宫中创制出笏头带（方团毬路带）赐予文官③。

历史发展到今天，笏这种中世纪的古董早已失去了它固有的用场，人们只能从观赏古典戏剧或者从博物馆展品中领略到它的一鳞半爪。通过对隋唐时代官吏用笏的探讨，唤起人们对传统文化的反思，促进更新观念，为振兴中华古典文化提供一些历史的见证。

（台湾《历史月刊》总第100期，1996年）

① 参见沈从文《中国古代服饰研究》，上海书店出版社2005年版，第391—393页。

② （宋）王德臣：《麈史》卷上。

③ （宋）宋敏求：《春明退朝录》卷下，上海古籍出版社2012年版。

《北梦琐言》及其作者生平

唐末五代，史馆修史制度荒辍不理，少有的史料散佚殆尽，给研究者带来诸多不便。基于此，当时衣冠缙绅撰述的朝野遗闻、野史笔记著作价值倍增，为历代史家所重视。孙光宪撰著的《北梦琐言》（以下简称《琐言》）即为重要的著述之一。然而，长期以来学界对该书的写作目的、内容、史料价值、作者生平的研究尚属空白，本文试作探讨，权作抛砖引玉，就正于师友方家。

一　作者生平及写作目的

《琐言》作者孙光宪，字孟文，自号“葆光子”，生于唐昭宗乾宁二年（895）①，四川贵平（今四川贵平县）人②。“家世业农，至光宪独读书好学。”③ 唐末，孙光宪为陵州（今四川仁寿东北）郡倅④，后迁为陵州判官。后唐同光末年（925—926），唐庄宗派遣大将郭崇韬率军伐蜀，但讨伐军内部频生事端，这样，虽然很快攻灭前蜀王衍政权，但蜀中战乱由此再起。时任陵州判官的孙光宪，对后唐讨伐军的残暴、前蜀军队的不堪一击无可奈何，故欲“避乱江陵”，静观时变，谋求干一番事业。恰在此时，荆南节度使高季兴割据以江陵（今湖北江陵市）为中心的归、硖、荆三州之地，利用后唐和前蜀交战的间隙，招抚流民，厚敛聚财，

---

① 参见拜根兴《孙光宪生年考断》，《中国史研究》1998 年第 1 期。

② 《四库全书总目提要》卷 140：孙光宪“《十国春秋》作贵平人，自题称富春，考光宪自言岷峨，则为蜀人，其曰富春，盖举郡望也。”另《三楚新录》称“有孙光宪者，本成都人也”，今从《十国春秋》之说。

③ （清）吴任臣：《十国春秋》卷 102《孙光宪传》。

④ （五代）孙光宪：《北梦琐言》卷 10《钟大夫知命丹效》。

境内呈现勃勃生机局面。高季兴还“招致四方之士”图谋长期割据。在这种情况下，孙光宪由高季兴的首席谋士推荐，就荆南幕府供职。天成三年（928）冬，高季兴病卒，其子高从诲继立，孙光宪被署为节度副使，老臣梁震“以从诲生于富贵，恐相知不深，遂辞居于龙山别业，自号处士”[①]。高从诲“悉以政事委光宪”[②]。从此，孙光宪仕居荆南三十余年，历高氏四世。

光宪素以文学自负，然处五代乱世，居荆南一隅，常郁郁不乐，并以豪言发泄其不满情怀。“慕史氏之作，颇恨居诸侯幕府，不足展其力，每谓知交曰：‘宁知获麟之笔，反为倚马之用。’”[③] 又吟刘禹锡诗“一生不得文章力，百口空为饱暖家”[④] 以自遣。就是说，光宪以文学自负，希图以此称著于时，但客观形势不允许他成就如此大业，“怏怏不得志”“颇恨居诸侯幕府”，体现了他对大一统国家的向往。宋太祖建隆三年（963），宋朝廷派大将慕容延钊、李处耘率军讨伐湖南张文表之叛，取道荆南。结果，宋军大兵压境，荆南割据政权内部人心惶恐。孙光宪时任荆南军府少监，他力排众议，极力劝说高继冲（高从诲之孙）归服宋廷。高迫于形势，“遣客将王昭济等奉表以三州、十七县、十四万二千三百户来归”[⑤]。荆南三州之地从此纳入赵宋王朝直接管辖之下，为宋政权尽快平定江南诸割据势力，完成全国最终统一创造了条件。宋太祖对孙光宪的作为十分赞赏，授其为黄州（今湖北黄冈）刺史，赏赐加等；孙光宪走马上任，在郡亦称治理有方。《琐言》一书即是光宪任黄州刺史“公退”之后结集而成的[⑥]。太祖乾德六年（968）孙光宪病逝。

史载：孙光宪“博通经史，尤勤学，聚书数千卷，或自抄写，孜孜校雠仇，老而不废”[⑦]。他还沿用唐人马总《通历》一书体例，撰《续通历》十卷，“起唐高祖，止闽王王审知……，辑唐洎五代事以续马总历，

① （宋）陶岳：《五代史补》卷5。

② 《十国春秋》卷102《孙光宪传》。

③ 同上。

④ （宋）周羽翀：《三楚新录》卷3。

⑤ （元）李焘：《续资治通鉴长编》卷4。

⑥ 参见拜根兴《〈北梦琐言〉结集时间辨析》，《文献》1993年第3期。

⑦ （元）脱脱等：《宋史》卷483《孙光宪传》。

参以黄巢、李茂贞、刘守光、阿保机，吴、闽、吴越、两蜀事迹”[①]。孙光宪死后，宋太祖赵匡胤曾诏毁此书，原因是其“所记多非实”；然而，到南宋王应麟编撰《玉海》之时，该书虽非全本，但仍余存五卷，附于唐人马总《通历》之后。可见，宋太祖诏毁此书并未见效。同时，光宪亦雅善诗词，现存五代时蜀人赵崇祚编集的《花间集》，辑录了当时十八家词五百八十首，其中收录孙光宪63首词。清人辑录《全唐诗》九百卷，收集孙光宪诗词81首。《全唐文》卷九百，收录孙光宪为僧齐己《白莲集》所做序，意旨明切，为历代名家所赞赏。除此之外，孙光宪还著有《荆台集》三十卷，《巩湖编玩》三卷，《笔傭集》三卷，《橘斋集》二卷，《蚕书》；《北梦琐言》三十卷（现存二十卷，逸文四卷）。又据宋人洪迈考证，《贻子录》一书“疑亦是光宪所撰”[②]。除过《琐言》之外，孙光宪的其他文集史著多散佚不存。近人刘毓盘重刊宋本《荆台庸稿》，收集孙光宪诗词作品八十余首。

《琐言》二十卷，逸文四卷，是孙光宪留给后世重要的史学著作，尽管历代书目著录皆将其归入小说家之类，但该书对研究唐末五代史事，正确认识这一时期中原、西蜀，乃至整个中国的状况大有裨益，其史料价值有目共睹。那么，孙光宪为什么要编集这样一部书呢？

孙光宪在《琐言·序》中写道：“唐自广明乱离，秘籍亡散，武宗以后，寂寞无闻，朝野遗芳，莫得传播。”按：唐武宗以前的唐代皇帝皆有实录，而实录大多是皇帝死后撰修或改修而成。宣宗大中以降，唐廷内忧外患纷至沓来，往日的修史制度旷废失缀。昭宗大顺三年（891）唐廷曾组织过一次实录撰修，但终未能如愿。史载：

> 大顺二年二月。敕吏部侍郎柳玭等修宣宗、懿宗、僖宗实录。始，丞相、监修国史杜让能，（以）三朝实录未修，乃奏吏部侍郎柳玭、右补阙裴庭裕、左拾遗孙泰、驾部员外郎李允、太常博士郑光庭等五人修之。逾年，竟不能编录一字。惟庭裕采宣宗朝耳目闻睹，撰成三卷，目曰《东观奏记》，纳于史馆。又龙纪中（889—890），有处士沙仲穆，纂《野史》十卷，起自大和，终于龙纪，

① （宋）王应麟：《玉海》卷47《艺文门》。

② 《十国春秋》卷102《孙光宪传》。

目曰《大和野史》。[①]

后晋天福六年（941）编纂的《旧唐书》，其唐末部分因没有国史、实录作依据，故其史料价值远不如该书的前半部。至于五代人自行编集当时史事，那就更少了。然而，对于像孙光宪那样博学好古，对故国人文仍依恋怀顾的人，是不甘心这种状况持续长久的。因而，尽管他生自岷峨，官于荆郢，但对这种国史失缀状况"每愧面墙"，不能自已。他力图用自己的实际行动寄托对前朝故国的钟情怀恋，"游处之间，专于博访"，希望得到亲朋好友的帮助。不仅如此，他还派人赴尚处战乱的中原诸道，"未尝不厚加金帛购求焉"[②]，购买搜求散佚各处的图书史料，三年间即搜得各种图书达数万卷。"顷逢故凤翔杨玭少尹，多话秦中平时旧说，常记于心。他日渚宫见元澄中允、款押笑语，多符其说"，从而为孙光宪进一步实现编集史著提供了方便。与初唐八史的编撰、杜佑编集《通典》的目的相同，孙光宪缅怀诸多先贤鸿著，对于唐末政教紊乱、朝纲不理的状况颇多不满，他希望通过他的撰著，向后世展现导致这一时期社会混乱的症结所在。因而，编撰《琐言》，"非但垂之空言，亦欲因事鉴戒"；同时，他对自己所处时代"后唐、梁、蜀、江南诸国所得闻知者，皆附其末"，使后世对唐末五代乱世的大势有明确的认识，并从中吸取教训。再者，适逢文坛诗界名流辈出，众多先贤荟萃的时代，作为读书人，孙光宪在著作中刻意体现他们的忧乐抱负，为他们的失落和显达、爱尚与嗜欲大书一笔，这是挽回"朝野逸芳、莫得传播"的应运之作，亦使后世从这些时代先锋的遭遇中，对其所处时代有更深刻的了解。另外，作者还有其他考虑，这就是通过对五代乱世史实的如实记载，抒发自己不遇情怀及对大一统国家的向往，让后世仁人明辨祸福得失，以资鉴戒，即"庶勉后进子孙，俾希仰前事，亦丝麻中管蒯也"[③]。可见作者用心良苦。正是在这种使命感、责任心的鼓舞鞭策下，孙光宪采缀遗散、寻访故吏贤达，历累年功力，完成这部看似平常的稗史著作的。

① 《唐会要》卷63《修国史》。

② 《三楚新录》卷3。

③ 以上所未注出者，均见《北梦琐言·序》。

二 《北梦琐言》的内容

孙光宪历三十余年，撰成《琐言》一书。今本《琐言》二十卷，逸文四卷，共416条，每条皆有简目标号，其主要内容大致如下。

（一）屡试不第，郁郁游离

自隋朝之后了，科举成为一般知识分子进身显达的重要途径。唐中叶，科举制度遂臻于完备。这种制度对唐政权的稳定发展，唐代文化的兴盛曾起过重要作用，然而，随着唐政权的逐渐腐朽，这种知识分子的理想通途愈崎岖不经。《琐言》即反映了这一时期科举制度的种种弊端及产生的严重后果。

科场受贿，有才而无钱贿赂者多不得进身。宣宗大中年间（847—860），委政事于宰相令狐绹，然令狐绹多行不法。给事舍人刘蜕密奏宣宗，言令狐绹之子“不拔解就试……号曰‘无解进士’”，又言其子弟广纳财贿，“白日之下，见金而不见人”。而就是这个刘蜕，“为一经业举人致名第，受赂十万”，反为令狐绹所派亲信探得，终被贬官发配[①]。令狐绹后被贬谪，他上表诉其冤云：“一从先帝，久次中书，得臣恩者谓臣好，不得臣恩者谓臣弱。臣非美酒美肉，安能啖众人之口?”[②] 从令狐绹的辩解中，亦可证实其贪赃受贿，以士子进身为其致富发迹之途的事实。此后，要考取举人，“不问士行文艺，但勤于请谒，号曰‘精切’”[③] 即可，而考取进士就更难了。封定乡、丁茂桂二十举方成名，他们难于忘怀往日科场饥寒，但却走向另一极端。当其执掌典选进士权柄之后，“举子与其交者，必先登第”[④]，这样，普通的求道举子要想进身得中，就愈加艰难了。

举子卢延让举诗赋科，前后二十五次始登第。登第卷中有“狐冲官道过，狗触店门开”，为宰相张濬称赏，“饿猫临鼠穴，馋犬舐鱼砧”句

① 《北梦琐言》卷6《刘蜕奏令狐相》。

② 《北梦琐言》卷2《宰相怙权》。

③ 《北梦琐言》卷4《陆扆相六月及第》。

④ 《北梦琐言》卷11《希幕求进》。

为成汭喝彩，“栗爆烧毡破，猫跳触鼎翻”句为前蜀主王建赞叹，卢本人不无感慨云：“平生投谒公卿，不意得力于猫儿狗子也。”[①] 举子李昌符有诗名，然久不登第，“因出一奇，乃作婢仆诗五十首，于公卿间行之……浃旬，京师盛传其诗篇……是年登第”[②]。这些举子在万般无奈的情况下，出奇制胜，不择手段，最终达到目的。这可说明两点：其一，当时科场流弊，致使举子采取不正当途径达到目的，从而使科举大大失去其固有的作用；其二，通过各种非正当途径进身之人，其实际知识水准往往令人咋舌，而富有真才实学者却因诸种原因被阻隔于政权之外。卢延让得中进士，“后入翰林，阁笔而已……竟以不称职，数日而罢也”。可见当时科场流弊贻害之深。

采取各种手段进入仕途者毕竟少数，而众多的士子在唐末则郁郁寡欢，要么空负才学，老死牖下，要么托身藩府，成为唐政权的掘墓人。洪州处士陈陶以诗言志，“或露王霸之说”；其诗句云：“江湖水深浅，不足掉鲸尾”，又云“中原不是无麟凤，自是皇家结网疏”，又云“一鼎雄雌金液火，十年寒暑鹿麑衣。寄与东流任斑鬓，向隅终守铁梭飞”[③]。可以看出，这位处士绝非平庸之辈。诗中表露出对唐政权的积怨，希求称王称霸的思想显而易见。他因何归隐，从“十年寒暑鹿麑衣”句推测，恐必有科场生涯。诸如此类胸怀大志，但不为时用的旷世才子，对形成唐末五代割据称雄所起的推波助澜作用实在不小，科场流弊使人才流失是其重要原因。早在德宗贞元年间（784—805），时任宰相的赵憬就一针见血指出：“大凡才能之士，名位未达，多在方镇，日月在上，谁不知之，思登阙庭，如望霄汉，宜须博采，无宜久滞。”[④] 就是说，中唐士人举子往往把仕居藩府作为晋身中央的跳板，由于人数众多，朝廷难于量才权任，以致造成人才滞留。但到了唐末，这种状况就大大变样了。一大批不为时用的士人纷纷投入割据藩镇军阀怀抱，他们不再为朝廷的任用感恩戴德，而死心塌地为割据地方的藩帅卖命，唐中央政权在他们心中面目全非，他们的倒戈加速了唐朝廷的崩溃，军阀朱全忠亲信幕僚李

① 《北梦琐言》卷7《卢诗三遇》。

② 《北梦琐言》卷10《李昌符咏婢仆》。

③ 《北梦琐言》卷5《陈陶癖书》。

④ 《旧唐书》卷138《赵憬传》。

振，“累应进士举不第，尤愤朝贵”，朱全忠杀宰相张濬全家，李振建议说：“此清流辈，宜投于黄河，永为浊流”[①]，以此宣泄往昔积淤的愤怒。另一谋士敬翔，“应三《传》数举不第，发愤投太祖（朱全忠），愿备行阵”[②]。屡举不第的河东节度副使李习吉“好学，有笔述，虽马上军前，手不释卷。太原所发笺奏军书，皆习吉所为之”[③]。朱全忠对其才学颇为仰赏，悔恨不能罗织幕府。另外，魏博节帅乐从诲就是听从“咸通中数举不第，尤私愤于中朝贵达”的谋士李山甫蛊惑，杀死唐军都统王铎的[④]。这些人栖身藩府，追忆往日科场饥寒岁月，其对唐朝政权恶毒报复之情如上所述，难怪唐廷最终山穷水尽，不免为军阀吞噬的下场。正是通过唐朝政权科场种种弊端，以及由此产生的严重后果，作者向后世提出严正警告，以资借鉴。这就是，要使才为时用，须疏通士人进身途径。这样，知识分子这一社会重要力量势必为社会贡献才智，推动历史进步。否则，那将会产生与时相悖的后果。与此相联系，一个政权机体之内，知识阶层为社会所抛弃，到了不能自保的地步，那么这样的政权必将失去发展的后劲，最终走下坡路的。

（二）后唐朝政得失

《琐言》卷十六之后多记后梁、后唐、王蜀诸割据政权朝野事迹，其中对后唐朝野政情的记载发人深思，足为后世借鉴。

公元922年，盘踞晋阳（今太原）的沙陀族李克用势力大举南下，灭掉后梁政权，从而结束了长达数十年的汴晋对峙局面。此前，李克用临终以三矢遗其子李存勖，说：“梁，吾仇也；燕王吾所立，契丹与吾约为兄弟而皆背晋归梁。此三矢者，吾遗恨也。与尔三矢，尔其无忘乃父之志！”[⑤] 庄宗李存勖铭记其父遗愿，任用贤能，最终攻灭后梁。然而，后唐刚统一中原，庄宗即认为万事大吉，其劣根本性也逐渐暴露出来。郭崇韬为后唐兵部尚书、枢密使，在晋阳与后梁激烈的角逐中屡建奇功；同光三年（925），郭首献平蜀大计，并亲率大军南征，大获全胜。后郭

① 《北梦琐言》卷15《谋害衣冠》。

② （宋）陶谷：《五代史补》卷1。

③ 《北梦琐言》卷14《外藩从事於东省上事》。

④ 《北梦琐言》卷13《草贼号令公》。

⑤ 《新五代史》卷37《伶官传序》。

详细上奏讨代前蜀所获兵马钱财的数目，庄宗得报后竟然说："人言蜀天下富国也，所得止于此耶?"其贪财奢侈之心可窥一斑。此后，他听信皇太子和众宦官的谗言，派宦官入蜀诛杀了郭崇韬。结果"朝野骇惋，议论纷然"，而庄宗却"令阉人察访外事"[①]，后唐政局从此飘摇不定，刚刚得手的蜀川重陷战乱渊薮。另外，庄宗还信任伶官，不理朝政，"自为俳优，名曰：'李天下'，杂于涂粉优杂之间"[②]，"诸伶人出入宫掖，侮弄缙绅，群臣愤嫉，莫取出气，或反相附托，以希恩幸，四方藩镇，货赂交行……"[③] 皇后刘氏，"好兴利聚财。初在邺都，令人设法稗贩，所鬻樵苏果茹，亦以皇后为名。……群下诸军困乏，以至妻子饿殍，宰相请出内库俵给，后将出妆具银盆两口，皇子满喜等三人，令鬻以赡军"，对此，作者评论道："……一旦作乱，亡国灭族，与夫褒姒、妲己无异也。"[④] 可见，贪财好利是庄宗和刘后致祸的重要原因之一。同时，作者认为唐庄宗之死，是因"为嚣妇恩伶之倾砧"，劝诫"有国者得不以为前鉴!"当然，导致后唐国祚短促、唐庄宗不得善终的关键，无疑是唐庄宗本人的作为，而所谓的"嚣妇恩伶"，只不过是表面现象而已。

同时，作者不惜笔墨篇幅，记载后唐明宗李嗣源在五代丧乱的浊流中独树异帜，堪称有作为的统治者的事迹。李嗣源本沙陀无姓部民，十三岁即随李克用父子冲杀战阵，军功卓著；庄宗时其位居封疆，但"在军中……，雄武谦和，临财尤廉，家财屡空。……所得赐与，必分部下。战胜凯还，侪类自伐，帝徐言曰：'人战以口，我战以手'，众皆心胜其能"[⑤]。同光四年（926），魏州都指挥使赵在礼作乱。攻陷邺都，庄宗率兵平乱，后为流矢所中身亡。李嗣源亦为部将拥戴南下平乱，闻庄宗死，兵进洛阳，众推为主。部下霍彦威、孔循上言："唐运已衰，请改国号"明宗泣下沾襟，说：

> "吾十三事献祖（李国昌），洎太祖至先帝，冒刃血战，为唐室血冤，身编宗属。武皇功业，即吾功业也，先帝天下，则吾天下也，

① 《北梦琐言》卷18《杨千郎》。

② 《北梦琐言》卷18《刘皇后笞父》。

③ 《新五代史》卷37《伶官传序》。

④ 《北梦琐言》卷18《刘皇后笞父》。

⑤ 《北梦琐言》卷18《明宗不伐》。

兄亡弟绍，于意何嫌？运之衰隆，吾当身受。”于是不改正朔，人服帝之独见也。[①]

按：在五代乱世，父子相残，兄弟阋墙，不复亲胞祖系、人伦天理的社会氛围下，明宗躬承后唐国祚，涕泣盛言实属少见。作为封建文人，作者对“乱臣贼子”的鞭挞见诸通篇，而对像明宗这样的德操则大加旌树。作者自己亦事荆南高氏四世，后力主倡言归宋，似乎与其推崇奉行的自相矛盾，但详察作者的著作和行为，其结论并非如此。明宗处乱世而尊亲道，作者乃濒治世之肇启，故大义灭亲，这也是作者区别于当时的一些腐朽文人的闪光之处。明宗袭位时年届六十，他对庄宗时朝政紊乱颇为知情，于是，莅位之初，大加惩理，后唐朝廷开始出现治道之光。

首先，明宗惩治贪官污吏，廓清朝廷隐患。即位之初，明宗即下令“诛租庸使孔谦，归德军节度使元行钦、邓州节度使温韬、太子少保段凝、汴州麴务辛廷蔚、李继宣等”；其中孔谦“曲事嬖幸，夺宰相权，专以聚敛为意。剥削万端”，段凝“以奸佞进身为节将”，温韬“发掘西京陵寝……，厚赂伶官阉人”[②]。诸凶被除，人心大快，对稳定后唐政局作用极大。

其次，汴州仓吏犯赃，“内有史彦殉，旧将之子，又是附马石敬瑭亲戚，王建立奏之，希免死。上曰：‘王法无私，岂可徇亲’，由是皆就戮”[③]；供奉官丁延徽“监仓犯赃，合处极法”，群臣求情，明宗予以驳回，斩杀丁延徽[④]。又，镇州“上至府帅、判官、行军司马、随使都押衙”受贿、屈杀成冤，声震朝野。明宗闻讯惊怒，遣人查明真相，诏“自亲吏高知柔及判官、行军司马，及通货僧人、妇人皆弃市”[⑤]。对于这些贪赃受贿、盗挖墙脚，置国家声誉利益于不顾的社会蛀虫，任何迁就和软弱，都将是养痈遗患，使国家百姓蒙受灾难，正是这些社会蛀虫恣意妄为，才使国家失去得以兴旺发达的民心，并导致肌体内部的腐败。明宗以政治家特有的敏感，采取果断措施，排除干扰，对贪贿枉法的奸

① 《北梦琐言》卷18《明宗独见》。

② 《北梦琐言》卷18《明宗诛诸凶》。

③ 《北梦琐言》卷18《明宗恶贪吏》。

④ 《北梦琐言》卷19《戮丁延徽》。

⑤ 《北梦琐言》卷20《受赂曲法》。

邪之徒严惩不贷，因而，在短暂的几年内，朝政清明，社会经济得以恢复，呈现“小康”局面。我们从对唐明宗事迹的记载，可以看出作者的“希仰”所在。

再次，明宗善于纳谏，知人善任。明宗继立于危难之时，客观形势决定了他必须刻意求治，而善于纳谏即是明宗执政的重要一点。冯道是人们熟悉的人物，尽管欧阳修等史家对其供奉五朝大加贬责，但其严于律己，俭约奉上却是难能可贵的。明宗对其奖崇有加，认为其“真士大夫也”[①]。因而，冯道在明宗朝官中书侍郎、同中书门下平章事；他不负众望，忠于职守，并于闲谈供奉中屡次上谏，切中时弊，传为美谈：

> 冯道对：“大子食，有邪蒿；师傅以其名邪，令去之，况人事乎！”上退，问群臣“邪蒿”之义。范延光对：“无名之役，不急之务，且宜罢之。”……上圣体乖和，冯道对寝膳之间，动思调卫。因指御前果实曰：“如食桃不康，翌日见李而思戒可也。”[②]

冯道的为官之道，进言奏事的方式姑且不议，而唐明宗纳谏以廓朝政，使像冯道这样明哲保身的官员亦赳赳上谏，在当时确属少见。正因如此，臣下倡言进谏者比比皆是。大理少卿康澄长兴年间（930—933）上疏指出“国家有不足惧者五，深可畏者六”[③]，明宗敕旨褒奖。臣僚踊跃上谏，君主恭敬纳谏，上下通和，朝政岂有荒漏之失。遗憾的是，后唐隐患积习太深，明宗虽大力澄清，但损之甚微，加之其在位时间很短，故终未能挽回后唐破败之局面，这是令人痛心的。

最后，明宗重视知识分子（儒士），不时检讨自己的过失。明宗行伍征战数十年，对于经籍和知识分子颇为礼敬。他自己说：“吾少时钟丧乱，马上取功名，不暇留心经籍。在藩邸时，见判官论说经义，虽不深达其旨，大约令人开悟。”[④] 明宗派遣皇子从荣出镇邺都，当闻听皇子左右侍从诈言自己旨意不让皇子交接儒士，明宗“颇骇其事”，说：“今此

---

① 《北梦琐言》卷19《明宗奖冯道》。

② 《北梦琐言》卷20《见李思戒》。

③ 《北梦琐言》卷19《康澄章疏》。

④ 《北梦琐言》卷19《明宗戒秦王》。

皇子方幼，出临大藩，故选儒雅，赖其捭佐。今闻此奸险，岂朕之所望也。”① 明宗诱导皇子接近“儒雅”，以便从中获益，为以后总领朝政打好基础。他自己以花甲之年坚持习听经义，廓纯视听，在五代诸帝中是不多见的。另外，明宗还不时检讨为政得失。他曾问臣僚范延光国家所统辖骑兵数目，当听说“见管马军三万五千”时，明宗抚髀不胜感慨，自责曰：“今有铁马三万五千，不能使九州混同，是吾养卒练士将帅之不至也。”② 明宗检讨过失，时时以“混同”天下为己任，虽则“未捷先死”，而其精神确为可贵。

作者通过对后唐两代皇帝为政作为的如实记载，使读者从中辨其优劣。同样奋杀疆场，同样君临四方，而由于各自执政策略及自身素质的差异，其影响和后果迥然不同。这是作者撰写《琐言》“因事鉴戒”的主要目的。

（三）戳穿佛教骗局，晓谕众生

自两汉之际佛教东渐以来，历代统治者或奉或抑，不一而足，佛教终于冲决儒学禁忌的藩篱，建立起自己的阵地；到唐末五代，无论是官僚士大夫，还是一般百姓，对佛教都有了相当的认识。然而，佛学的高妙无涯，毕竟与佛徒的言行仪态距离遥远，这是自唐初以来力言佛教虚妄士人的根据之一。《琐言》对此的记载弥足珍贵，表现为以下几点。

1. 戳穿佛教虚妄骗局

区别于同类史著，《琐言》注重事实，揭露佛门僧徒的虚妄。天成中，有僧从印度取经回返，带回佛牙一枚、舍利十粒，进呈后唐明宗，从官赵凤云：“曾闻佛牙锤锻不坏，请试之”，结果“随斧而碎”。皇宫妃嫔闻讯纷纷弃舍利，并想索回其施舍钱财，作者追记道：“此僧号智明，幽州人，仆尝识之。”③ 可见所记非妄。五台山僧诚慧，号“降龙大师”，同光年间至洛阳，时洛阳久旱不雨，诚慧祈雨，数旬无徵应，潜回五台

① 《北梦琐言》卷18《明宗睿相》。

② 《北梦琐言》卷20《见马抚髀》。

③ 《北梦琐言》卷19《击碎舍利》。

山后“惭恚而终”[①]。泽州僧洪密“自云身出舍利”曾至太原，“豪民迎请，妇人罗拜。洪密既辞，妇人于其坐所之处，拾得百粒，人验之，皆枯鱼之目也”[②]。以上所列三例，均为后唐时期史事。唐庄宗、明宗皆迷崇佛教，其所做荒唐之事还可列出许多。佛教僧徒惑人骗局承上所述，难怪作者不无感慨地评论云：“何其谬也”，“其惑人如此”，难怪后唐朝廷屡生变乱，号称清明的明宗，迷崇佛教，至死不悟，确实令人痛心。

2. 抵制邪说，晓谕众生

中晚唐佛教几起几落。先是肃、代、宪三朝奉佛，至武宗朝奋而毁佛，随之又有宣、懿朝的大肆供奉，而懿宗咸通中奉佛可谓登峰造极。虽则如此，当时位居藩镇的官吏并非皆蜂起遵从，《琐言》为我们提供了事实依据。咸通中，“西川僧法进刺血写经，聚众教化寺，所司申报高燕公（即高骈）。判曰：‘断臂既是凶人，刺血必非善事。……宜令出境，无得惑人。与一绳递出东界……’”[③] 又，高燕公为西川节度使，大慈寺僧报呈佛堂出现佛光。燕公派人秘密查访，“诱其童子，俱云：‘僧辈以镜承隙日中影，闪于佛上’”。结果，燕公下令逮捕僧徒致罪[④]。按：高燕公即高骈，元和初平蜀将帅高崇文之孙，“笃意求神仙”[⑤]，独立不群，足见其对释佛的鄙薄抑阻，同时，在朝野礼佛云从的气氛中，高骈坚持己见，奋起抑佛，其勇健无畏确实值得称道。作者从如此典型例证中，颂扬抵制邪说妄行、救民水火的可贵精神。并进一步说明佛教的虚妄惑众，表明自己的态度。另外，作者还试图规劝世人，讥讽礼佛无知之徒，并对佛徒僧尼丑行大加斥责。陵州贵平县牛鞞村民周达，“一旦沸油煎其阴，以充供养，观者如堵，或惊或笑。初自忘痛，寻以致殂也”；郎州僧周大悲，亦因炼阴而卒。真是“小人用道欺天，残形自罚”[⑥]，就是说，这些迷信释佛利令智昏的僧徒，他们的愚劣做法，其结果只能是自食其果，稍明事理的人是不会这样的。再者，幽州有年且八十的坛长与侍奉小青淫乱，随后请求还俗，并和小青结婚，对其言道：“平生不谓有此欢

① 《北梦琐言》卷19《降龙大师》。

② 《北梦琐言》卷19《鱼目为舍利》。

③ 《北梦琐言》卷9《刺血写经生》。

④ 《北梦琐言》逸文卷3《大慈寺佛光》。

⑤ 《新唐书》卷224下《高骈传》。

⑥ 《北梦琐言》遗文卷3《大轮咒术》。

畅，悔知之晚也。”东川度人律僧，“临坛度人，四方受具者，奔走师仰。……一旦发露前后女童为尼者呈身之物，殆一百四十五人”。作者本人的门徒僧，“经纶甚博，未有乖露。他日预临坛之列，尼辈参请，号曰‘依止’”。结果丑声盈耳，远近知晓，而其“亦不以为耻”[①]。这些佛门圣徒，虔诚僧尼，虽躬身佛界，但不甘寂寞，希冀凡俗之乐，置佛门戒律于不顾，作者对此难以容忍，故评曰：“呜呼！如来制戒，为入道之门。苟非其人，反为聚淫丛薮，信乎道不虚行也”，其讥讽鞭挞之意显而易见。

（四）讥讽门阀观念，颂扬“忠厚”宦官

唐承魏晋南北朝风气，门阀士族享有特权。贞观年间，太宗为确立关陇集团的统治地位，令高士廉等撰修《氏族志》；高宗时期，适应寒门地主参政的要求，改《氏族志》为《姓氏录》。然而，安史乱后，门阀观念却相对地淡漠了。虽则宪宗元和朝宰相李绛对代北出身的大臣于頔颇多不恭，然宪宗并未“择高门美才”，义无反顾地将公主下嫁于于頔之子[②]。可见当时的门阀观念只限于像李绛这样的“高门”了。元和中兴名将李光颜，“爱女未聘，幕僚谓其必选佳婿，因从容语次，盛誉一郑秀才词学门阀，人韵风流异常，冀太师以子妻之”，但李为其女选一客司小将为婿，并说他自己本为一健儿，“偶立微功，岂可妄求名族，以掇流言乎？”[③]。李光颜门阀观念淡薄，固然如其所云出自健儿，恐招物议，但此亦足证当时朝官门阀观念的转变。唐末，黄巢义军横扫门阀士族势力，是谓“内库烧为锦绣灰，天街踏尽公卿骨”。然而，门阀的残余仍在贩卖他们的货色，进士卢程“无他才业，唯以氏族傲物”，结果险为唐庄宗斩杀；江陵邑宰卢生，以门阀欺辱摆渡船夫，王仙之起义，卢生被船夫挑筋系船放流而死[④]。宰相之子杜何“无他才俊，止以贵公子享俸禄而已”，然对其官职卑微甚为不满，自述门阀说：“昔年入贡，仕在花树韦吏部先德之前，今日通班，在新津冯长官小男之后。”[⑤] 作者评论云：“大凡无艺

① 《北梦琐言》卷11《李璧尚书戮律僧》。

② 《资治通鉴》卷237，宪宗元和元年（806）十一月。

③ 《北梦琐言》卷3《李光颜太师选佳婿》。

④ 《北梦琐言》逸文卷3《卢程以氏族傲物》。

⑤ 《北梦琐言》卷20《杜何博士》。

子弟，率以门阀轻薄。广明之乱，遭催甚多，咸自致也。”对于门阀子弟归宿下场的记载，作者的态度是十分明朗的。门阀制度的存在，不仅延误人才的上达，导致社会的沉沦，而且供养一大批无用之庸人，于国于身皆为有害。作者对门阀子弟的讥讽，既说明他对门阀的严正态度，又反映了作者顺应潮流，站在时代发展前列的史家风度。

历代宦官专权，祸害朝廷，而唐代尤为严重。《琐言》对宦官的劣行备述亦不遗余力[①]。然而，区别于同类史书，《琐言》对宦官中的善行美德，仁义孝慈者则褒赏备载。内官严遵美，“内褐之最良也。尝典戎，唐末致仕，居蜀郡，鄙叟庸夫，时得亲狎”[②]。在晚唐宦官权欲炽烈的状况下，严氏致仕后能与蜀川一般百姓亲狎交结，形同戚属比邻，确属罕见。不仅如此，严氏：

> 自言北司为供奉官，袴衫给事，无秉简入侍之仪。又云枢密使廨署，三间屋书柜而已，亦无视事厅堂。状后贴黄，指挥公事，乃是杨复恭夺宰相权也。

可见，对于唐代宦官的其他记载，我们运用时应处审慎态度，因为从《琐言》所记其廨署的简陋，至少很难使人与其声震天下的气势相联系。严氏后依西川王建，幸免诛戮[③]。宦官西门思恭抚育孤子郑畋，“馆之于第，年未及冠，甚爱之，如甥侄，因选师友教导之”；后黄巢义军攻克长安，郑畋为唐凤翔陇右节度使，访得西门思恭“以归岐下，温情侍膳，有如父焉”。二人死后同葬凤翔西冈，“百官皆造二陇以吊之，无不坠泪，咸伏其义也”[④]。作者在对这些富有高尚品德宦官事迹褒奖赞誉的同时，对唐代南衙、北司交恶的原因略作评述，云：“即巷伯之流，未必俱邪。良由南班轻忌太过，以致参商，盖邦国之不幸也。”就是说，南衙北司交争，其主要责任应由南班朝官承担。当然，作者是有感于唐代士人或恃才傲物，或自表门第，对同流尚不屑一顾，况且与阉官巷伯之流同朝为

---

① 《北梦琐言》卷6《侯昌业表》。

② 《北梦琐言》卷6《内官改创职事》。

③ 《北梦琐言》卷10《严军容猫犬怪》。

④ 《北梦琐言》卷13《郑文公报恩》。

伍的脾性而言的。朝官的某些不恭做法，使宦官萌发报复心理，更何况其身后有主宰万物生杀的皇帝为后盾。唐代乃至历代宦官为祸不能说与此无关。无论如何，正如作者痛心斯言："盖邦国之不幸也"，双方交恶，罹难遭劫的只能是国家和百姓，从而导致国家丧失元气，士民涂炭，这种后果是世人不愿看到的。看来，各阶层无分贵贱和睦相处，为国出力，为民造福，这是作者所希望和推崇的。

当然，《琐言》所载朝野遗闻可资后世鉴戒者仍多，对一些史事的看法亦颇为新颖卓识。如对唐末宰相张濬事迹的评述就异于同类史书；对唐昭宗并非暗懦，图谋恢复，终因朝政久失衡准，宏图未展的记载亦甚有新意，对五代朝廷皇位之争而导致的自相残杀较同类史书记载详确，对牛李党争的起因的记载颇有说服力。从《琐言》诸记载中，可明确作者"劝勉""希仰"后人的目的所在。

三 史料价值

（一）参校对证，征引广博

正如作者在序中所云："每聆一事，未敢孤信，三复参校，然始濡毫"；同时，对于同一史料的不同说法，多用"或言"附之于后，以备参证，大大方便了研究者的去舍引证。另外，《琐言》资料来源相当广博，这表现在资料采自僧人道士、兵卒樵夫、亲朋同僚、过往商旅等，这不仅增加了人们对唐五代全国各地状况的了解，强化了该书的可信程度。在战乱连绵、史籍散佚不理的情况下，保存如此珍贵的口碑资料确属不易。作者并不以此为终，他对这些口碑资料往复参校对证，其态度谨严实属可贵。再者，据研究者考证，《琐言》并非全部出自"游处之间"，有关后梁时的许多条目乃参抄梁宰臣敬翔所撰《大梁编遗录》及《梁实录》二书①，这是可信的。作者编写《琐言》之时，还曾翻阅过当时能够看到的数十种各类书籍，现列表如下。

① 见庄学君《〈北梦琐言〉研究》，《西南师大学报》1990 年第 1 期。

出处	作者	书名	《琐言》编号
卷 1	牛僧孺	《周秦行记》	第 9
卷 2	皮日休	《文薮》二十卷，《皮子》三卷	第 14
卷 4	孙棨	《北里志》	第 69
卷 4	卢兴启	《初举子》一卷	第 58
卷 5、卷 9	李肇	《国史补》	第 70、第 168
卷 4	张读	《宣室志》	第 64
卷 5	陈陶	《癖书》十卷	第 78
卷 5	章鲁封	《章子》三卷	第 88
卷 5	覃正夫	《巢居子》二十卷	第 93
卷 5	张道古	《易经注》	第 92
卷 5	赵蕤	《长短经》十卷	第 96
卷 6	圭峰密禅师	《法界观》《禅铨》	第 98
卷 6	文如海	《庄子注》	第 98
卷 6	李德裕	《三朝显替录》	第 101
卷 6	苏鹗	《杜阳杂编》	第 102
卷 6	陆龟蒙	《吴兴实录》四十卷，《松陵集》十卷，《笠泽丛书》五卷	第 112
卷 6	司空图	《品流志》五卷，《易之心要》三卷，《百家著诸心要文集》三十卷，《论语注》，《明无为》上、下篇	第 114
卷 7	刘山甫	《金溪闲谈》十二卷	第 139
卷 10	郑准	《刘表军书》	第 128
卷 8		《北司治乱记》八卷	第 189
卷 10	王定保	《摭言》	第 148
卷 14	韩琬	《御史台记》	第 190
卷 14	李磎	《纳谏》五篇	第 234
卷 14	驳论	《勤王录》	第 235
卷 17	罗绍威	《偷江东集》	第 278
卷 17	王超	《凤鸣集》20 卷	
卷 17	李磎	《李书楼》	
逸文卷 4	李延寿	《北史》	第 401
备注	今人庄学君考证，《琐言》曾抄引《大梁编遗录》《梁实录》（参见《西南师大学报》1990 年第 1 期）		

由于年代久远，以上所列诸书现多不存，如敬翔《大梁编遗录》《梁实录》已难觅寻。《琐言》保存了第一手史料。刘山甫《金溪闲谈》宋初即不复见到，而《琐言》多处征引，甚为宝贵。另外，作者在引用资料的同时，还指出资料出处，来自何书，据笔者不完全统计：作者听某人所说的有 12 条，采自刘山甫《金溪闲谈》11 条，作者亲自采知事 10 条；标出“葆光子曰”，“葆光子曾……”等字样的 22 条。除此之外，作者对荆南、四川自己亲知事件没有标明，累计亦有 40 余条。摘引现已不存史书史料价值自不必说，而当事人记当时事，其价值必有公论。难怪著名学者黄永年先生得出如此结论：“此书（《琐言》）博访长安故事，兼及后唐、梁、蜀江南诸国之所得闻知，盖以拾遗补缺自任，因此其中某些记载较为本原，非一般小说杂记之比。”[①] 正因为这样，历代史书编撰者都把此书作为唐末五代时期的重要史料来源。据笔者统计，司马光编《资治通鉴考异》时，就引用该书订正史实达 14 处（其中用以参证 10 处，直接说明引用 4 处），引用而未注出者肯定还有。又据标点本《琐言》校注前言所云：“现存《旧五代史》，是编修《四库全书》时从《永乐大典》中辑出的。当时馆臣曾对书中一些史实加以考证，其中援引《琐言》就有 33 条。”宋人李昉采《琐言》二百余条编入大型类书《太平广记》之中。吴处厚北宋中叶仿《琐言》体例编撰《青箱杂记》一书，此书前序中有“前世小说有《北梦琐言》《酉阳杂俎》《玉堂闲语》……皆采摭一时之事……”[②]，吴氏将《琐言》定为小说无足为怪，但将其排在唐人段成式《酉阳杂俎》之前，足见时人对《琐言》一书的认同和看重。元人陶宗仪编集类书《说郛》时，收《琐言》原文 28 条，单列一卷，编入该书（《说郛》卷 46）。清代江西人彭元瑞作《新五代史注》，直接征引《琐言》竟达 137 处，至于欧阳修撰《新唐书》《新五代史》之时征引《琐言》也是必然的。

（二）研究唐五代史必读书，考实其中史实的原始资料

清代乾嘉学派兴起考证史学风气，历代学者的著述顿时成为他们逐鹿引证的渊源。唐末五代史籍散佚，除宋代学者编集的几部正史之外，

① 参见黄永年《〈秦妇吟〉校释》，《唐史论丛》第 1 辑，陕西人民出版社 1987 年版。

② （宋）吴处厚：《青箱杂记·序》。

少许的史传杂记就更见珍贵了。为了证实新、旧《唐书》，新、旧《五代史》体例、史实得失，这些史传杂记价值相应地为学人注目。王鸣盛撰《十七史商榷》，其卷九十七《王审知事迹》条，引用《琐言》卷二《高骈开海路条附王审知开海》，证实欧阳修《新五代史》卷六十八《王审知传》。王氏经过比勘对证，认为“此事碑亦载之，与欧史所述并合，而孙氏尤详”；引用《琐言》卷六《吴湘事》，说“孙氏记载当得情，绅罪甚大，得良死为幸”，同时指出新、旧《唐书》“以湘实受赃，绅杀之非枉者，恐皆非实录”①。而已故唐史专家岑仲勉则运用宣宗谕旨，为李德裕辩解，认为：“凡人论事，最忌先挟成见，王氏此条，即坐其弊……”②姑且不说王、岑二人所言优劣，而《琐言》对如此史实的记载，成为学者们商讨论辩的话题，这本身就证实了《琐言》的价值。另外，王氏还引用《琐言》辨两《唐书》所载魏博节度使罗弘信之子罗绍威名字；引用《琐言》卷五《张濬乐明龟与田军容中外事》条辨《旧唐书·张濬传》所言史实③。赵翼《陔余丛考》卷十二，以《新旧唐书有彼此互异者，今据〈通鉴纲目〉、〈唐鉴〉、〈贞观政要〉、〈五代史〉、〈北梦琐言〉等书稍为订正于后》为题，《琐言》理所当然成为赵氏立论的主要依据。当然，明清校勘家及刻书家对该书的屡次镌刻勘校印行，使其以崭新的面貌为研究者珍重，亦可证实该书的价值。

20世纪初，西陲敦煌莫高窟石室发现唐人韦庄《秦妇吟》全部抄件九本，这部湮没将近一千年的重要诗作以全新姿态面世，在文学、史学界引起强烈反响，形成了研究、考订《秦妇吟》抄本的空前风气，名家毕集，著作累出。王国维、罗振玉、陈寅恪、张荫麟、黄仲琴、刘修业、夏承焘、徐嘉端、于鹤年、黄永年等著名学者都有专著或专题论文、跋文发表。然而，最早记载韦庄《秦妇吟》原委的文献资料就是《琐言》，这样，围绕考订《秦妇吟》原文、写作背景、作者生平活动的研究，都以《琐言》作为重要的参考文献。这场学术争论至今仍未沉寂，而《琐言》对此的引证和说明必将成为学者们争论的长久议题。

今人对《琐言》的征引，其专著、论文相当多，单专著可稽查考的

① （清）王鸣盛：《十七史商榷》卷91《绅死后削官》。

② 岑仲勉：《唐史余沈》卷3《辩〈北梦琐言〉之李绅》。

③ （清）王鸣盛：《十七史商榷》卷91《绅死后削官》。

就有傅璇琮《李德裕年谱》，夏承焘《唐宋词人年谱》，陶懋炳《五代史略》，以及王国维、陈寅恪、岑仲勉诸先生的著作等。从这些专著作者的频频引用中，《琐言》的价值不言自明。

（《唐史论丛》第6辑，陕西人民出版社1995年版）

附　录

现存唐代武氏家族及其后裔碑刻墓志

一　攀龙台碑（武士彟碑）
二　武希玄墓志
三　武士彟外孙贺兰敏之墓志
四　顺陵杨氏碑
五　墓志武怀运之女
六　武士逸夫人诸葛芬墓志
七　武思元墓志
八　武恭之墓志铭
九　武承嗣墓志铭
十　武延基夫人李仙蕙墓志
十一　武三思女婿薛崇简墓志
十二　武嗣宗墓志
十三　武懿宗墓志
十四　武则墓志铭
十五　武嗣宗之女墓志铭
十六　武文瑛墓志铭
十七　武攸宜夫人李氏墓志铭
十八　武延寿之女墓志铭
十九　武攸暨之女墓志铭
二十　灵觉和上武氏铭
二十一　维大唐武公墓志并序
二十二　武幼范墓志
二十三　武青墓志铭

一　攀龙台碑（武士彟碑）

（唐）李峤

粤若太极始构，氤氲含五气之精；元胎既分，鼓舞立三才之位；由太朴而观成象，自流形而臻物备。因乾坤之变化，相后辟之经纶，则知肇创云雷，非一圣之事；奄荒区夏，由浸昌之业。是以岐酆受命，武王戢商野之戈；谯亳开基，文后迁汉宫之鼎。若乃提六合之枢纽，扣二仪之鐍籥，日月既出，方利见于通三；风云未和，尚劳谦于初九。蓄宏图于缘鹤之邸，垂庆绪于断鼇之运，屈伸应物而无累于时，进退随方而不违于道，非圣人之睿智，其孰能与于此乎？

大周无上孝明皇帝，讳某字某，太原文水人也。其先出自周平王少子，有文在其手曰武，因以姓氏，居沛之竹邑，晋尚书仆射开府仪同三司薛侯陔其后也。六代祖洽，仕魏封于晋阳，食采文水，子孙因家焉。夫其受氏中古，开阶上业，轩辕以青龙进驾，配永循机；少昊以元鸟名官，修方正度。高辛之首戴干盾，后弃之躬勤稼穑，或四妃分孕，随肩执天下之图；或三圣连衡，踵武司域中之契。宗支继明而袭嘉，帝载重熙而累洽，虽七百休祚，暂迁于质文；而九五尊名，复光于历数。自非庆锺长发，神应远期，人鬼赞其谋猷，乾坤扶其统绪，岂能出入百代，周旋万期？至道淳风，未昏而已旦；洪炉大宝，既旧而还新；家纂迎日之符，门传配天之业。环三辰于斗极，不足比其崇高；灌四渎于沧溟，未能俦其深远。若夫振氓育德，屈道不王，舄奕于昭穆之间，颉颃于公卿之位，盖详诸惇史可得而略。高祖成皇帝，宏才硕量，经文纬武；曾祖章敬皇帝，达学通儒，金声玉振；大父昭安皇帝，心冥道德，志挟九区；显考文穆皇帝，理会几神，名高四海，帝即文穆之第四子也。

母文穆皇后，尝祈晋祠于水滨，得文石一枚，大如燕卵，上有紫文，成日月两字，异而吞之，其夕梦日入寝门，光耀满室，已而怀孕，遂产帝焉。及载诞之宵，梦人称唐叔虞者谓后曰：“余受命于帝，保护圣子。”

惊寤而帝已生。明日，紫气氛氲，覆冒其城上，俄而化为五色，仿佛若文绣之衣，左右亲宾，莫不骇异。及长，龙颜方面，身长八尺，背有黑子，象北斗之形。昔者祷于郊禖拾卵而兴王业；游乎温洛，吞珠而立帝期（一作基）；谯宫诞而青气发祥，猗殿生而丹曦授彩。亦有御兰感梦，皇天之命伯鯈；翦叶开封，上帝之名太叔。咸跻未然之兆，并获将来之应，犹不能比踪神贶，埒美圣符，况龙颜武肩，有含良之骨法；戴钤怀斗，似高密之容状？是故生而圣知，幼而聪达，敏给于论天之始，徇齐于对日之初。甫及胜衣，究缇缃之赜；逮乎束发，殚鞶帨之巧。淳深孝悌之性，闇发天机；宏裕仁慈之风，匪因师习。太后尝被重疾，不愈经时，帝扶侍起居，品尝药物，仅逾苍舒称象之岁，未及子建诵诗之年，履不正絇，衣不解带。及丁荼蓼，号慕呕血，七日无水浆之膳，三年罢盐酪之滋，扶杖而行，殆至毁灭。虽孝文之服勤累载，高宗之谅阴三祀，无以加也。

常有大节，罕营小方，志立功名，而不求苟得；心重气侠，而动循常宪。道德深富，规模宏远，旷心将江海齐逸，宏量与宇宙同宽。是以单父通人，识其殊异之表；大梁奇士，许以霸王之略。文穆皇帝则哲之鉴，恒易其难，惟几之神，每前其用。尝从容谓主诸子曰："吾家累仁千祀，积德重叶，馀庆所及，宜在子孙。今观汝曹，悉王佐才也，然草创经纶之际，圣贤驰骛之秋，腾而驭风云，叱咤而成功业，其在士彠耳。"以如天之圣，用知子之明，隐括所在，锱铢不缪，岂如赵邦谋嗣，惟验于藏宝；楚国择材，更凭于埋璧？及文穆之弃代也，帝庐于墓茔，负土成坟，手植松柏，丧纪之节，复如居穆后之哀。有芝草生于庐前，群乌数万，衔土集于坟上；山中旧多猛兽，行李艰阻，至是皆逃窜绝迹，时人以为纯孝之感焉。

隋高祖雅闻帝名，屡加辟召。友人同郡叔孙贺，博通之士也，阴阳术数，无所不该，谓帝曰："公状貌非常，但玉理（一作埋）未发耳，终居人上，勿为事先。"帝亦知隋统将终，乃称疾不应。汉王谅以戚藩之重，作牧太原，亲率官僚，造门致礼，深加敦谕，逼令进发。帝不得已，起应明敭。至仁寿宫，属隋文帝寝疾，有敕馆于内史省，以须后命。帝高名宿望，倾动当朝，承风仰流，揖拜无地，衣冠如宗海之赴，士庶均在田之睹。司徒观王雄、左仆射杨素、吏部尚书牛宏、兵部尚书柳述咸与抗礼，延登首席。中郎之下迎王粲，计吏之长揖袁逢，千载风流，复存斯举。帝风仪伟丽，占对详明，朝端改容，左右属目。雄等素钦才辩，欲探阃奥，争出异同，互兴名理，而洪钟有虚受之量，明镜体不疲之德，词同炙輠，应若扣机。立定雌黄，既堪嬴后前膝；坐离坚白，足使田巴杜口。观王既特相钦慕，牛宏亦深加敬异：并虚心降节，投分申交。而杨素负才，耻己不若，虽外示接引，而内怀猜忌，乃私谓观王牛宏曰："吾观武氏风骨，实有英雄之度，今太平无事，安用此人？不如除之。"王等不答，而柳述又潜遣相工视帝，帝知之，深不自安。会隋文帝崩，因移病出外，素等以为伪迹，从此欲构祸端，赖观王、牛宏营护得免。汉高以英威冠代，取忌范增；刘主以倜傥出群，见疑曹操：比方前事，有若合符。帝既脱网罗，深自隐匿，虽室家追访，犹见砀山之云；而廛里去还，不就丹陵之日。辞杜城之弋猎，罢雷泽之渔钓，独览前志，长怀古人；有行高于时，有行济于物，辄慷慨击节，殷勤留想。便欲冥道契于一朝，托神交于千载。埙篪唱和，自多跗萼之亲；风景游遨，无乏林泉之兴：岁钭晏也，龙蟠凤戢者久之。

大业七年，炀帝征天下精兵，会于涿鹿，将亲授节钺，以伐辽左。旌旗亘于千里，转运盈于万轴，闾阎失业，郡县不安。帝谓诸兄曰："夷狄不宾，肇于上古，自当置之度外耳，未有纡万乘而雠小忿，扰群生而赴非急。夫兵犹火也，不戢自焚，祸乱之萌，从此始矣。"既而六师鱼溃，九野鸿飞，竟兆天亡之徵，卒成土崩之势。帝于是慨然有志，方思濡足，讨论兵法，商榷将率，上自黄帝，下讫有隋，考其谋略机权，稽其成败得失；并列名氏，为之赞论。殚鱼钤武韬之术，究元女黄公之符，勒成一家，凡三十卷，名曰《古今兵要》。制高秦肆，事轶鲁门，可以刻秘牒而昇庙堂，可以藏名山而悬日月。圣人之心情见矣，天下之能事备矣。于时兵戈屡扰，饥馑荐臻，英杰怀逐鹿之心，氓黎有瞻乌之惧；期谢公之出处以卜兴衰，待韩王之从就而论胜负。与能之托，时议攸归，长吏猜焉，数令相觇。帝自惟人望，惧发祸机，欲混迹而同尘，且韬光而向晦，出应期命，为河北道总管府司骑参军，智周变通，道兼语默，戢大鹏之举，逐集榆枋；降应龙之神，还游陷穽。

杨元感之作乱也，后主方重讨辽东，元感进围洛阳，官兵频战不利，城中大骇，议欲出降。时帝在东都，惧其失计，遽往见留守樊子盖，为陈用兵形势，制敌权宜，论元感必败之征，说都城可守之策。子盖大悦，拜而从之，尔后军谋，一皆谘禀，卒擒元感，帝之力焉。后主归自辽阳，子盖方之行所，邀帝同发，拟相推荐。帝知后主猜忌，不愿多取功名，深自谦撝发言恳到，子盖心悟，叹息而罢。于是汎以军功，奏授正议大夫，迁晋阳宫留守司铠参军。无忌之克敌让封，仲连之立功辞位，比我休德，曾何足云？帝既博通群书，兼善众术，拂龟端策，未询劳于詹尹；推历考度，无假访于山稽。大业十二年，后主幸江都宫，帝私谓诸兄曰："此行也，不复还矣。"繇是乡里宗族，劝帝起义，帝每自推算，知时命未符，又念叔孙贺之言，故抑而不许。初，李密为杨元感谋主，元感不能从，及闻帝与樊子盖运筹，所揣皆如密意，叹曰："天下奇才也。"遂遣书招帝，帝笑而不从。诸兄素闻密名劝帝，帝曰："密虽有才气，未能经远，欲图功业，终恐无成。"

会唐高祖安抚太原，便留镇守，帝观之曰："雄杰简易，聪明神武，此可与从事矣。"投刺往谒焉。贾文和之揣君，郦食其之观将，翔而后集，可谓明也。高祖亦虚心结契，握手推诚。周文之得姜牙，载以腓服；成汤之逢伊尹，告之宗庙，便应爪牙之任，即承心膂之托。高阳贼历山飞来寇，帝从高祖击之，弧弯六钧，箭穿七札，随手必陷，当皆靡乱，神兵掩击，丑虏大歼。熊山之破赤眉，不比其捷；犬邑之摧青犊，未俦其儁。高祖嗟叹，赏赐甚多，军师凯旋，便过帝宅，乐饮经宿，恩情逾重，其后数过辄宿，遂以为常。帝尝夜行，闻有称唐公为天子者，登遣寻索，了无其人；又梦从高祖乘马登天，俱以手扪日月。于是具以状白，并献所撰兵书，高祖大欢，益以自负，置其书于箱箧，后皆按以从事。闻程昱之梦，即以为名；听张良之言，皆纳其策；所谓天授，岂但人谋？

高祖将举义兵，令帝领徒于城内。义旗建，授中郎将兼司铠参军。陪斩木之经始，奉披荆之缔构，异中涓之受职，同别校之分麾。从破吕州，进授右光禄。师至霍邑，隋将宋老生发兵拒险，军不得进，群下多请引还者，高祖将从之，帝直入切谏，高祖止。决机于龙斗之日，定策于狐疑之辰，笑裨谌之请车，同子房之借箸；实建王业，事符天启。霍邑定，拜寿阳县开国公，食邑一千户。屠城斩邑，既凭帷幄之谋；开国承家，即启山河之赋。京师平，迁光禄大夫，赐宅一区，钱三百万，彩五千段。灌婴之频从征伐，始拜大夫；去病之累著勋庸，方开甲第。释干戈而论俎豆，起桴鼓而立君臣，式是礼仪，允归通博。义宁元年拜礼部侍郎，余如故。仪刑斯在，命服有辉，肃事南宫，虽懋于春典；司言东掖，更资于夕拜。迁黄门侍郎，余并如故。职参持盖，位连负玺，茂先之博览图籍，誉满玉堂；务伯之提正纲维，名高琐闼。录前后功效，改封义原郡开国公，增邑一千户，赐良马二百匹，粟万（一无此字）二千石。爰膺嘉赏，遂启大邦，解汉皇之骖，宁比其惠；分吴主之粟，未齐其宠。

武德元年拜内史令，帝累让不受，改授纳言，又固辞。授上柱国金紫光禄大夫散骑常侍同中书门下三品兼检校并越将军，赐田三百顷，奴婢三百人，彩物二万段，黄金五百斤，别食实封五百户。金章紫绶，玉鼎黄扉，柱国齐元相之班，将军比命卿之服。膺上赏而平军国，坐中枢而议文武，恩荣兼被，时辈莫俦。三年，拜工部尚书，余并如故。差肩八座，配象七星，以百揆之枢衡，参万机之损益，德绩兼备，声望日隆。于时军旅犹殷，宪章未洽，帝尽心翼亮，推诚匡辅；入有造膝之谋，外宏匪躬之义，兴复乎九畴之叙，弥纶乎百度之阙，積纲所以克振，令典于是毕修。高祖□之，礼绝群彦，进封应（一作晋）国公，加实封八百户，余并如故。高祖又谓帝曰："朕在并州之日，恒往卿家，今欲使卿一门三公，用微答主人之意也。"是日，封帝长兄司农卿士棱为宣城郡公，次兄行台左丞相士逸为安陆郡公，并食邑一千户。欢比连席之旧，契均同舍之游，酬德逾于二钱，报恩过于一笥。阖门受邑，宁惟吴汉之子孙？举宗毕侯，岂直萧何之兄弟？尔后高祖行幸，常令帝总留台事，兼知南北牙兵马判六曹尚书。相国之处秦中，盖资镇抚；令君之住许下，仍参筹画；具瞻惟允，是谓国钧。

时帝先缺中闱，高祖亲为求偶，谓帝曰："隋纳言遂宁公杨达，才为英杰，地则膏腴。今有女贤明，可以辅德，秦晋之匹，不能加也。"于是特降纶言，俾成姻对，高祖自为帝婚主，遣桂阳公主专知女家，降六礼于璿枢，指三星于金穴。鲁大夫之嫁女，卿士送迎；张公子之取妻，乘舆供帐；作俪于凤凰之兆，相从于孔雀之楼。伐柯则欢其食鱼，流荇则美其巢鹊，是配琴瑟，爰宜室家。钦若有行，即孝明高皇后妃也。始同妫水之聘，终启涂山之业，永言好合，若有神灵之契焉。憬彼涂泥，实惟淮海，襟带全楚，咽喉劲越，虽孙权故业，久黜霸图；而刘濞余妖，仍多反气。杜伏威初行僭逆，辅公祏继以乱亡，枭薮未惩，萑蒲犹在。帝思俾乂，遂纡时哲，以本官权检校扬州大都督府长史，赐锦袍宝带一具。尔乃抚之以诚恕，经之以权略，钩距闇施，既问羊而知马；纲罗潜设，亦因鱼而得鸿。降北海之渠，未逾期月；尽（一作剿）南山之盗，讵假旬时？然后商旅安行，农桑野次，化被三吴之俗，威行百越之境，輶軒符节之使，复下于蛮陬；齿革羽毛之琛，还输于王国矣。始高祖之饯帝也，期以半年，及江湖既平，帝将入觐，父老数百人，诣阙上表，乞更留一年。颍川之还借寇恂，临淮之重祈侯霸，俦功语德，彼独何人？玺书褒焉，复留镇抚。

九年，太宗以储宫统事，徵帝入朝，宠赐频繁，事以殊礼。荆河奥壤，密迩缠洛，自昔股肱之郡，由来战争之场。飞水初澄，虽免鲸吞之患；丛祠未翦，尚有狐鸣之妖；受委共康，非贤勿授。使持节豫、息、舒、道等四州诸军事豫州都督，赐黄金二百斤。朱轓首途，吏人抃舞而交谒；皁盖临府，盗贼惊惶而请命。倾巢咸附，阖境肃然，弃戟捐矛，既如张霸之政术；含哺鼓腹，更似岑熙之歌咏。利州都督义安郡王孝常称乱剑南，扇动夷落，孝常诛死，余党分窜，劫掠未息，朝廷患之。太宗博访群寮，咸以为非帝不可，贞观元年拜利、隆、始、静、西、龙等六州诸军事利州都督。郡惟遐徼，地实偏陬，寻蜀帝新开之途，经汉主旧烧之栈，渝人賨旅，兽骇禽惊。帝招辑叛亡，抚循老弱，赈其匮乏，开其降首，百城櫜弓而不用，群盗束手而来归。宏以善贷之恩，赦其既然之罪，未移弦望，郡境乂安，制书褒扬，增邑五百户，赐珍物服玩。黄次公政称长者，裂壤开封；杜伯侯动无闲然，赐书增秩。

五年，改授荆、峡、澧、朗、岳、果、松等七州诸军事荆州大都督。眷兹上流，实惟旧楚，接荆台之跨峙，连渚宫之形胜，一都之会，昔号难治。帝仁化久覃，威名先著，褰帷而十部咸肃，闭阁而万珠皆理。宽力役之事，急农桑之业，犴圄空而京坻实，奸回息而礼义兴。市不倚门，田多让畔，烝人罢讼，咏河上之甘棠；游女无思，歌汉滨之乔木；流化实同于二陕，宣风宁止于六条？先是微属亢阳，颇伤时稼，帝亲往长沙寺，迎阿育王像而祈焉。俄而油云勃兴，大雨洪澍，倏忽而四境滂霈，须臾而千里霑洽，申虔未爵于晷刻，降福遄同于影响；一州叹骇，称有神明。是知元符未臻，且列于公侯之位；帝道潜契，实冥于天地之德。昔者姬文事纣，行化始自于江沱；晋武平吴，树勋实由于荆土。诚作霸之基址，兴王之窟宅。况复风烟气色，楼台迩翔凤之川；邑里光辉，阡陌通卧龙之境；爰纡不世之主，将建非常之业。于是乎百物呈瑞，三灵降休，游殷朝之白狼，止酆尹之丹爵。含牙之兽，遁迹于殊邻；同颖之禾，垂苗于近甸。惠爱之德著矣，皇王之迹兆矣。然后白气流而圣人感，黄河清而圣人生。奄有六宫，遂荒三象，化千乘而为万国，抚四海而成一家，起藩屏之会昌，致寰瀛之景福，大矣哉！

九年，唐高祖崩，帝奉讳号恸，因以成疾，太宗遣名医诊疗，道路相望。医以病候将深，劝令进药，帝因举声大哭，呕血而崩。敬想忠义之风，缅惟臣主之分，求诸古昔，未之闻也。时年五十九，遗令归葬文水，因山为坟，穿足容棺，敛以时服，灞陵之不藏金宝，纪市之无变廛肆，惟圣达节，千载同风。于是具僚失图，阖境哀恸，农商号于野，士女哭于衢，三月停竽瑟之音，再期深考妣之慕。宁止东城故老，安歌对陈氏之祠？复见南岘吏人，垂涕望羊公之碣。太宗闻帝崩状，嗟悼久之，曰："可谓忠孝之士。"命史官书之，追赠礼部尚书，配食太上皇庙，赠物八百段，米粟八百石，官造灵輂，送达故乡。仍委本州大都督英国公李勣监护丧事，缘丧所须，并令官给。遣郎中一人驰驿吊祭，谥曰忠孝公，礼也。

天皇大帝嗣膺乾历，光阐帝猷，思盛德而有怀，念元功而载伫。永徽元年改赠使持节都督并、汾、慈、岚四州诸军事并州大都督，余并如故。圣上肇开阴曜，正位坤元，永徽六年又下制赠司空，余如故。显庆元年又赠司徒，改封周国公，食邑四千户。咸亨元年赠太尉兼太子太师太原郡王，食邑五千户，以文水三百户充奉陵邑，置令丞已下官。夫源流广而津派长，枝叶繁而本根茂。况立德之祀，奄百代而全昌；谋孙之基，冠千龄而首出。与夫东汉外戚，西京异姓，不同年而语矣。文明元年，皇帝临朝，追崇为魏王，食邑一万户。永昌元年，群臣以名号不称，抗表固请，于是上尊号曰忠孝太（一作大）皇。及钟石变声，讴歌有奉，皇帝钦受终之茂躅，御惟新之景命，改正朔而营宗庙，定郊邱而立社稷。聿遵故实，光启鸿名，奉册尊太皇为孝明高皇帝，陵曰昊陵，庙曰太祖。推大功而增大号，奉先之义存焉；享皇极而配皇天，敬始之诚备矣。仍以为千人起邑，名未光于寝园；万户陪陵，班仅齐于令长；思广崇阳之称，更增奉明之秩。圣历二年，下制改昊陵署为攀龙台，加置官属佐吏。滦水将九河齐濬，桥山与四岳争高，然后肃敬之仪，旁绝于恒数；尊崇之志，上申于罔极；盖天子之孝也，庸小人之可谈乎？

初，晋阳懿公既受田于文水，有紫气发于其地，上冲太微，占者以为当有圣人兴于此邦，至是而天下宗周，符于所占矣。帝神气和雅，天姿英迈，率尔坦易，而无废务，俨然威容，实可亲昵，俾好贤而乐善，博识而多闻，游谈者空慕其风，钻仰者不知其度。若观文察理，睹奥钩深，推六画而见三才，覆四营而穷万象，斯风皇之所以际天人也。敦体抑末，纳祜蠲邪，探秘术于九门，致成功于六府，斯乃火帝之所以慈氓庶也。语奇正纵横之术，论帝王仁义之兵，教貙武熊罴，作舟车器械，斯乃轩后之所以张武功也。温良濬哲惇懿文明，观象乎藻火之衣，听言于宫商之律，斯乃妫水之所以昭文德也。声为律而身为度，勤于国而匮于家，沐雨而栉风，卑宫而匪食，斯乃夏王之所以求诸已也。引罪让德，持尊下卑，虚襟于药石之言，屈体于刍荛之议，斯乃商后之所以听于人也。不傲不逸，多艺多才，求贤审官，兴法立度，通刑政之要，达礼乐之情，斯乃周公之所以勤王事也。宫墙罕测，性道难闻，笔削所裁，群贤无措言之地；宪章所缀，百代成不刊之式，斯乃孔宣父之所以正人伦也。兼列圣之纯懿，总百王之事业，时运未集，东皋辍鸿鹄之心；天衢既亨，北面就人臣之礼。似文命之匡虞历，都君之辅唐政，终能与时俯仰，随运汙隆。居位恒屈其身，莅官必行其道。是以参谋帷幄，则消薄蚀而殒搀抢；助理盐梅，则成雍熙，而作舟楫；名裕于八能之士，德高于五圣之臣。及赐瑞分珪，牧州典郡，其人变而众化，其政贤而群美。入称来晚，讴歌迎节传之车；出有去思，号泣拥襜帷之路，岂惟南征而北怨？固亦西泣而东悲。仁覃于鸡犬之乡，泽浸于蚁蝼之穴，用能摛光表之盛业，启格天之洪绪。存膺显位，彤弓开九命之尊；没享大名，紫箓登万乘之贵，岂非天道人事，祐贤福善之徵欤？

皇帝念过隙之不留，哀终天之罕报，钦致孝之前辙，仰增名之旧式。以为庙堂作颂，功业才播于朱丝；简书策勋，德音不传于翠玉，将谋相质之事，更宏丕显之躅。载纡中旨，爰命下臣，考泗水之遗风，求弇山之故事，奉天经而扬词藻，图帝范而悬金石，将使神功睿业，配图象而昭临；茂烈崇徽，共方仪而永久。跪承大命，而为颂曰：

厥初剖判，肇有君臣。体国经野，司天属人。二微递袭，五运相因。惟德是辅，惟乾罔亲。（其一）

谦庄斯崇，荒侈则替。金镜易失，玉仪难继。于皇圣周，独与神契。受箓千祀，重光百世。（其二）

轩谢挚立，辛迁稷外。岐山光启，酆水丕承。淳耀中缺，灵符更兴。三才奄有，八景时乘。（其三）

方隆庆基，诞生睿德。齐圣刚毅，钦明柔克。行为天经，语成

帝则。文冠杨史，学穷儒墨。（其四）

黾俛三聘，观光九重。未交刘御，先揖袁逢。路险难进，才高不容。言辞吠犬，退保潜龙。（其五）

人忌英雄，物疵孤直。随运出处，与时消息。遂汩泥沙，爰栖枳棘。择木候主，搏风举翼。（其六）

披荆晋野，借箸汾圻。霍邑通路，秦关启扉。策无遗兆，虑必先机。汉主分食，萧王解衣。（其七）

裂壤畴庸，外朝致绩。勋刻彝鼎，任司衡石。玉铉调梅，金坛秉戚。职备文武，道光帷帟。（其八）

恩洎同胞，礼加内主。鱼贯纳币，雁行分土。外馆施衿，中台曳组。荣被亲戚，庆隆今古。（其九）

三事出牧，九卿为守。忧人急才，屈道资祐；淮水卧汲，颍川借寇。龚遂买牛，宋均浮兽。（其十）

荆吴异俗，梁豫殊乡。德绩均被，椒兰共芳。歌迎来轴，泣送归艎。朝礼斯懋，宸心孔臧。（其十一）

尧得圣臣，纳诸大麓。舜让才子，止其枚卜。况我皇明，兼而韫椟。徒屈时命，罔终天禄。（其十二）

戢耀南纪，迁神北维。二分齐德，三马同基。汉曲图像，江沱立祠。存流美化，没有馀思。（其十三）

钦若大君，奄荒天位。率由礼乐，仰尊名器。禋郊展礼，昇坛立谥。祇敬已洽，孝思无匮。（其十四）

衣冠轸慕，园寝加隆。裸择殷士，歌留沛童。弇山垂裕，济水铭功。流德音乎翠玉，配贞观于元穹。（其十五）

《全唐文》卷249

二　武希玄墓志

大唐故右勋卫宣城公武君（希玄）墓志铭

君讳希玄，字敬道，太原受阳人也。祖稜，皇朝司农卿，封宣城县开国公，赠潭州都督。匡国垂范，忠武驰名。父雅，右卫铠曹参军、轻车都尉、袭爵宣城公。清猷纂绪，温润腾誉。君含山水之秀气，挺松筠之劲节。量宇闲密，机神警悟。耸奇峰于九霄，激清波于千里。宫墙有仞，喜愠无形。爰自弱龄，风仪夙茂；逮于弱岁，盛德斯洽。精金比质，美玉齐映。譬火日之外照，犹水镜之含光。阮嗣宗旨沉恬，绝言臧否；王夷甫之清洁，罢谈财利。比德于君，未为清远。加以敦诗悦礼，息史循文。思风含臆，言泉流吻。虽歆固博通，卿云藻瀚，无以过也。是以同门归美，若鸳鸾之先羽族；齐志推高，类芙蕖之映菱芡。

属肃慎猖獗，九都阻化，太宗文皇帝躬行吊罚。君名挂羽林之班，位列金吾之后。爪牙左右，侍卫帷幄。而丑类鸱张，凶徒蚁聚。君乃揽繁弱，接忘归，飞鞚挥鞭。直突而溃，应絃而倒者，麟麟相属。岂唯猿吟高木，雁落虚弓而已哉！继而銮舆凯旋，躬亲扈从。栉沐风雨，跋涉山川。福谦虚应，婴兹寝疾。遂使奇功未立，景业无闻。曾不慭留，梁摧奄及。呜呼哀哉！以贞观廿年三月廿三日，终于并州馆舍，春秋卅有三。其年四月廿七日，魂归京第。

呜呼哀哉！陶潜之浮觞篱下，丛菊送芳；宋玉之息驾上宫，幽兰发调。一朝零落，生平已矣。粤以永徽元年正月廿日，窆于长安西南十里之平原。叔父等怨天德之无徵，痛音容之双绝。悲缣竹之易朽，铭金石之永流。其词曰：

> 崇基蔚矣，连华叠辉。伊君挺秀，载德靡违。浴道游艺，依经息史。直幹千寻，澄源万里。虚襟水澹，劲操松贞。方金犹铣，在玉斯琼。蠢兹肃慎，负海猖獗。帝赫斯怒，亲行吊罚。广选良家，君应爪牙。殄兹蜂虿，剪此鲸蛇。方欣凯歌，扈从旋跸。栉风已弊，沐雨成疾。先秋委叶，未露摧英。骥足方骋，义车遽倾。寂寂空垄，昏昏暮色。黯日虽沉，凄风□息。痛殷幼胤，慕切孤孀。预虞陵谷，贞石传芳。

（《全唐文补遗》第3辑，三秦出版社1996年版）

三　武士彟外孙贺兰敏之墓志

大唐故贺兰都督（敏之）墓志

公讳敏之，字常住，河南洛阳人。其先轩辕黄帝后也。□□幽都为贺兰国公□□□山下，因命氏焉。十四代祖伏，后魏桓帝时，为北部左辅□□□姓西破□□□□□□拜平朔将军。其后轩冕赫弈，珪组蝉联。武穆文昭，银黄□□□□□□□□□□□□候正替长、左右利真府总管、上开府仪同三司，隋累骑将军、□□□□□□□□□□将军、礼部尚书。握韬云陛，玉誉光于六戎；曳履星台，金声□□□□□□□□□□□□□皇朝尚衣奉御鲁王府长史、银青光禄大夫、散骑常侍、使持节□州诸军事、□□州刺史、应山县开国男，赠司元太常伯。翠緌鸣玉，辉桂苑而耀兰池；皂盖青□，出□□而入天府。父安石，袭爵应山县开国男，赠卫尉卿、户部尚书、驸马都尉、韩国公。带河砺岳，百代光于本枝；鼎族公门，千龄复于神叶。公郑国夫人武氏子，则天大圣皇后外甥，应天神龙皇帝从母兄也。

冲襟朗鉴，风度卓然。瑶林玉树，不杂风尘。鸾章凤姿，居然物外。饰躬闻礼，承家必尽于孝慈；抗节从□，□国必□于忠义。峻学山于策府，则霞壁万寻；披翰苑于儒林，则云柯千丈。虽智如□輮，不以词气□人；文若贯珠，不以浮藻辉物。故得妙年莅职，弱冠昇朝。挥翰动风云，顾眄生光彩。解褐，尚衣奉御左庶子，俄迁左侍极太子宾客、检校兰台太史秘书监、弘文馆学士，封周国公，赠韶州刺史。

于是指云路，步天衢。倏忽而鹤唳九霄，须臾而骥驰千里。朝陪紫极，宝位纳其谋献；夕宴青宫，玉裕怀其黼藻。鸣珂响佩，昇甲观而遨游；飞盖驰轩，入明光而偃息。铜仪辩纬，平子不足侔，渠阁谈经，公曾讵能擬。葛洪万卷，吞若胸中；惠施五车，视如掌内。故得坐为师友，入作腹心。金殿异其恩荣，玉堂殊其礼□。既而时移代易，木秀风摧。萋斐且行，薰获遽改。一迁丹徼，遽变缇灰。大厦不申，小年俄谢。以咸亨二年八月六日，终于韶州之官第，春秋廿有九。

呜呼哀哉！暨乎圣皇再造区宇，重悬日月。于是恩踰扣玉，礼晟镕金，文物振其威，□明畅其气。赠持节秦州都督，赠太子少傅，敕太子仆王先进监护葬事。歌堂舞馆，既铿锵于昔年；尽授密章，复芬芳于兹日。以景龙三年八月十八日，葬于雍州咸阳县奉贤乡洪渎原，礼也。嗣子银青光禄大夫、太仆卿琬，哀缠陟岵，诉罔极而崩心，痛结循陔，泣幽泉而走魄。于是瞻仙访吉，卜宅祈祯。庶传芳于翠琰，终纪迹于玄城。乃为铭曰：

轩丘西峙，元天北列，鹏翥风高，龙据雾绝。岳神诞秀，河灵产哲，祖有直道，孙多令节。其一

至矣周公，克明克聪，风情外朗，神彩内融。潘江沃日，许月澄空，飞文染翰，为伯为雄。其二

雄伯伊何，天人宠荐，凌波见识，参乘流眄。鸾渚晨游，龙楼夕宴。價振都辇，声驰宇县。其三

高明瞰室，丰屋蔀家，心水如镜，贝锦成譁。非辜获罪，命矣长嗟，哀哀令子，复此光华。其四

鱼山故意，马鬣新裁，东瞻宫阙，西奉陵台。薤歌悽断，楚挽悲哀，棲禽泪迸，瑞鸟声摧。苦雾敛兮寒风急，青灯掩兮缟驷迴，庶龟□于万古，垂凤篆于将来。其五

（《全唐文补遗》第2辑，三秦出版社1995年版）

四 顺陵杨氏碑

大周无上孝明高皇后碑铭并序

大周梁王武三思 撰

臣闻二仪合德，中黄承太紫之庭；两曜齐明，玉兔俪金乌之象。是以九霄高映，星躔乘婺女之精；十野旁罗，妫水叶娥皇之德。亦有西陵美族，□□轩帝之宫；南土嘉媒，入娉夏王之幄。其后太任端一，即创文基；太姒勤劳，还开武运。故知皇三事业，咸资坤载之功；帝五风谣，必藉阴灵之化。

无上孝明高皇后，宏农仙掌人，出自有周，盖唐叔虞之后也。原夫赤乌流火，丹雀衔书，初开梦梓之祥，旋茂翦桐之叶。自唐郊徙邑，晋野裁封，即胙土而为家，启祯符而得姓。周则志为大将，承九伐之余资；秦则款为上卿，居七城之重任。岂直十人丹毂，金莩舄奕于都畿；四代白环，玉绪蝉联于海县。子云博识，吐凤摛词；伯起高材，衔鳣袭祉。诞圣不坠，降灵相属，神基与紫岳争高，仙派共黄河俱远。所以代隆锺鼎，地积衣冠，五公则异代相传，八子则殊年间出。详诸国史，可略而言。

曾祖讳定，后魏都督，历新兴、太原二郡太守、并州刺史、晋昌穆侯。宏材卓荦，峻局深沈，丹山有像日之彩，绿地见遗风之步。褰帷按俗，风行驭竹之郊；露冕临人，化偃焚林之阜。岂直邓攸罢郡，深叹鸡鸣；刘宠辞官，方忧犬吠。祖讳绍，后魏征西将军金紫光禄大夫兼通直散骑常侍骠骑大将军，周开府仪同三司，封傥城郡公，鄜、豳、燕三州刺史，赠使持节大将军，成、文、扶、邓、洮五州诸军事成州刺史，谥曰信。声飞渐陆，响逸鸣皋，器重南金，材横东箭。谋深八阵，勇冠三军，既隆投石之勋，果践衔珠之秩。加以金龟结纽，铜虎分符，转扇扬风，停车待雨。童儿结要，无欺一日之期；亲友论刑，自得二天之咏。父郑恭王讳达，周内史中大地，隋开府仪同三司黄门内史，吏部、刑部二侍郎、尚书左右丞，赵、鄯二州刺史，工部、吏部二尚书纳言，营东都大监、将作大匠、武卫将军、左光禄大夫、遂宁恭公，赠吏部尚书，唐赠尚书左仆射。垂拱二年封郑王，食邑一万户，依旧谥曰恭，即司徒雍州牧观德王之季弟也。量包江海，气逸烟霄，文即《吕氏春秋》，武则《孙吴兵法》。箕裘代袭，锵锵万石之君；礼乐基身，翼翼千金之子。鸾回玉扎，雁落琱弓，激水张鳞，遥浮渤海。搏风理翰，直上扶摇，累践崇阶，频昇显秩。腰鞬北阙，位总貔貅；曳履南宫，声高鹓鹭。貂冠入侍，气应连珠，隼旆分班，荣参执玉。加以累仁锺祉，积德延祥，四履开封，宠及九泉之路；千乘□礼，恩覃万古之前。棠棣相辉，鹡鸰交映。刘家两骥，誉满寰中；荀氏八龙，名高海内。通门向术，冠盖成阴；甲第当衢，歌钟就列。

伏惟无上孝明高皇后，资灵月魄，毓粹星宫，承茂祉于瑶筐，降仙仪于金屋。声驰丱岁，潜流梦日之祥；誉表笄年，暗积扪天之贶。兰襟散馥，蕙问扬翘，懿则重于邦家，柔仪冠于今昔。忠图孝范，援翠竹而凌霜；媛德嫔容，引青松而冒雪。礼枝含秀，藻七诫于情田；行叶分芳，笼九师于性府。徽猷内湛，韶姿外发，悬明镜于积水之间，振青飚于长松之下，贞规汉远，亮节秋高，翠缕红纁，从来未理；龙梭凤杼，本自多轻。简素鄙鞶绣之工，静默尚韦编之道。明诗习礼，岂唯秋菊之铭？阅史披图，宁止春椒之颂？学标天纵，开道德之清关，业契生知，入文章之妙境。曾于方寸，具写千言，总游雾于毫端，穷偃波于笔杪。芝英云气，入魏帐而分辉。龙爪鱼形，映张池而散彩。尝题一简，密记贞心，置以缄縢，藏之屋壁，云当使恶无闻于九族，善有布于四方，指此立身，期之必遂。后因修宅，匠者得之，恭王见而叹曰："此隆家之女矣!"昔者书堂欲坏，惟闻丝竹之音；剑匣将开，空睹蛟龙之气。未有仁心暗彻，睿德冥通，横宇宙而无违，满乾坤而自应。若乃行该地义，孝极天经，亲枕席而忘疲，候晨昏而靡倦。及乎风枝不静，露蓼含哀，履厚地而无追，仰曾穹而莫报。思欲托三乘之妙果，凭五演之元宗，永奉严亲，长栖雅志。

昔隋季丧乱，海内沸腾，伏鳌垂天，风尘暗起，群龙战野，旗鼓潜张，白骑于是争驱，青犊由之竞扰。蚩尤则餐沙食石，项羽则索铁申钩，赤眉探盆子之筹，黄巾聚天师之米。夫三才合契，惟神膺大宝之名；六位乘时，惟圣运洪炉之德。唐高祖神尧皇帝材雄鹊起，业峻龙飞，用丹扆而宁人，将朱旗而拨乱。天纲既纽，竟收龙凤之图；地角咸清，遂翦豺狼之毒。无上孝明高皇帝观时有作，应运而生，先知赤伏之言，预识黄星之兆。功深坐树，绩茂披榛，负伊鼎而陈谋，入张帷而建策。龙钤独运，当赤地之三千；兽节长驱，偶皇天之百六。息昆山之巨燎，并藉中权；定沧海之横流，咸资上略。志同鱼水，契若盐梅，如魏武之得荀攸，似汉光之逢邓禹。虽英图盛烈，昭鹤鼎于高门；而阃则嫔风，阙鱼轩于中馈。高祖神尧皇帝位膺元首，任切股肱，利涉大川，寄隆舟楫。式崇勋旧，为结潘杨，酬功草昧之时，赏效云雷之日。高后以孝诚纯至，雅操虚冲，拒缛礼于移天，誓开襟于初地。六尘不染，孤标水上之花；四谛方披，独晤星中之月。洎乎凤凰开繇，独坚匪席之心；乌鹊成桥，果迫如纶之命。于是使桂阳公主为婚主，礼娉所须，并令官给。既而三星叶兆，百两邀欢，与松萝而比茂，谐琴瑟而流响。风闺少女，袭兰蕙而驰芬；月幌仙娥，韵珩璜而动步。光生绮殿，比桃李而增鲜；影发春楼，视云霞而掩色。八紘钦其雅躅，四海挹其鸿徽，犹羽翼之宗鸾凤，风云之随龙虎者矣。庙见斯毕，即拜应国夫人，从班例也。

于时帝图肇建，王业初基。三户亡秦，觉风尘之始定；四门辟舜，识雷雨之将调。天无斗日之妖，地息崩山之祸。主上方勤庶政，属想群黎，将贻共理之忧，式广求贤之务。无上孝明高皇帝以勋兼竹帛，义重金兰，备历文武，昭昇内外。三践八元之位，四临九伯之途，中台飞署剑之荣，南服总班条之任。高后以业光图史，道洽埙篪，欲启仁明，实资阴助。是以量如江海，令未发而风移；化穆荆衡，泽将流而人悦。呼鹰台下，尚隔去思；抵鹊岩前，始歌来晚。俄而高祖晏驾，瞻脱屣而无留；太祖崩号，奉遗弓而积慕。沈绵遽轸，终无就日之期；痼疾遄淹，忽切乘星之衅。高后哀深杞堞，誓切柏舟，悲一剑之先沈，怨双桐之半死。昔时宝镜，怆对孤鸾；旧日瑶琴，悲闻独隺。衔冤负痛，抚繐帐而增号；吊影伤魂，践孀闱而凝慕。方祈净业，敬托良缘，凭慧炬于幽途，舣慈舟于觉海。于是心持宝偈，手写金言，字落贯花，词分半月，龙藏岂及，象负难胜，将佛日而长悬，共慈灯而不灭。及龙旌首次，蜃绋遵途，永惟凭附之诚，愿托邱榛之侧。方冀鹓栖梓树，近接埏庭；鹤舞松枝，傍依隧路。特以圣上年居膝下，爱切掌中，理藉劬劳，方资顾复。宣和谕善，屡积葭灰，日就月将，频移柘火。

至永徽六年，圣上母仪万国，正位六宫，将开炼石之基，乃遂積沙之祉。大帝以西京命赏，平原之秩未宏；东汉崇恩，新野之封犹褊。于是广流元霈，大启黄扉，稽石窌之遗尘，裂宝符之气昴。即以其年十一月，册拜代国夫人，食汤沐邑一千户，品正第一，位在王公母妻之上。鱼轩水鹜，飏轻影于龙池；翚服霞明，下鲜文于凤掖。荣由德被，位匪恩昇，骤应嘉名，徒昭洪泽。以显庆五年十月，转拜荣国夫人，寻改封鄷国夫人。自家疏槐里，门荷椒庭，累沐殊辉，频膺茂典。南邻夜静，奏钟磬于高台；北里晨通，列笙竽于广榭。门有蹑珠之客，家丰馔玉之厨，恒处逸而思劳，每将昇而必降。绿墀青琐，特忿王根；火布金池，深非梁冀。谦撝之美，万国仰面知勤；端洁之风，九围钦而取则。智周寰宇，识沿古今，思所以匡国庇人，济时撰物。嘉谟谠说，屡发于神襟；厚利丰功，频彰于帝念。奏便削藁，人莫能知。每以孔光秘言，合为臣之道；山涛密启，得事君之要。可久可大，置黔首于生成；惟几惟深，顿苍元于覆载。至若缘情体物，属事比辞，取之以义方，先之以风化。清词海富，缛藻云繁，凡所著述，皆成典训。其动也方，其静也直，其恩也若春雨之流津，其威也若秋霜之应节。接上以礼，逮下以仁，君子感其德，小人怀其惠。天机独转，灵台迥烛，虚鉴与日月齐明。神理共阴阳比奥，洋洋乎不可得而称也。

既而离宫雾辟，遥横地乳之山；别馆星开，上戴天眉之宿。甘泉避暑，方陪万乘之游；景福追凉，更扈六龙之驾。不谓灾缠雾露，疢积膏肓。丹扆凝慈，召名医而接轸；紫霄流渥，下珍药而相望。玉釜徒煎，竟乏长生之术；金丹莫就，终无驻寿之期。咸亨元年八月二日，崩于九成宫之山第，春秋九十有二。圣上以身齐霄极，礼阙晨昏，恋隔九重，望长筵而下泣；心驰五起，瞻厚褥而衔悲。大帝虑不胜哀，秘慈凶问，苴筵欲对，仍流不次之恩；蕞服将临，更下非常之泽。仍改封卫国夫人，以谕圣上之忧悬也。后疾将大渐，时落高春，雅志无昏，神情不挠。影随灯灭，自此长辞；魂逐香销，终无蹔返。以为合葬非古，礼贵从宜，将追罔极之慈，愿在先茔之侧。圣上奉遵遗旨无忝徽音，割同穴之芳规，就循孩之懿躅。即以其年庚午闰九月辛丑朔廿一日辛酉，迁瘗于雍州咸阳县之洪渎原郑恭王旧茔之左，礼也。尔其郊原坱圠，林薄阡眠，秦地关河，迥接宝难之野；汉家坟垅，平依金狄之川。松槚森沈，何年乌住？风烟萧索，几代人亡？于是凝恨九天，废朝三日。空山露泣，痛结飞行；旷野云愁，悲缠草树。

乃下制赠鲁国太夫人，谥曰忠烈。仍令司刑太常伯卢承庆摄同文正卿充监护大使，右肃机皇甫公义等为副，赐东园秘器，每事官供，务从优厚，仍令西台侍郎道国公戴至德持节吊祭，京官文武九品以上，及诸亲命妇，并赴宅吊哭。仍送至渭桥，葬事并依王礼，给班剑四十人，羽葆鼓吹仪仗，送至墓所往还，官为立碑，亲纡御札。圣上因心转切，锡类方宏，希申莫大之怀，冀展饰终之请。乌坟欲列，思增茅土之仪；鹤陇将崇，愿广山河之誓。遂得五云飞彩，坠仙液于松茔。十日回光，被增辉于蒿里。乃下制赠太原郡王妃，余并如故，所司备礼册命，大帝亲御横门，开轩悲哭。紫宸哀痛，黄屋凄凉，天地为之寝光，烟云由其辍色。圣上以幽明永隔，屺岵长辞，终无再见之因，镇结千秋之恨。奔曦已远，荐霜堇而无年；逝水难追，馈冰鱼而未日。又以严规早坠，远卜厝于乡坟；慈荫重倾，近陪亲于京陇。陵茔眇隔，长悬两地之悲；关塞遥分，每切百身之痛。遂命大使备法物，自昊陵迎魂归于顺陵焉。游冠远降，坠舄遥迁，方移沛邑之魂，更启桥山之域。白云朝起，乍伴龙輴；明月宵悬，时低蜃卫。

文明元年，圣上临朝。其年九月，追尊先妃曰魏王妃，食邑一万户，寔封加满五千户，改咸阳园寝曰顺义陵，大名天启，奥壤星分？古树捎云。近对黑龙之水；荒坟映月，傍邻丹凤之城。徽号既崇，园陵载广。属以图书河洛，龟负凤衔，窗闼方圆，云攒雾娇。合宫重屋，既布政而严禋；玉辇金舆，且巡河而拜洛。永昌元年，追尊先妃曰忠孝太后，既而讴歌允集，狱讼知归，天垂革命之符，地涌受终之箓。元珪锡禹，还逢揖让之年；黑玉归商，即启休明之运。九茎仙草，依汉殿而抽芳；五色祥云，绕轩宫而布彩。下从人望，上应天心，乘宝位于通三，建瑶图于得一。黄琮苍璧，祀地郊天，复庙重檐，宗文祖武。鸿名肇创，光凤阃于幽泉；茂礼将加，饰鸾闱于长夜。天授元年，追尊曰孝明高皇后，陵曰顺陵。复以祥分贝叶，瑞演龙花，金容开十地之图，玉相告三空之识。龙轩黯黯，俄为兜率之天；凤阙岧岧，忽似须弥之座。金轮既转，玉镜方悬，式诠无上之文，载显崇亲之义。长寿二年，后位之上，又加无上二字，寻又下制，改顺陵曰望凤台。东京故事，西汉遗尘，封树空存，追崇未广。岂若宸襟镇结，长怀露序之哀；睿念恒缠，永结霜旻之慕。遥瞻凤野，式建嘉名；远望鹑郊，长悬美称。

且夫功成翼赞，尚画云台；勳擅勋庸，犹题麟阁。况乎俔天茂德，贯月殊祯，垂母则于寰区，导嫔风于邦国。岂可使炎凉暗积，陵谷潜移，惟栽舞鹤之松，不刻盘龙之石？圣上凝怀万化，长想千龄，恐地轴之西回，惧天关之北转。方图琬玉，式降丝纶，永嗟仙鹤之歌，用固灵龟之卜。微臣攀辉日树，沐润星潢，荣忝绿车，职兼青史。奉先追远，恒积慕于丹诚；相质披文，忽承恩于紫诰。是用恭抽弱思，敬述洪猷，屑瓦徒勤，生金丑妙。挥毫夺魄，陈万一而宁穷；伏纸惊魂，辞再三而不获。逡巡拜首，乃作词云：

邈矣上古，悠哉厥初，天回紫府，地转黄舆。阴阳荡薄，日月居诸。灵龟负识，宝凤衔书。其一

六位既陈，三才乃立。帝皇郁起，后妃更袭。蛟电遥凝，虹星下入。渭涘疏派，涂山是葺。其二

明明高后，奕奕辉光。白环代郁，丹毂家昌。灵基岳峻，曾派河长。扪天集祉，裕后开祥。其三

爰自生育，早彰尊贵。月出星流，青龙翠气。金屋是贮，玉衣方萃。燕卵非奇，难珠宁异。其四

芝兰吐叶，桃李开花。黄云白气，夜月朝霞。贤明自负，仁孝无加。曾霄降药，秘箧飞沙。其五

聪悟天资，惠才神与。河汉灵匹，潇湘帝女。笔动鸾回，弘调鹤舞。涤想金地，□心宝聚。其六

仙容婉婉，艳质峨峨。星纪耻出，月媛羞过。椒花入颂，柳絮萦歌。词峰秀岳，学海驰波。其七

鲂鲤成诗，凤凰开兆。琴瑟既合，室家斯绍。两鹤齐飞，双龙并绕。德行方肃，言容是昭。其八

九围母则，六合嫔风。恩流海内，化被区中。银环晓上，金佩夜中。祥开梓阙，位冠椒宫。其九

习礼明诗，披图阅史。汉朝马邓，周年任姒。阴化聿宣，坤仪载理。贯月腾瑞，惊雷送祉。其十

高春忽坠，上寿俄骞。金丹不熟，玉釜徒煎。黄泉九地，白日三天。六宫恨积，万国哀缠。其十一

寂寞邱陇，凄凉原隰。毕地难追，终天靡及。薤露晨清，秋霜降急。伏纸衔悲，挥毫洒泣。怨圣贤之同尽，感昏明之递袭。纪盛德于丰碑，冀神猷兮永立。其十二

（《全唐文》卷239）

五 武怀运之女墓志

大唐故武夫人墓志铭并序

夫惟由虵有梦，克隆女子之祥，惟鹊有巢，独冠夫人之德，故能宜其家室，秀以闺房，风化存焉，可略言矣！夫人讳某，圣母神皇之堂兄，淄州刺史之长女。瑶筐袭庆，金穴承家，濬灵泒于天波，光本被于帝□。曾祖太原王，彫弓授锡，青袪开封，业盛翦珪，化隆磐石。祖让，太子舍人，太庙令，赠太傅上柱国，潞国公，食邑三千户。一日千里，琼树瑶林。风裁霜明，泉渟岳峙。公辅之量，独滞九迁，州郡之班，尚劳三转。王祥是赖，即□海沂之康；季布初徵，方拜河东之守。

夫人幽闲恒性，婉□含芳，容德兼修，贞坚独谅。弄瓦之岁，早闻紃组之工，在□之年，即明箕帚之礼。洎作嫔君子，为鲁夫人，便偶德于梁鸿，□和鸣于陈凤。端庄自肃，浣濯斯勤。侍巾幯而不渝，饬紘綖而匪怠。固以羽仪内阃，领袖中闺。钟法□礼之风，姆训妇容之德。而彼苍不憖，中路多违，涕琼之梦俄交，分剑之悲奄及。粤以咸亨三年五月十日奄捐私馆，春秋廿有六。呜呼哀哉！即以载初元年壹月十八日迁窆于城南龙门原，礼也！占地势，得乾尊，临执鼎之重城，背千金之广偃。同房明月，坐盘潘簟之哀。幽陇黄泉，犹闭滕城之室。其词曰：

瑶台之英，宝魄之精。兰□桂馥，月炯霜明。幽闲夙著，婉顺天成。有容有礼，载芳载贞。言配其德，寔和其鸣。泣琼留梦，分剑伤情。俄沉夜户，几变春荣。天长人游，地久陵倾。方迁旧域，即厝新茔。却背金涧，前临鼎城。郊原日晚，丘陇烟平。鸣笳此送，泪下霑缨。

（《邙洛碑志三百种》，中华书局2004年版）

六　武士逸夫人诸葛芬墓志

大唐故益州行台左丞始州刺史六安县开国公武府君夫人琅耶君诸葛氏墓志铭并序

雍州鄠县主簿王勮　撰

夫人讳芬，字英，姓诸葛氏，琅耶人也。司隶以刚直当朝，望隆于举节；丞相以奇才尊主，职峻于经邦。宜其冠盖结辙，英灵接踵，摽士林之羽仪，擅人流之准的。

曾祖规，梁零陵太守，功济藩部，德映循良，遗爱被于生祠，香名载于丰碣。祖颖梁邵陵王常侍，随晋王府学士、著作佐郎、秘书少监，材兼竹箭，器重瑶琨，步顿康庄，遨游邱第。士衡入洛，便升着作之庭；令思去吴，终践秘书之府。父休征，随太子通事舍人，荣传任子，庆积承家，词令润于龙楼，风规峻于鸡戟。

夫人克生贵里，载诞高门，闼标婉顺，幼备明哲，躭玩图史，镜鉴诗书，言容匪待于教成，贞慎实由于雅性。既而誉飞彤管，礼及绿衣，询盛典于笄缨，征好仇于琴瑟。食鲂流咏，问张耳之贤夫；鸣凤开占，得温峤之良对。六安公乘芳槐里，席宠椒涂，地联沙麓之基，门接濯龙之构。

结发朝请，弱齿簪裾，曲旃植于后堂，击钟闻于甲舍。肃雍妇道，初观在手之祥；主馈嫔筵，伫睹齐眉之好。夫人以膏粱之选，故归于武氏焉。用能辅佐君子，劬劳内则，採蘋藻之旧章，修葛覃之故事。爰从夫贵，授琅耶县君，家棉鱼轩，光生戚属，延乡齐邑，震耀邦家。洎乎怨积孀闺，哀缠蓼室，援皎日而自誓，践皑水而增感。镆耶兮影，遂绝南斗之氛；永初御辰，尚有东征之从。

子思元，早从扬历，作宰零陵，爰奉校舆，界乎兹邑。鸣琴厚秩，方欣捧撒之游；衔索终忧，忽婴过隙之恨。夫人以咸亨三年八月十八日终于零陵县之官舍。思元望望如在，烝烝不及，捧杯泽而增慕，循匣扇而崩心。哀毁过礼，奄然灭性。夫人第三女，南阳宗氏之妻，皇太后之堂姊也。密态幽闲，置资孝女，痛圣善之先背，悲具尔之夙零。濡露履霜，永怀于主奠；望宋归卫，每切于移宗。常抽锡赍之余，将营窀穸之事。福谦徒语，辅德无征，逝水急于寒泉，截道速于风树。外孙凤阁舍人宗秦客，夏官员外郎宗楚客，声浮九德，价偃五常，缅惟相宅之言，实切路车之赠。式遵遗命，载择连岗。六安公先卜兆于本州，夫人即安措于秦野。惟仁与达，观古知今，粤以垂拱三年岁次丁亥十一月辛酉朔廿四日甲申，迁窆于凤栖原。零陵以肺腑之思，凭梁窦之贵，天情有恻，睿渥方隆，追赠汝州刺史，赐物二百假。聿修初意，从葬于夫人营域焉。夫其龙□蚁幕之数，松挽薤箫之节，象床麟匣之容，木偶刍灵之制，故以礼踰恒典，事极哀荣。缃竹方传，仪范可询于遗老；蓬壶倪变，名谥欲访于何人，刊兹圆石，谓之不朽，其铭曰：

琅台积祉，幸穴承亲。静言邦彦，宜生哲人。时惟淑美，思洽几神。孝梯成性，水霜在身。言容必理，礼乐兼陈。声流邦国，誉满宗姻。于以采藻，于以采蘋。由齐适卫，自晋归秦。仪形北里，规矩南邻。命室斯贵，汤沐攸遵。死生契阔，与子同活。遽违偕老，子嗟天道。甫对长莚，高堂溘然。三日不食，一恸終焉。蒸尝窅眇，行路潺湲。辞家恋切，归唁情专。方詧宅兆，莚俄叹舟迁。乃遵先命，式固幽埏。松楸烈烈，造化绵绵。外孙黄绢，永永万年。

《文博》2015 年第 2 期

七 武思元墓志

大唐故赠使持节汝州诸军事汝州刺史武府君墓志铭并序

雍州美原县尉韦元旦 撰

公讳思元，字善长，其先沛郡竹邑人，后因官家于太原，遂今为太原之文水县人焉，皇太后诸父之兄也。河州骏发于诗人，乾坤牝贞于易象。内德融而外戚助，自其家而化为国。上征练石，赫矣玄星；下庆崩沙，状哉昌郡。眇膺神赐之业，遐开圣姓之符，故得娀野承灵，涂岩袭祉。高祖太尉北平王，曾祖太尉金城王，祖太尉太原王，并盛德日新，雄材天构，长驱俊杰，大启封壃。刑白马而誓岩河，深根固本；纽金龟而光佩服，沸鼓鸣笳。父讳士逸，皇朝库部、兵部二郎中、益州司马、益州道行台左丞、始州刺史、六安县开国公。翕赩剖符之望，参差列宿之班。去清览而右旋，出黄图而左辖。

公轩宫藉曜，仍家声而隆北土；营室摛光，授门祥而粲东壁。冠族天下，孤杰地灵。亦犹河流东注，庭阙阴潜而峻峙；板桐西极，日月避隐为光明。产凤鸟于仙洲，奇音自蓄；孕龙驹拎瑞牒，逸态方驰。夜色开泉，且光涯岸，阳文出匣，行剸犀兕，瑰意琦行，悦礼惇诗。年甫十八，明经擢第。嬉娱金穴，无累拎绮襦；游泳璧池，有成于绛帐。贞观末年，为昆丘道行军兵曹，从阿史那社尔平龟兹、处月，以勋加上骑都尉。王良策马，上将论兵，旌麾摇朔漠之风，鞞鼓思关峰之月。重兹壮气，每负勇于三军；轻彼散儒，终立功于万里。显庆初载，解褐行襄州安养县令，以公事左迁夷州宜林县令。鲁司寇之居夷，栖遑未定；汉中郎之谕蜀，词义犹存。不佩弦韦，可行蛮貊，心勤静乱，节徇临危。有攻城撕邑之劳，无亡矢遗镞之费。言睽莞尔，来膺展足。复以平牂牁之勋，改授琰州司马，俄迁永州零陵县令。威惠首途，历番禺而一变；讴歌载路，乱巴音之数阕。政成人息，风行草偃。而率由冥至，无待聿修。顾参禄而非多，居然有养；知由官之不择，愿及其亲。欢未终于彩衣，哀已缠于昼扇。母丧卒毁，有识同嗟。

上元元年春秋五十有一，终于扬州之江都县。轻轩失御，登木方远，多逢挹损，式弘风宪。车服慎金屋之尊，兄弟诫椒房之重。悲夫。霸天为咏，惊卫长之先亡；贵戚兴怀，欝冯逡之下位。况兹留落，不睹文明，自古有之，于今嗟矣。零陵可望，疑延白燕之祥；顿逊空闻，行及绿鹅之葬。呜呼哀哉。垂拱三年九月十五日，乃下诏曰：堂兄故永川零陵县令思元，家承沛泽，地接莘郊，摽素节以基身，励清规以从政。而甘井先竭，太丘徒广，藏舟既远，瘗匣方深。永惟敦穆之怀，弥切感伤之念。宜有加于褒赠，俾无绝于声尘。可赠使持节汝川诸军事汝川刺史，物二百段，葬日量供三梁六柱、帐幕、手力，仍然差京官六品一人检校。鹤隧鸾辀，既申荣于国典；虎符犀节，庶陈力于泉途。夫人杜陵韦氏，皇朝右卫长史玄祚之女也。崇基则东国硕儒，茂烈则西京鼎冑。施襟淑慎，作嫔君子之门；厌王贞情，思媚贤妻之传。助蚕床而率下，奉鸡盥以承尊，而罹此未亡，终焉自誓。倏坠朝桒之曜，更无年蕣之荣。上元二年二月终于江都，即以垂拱三年岁次丁亥十一月辛酉朔廿四日甲申，合葬于京城南少陵原北凤栖之原，礼也。烟霜凄烈士之坟，短长哀挽；松草入贞姬之墓，离合神光。共尽何言，述其铭曰：

参墟划野，太原开国。壁曜于东，土雄于北。气色孤降，光灵四塞。月精有主，阴只无忒。诞发坤元，锺我干德。上光祖祢，傍佑弟兄。夫君之秀，接庆而生。韶年克嶷，绮日横经。符彩照庑，言立趋庭。投笔兴愤，负戈从占。月大河源，沙流海堑。纠纷武略，纵横文掞。铙吹朝警，旌麾夕燗。襄城零郡，牂江滇水。东北荆巫，西南越嶲。或参九伐，或司百里。其子欲养，而亲不俟。阳乌灾生，枯鱼恨起。天乎靡吊，星言卒毁。通藉饰壤，生荣死哀。双棺椁合，驷马铭开。田横挽断，周勃箫回。岩寒陇路，水秏池台。大夜方厚，何时复来。

（《文博》2014 年第 6 期，赵力光主编《西安碑林博物馆新藏墓志续编》，陕西师范大学出版社 2014 年版）

八 武恭之墓志铭

大周九江王嗣子行尚衣直长恭之墓志铭并序

孝明皇帝侄之孙，九江王之元子。诞液灵源，分仪睿绪，生涯积庆，疏荫天枝。禀柔顺之容，立忠慤之操。岂谓福善无效，余庆靡徵？奄从大暮之悲，弃此掌中之爱。春秋年贰拾，以万岁通天贰年贰月壹日遘疾终于洛州合宫县崇业里第，即以其年贰月陆日葬于合宫县龙门乡之原，礼也。何图不永，灭彩芳年。想胜气以如生，望清尘而倏谢。皇情轸悼，累日使吊，亲为举哀，浃晨兴慟。自非直长气禀中和，情包纯至，霜雪不渝其操，玉石必固其贞者，其孰能与于此乎？既而天长地久，陵谷贸迁，勒显誉于泉扉，庶芳存于不朽。其词曰：

千秋寂寂，万古遥遥。黛草才茂，黄叶旋凋。今来昔往，身灭名销。惟兹显誉，终以扬翘。天长地久，日月不留。溘从朝露，俄徙夜舟。影随云灭，光逐霞收。今来昔往，万古千秋。如何不吊，擢秀摧林。献春英實，诘旦光沉。宠违天睠，恸切神襟。魂兮何去，英威莫寻。

（毛阳光主编《洛阳流散唐代墓志汇编》，国家图书馆出版社2013年版）

九　武承嗣墓志铭

大周故特进太子太保赠太尉并州牧魏王墓志铭并序

梁王三思　撰文

朝议大夫行雍州录事参军事长孙琬　书

王讳承嗣，字奉先，并州武兴人，无上孝明高皇帝之孙，皇上之犹子也。自赤乌流火，丹雀衔书。大哉，得姓之源；邈矣，承祧之绪。天基远峻，紫辰则百代相望；帝业潜昌，黄屋则千龄继袭。孝明高皇帝，深沉睿器，寥廓天姿；道蔼乾坤，名悬日月。豳郊紫气早发征祥，谯国黄星久腾符彩。云雷始构，初陈起凤之谋；宗庙将开，竟享乘龙之位。父故魏德王，唐任睦州刺史。鹓鸿逸羽，杞梓良才，家承积德之祥，地洽累仁之祉。金锵玉润，誉满朝廷；宝马银鞍，光生道路。琱弓写月，雁落猿啼；玉礼崩云，鸾惊鹊顾。贾琮按部，但事褰帷；郭贺临人，唯闻露冕。及其九原，可作千乘，方归饰未，邱于黄泉，被梧宫于蒿里。王资灵五纬，毓粹三才，悬朗月于胸怀，吐清飙于襟袖。机神恬旷，识度温和；业奥垂帷，艺高悬帐。风仪卓尔，似对琼岩；韵局森然，若看珠树。雷霆震而不惊其虑，风雨晦而不辍其音。含大雅之弘量，蕴中和之美德。

咸亨四年，起家授尚辇奉御。三千渤澥，初横激水之鳞；九万抟摇，始鼓搏风之羽。扈金舆而陪玉辇，攀紫极而谒丹宫。陶偘所以登天，程昱于焉捧日。俄封周国公，本官如故。山河带砺，茅土封疆，从看刑马之盟，且见回龟之印。亭封万岁，异代均荣；户给千家，殊年竞宠。未几，历宗正卿。周征肜伯，汉任刘平，忠规有序于宗亲，茂秩式分于河海。又授麟台监。蓬山万仞，芸阁千寻；字转鱼龙，书悬日月。银编雾集，玉册云繁；三豕渡河，无劳葆赜。五门改日，未假沉研，公曾既定于阙文，叔骏是称于良史。寻检校太子左卫率。龙楼鹤钥，望苑摇山，挹少海之波澜，侍前星之景色。青宫晓辟，屡结驰道之镳；丹禁晨趋，每奉寝门之驾。

又迁春官尚书，寻授司礼卿、同中书门下三品。俄改封恒国公，又授春官尚书。栋梁大厦，舟楫巨川，趋郑履于南宫，叙桓经于东面。弼谐丹扆，逍遥鸳鹭之行；主赞紫宸，容与夔龙之伍。永昌元年，迁天官尚书。山铨迥举，乐镜高悬，深知简要之涂，妙得清通之鉴。逾月，授纳言。七车奥艺，八舍崇班；气拥连珠，荣登负玺。职参帷幄，名为纶綍之司；任切枢机，实曰貂蝉之省。金容既梦，仍遣张堪；玉佩能知，需求王粲。俄迁文昌左相、凤阁鸾台三品，兼知凤阁事，监修国史。文昌寄重，端右望隆，均仲虺于殷年，齐孔光于汉代。伯仁三日，令望悬渐；景倩四辞，芳猷未远。丝纶式综，声高龙凤之池；竹帛方刊，誉峻麒麟之阁。既尔玄珪锡夏，黑玉归商，承就日之瑶图，偶开天之宝运。枝分若木，派演咸池。姬历维城，既应翦桐之命；汉朝盘石，还崇攀桂之遊。天授元年九月，内册封魏王。犬牙麟趾，宠列千乘；翠盖竹轩，荣分驷马。仰稽成象，非无啼子之星；俯察成形，自有天孙之岳，多才流誉，传异化于周藩；博学驰声，继英踪于汉屏。王频繁任，久密□□。□顾追肜□之□，□□□机之务。风官退食，雪馆乘休，多淫北海之书，独乐□□之善。声高竹菀，宠亚槐庭，时论南史之文，或动西园之咏。属以焚柴展礼，禅草开仪，会玉帛于三台，勒银绳于二室。

天册二年，充封神岳大使。躬承凤盖，亲事鸾旗。夷夏奔驰，俱奉千年之化；衣冠舞蹈，咸闻万岁之声。圣历元年七月，内迁太子太保，于时年惊辰巳疹积膏肓。将缠止鹇之祆，赂及□鸡之岁。皇慈特轸，睿念偏钟；中使相望，名医接影。求方金电，希除逝水之灾；徙秩铜楼，翼免颓山之酷。不谓蛇杯，未悟鹤极来征。埋玉树于泉中，瘗金芝于地下。其年八月十日薨于神都行修里之私第，春秋五十。圣上罢朝七日，痛伤之甚今古莫俦。其月廿日恩制赠太尉、并州牧。仍令营缮大匠刘仁景监护丧事，守雍州司马苏珦副焉。丧事所须，并令官给，赐东园秘器、朝服一袭，遣内史吊祭。上自制祭文，仍赋悼亡诗一首：天文璧合，长怀千月之悲；睿藻珠连，仍及九泉之路。痛深朝野，礼极哀荣；天道难知，人生到此。子延基等悲开柱剑，泣对楹书，毕地无追，终天永隔。粤以圣历三年壹月十一日陪葬顺陵，礼也。惟王谦撝日用，朗润天然，温室无言，虚舟独运。芝兰有气，宁惊喜愠之形；松柏为心，岂易喧凉之操！频居台阁，累践机衡，始终之志不渝，清直之怀若一。

嗟乎！与仁莫验，积善无征；菊水延龄，竟知何日？桑田促寿，忽以逢年。摧羽翮于鸾凤，化尘埃于蝼蚁。三思早陪陆架，久接姜衾，参后翼于鸰原，偶能鸣于雁序。谁意灾流四鸟，祸集三荆？贾虎凋亡，偏钟冣怒；旬龙殒逝，直丧无双。萦万绪而何穷，痛千秋而已矣。摧心伏纸，揽涕挥豪。著作郎崔君，字重悬金，词光积玉，庶传不朽，敬托为铭。其词曰：

皇帝立国，王侯建社。择良日兮俟景风，坐千乘兮駈驷马。以翼君上，以安天下。肃穆我祖，明惟姬文。封畿之内，子弟如云。帝曰犹子，余嘉乃勋。赏以魏国，树司置军。惟王之生，其道能久。佩服忠仪，周旋孝友。器业崇高兮谦虚自守，势望隆贵兮骄恡何有？乃作宗正，宗正维宁，乃司图史，图史用成。莅于左率，储仪以贞。升于都座，邦务以清。与朝休戚，为王卿士。鸾诸东飞，凤池西止。绩比周邵，文高扬史。吾无闻然，尽在是矣。晦明有疾，砭药无痊。交驰冠盖，并走山川。兰萎上月，鹏落中天。津门二恸，邸第虚捐。赐以冢茔，崇其秩数。礼物如在，君王何处？辞洛城之国门，见秦川之陵树。风飙飙于羽葆，日沉沉于鸾辂。任城告凶，同气无从。琴书露哀，剑履尘封。词凄白马，颂断黄龙。唯当子建，长奉时邕。

（《中国国家博物馆馆刊》2012 年第 6 期）

十　武延基夫人李仙蕙墓志

大唐故永泰公主墓志铭

太常少卿兼修国史臣徐彦伯　奉勅撰

臣闻绛河南澳，天女悬于景纬；湘巌北渚，帝子结于芳云。是以彼我者唐，赞肃雍之礼；坎其击鼓，殷作配之仪。则王姬之宠灵光赫，其所由来者尚矣！公主讳仙蕙，字秾辉，高祖神尧皇帝之玄孙，太宗文武圣皇帝之曾孙，高宗天皇大帝之孙，皇上之第七女也。倬矣帝唐，丽哉神圣，故以轣轢于王表，葳蕤于□国□矣。公主发瑶台之光，含珠树之芳。蓄兑灵以纂懿，融须编而启祥。神授四德，生知□行，郁穆韶润，清明爽烈。琼蕤泛彩，拂秾李之花；翠羽凝鲜，缀香茞之叶。是以奉言彤史，承训紫闺，敏学云□，雕词锦缛。歌庶姜之绝风，吟师氏之明诰。动必由礼，备保傅之容；言斯可则，兴后皇之叹。慧志罔渝，韶音允塞。天光诞集，懋册遄开。宠盛簪珥，邑延汤沐。大启平阳之园，俄闻单伯之送。

以久视元年九月六日，有制封永泰郡主，食邑一千户。嗣魏王武延基，濯龙英戚，嘉鱼硕望。□乐攒于厥躬，琳琅夺于群宝。阙父之子，独预王姻；齐侯之家，仍为主第。结褵星□，□粹河洲。宝弓藏椟，纷泌泉之上；神珰蕴笥，铄炎库之庭。紫阙盈軿，黄珪委绶。泽□结锁，香奁凝镜。蔚金翠于西城，降歌钟于北阙。自蛟丧雄锷，鸾愁孤影，槐火未移，柏舟空泛。珠胎毁月，怨十里之无香；琼萼凋春，忿双童之秘药。女娥篪曲，乘碧烟而忽去；弄玉箫声，入彩云而不返。呜呼哀哉！以大足元年九月四日薨，春秋十有七。

皇帝在昔监国，情钟筑馆，悲苍旻之不仁，叹皇辔之无禄。宝图伊始，天命惟新。顾复兴念，追崇峻典。铜岩北麓，剑水东湍。赋列千乘，家开万井。疏彤壤之赡腴，锡黄泉之首命。读平原之诔，已徹神明；循穀也之篇，竟闻同穴。以神龙元年追封为永泰公主。粤二年岁次景午五月癸卯朔十八日庚申，有制令所司备礼，与故驸马都尉合窆于奉天之北原，陪葬乾陵，礼也。缟驾纷纷，頳旌扫云。香裢□灭，哀换风分。红癣浓兮碑字古，苍松合兮山道嘌。珠襦玉匣竟何向，石马陵边皇女坟。其铭曰：

宝系重光，葳蕤焜煌。于穆已不，明明天子。克诞王姬，颜如桃李。桃李伊秾，王姬肃雍。柔嘉奕德，婉嫕其容。其□允淑，既温而肃。铣镜含葩，琼蕤可掬。委委蛇蛇，如山如河。风楼楼柱，龙盘织梭。百行无阙，降嫔登月。双带结褵，六珈环发。神剑难驻，仙云易歇。仙云歇兮恸睿情，玉管飘扬无留声，蟠蛸飞兮锦笥灭，蝘蜓去兮银墀倾。哀缟挽兮露□解，徂灵輴兮日少晶。奉天山兮茫茫，青松黛栝森作行，泉闺夜台相窅寥，千秋万岁何时晓？

（《全唐文补遗》第1辑，三秦出版社1994年版）

十一　武三思女婿薛崇简墓志

大唐故袁州别驾薛府君（崇简）墓志铭

公讳崇简，字崇简，河东汾阴人。帝居濮之洪源，侯迁邳之茂阀。股肱商武，作诰焕乎青编；姻亚周文，垂礼昭乎素篆。西汉表绩，胙广平而锡茅；东京列儒，莅千乘而分竹。人物炳蔚于中业，珪组光华于遂初。

曾祖怀昱，皇朝天策府功曹、丰王长史、饶卫二州刺史。输力于见龙之田，策名於落猿之囿。玄冕再露，既浮江而连河；丹帷屡褰，咸借恂而思武。祖瓘，驸马都尉、司宗、左奉宸将军，尚城阳公主。考绍，驸马都尉、太常卿、左千牛将军，尚镇国太平公主。鲁馆重晖，秦箫再颤。妫满托婚于周后，王俭称甥于宋皇。父则秩宗有虞，子则奉常惟汉。继御侮於王室，袭骖乘于帝车。

公七叶贵门，九代卿族。生知之敏，自胎教而云成；立德之规，始髫年而□长。幼以皇家之出，封郢国公，拜太中大夫、司礼丞。遂荒南纪，作属春卿。乘礼乐之中和，启荆巫之土宇。转赞善大夫，历尚辇奉御，拜卫尉少卿，加银青光禄大夫。及封燕国公，辅三善于青宫，昇六尚于丹禁。植鋋悬敞，实典严更；艾绶银章，爰膺宠秩。背江沱而徙邑，平朔易以开疆。

属乱逆潜阶，奸回密构。国步盈食蹯之厄，皇舆罹辅袴之灾。虺蜮充于阙庭，枭镜生乎宫掖。皇上振不世之略，靳滔天之凶。忠实义形，谋惟契叶。佐沧海于萤爝之队，助泰山于卵觳之场。大憝克清，元勋允举。以功封立节郡王，食邑三千户，加上柱国。汉朝异姓，与佐命而疏封；楚国功臣，由覆车而受爵。自古俦今，我则兼之。无何，拜太仆卿、兼太子虞候率，出为蒲州别驾。司六驭而践六宫，出铜龙而贰铜虎。寻坐事，谪居溪州。数年，起为袁州别驾。河东掩魏，早擅题舆之能；安成跨吴，复齿佩刀之用。两郊实赖，二国不空。

悲夫！颜子早龄，贾生无寿。有涯殆已，曾不慭遗。以开元十二年九月廿三日，薨于官舍。即以十四年十一月廿八日，□于黄山之原。呜呼！茂乡零树，作东武之行楸；毕陌霜荄，成北山之蔓草。行人夜宿，犹幸辅嗣之谈；栖鹤晨呼，且伫子安之起。夫人太原武氏，周方城县主、故梁宣王三思之女也。龙亲美□，衣翟专荣。昔作琼蕤，早秀钟山之囿；今为宝剑，先没襄城之津。即以开元十□年□月□日，终于溪州。即以兹辰祔于埏隧，礼也。惟公长帝女之宫，藉天孙之宠，侍燕赵之选色，奏齐秦之曼声。而雅性冲夷，至怀淡泊，不以耳目婴其虑，不以华俊滑其心。举谦让为轮舆，凿恭俭为户牖。守雌于有孚之境，游刃于全德之乡。在岁寒而后凋，临疾风而知劲。信可谓伟才翘颖，髦士菁华者焉。不其惜哉！嗣子和霑，柏衔疚集，蓼崩心思。攀佳城兮日云夕，号夜台兮晓无时。其往也如慕，其返也如疑。为陵兮为谷，念兹兮在兹。其词曰：

振振公子，蔼蔼吉士，名实□兮。如珪如璋，既公且王，宠禄崇兮。明德若昧，夷道若颣，性惟冲兮。昊天不傭，降此鞠凶，命不融兮。惟永惟久，厥声不朽，表令终兮。

（《全唐文补遗》第5辑，三秦出版社1996年版）

十二　武嗣宗墓志

唐故赠太子少保管国公武府君（嗣宗）墓志铭并序

尚书考功员外郎武功苏颋　撰

维神龙三年太岁丁未正月庚子朔十三日壬子，管国公薨于长安嘉会之里第，享年五十。粤以其年五月戊戌朔五日壬寅，葬于京城南原旧墓，礼也！公讳嗣宗，字嗣宗，太原文水人。行台左丞、追赠太保士逸之孙，仓部郎中、追赠河内郡王志元之第三子，则天大圣皇后从父昆弟之子。昔文王之□周也，明明临下，赫赫在上。逮圣后之继周也，再集新命，率由旧章。故兴本自于绵瓞，睦亲及于行苇。或命作垣翰，或来朝□□□□□□家国之为诚也。

公吐纳清刚之气，发挥纯粹之精。幼则保和，长而□训。择□□处，□□□□□□□于动息，秋月满其怀抱，温温如也，偘偘如也。聆其嘉音，是休令续。始□随牒行恒州参军事，转太子通事舍人、司仆丞、尚舍奉御、左千牛中郎□。声闻于外，累擢居中，将有远大之期矣。既而云龙风瓆（xuan），圣人有作；赤芾金舄（xi），诸侯□□。天授□册□□□郡王，食邑五千户。虽为国之藩，而有命留邸，遂检校左千牛将军，□近侍□□□□□□□□□□于日月。寻以本职历兼蒲、寿、濮、曹、陕五州刺史，与我共□，非亲勿居。□□□□□□□□□□□□群□，莫若静静者可以为躁；君敷大化，莫若□仁者可以为政。□□谨守□义，靡□□风。家既肥矣，俗既阜矣，礼其安矣，刑其厝矣。咸曰□我良牧，得康下人。人到于□□□□□□以表仪子弟，敦叙宗室，征拜司属卿。无何，转泽、汾、怀三州刺史，一如前莅之政。以□□居司仆、司卫二卿。周之伯㬥，汉之孟孙，无以加也。重迁陕州刺史。驭竹□□□□□茂。

属大君纂业，飞龙在天。始则让于珪茅，终而师于鼓箧。改封□□□，食邑三千户，检校国子祭酒。朝廷旁求惠训，树之风声，于是首拜公豳州刺史。□□□□□降，景命不造。深惟观□之戚，轸发皇情；将比茂陵之送，备□朝典。□赠□□□□赠物一千段，米粟八百石。丧事所需，随由供给。京五品一人监护，重哀□□□□规矩冥立，性情虚受。密探乎道，不竞于物。门有旌戟，为侯为王；庭有钟鼓，载□载□。□□满而不溢，乐而不淫。呜呼！逝者如斯，期有必至。美人萎绝，顿金翠而无言；骏马长嘶，捐杜蘅而不驭。园楼宛其余思，松槚苍然已行，有足悲矣。长兄怀州刺史□国公□□，□□形共气之亲，增在原陟岗之痛。有子尚衣奉御琇等，荒茕罔极，哀送□□□□□□□□行□辞述。铭曰：

前过濯龙，载驱驷马。尔作维□，□□□□。□□□□，□之能者。我感于□，礼崇新野。木叶落兮淮南悲，高台倾兮雍□□。雄声□兮□□，去□眇以何思。御沟水兮章台街，有此送兮无还期。玄甲云动伟□□□制葬。青松□合哀，□我兮□时。

（《全唐文补遗》第7辑，三秦出版社2000年版）

十三　武懿宗墓志

大唐故怀州刺史赠特进耿国公武府君（懿宗）墓志铭并序

尚书考功郎中武功苏颋　撰

公讳懿宗，太原文水人也。则天大圣皇后从父昆弟之子，周文穆皇帝之曾孙，行台左丞追赠太子太保蜀王之孙，仓部郎中追赠河内王之子。昔后稷公刘之累仁，文考武王之丕命，前史书之备矣。先后于彼新邑，造我旧周。光宅四表，权制六合。本枝旁荫，维岳降精，公实禀焉。德成而上，始以门调辅太子右千牛备身，泽州司法参军事，泉州司兵参军事，都水监丞，封六安县开国公，食邑一千户。三为水衡都尉，二为司农卿，一为殿中监。

天授建元之初，朝廷从鼎之义，乃分太社，俾侯东藩。封河内郡王，食邑五千户，复为左右金吾大将军。三为司属卿，三为洛州长史，历魏、汴、同、许四州刺史。三为怀州刺史，一拜营缮大匠，一为神兵军大总管。

神龙初，皇帝纂尧抚运，祀夏乘历，降爵为公，徙封于耿，仍食邑三千户。转太子詹事，重牧于怀。神龙二年六月十八日，遘疾薨长安之延寿里第，享年六十六。追赠特进，赐物三百段，米粟二百石。丧事官给，葬日量借帐幕手力，仍令京官五品一人检校。呜呼哀哉！公始则高洁清明之量，畏威持重之望，百炼无以比其锋，三倾无以侔其状，参乎粤不可测已。于是达乎政体，关乎国章。人有举直，物无干峻。卑位养能，大机骏发。惟月之序，登用九卿。仁风其扬，作为九牧。摘伏而尹河是寄，诘奸而式道有光。皆为代垂范，自公俾乂。暨林胡作患，草窃幽燕。帅兵总乎出律，料敌期乎善战。无不列在史官，藏之王府，其余可略而详矣！

公宪章惟古，文武在躬。动则斯通，静而能镇。失得沿理，曾忘怵惕。范围满虑，必戒骄矜。知微知彰，有始有卒者，公之谓矣。故门惟鼎食，居若布衣。孰云达观，不享难老。粤以其年十一月廿六日，祔于京城南旧茔，礼也。路车此赠，俾秦诗之多感；甲骑纷如，犹汉臣之宠数。渭城东望，终岳南临。草芸黄而有风，松暗漠而无景。宛其永往，共尽何言。有子鸿胪丞履贞等八人，涕血长号，因心撰美。其铭曰：

崇崇戚闬，休有其光。夙奉邦国，久而弥芳。葬之中野，于何彼苍。身与代隔，名与风翔。飞飞旌旐，摇落烟霜。永託玄夜，空闻白杨。

景龙元年岁次丁未十一月乙未朔廿六日庚申。

（《全唐文补遗》第2辑，三秦出版社1995年版，《唐代墓志汇编续集》神龙015，上海古籍出版社2001年版）

十四　武则墓志铭

唐故武君（则）之铭

君讳则，字尚珍，寿阳人也。赤鸟呈象，建郃壤以封疆；黄钺振威，表华山而列土。浩汗彰其雅诰，灿烂绚乎诗笺。而乃前芳，即周武王之后矣。曾祖穆，隋晋州刺史。祖恭，唐朝元从，制授谏议大夫。父客，舒王府队正。并以龙头擢秀，燕颔孤标。坐甘棠以称歌，行畔林而引咏。攀鳞拳勇，附凤趫材。走翰鸾廻，挥戈鹤起。君星宿陶质，江汉诞灵，智水百寻，情峰九仞。掖机察察，若扬雄之舌端；利辩滔滔，如鲁连之唇吻。中身奉国，品子事王。矫箭猿啼，弯弓雁落。岂谓尺波流逝，寸影推移。

（公）于先天二年染疴，七十而卒。今开元二年岁次甲寅十一月乙酉朔十八日壬寅，葬于文水县西南廿里之原，礼也。东南汾泽，白云飞汉帝之音；西北丘陵，清风扇卜商之化。是为吉地，或可迁居。祥兔来游，桢禽披拂。嗣子岌等，雨泪青柏，雷叹苍天。故勒字以云言，乃刊石而铭曰：

周室苗枝，唐家鼎足，志澹分金，颜温比玉。何短日之夕露，忽长夜兮风烛。萋萋碧草，猗猗绿竹。

（《全唐文补遗》第7辑，三秦出版社2000年版）

十五 武嗣宗之女墓志铭

大唐左卫高思府果毅都尉长上谯国公夫人武氏墓志

夫人讳本居沛国，至后魏给封于晋阳，因家太原之地。大夫武子则匡赞宗周，将军武臣则牧（收）王全赵。孤卿玉帛，代有其人。纷烈金缃，史无虚籍。祖至元，则天皇太后昆季也。太后称制，赠蜀王。王非刘氏，虽违高祖之约；义取隋时，□前王之典。父嗣宗，周封临川郡王、宗正寺卿，后封管国公、豳州刺史；昔轩辕居正，盘石选乎懿亲，而帝座重明，蕃屏寄于明□。夫人即管国公之长女也。秀色端庄，蕙心柔顺。幼而敦礼，乃受於公宫；生而有文，故归于谯国。及作嫔君子，琴瑟克谐，职馈家人，闺门缉睦。既而兰芳遽折，春露俄从。先天二年九月七日，终于嘉会里之第。以开元三年二月廿一日，归葬于咸阳北原，礼也。台留宝镜，无复春妆；箔送银蚕，唯应夜绩。铭曰：

□王少子，手文命氏，公侯必复，珪璋由此。是与令德，必有其邻，手文再兆，为谯夫人。结褵始庆，即怆留巾。宝琴罢友，黼帐谁亲？夜台无尽，旧馆徒春，千秋万古，同此黄尘。

（《隋唐五代墓志汇编》陕西卷第3册，天津古籍出版社1991年版；《全唐文补遗》第5辑，三秦出版社1998年版）

十六 武文瑛墓志铭

唐故正义大夫曹州别驾蓨县子上柱国武君墓志铭并序

叙曰：国宝者，贤也，宾□者，德也。特达斯道，惟武公乎！公讳文瑛，字希举，太原人也。昔成康御时，建封锡氏。洎圣后垂叶，燕翼孙谋，□有家声，克广来裔。祖怀道，周赠金紫光禄大夫，封楚王。父攸宁，周金紫光禄大夫，封建昌郡王，加特进。连华戚里，派族天潢。或分土江阴，或削珪楚服。辑熙帝载，参议丹墀。明月西园，几陈清宴；年华东阁，屡有招贤。公河灵岳秀，代载其淑。明懿仁义，从容典礼，故能才惊振鹭，阶渐飞鸿。起家授朝散大夫内直丞。无何，转尚衣直长，迁符宝郎。威仪禁闼，献纳宸闱，公望可称，金章是宠。加正议大夫行丹泾曹三州别驾蓨县开国子。入登四职，出佐三藩，辅翼邦幹，股肱王室。岂谓夜舟迁壑，朝露易晞，天不慭遗，积善无验。以开元六年八月十一日遘疾卒于岗州私第，时春秋四十八。夫人荥阳郡人郑氏，含章礼则，闺仪有序，敬深藻荇，义重和琴。年五十三卒于河南府陆浑县樊王村私第。即以开元二十四年岁次景子十二月景寅朔十五日庚辰，合祔于河南县龙门乡许村之原，礼也。裧仪引綍，举目增哀，松槚凄凉，盖非人事。託词直笔，而作铭云：

宗承磐石，代袭珪璎。国开一县，位佐百城。仁义孝悌，立德扬名。猗欤君子，惟唐之贞。天不假祐，岁序遄移。爰从合祔，礼窆神仪。黄墟有夜，白日无时。仰徽猷而永谢，颂芳音兮若斯。

（毛阳光主编《洛阳流散唐代墓志汇编》，国家图书馆出版社2013年版；胡戟、荣新江主编《大唐西市博物馆藏墓志》，北京大学出版社2012年版）

十七　武攸宜夫人李氏墓志铭

唐故特进息国公武攸宜夫人李氏墓志并序

教书郎吴都史佑辅　撰

河东裴茂　书

夫人讳京，陇西姑臧人也。其先伷序，被诸史丹，若乃名臣传篆，居雰宇宙之间；影画云台，图轩盖满乾坤之内。神□皇帝固无德而称也。祖霍王元轨，父江都王绪，光昭日月，裁成天地，河间归元老之□，淮南许父章之峻。夫人即江都王之中子也。夫人生禀山岳，气资神像，温润光彩，珪瑜宛以成其德，闲和礼容，芳惠所以资其性。六岁观政南国，留诗八卦，成形东风有位□，星璨言绊父母之家，百雨煌作嫔，后子之室，樛木之眷，□□心柔鸤鸠之仁，均养情善，大器会薄，珠砾同销，洪炉炜煌，玉石俱碎，遂以开元廿一年六月十四日，薨于河南龙门里，春秋六十有六，即以其年十一月九日，葬于龙门之北原，礼也！翩沁旐正，寒泉以路，穷烈蘼箫，韵霜飚而声绝。呜呼哀哉！昔铭棺刻善，胡公其长，世之贤书，极颂功伯，追赞将来，美敬因前辙，敢制铭云，其词曰：

猗欤茂宗，派流颛顼。庭坚尧位，伯阳周禄。秦负斯恩，汉□陵德。余庆攸归，成我邦国。其一

三灵即作，九土披攘。笃生我皇，宁济四方。赫赫雄綵，巍巍烈光。河间龙质，淮南凤彰。其二

天长地遥，时迁路隔。空悲薤歌，永掩窀穸。白杨含吹，苍云晦陌。心劳代化，事齐今昔。其三

古往今来，信可悲兮无贤与圣，□何为兮家有孝嗣，末□荣毁过礼伤路歧兮！其四

（《洛阳考古》2013 年第 3 期）

十八 大唐故武氏墓志铭(武延寿之女)

唐朔方军节度副使金紫光禄大夫行光禄卿上柱国五原公燕王慕容公故妻太原郡夫人武氏墓志铭并序

夫人太原人也，则天大圣皇后之侄孙女。耸极天孙，分辉若木，峻岳疏趾，长源演派。祖承嗣，周朝中书令、魏王；父延寿，皇朝卫尉卿。夫人生自崇闱，长承明训，女德柔顺，韶姿婉淑。十有九载，移天贵门，三星备于礼容，百两焕乎盈室。言无出阃，动不逾诫，秋霜洁操，春旭齐华。才克媲于金夫，邑爰封于石窌，而灵根宿植，法性潜明，高厌尘樊，屏绝声味。心念口演，诵真经而靡倦；焚香散花，绕尊容而不息。然猛风欻至，幻体难留，红颜落于蕣华，素景坠于曾谷。以开元廿三年十月二日薨于京兆长安延福里第，春秋卅有三。琴瑟怆断，馆舍悲凉，红闺阒其遂空，翠羽惨其无色。即以廿四年景子岁十月三日己酉，迁窆于凉城南卅里神鸟县阳晖谷之西原，礼也。嗣子右金吾卫沁州安乐府果毅都尉兆，擗标棘心，哀哉荼思，追攀罔极，载割于襟灵；岸谷难常，用刊于玉石，铭曰：

南雪山兮北乌城，邦媛殂兮此瘗灵；寒草初凋兮哀挽声，幽泉

已阕几时明。

（《考古与文物》1981 年第 2 期，《全唐文补遗》第 2 辑，三秦出版社 1995 年版）

十九　武攸暨之女墓志铭

故沛郡夫人武氏墓志铭并序

署前进士翟均　撰

夫人姓武，即太原人也。昔唐祚方兴，周德间起。故以阴祇叶运。太后临朝，广树懿亲，为国藩翰。金剑赤舄，乃公乃侯。夫人故周定王驸马都尉攸暨太平公主第二女，封永和县主。若乃出典大郡，入掌禁兵，冠盖云阴，棨戟交映，即有唐右金吾卫将军崔公之妻，是为沛郡夫人焉。

夫人生於王门，长於主第，内遵姆训，动中礼经。织纴组紃之功，婉娩听从之义，皆不学而天与，潜修而克成。夫人挺兰玉之姿，禀洁白之操，出配鼎族，居修母仪。不以贵而易其亲，不以富而侈于用。德备中外，誉流闺门。故能荣贯始终，享兹郡县者也。当谓神道丕祐，飨年克多，奈何春秋五十有四，以开元廿五年五月二日，终於京兆万年之兴宁里第。其年十一月十二日，迁殡於河南之龙门北原。呜呼哀哉！哀子前洛阳县丞杰、前左卫兵曹仪、前右清道仓曹倜等，生尽其养，哀以送终，攀慕如摧，泣血相对。敢图铭志，无忘徽音。其词曰：

赫赫平阳，峨峨藩邸。宠因外戚，贵由主第。初封县赋，后锡邦君。荣华当代，冠盖如云。形去高堂，魂归厚夜。徽音未泯，神道不借。南瞻阙塞，北望鼎门。衣荣长毕，修垄徒存。

（《全唐文补遗》（千唐志斋新藏专辑），三秦出版社 2006 年版）

二十　灵觉和上武氏铭

唐开元二十六年

大唐都景福［寺威仪］和上□□铭

和上讳灵觉，俗姓［武氏］，□□□□之次［女］也。［外父］泗［州］刺史□□□□国太［平］长公主□□□□补□□之尊，兼鲁馆之□□□□□之鹿□□归一□□今稀□［圣］□□□□□□□□恳诚至到，天后嘉尚□□为配□□□□□，当秾李之年，遂能舍□□珠玉之服玩，钟鼎□□□辞荣，出尘离染□□□空□也。乃持□□［行］□□□□探跡幽妙三藏□□□□福□闻□戒行□备□□□□□以奖例［徒］众也，于□因□□山普□禅师□□□□授以［禅］法□□［真］几顿悟□拔□获□生［忍至］□□□来湛入真际色相都泯［契］□如□以开［元］廿［年］□□忽谓门人，令具汤水，澡浴换衣，焚香端［坐］，□□□无常于景［福］伽蓝，时春秋五十二也。呜呼！生□□□□□第处荣贵而能舍，行苦行而能动，自非百劫千□□□□习熟能至此哉！遂于龙门西岩造龛，即以其月□日□□□，礼也！季弟崇正哀友于之义，重悲同气之［情深］如□□□遂为铭曰：

炼石补［天］，□□□国，□□□□，凤楼才极，［挺］生哲女，处荣不［惑］，弃彼嚣□，归于实□，□［亲］能孝，□□虔诚，戒行圆备，风仪肃清，六□无［染］，□□明□，极乐世［界］，□品上生。其二［阙］塞之北，□门之南，口□□潭下，□□□石，永閟幽深

天长地久，耕凿无□

开元廿六□□日镌

（刘景龙、李玉昆编《龙门石窟碑刻题记汇录》，中国大百科全书出版社1998年版）

二十一　武客墓志铭

维大唐武公墓志并序

公讳客，字崑玉，并州文水人也。先苗古史，飞风彩于鸣岐；下纂今书，启龟文于昌洛。粤以芳枝郁郁，星列侯王；茂叶萋萋，风流卿相。观其往述，可略而言。

曾祖穆，齐任洺州刺史。威行雷动，振南土之诗谬；爱心江波，起

西河之孚竹。祖安，隋任长安、万年县令。挥刀一割，引彭泽之琴歌；扫迹三幡，促钟堂之酒赋。考，唐初元从，股肱鸾辂，谋擒赤眉。翼赞龙鳞，计开黄石。公奇姿喷海，秀气含山。桃林之牛马既归，翰苑之云词可绚。于是贤拓表巷，功待封门。勋加子孙，即授王府队正。公心泉百丈，器宇千寻。武设鹰扬，文谈麟趾。所以世阴渐暮，葵露移朝。去乾封元年九月，命也不留，遇疴而卒，春秋六十。今神龙二年岁次丙午闰正月景子朔一日景子，与夫人郭合葬于县西南廿五里之原，礼也。南陂北阙，缀紫色而缤纷；左川右山，杂青霞之粹发。茔图宜吉，宅地为安。雕玉牒以延芳，镂金铭而不朽。其云曰：

美誉擢质，英声粹容。车沉剑影，城移帝纵。进思匪懈，退食自公。叹良人之日远，没泉路而霄空。

（《全唐文补遗》第 7 辑，三秦出版社 2000 年版）

二十二　武幼范墓志

府君讳幼范，字少真，其先沛人。因官徙第，家于太原。出自有周，公侯继踵，国史详之，今可而略。曾祖文谦，陵、宋二州别驾。祖大本，周赠汾州长史。父太冲，北海郡开国公，蜀、德、湖三州刺史。并如珪如璋，令问令望。

府君仁慈惠和，忠肃恭懿，解褐冀州参军，转深州司户参军事，袭北海公。才高位下，有志无年。以开元廿五年四月十六日，终于河南修义里之私第，享年五十。以其年五月十二日，與亡妻谢氏，同窆于洛阳清风乡之原，从权，礼也。有子四人，震、豫、济、升。恐海变于桑田，志芳猷于蒿里。

（《全唐文补遗》第 2 辑，三秦出版社 1995 年版）

二十三　武青墓志铭

故河东节度散将守左金吾卫宁州三会府左果毅都尉员外置同正员上

柱国武君墓志铭并序

君讳青，其先太原郡人也。高辛之令绪，姬氏之芳苗。周有圣母临朝，握金镜而照天下；唐有飞将济世，轮宝刀以定山东。衣冠礼乐，奕叶重荣，至于今矣。祖讳令珣，任蔚州刺史，兼横野军使，风神爽朗，器宇温凝，旁分四岳，潜动云雷，独占二天，高悬日月；父讳崇彦，任岚州方山县令，屈展骥之资，就飞凫之任；君即先君之次子也，慕班超之高志，怀白起之深谋，远辞汾川，久游边郡，叨名军旅，频立功勋，特奉推扬，早登官位。又能远继先贤，善训爱子，忠以报国，孝以荣亲，致身花幕之间，（遂）近望青云之里，此乃父之贤也，子之明也；闻诗闻礼，道之备矣。

呜呼！谁谓天与其才，不与其寿，膏育示疾，药饵无征。洎贞元九年十月廿七日，时年七十九，终于大同军私第。将以远归乡邑，占筮未宜，遂择其年十二月十五日权殡于大同军城西南五里平原，礼也。嗣子升朝、进朝、江朝、谏言等号天叩地，泣血绝浆，能备凶仪，深彰孝行，犹虑日月，居诸陵谷迁变，遂勒贞石，永记德音。铭曰：

> 伟夫武公，早岁从戎。收勋塞外，（料）敌云中。五郡传名，三军颂美，气结阴山，心清寒水。天何不惠，奄归冥寞，古木风悲，荒营月落。青乌卜地，嗣子号天，孤魂何托，长归草玄。

（殷宪《大同新出唐辽金元志石新解》，三晋出版社 2012 年版）

二十四 武龙宾墓志

君讳龙宾，字璿，其先沛郡人也。十代祖晋阳公洽，以河汾沃壤，唐叔旧都，地既膏腴，人多杞梓，乃命子孙迁居文水。后以远祖从宦，遂附版籍于太谷之邑。去大历初年，以长子兴博览经典，式好武艺，洎乎漳水寻师，乃职佐诸侯之幕，于是移家潞子之国上党县焉。其累代衣冠，备在家传，难可详矣。

曾祖方，皇太中大夫、棣州刺史，追封南平郡王，食邑五千户。大周祚胤，继体承祧。列牧分忧，策勋王家。祖敬道，皇赠朝散大夫、沁州刺史，追封宣城郡王，食邑五千户。积善余庆，锡土封王。令德孔彰，寔光后嗣。父隐，皇高道不仕，长揖王侯，嗽石山水。开元初，三辟不起，时人方之巢由。君即徵君之第三子也。弱不好弄，志习礼经。每读史，见忠臣之事君，孝子之养父母，莫不吟讽□覆，喟然而叹矣。与朋友交，则仁义不渝。敦睦亲姻，乃恭让□美。

永泰二年，河东节度使辛相上奏，授延州金明府折冲、上柱国。常谓人曰：文武不坠，先王格言。余于宦情，不能辱身降志。养素草泽，余之愿焉。长子兴，洺州曲周县镇遏松石将、云麾将军、守左金吾大将军、试殿中监、上柱国。次子迥，幼而聪敏，长又多能。讨论经典，乃朋侪共推；攻乎书判，同宦岂可同年而语矣。十九明经擢第，廿七授汝州鲁山县主簿。长女出家，法名□寂。精勤戒律，讲读花严。君即园林逸性，持诵大乘。岂其善□无徵，天不慭遗。呜呼！死生闻命，谁能免诸。以贞元十二年六月十六日，遘疾于绥德坊私第，享年七十八。夫人杜氏，京兆名族。母仪垂则，中馈无亏，兴元元年闰十月十二日，遇疾先夫而卒。至贞元三年，嗣子进、兴等，建立茔兆，龟筮协从，以九月廿三日，殡于潞府城西南五里岗原，礼也。今嗣子进、兴等，再罹荼毒，涕血□号。攀慕穷罔极之天，擗踊无殒身之地。恭择吉日，修筑旧茔。人谋神谋，卜吉筮吉。即以其年十一月廿七日而葬焉。其□也，北眺城池，西临漳水。虽即天覆地载，虑恐陵谷变移。遂刊石为铭而志之。其词曰：

家传令德，代袭弓裘。叹神灵兮同穴，悲逝水兮难留。森森松槚□□□□子哭泣兮，慈颜永诀。泉户一闭兮，万古千秋。

（《全唐文补遗》第6辑，三秦出版社1999年版，《唐代墓志汇编续集》贞元037，上海古籍出版社2001年版）

二十五　武充墓志铭

贺州刺史武府君墓志铭

武氏之得姓远矣，府君之世家贵矣。左右仆射司徒太尉尚书令楚僖王士让之元孙，九江王宏度之曾孙，纳言司徒同中书门下平章事定王攸暨之孙，尚书膳部员外郎徐州刺史胜之子。外祖母为元宗皇帝之姑，皇妣为肃宗之姨。豫章之根大，天津之流广，稼华灵润，锺于府君焉。

府君讳充，字虚受。墙岸魁峙，操履坚峻，蕴之文武，辩有口才，喜立名迹，以排难拯时为事业。始以高荫补两馆生，解褐授洪州南昌尉，操利刃也。次授润州江宁尉，驰骥足也。自广州司士掾转陈州录事参军。甲子岁，蔡贼希烈叛，猛用凶器，逆师至于襄城，遣裨将郑贵以精卒一万来逼我城焉。刺史薛宝任公如臂指，凭公如金汤，顾盼成丘陵，呼啸为矛戟，寇用慑息，不得攻取，井邑完固，我之力焉。俄而大梁陷，兹地孤险，实虑吞夺，遂驰谒刘宣武，不免介胄而说之，换兵斗骑，动如响答，保安究竟，我功绰焉。刘司徒嘉其威毅，咨其策画，延至幕府，以为宾荣。是时希烈赫然，东平势雄，或相宠乱，以膏济火。公复驱皇华之车，投之以心膂，谕之以逆顺，张之以祸福，示之以机宜，秘谋飞辩，得转丸反掌之势。由是淄青致宁陵之师，解陈州之围，合匡君之力，摧凶邪之气，破坚阵，擒宿将，平奸隙，结欢好，诛逆将，在兹一举。得不谓三寸之舌，贤于百万之师乎？司徒表其勋绩，亟闻乎阙下，累迁尚书虞部员外郎，报功也。无几何，丞相府除，退归郑郊。五六年间，居易食贫，虽四方礼辟日至其户，不苟其所从也。适值有土者怼其不答，或用阴讪，遂有临贺之拜焉。至郡，教民以慈爱，易俗以礼让，达其志意，通其嗜欲，曾未期岁，大用治理。呜呼！南方气炎，春秋稍高，冀迁元土，养护余龄，居任凡六霜，竟困于足痹。年六十九，以贞元十八年夏五月丙戌，卒于官舍。遗孤扶护，以十九年秋七月戊子，葬于荥泽之广武原，礼也。

呜呼！才与命二者难并，今古其犹病诸，上帝实司之，为之奈何？以公之行业诚信，宏才敏识，宜跻上位，利及庶物，而才止尚书郎二千石，牢落远地，竟至于殂，缨绂之士，愁愤慨思，可胜道哉！夫人陇西李氏，朝散大夫秘书丞相光之女，母仪阴教，辉华士族，先公数岁而殁，至是而合祔焉。嗣子曰异、曰典，温厚谨良，奉承家风，茹荼毁瘠，动中於礼。从子沆，贰其窀穸之事，以余为舅之友也，见托为铭曰：

悠哉悠哉，位不胜才。一郡褊小，六年徘徊。逸翮徒张，高风不来。炎徼陨落，缙绅悲哀。旧榇新坟，荥泽之隈。冥冥鸾凤，同栖夜台。

（《文苑英华》卷951《贺州刺史武府君墓志铭》）

二十六　武万秋墓志

唐故武府君墓志铭并序

公讳万秋，其先文水县单陵乡人也。承颛顼之苗□，周文王之胤绪，盛望太原郡。始祖庚，列戟封官，侍御史、中书令、八座、九卿，连芳累代。公高祖佩铜章之印，耀百里之荣。皇考讳忠，翛然不仕，别有铭志，此不录焉。公承严顺命，幼随父于潞中，效名节于军戎。身当主押，既不迁怒，亦无贰过。尽义勇于君，畅仁和于众，敦直雅素，辞与貌温。有回也之不违，习周孔之典礼。加以心口务善，讽佛教之灵诠。念《金刚经》满五千三百遍，总持密句，诸部真言向念四十余本，尝不废矣。与朋友交，匪石存信。春秋七十，以太和五年十二月二日因遘疾弥留，终于府城之私第，致使贤妻李氏，泣半羽之将分；儿女叁人，哭庭闱之荫缺。嗣子山宝，长女事王氏，小女箱箱在室，并攀号罔极，悲深训诲之恩；哀问礼经，情竭死生之义。遂劝勉孝妇申氏，勖幼子崇冈，恭崇奠殡之礼，于太和六年壬子岁二月甲子朔十日癸酉，卜殡于府城西七里太平原，礼也。尔其面羊峰，背驿路，漳河西辟，望孤隐而不遥；城郭东瞻，听歌锺而在近。爰刻贞石，藏铭于九泉。其词曰：

颛顼之苗兮，文王重胤；钦惟武氏兮，枝叶风振。我公雅素兮，仁德恭顺；心口不懈兮，众善山峻。奈何不驻人间寿，梦奠迁蹙成灾衅。寂寂幽灵闭九泉，潺潺逝水流无尽。

（胡戟、荣新江主编《大唐西市博物馆藏墓志》，北京大学出版社2012年版）

参考文献

一　古籍

（唐）欧阳询编：《艺文类聚》，中华书局 1965 年版。
（唐）李肇撰：《唐国史补》，上海古籍出版社 1983 年版。
（唐）徐坚编：《初学记》，中华书局 1985 年版。
（唐）杜佑著，王文锦等点校：《通典》，中华书局 1988 年版。
（唐）郑处诲撰，田廷柱点校：《明皇杂录》，中华书局 1994 年版。
（唐）张鷟撰，赵守俨点校：《朝野佥载》，中华书局 1997 年版.
（唐）刘餗撰，赵守俨点校：《隋唐嘉话》，中华书局 1997 年版。
（唐）韦绚：《刘宾客嘉话录》，上海古籍出版社 2000 年版。
（唐）慧立、彦悰著，孙毓棠、谢方点校：《大慈恩寺三藏法师传》，中华书局 2000 年版。
（唐）李林甫等撰，陈仲夫点校：《唐六典》，中华书局 2005 年版。
（唐）封演撰，赵贞信校注：《封氏闻见记校注》，中华书局 2005 年版。
（唐）吴兢著，谢保成集校：《贞观政要集校》，中华书局 2009 年版。
（唐）道宣著，郭绍林点校：《续高僧传》，中华书局 2014 年版。
（五代）刘昫：《旧唐书》，中华书局 1975 年版。
（五代）王溥：《唐会要》，上海古籍出版社 1992 年版。
（宋）司马光：《资治通鉴》，中华书局 1956 年版。
（宋）宋敏求：《唐大诏令集》，中华书局 1958 年版。
（宋）李昉：《文苑英华》，中华书局 1966 年版。
（宋）欧阳修、宋祁：《新唐书》，中华书局 1975 年版。
（宋）王钦若等：《册府元龟》，中华书局 1985 年版。
（宋）欧阳修：《欧阳修全集》，中国书店 1986 年版。

（宋）赞宁著，范祥雍点校：《宋高僧传》，中华书局1987年版。
（宋）计有功著，王仲镛校笺：《唐诗纪事校笺》，巴蜀书社1988年版。
（宋）钱易撰，黄寿成点校：《南部新书》，中华书局2002年版。
（宋）孙光宪著，贾二强校注：《北梦琐言》，中华书局2004年版。
（宋）李昉等：《太平广记》，中华书局2005年版。
（宋）王谠著，周勋初校正：《唐语林校证》，中华书局2008年版。
（宋）宋敏求：《春明退朝录》，上海古籍出版社2012年版。
（宋）宋敏求著，辛德勇等点校：《长安志·长安志图》，三秦出版社2013年版。
（宋）王德臣：《麈史》，文渊阁《四库全书》本。
（宋）陈思道人：《宝刻丛编》，中华书局《丛书集成新编》本。
（清）皮锡瑞：《经学通论》，中华书局1954年版。
（清）赵翼撰，王树民校证：《廿二史札记校证》，中华书局1984年版。
（清）徐松：《唐两京城坊考》，中华书局1985年版。
（清）董诰：《全唐文》，中华书局1985年版。
（清）王昶：《金石萃编》，中国书店1986年版。
（清）洪颐煊：《平津读碑录》，石刻史料新编本，台湾新文丰出版公司1987年版。
（清）永瑢、纪昀等撰：《四库全书总目提要》，中华书局1987年版。
（清）彭定求等编：《全唐诗》，中华书局1988年版。
（清）王鸣盛：《十七史商榷》，上海书店2005年版。
（清）皮锡瑞：《经学历史》，中华书局2008年版。
（清）钱大昕：《潜研堂金石文跋尾》，石刻史料新编本，同上。
（清）朱枫、李锡龄：《雍州金石记》，石刻史料新编本，同上。

周绍良、赵超主编：《唐代墓志汇编》，上海古籍出版社1992年版。
张沛主编：《昭陵碑石》，三秦出版社1993年版。
刘景龙、李玉昆编：《龙门石窟碑刻题记汇录》，中国大百科全书出版社1998年版
吴钢等主编：《全唐文补遗》（1—9），三秦出版社1994—2007年版。
周绍良、赵超主编：《唐代墓志汇编续集》，上海古籍出版社2001年版。
赵君平编：《邙洛碑志三百种》，中华书局2004年版。

杨作龙、赵水森等编著：《洛阳新出墓志释录》，北京图书馆出版社 2004 年版。
吴钢等主编：《全唐文补遗》（千唐志斋新藏专辑），三秦出版社 2006 年版。
李建超：《增订 唐两京城坊考》，三秦出版社 2006 年版。
西安市长安博物馆编：《长安新出墓志》，文物出版社 2011 年版。
胡元超：《昭陵墓志通释》，三秦出版社 2011 年版。
胡戟、荣新江主编：《大唐西市博物馆藏墓志》，北京大学出版社 2012 年版。
殷宪：《大同新出唐辽金元志石新鲜》，三晋出版社 2012 年版。
毛阳光主编：《洛阳流散唐代墓志汇编》，国家图书馆出版社 2013 年版。
樊英峰、王双怀编：《线条的艺术：唐乾陵陪葬墓石椁线刻画》，文物出版社 2013 年版。
赵力光主编：《西安碑林博物馆新藏墓志续编》，陕西师范大学出版社 2014 年版。

二　今人论著

马宗霍：《中国经学史》，商务印书馆 1965 年版。
西北大学中文系编：《唐代诗人咏长安》，陕西人民出版社 1979 年版。
中国天文学简史编写组：《中国天文学简史》，天津科技出版社 1979 年版。
中国天文学史整理研究小组编：《中国天文学史》，科学出版社 1981 年版。
岑仲勉：《唐史余沈》，台北弘文馆出版社 1965 年版。
胡戟：《武则天本传》，三秦出版社 1986 年版。
章群：《唐代蕃将研究》，台北联经出版社事业公司 1986 年版。
向达：《唐代长安与西域文明》，生活·读书·新知三联书店 1987 年版。
瞿林东：《唐代史学论稿》，北京师范大学出版社 1989 年版。
牛致功：《唐代史学与“通鉴”》，陕西师范大学出版社 1989 年版。
黄新亚：《长安文化》，陕西人民出版社 1989 年版。
章群：《唐代蕃将研究续编》，台北联经出版事业公司 1990 年版。

辛德勇:《隋唐两京丛考》,三秦出版社 1991 年版。
王子辉:《隋唐五代烹饪史纲》,陕西科技出版社 1991 年版。
刘希为:《隋唐交通》,台北新文丰出版公司 1992 年版。
赵文润、王双怀:《武则天评传》,三秦出版社 1993 年版。
史念海主编:《西安历史地图集》,西安地图出版社 1995 年版。
杨鸿年:《隋唐两京坊里谱》,上海古籍出版社 1999 年版。
雷家骥:《武则天传》,人民出版社 2001 年版。
牛致功:《唐代碑石与文化研究》,三秦出版社 2002 年版。
岑仲勉:《金石论丛》,中华书局 2004 年版。
王亚荣:《长安佛教史论》,宗教文化出版社 2005 年版。
沈从文:《中国古代服饰研究》,上海世纪出版集团 2005 年版。
林悟殊:《中古三夷教辩证》,中华书局 2005 年版。
史念海:《河山集》(第 9 辑),陕西师范大学出版社 2006 年版。
李芳民:《唐五代佛寺辑考》,商务印书馆 2006 年版。
葛承雍:《唐韵胡音与外来文明》,中华书局 2006 年版。
林语堂:《武则天正传》,陕西师范大学出版社 2006 年版。
韩香:《隋唐长安与中亚文明》,中国社会科学出版社 2006 年版。
陕西历史博物馆编:《唐墓壁画国际学术研讨会论文集》,三秦出版社 2006 年版。
西安碑林博物馆编:《纪念西安碑林建馆 920 周年华诞国际学术研讨会论文集》,文物出版社 2008 年版。
刘淑芬:《中古的佛教与社会》,上海古籍出版社 2008 年版。
马驰:《唐代蕃将》(增订本),三秦出版社 2010 年版。
张永禄:《唐都长安》(增订本),三秦出版社 2010 年版。
赵文润、拜根兴:《唐宪宗》,三秦出版社 1992 年版。
拜根兴:《七世纪中叶唐与新罗关系研究》,中国社会科学出版社 2003 年版。
拜根兴、樊英峰:《永泰公主与永泰公主墓》,三秦出版社 2004 年版。
拜根兴:《唐朝与新罗关系史论》,中国社会科学出版社 2009 年版。
拜根兴:《唐代高丽百济移民研究:以西安洛阳出土墓志为中心》,中国社会科学出版社 2012 年版。
[英] 赫伯特·乔治·韦尔斯:《世界文化史》,蔡慕晖、蔡希陶合译,上

海大江书铺 1932 年版。

［日］平冈武夫：《唐代的历》，上海古籍出版社 1990 年版。

［美］劳费尔：《中国伊朗编》，林筠因译，商务印书馆 2001 年版。

［日］砺波护：《隋唐佛教文化》，韩昇、刘建英译，陕西师范大学出版社 2008 年版。

［美］爱德华·谢弗：《唐代的外来文明》，吴玉贵译，上海古籍出版社 2004 年版。

［日］气贺泽保规编：《新版 唐代墓志所在总合目录（增订版）》，日本汲古书院 2009 年版。

［日］妹尾达彦：《唐都长安的都市计划》，高兵兵译，西北大学出版社 2012 年版。

后 记

从20世纪80年代中期开始学习唐代历史至今，转眼快三十年了。这期间包括三年的硕士研究生学习历程，一年的陕西乾县二中教学经历，七年的唐史研究所研究生活，四年半的韩国留学生涯，以及从2002年末至今十余年的教学科研工作。坐在办公室书桌前，我扳手计算过去的人生岁月，如同做梦一样——不知不觉已年过五十！

作为一个普通人，我时常回顾此前经历的事情，思考现在和未来。面对大千世界回味人生岁月，我深深感受到个体的渺小。感恩大自然、感恩社会，感恩老师、感恩同人，感恩父母、感恩家庭，感恩在我人生的各个时段帮助、提携、关注、启发、激励、鞭策过我的人。事实上，从1990年留校唐史研究所工作，我和唐代历史研究就结下了不解之缘。衷心感谢我的硕士导师牛致功教授、唐史研究所具体负责人上官鸿南老师，以及著名历史地理学家史念海教授，没有他们，我就不可能留在唐史研究所工作，恐怕人生就会是另外一种样子。在唐史研究所学习和生活期间，有两年时间我就蜗居在唐史研究所办公室内，一张床、一书桌，并“一双拖鞋走遍祖国的大江南北”。到现在我还常常回想起那种简单得无边无际、无拘无束的生活。同时，作为中国唐史学会秘书处的秘书，从1989年开始的八年多时间里，我协助牛志平、马驰两位秘书长处理学会的日常具体事务，编辑学会会刊，受学会领导委托，出差到北京一个月，找已调任到北京师范学院（今首都师范大学）的副秘书长阎守城教授，以及同在东方文化研究所工作的宁可教授的学生徐庆全先生（现为《炎黄春秋》杂志副总编辑），同他们一起为中国唐史学会的重新登记奔波；代表学会联合举办并出席1992年厦门大学、1995年武汉大学两次年会暨国际学术研讨会。又担任西安市唐代文化史学会秘书长，联系西安高校及科研、文物考古单位的唐史学者，举办了多场学术沙龙形式的研讨会。

当然，我自身的研究工作也在摸索探讨中扬帆起航。虽然这一时期的研究领域可以以政治或者文化加以概括，但很明显，期间发表的论文选题比较散乱无序，想到什么就写什么，还没有形成一个比较成熟的研究方向和领域。同时，其中很多选题其实是对研究生阶段学习成果的一个总结，论述明显比较粗疏，还有进一步充实的空间和余地。本书收录的一些论文，有好几篇就是这一时期的习作成果，其中的选题可能还有可取之处，但论文的稚嫩和不成熟也是显而易见的。

1998 年 5 月，得益于从事中国唐史学会秘书工作的机缘，在硕士导师赵文润教授推荐，以及韩国学者任大熙、韩锡忠、尹在硕等教授的鼎力帮助下，我得以漂洋过海，负笈前往韩国国立庆北大学留学，并选择唐朝与新罗关系作为博士论文研究的题目。长夜漫漫的留学生涯，锤炼了我锲而不舍的精神，在不断地求索过程中，我找寻到了古代中韩关系史研究这块沃土，并从中获得了许多意想不到的成果。特别是领受到我的博士导师朱甫暾教授的恩惠，得到其他韩国老师朋友的关照，体会到韩国学者学术研究缜密扎实的风格，博士论文《七世纪中叶唐与新罗关系研究》（2003 年初版，2008 年重印），以及后来出版的《唐朝与新罗关系史论》（2009）、《唐代高丽百济移民研究》（2012）等书，就是笔者在韩国留学期间以及回国后，对某些唐代民族史、唐代东亚史问题的深入思考和探索。

2002 年 8 月末，我荣幸地获得韩国的文学博士学位，艰难而充实的国外留学生活告一段落，我没有丝毫犹豫，立刻返回陕西师范大学。虽然此前的工作单位唐史研究所已为 2000 年成立的历史文化学院所容纳合并，但身处古都西安，研究唐代历史文化的得天独厚条件，仍然是难以抗拒的事情。这样，重新回到唐史研究队伍后，顺应西安、洛阳等地不断出土唐代墓志新资料的大趋势，撰写和唐代文物考古关联的论著，成为笔者着力耕耘的一个重要研究领域。除过关注唐代民族史、唐代东亚史关联问题之外，正如本书《前言》所云，2004 年我和乾陵博物馆樊英峰馆长合著的《永泰公主与永泰公主墓》一书得以出版，随后我又组织研究生查找史料，撰写《懿德太子与懿德太子墓》初稿，花时间修改润色，虽然后者最终没有出版，但其中的主要部分仍以学术论文形式发表，有利于以乾陵为中心的唐代墓葬的宣传及旅游的推广。与此同时，对于唐朝与武周交替时代关联问题，如武氏家族以及朝野著名人物，歌谣谚语反映的朝野政情等问题，笔者均依据现存的文献及新出土的石刻墓志资料，作过专题探讨。至于唐代文化关联的题目，有的是应邀出席国际学术研讨会宣读的论文，有的是多次向学生宣讲或者应邀在其他单位做报告的讲稿，更多的是笔者对唐代文化的一种理解与诠释。这些成为我关注除唐代民族史、东亚史之外的另一重要研究领域，并倾注了相当多的精力。可以说，迄今为止，我仍然以唐代历史文化作为教学科研的重要杠杆，并将以此作为此后学习生活的依托和追求之一。

2006年学校成立人文社科基础教学部，我从历史文化学院出来，到文科部担当一定的行政工作。近十年来，每天乘公交到单位坐班，我承担历史文化学院研究生、本科生课程几乎没有改变，科研从此就变成一种自我强迫的对“海绵”的不断挤压行动。这种被称作“双肩挑”的工作，对人无疑是一种考验，好在我喜欢钻研学问，故这些年一直坚守教师的本分，没有放弃。

如果说近三十年来我在教学科研活动中还有些许成绩的话，那它们和在各个时期敬爱的老师和同事同人的教诲支持，以及家庭对我的关爱分不开。感谢我的硕士导师牛致功、赵文润两位教授，博士导师韩国学者朱甫暾教授，他们的道德文章时刻感动激励着我，并成为我生活的楷模和样板。感谢同样从事隋唐史研究的陕西师范大学同仁，他们是著名学者民族史专家周伟洲教授，唐史专家胡戟教授、马驰教授、杜文玉教授、王双怀教授、薛平拴教授、介永强教授。给予我帮助关照的隋唐史学家、定居美国的牛志平教授，贾二强教授、荣新江教授、雷闻研究员；历史地理学家朱士光教授、萧正洪教授、侯甬坚教授、李建超教授；民族史专家李鸿宾教授、李大龙教授；东亚法制史学家、台湾大学的高明士教授，以及考古文物专家王其祎研究员、张维慎研究员、张全民研究员等。感谢在唐史研究所时的同事，并经常在办公室一起谈学论道的任鹏杰编审；对我多有帮助的三秦出版社冯慧福、贾云等先生，以及乾陵博物馆馆长樊英峰研究员。我的研究生侯振兵、王西坤、王霞、张琛等人，他们在不同时期帮我查找史料，并做了一些具体烦琐的工作，谢谢他们！

感谢我的妻子李方圆女士，她在高校从事理工科教学工作，但对文史却多有爱好，故而不仅为我解决电脑出现的问题，而且帮助我审阅改正稿件；儿子今年考上了大学，他也帮我查找书籍、审看校样，对他们一直以来的付出和支持，我也表示衷心地感谢！中国社会科学出版社历史与考古出版中心宋燕鹏副主任，以他超强的专业修养和积极努力，使书稿减少了诸多错误，也得以尽快出版。西安碑林博物馆王其祎研究员赐写了书名，为本书增光添彩，谢谢王先生！

古人云："三十而立，四十不惑，五十而知天命，六十而耳顺……"

是的，已经到了知天命的年龄，以前动辄要求改变或者变革的想法渐渐远去，只有在现有的轨道上尽心尽力地做好每一件事情，感受生活，享受人生，我认为此应是最基本的要求。当然，以后的路还很长，需要潜心钻研探讨的问题还很多，我将遵循"持之以恒，锲而不舍"的格言，继续努力，奋发向上，取得更多更好的成绩！

拜根兴

2015 年 8 月 12 日于寒舍